Hilke Dreyer

A Practice Grammar of German

VERLAG FÜR DEUTSCH

Lehr- und Übungsbuch der deutschen Grammatik
A Practice Grammar of German

by Hilke Dreyer and Richard Schmitt
translated and adapted by Liz Nicholson-Goldmann and John Stevens

Answer Key
catalogue no. 623

2 Audio Cassettes
with recordings from the Answer Key
for listening comprehension and answer checking
catalogue no. 628

ComputerProgramm zur deutschen Grammatik
with selected exercises from this book
in 10 modules or as a package

3.	2.	1.		Die letzten Ziffern
1998	97 96 95 94			bezeichnen Zahl und Jahr des Druckes.

Alle Drucke dieser Auflage können, da unverändert,
nebeneinander benutzt werden.
1. Auflage 1994
© 1994 VERLAG FÜR DEUTSCH
Max-Hueber-Straße 8, D-85737 Ismaning/München
Umschlaggestaltung: Erhard Dietl, Neubiberg
Herstellung: VerlagsService Dr. Helmut Neuberger
& Karl Schaumann GmbH, Heimstetten
Satz: Fotosatz Völkl, Puchheim
Gesamtherstellung: Ludwig Auer, Donauwörth
Printed in Germany
ISBN 3-88532-630-2

Preface

It is not possible to master a language without gaining insight into its system of rules. This is true of the mother tongue as well as the target language.

This book was compiled after many years of experience in teaching German as a foreign language. It is intended as a reference and practice grammar for those who wish to gain a profound knowledge of German grammar. The rules are presented in a way that makes them easy to understand. You will also find exhaustive lists and tables of noun declensions etc., as well as numerous exercises.

This book is clearly structured. Parts I and II deal with the parts of the simple sentence, Part III with the adjective declensions and Part IV with the subjunctive. The use of prepositions is covered in Part V. This is often more of a semantic problem than a grammar one and it is recommended that Part V be used in conjunction with Parts I and II.

The grammar is presented in such a way that teaching and learning units are interlinked. The book thus combines the advantages of a step-by-step and a systematic approach to grammar. Each problem has been dealt with fully.

Grammar rules can only help you to understand how a language functions. It is more important to be able to use them. The exercises at the end of each chapter are therefore an important component of the book. Where possible, these exercises relate to the individual grammar categories and are presented as semantic units. In most cases, the exercises are in the form of a question and answer dialogue in authentic language.

Whilst the vocabulary used in the example sentences and in the exercises in the opening chapters is fairly simple, it becomes more demanding in the latter part of the book. The more challenging exercises are marked with an asterisk.

List of Grammar Terms
and Abbreviations Used, see page 318.

Contents

§ 1   Noun Declension I

All nouns may be declined in German. Declension means that a noun may change its form, for example its ending, according to its

gender   (i.e. masculine, feminine or neuter)
case   (i.e. its function within the sentence)
number   (i.e. singular or plural)

In English sentences, nouns generally have endings in two situations: to form the possessive case and to form plurals. The same general principles apply in German, but the rules are more complex. There are more endings and more occasions when endings are added in German.

German nouns belong to one of five declensions and their endings change according to which of these declensions they belong to. In addition German nouns belong to one of three genders: masculine, feminine or neuter. This is purely a grammatical classification, however, and the gender of a noun is rarely related to the sex of the person or thing it refers to. It isn't advisable to try to learn complex rules for determining the gender of nouns. You will find it much easier to master gender if you memorize the definite article with each noun.

A good dictionary will provide guidance on how to decline a noun. Note that the nominative singular form is given in full, followed by the gender of the noun, followed by the genitive singular and nominative plural ending where appropriate.

I   Declension with the definite article

Singular	maskulin	feminin	neutral
Nominativ	der Vater	die Mutter	das Kind
Genitiv	des Vater**s**	der Mutter	des Kind**es**
Dativ	dem Vater	der Mutter	dem Kind
Akkusativ	den Vater	die Mutter	das Kind
Plural			
Nominativ	die Väter	die Mütter	die Kinder
Genitiv	der Väter	der Mütter	der Kinder
Dativ	den Väter**n**	den Mütter**n**	den Kinder**n**
Akkusativ	die Väter	die Mütter	die Kinder

II Declension with the indefinite article

Singular	maskulin		feminin		neutral	
Nominativ	ein	Vater	eine	Mutter	ein	Kind
Genitiv	eines	Vaters	einer	Mutter	eines	Kindes
Dativ	einem	Vater	einer	Mutter	einem	Kind
Akkusativ	einen	Vater	eine	Mutter	ein	Kind
Plural						
Nominativ		Väter		Mütter		Kinder
Genitiv		(Väter)		(Mütter)		(Kinder)
Dativ		Vätern		Müttern		Kindern
Akkusativ		Väter		Mütter		Kinder

Rules

There are two important endings to look out for in declension I:
1. –s or –es is used in masculine and neuter nouns in the genitive case.
   a) –s is used in nouns with more than one syllable:
      des Lehrers, des Fensters, des Kaufmanns
   b) –es is usually used in nouns with only one syllable:
      des Mannes, des Volkes, des Arztes
   c) –es must be used in nouns ending with –s, –ß, –x, –z, –tz:
      das Glas – des Glases; der Fluß – des Flusses; der Fuß – des Fußes; der Komplex –
      des Komplexes; der Schmerz – des Schmerzes; das Gesetz – des Gesetzes

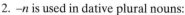

2. –n is used in dative plural nouns:
   die Bäume – auf den Bäumen; die Frauen – mit den Frauen

   Exceptions: Nouns which end in –s in the plural:
   das Auto – die Autos – in den Autos; das Büro – die Büros – in den Büros

III Plural forms

There are eight possible ways of constructing the plural in German:

1. –	der Bürger	–	die Bürger
2. "	der Garten	–	die Gärten
3. –e	der Film	–	die Filme
4. "e	die Stadt	–	die Städte
5. –er	das Bild	–	die Bilder
6. "er	das Amt	–	die Ämter
7. –(e)n	der Student	–	die Studenten; die Akademie – die Akademien
8. –s	das Auto	–	die Autos

Notes

1. Words ending in –nis form their plurals by changing –nis to –nisse: das Ergebnis – die Ergebnisse
2. Feminine words ending in –in form their plurals by changing -in to –innen: die Freundin – die Freundinnen; die Französin – die Französinnen

Spelling rules: ß or ss?

1. *ß* is used at the end of a word or syllable:
   der Fluß, der Gruß, er riß, er aß, die Großstadt, er mußte
2. *ß* occurs between two vowels when a *long* vowel or diphthong sound precedes:
   die Straße, die Grüße, stoßen, beißen, schließen
3. *ß* is used before the *–t* ending of the following verbs: *lassen, fassen, müssen* etc.:
   du mußt, du läßt, er läßt, ihr müßt, ihr laßt
4. *ss* occurs between two vowels when a *short* vowel precedes:
   die Klassen, die Flüsse, essen, gegossen, gerissen

EXERCISES

1 Which verb belongs to which noun? Make correct sentences in both the singular and plural accusative case.

Ich lese *die Zeitung*. – Wir lesen *die Zeitungen*.

Ich		hören	der Hund (–e)	das Flugzeug (–e)
		sehen	das Kind (–er)	der Lastwagen (–)
		rufen	das Buch (⁔er)	das Motorrad (⁔er)
Wir		lesen	die Verkäuferin (–nen)	der Autobus (–se)
		fragen	die Nachricht (–en)	die Lehrerin (–nen)

2 Put the following nouns into the accusative case in the singular and plural.

der Zug (⁔e)   Wir hören *den Zug*. – Wir hören *die Züge*.

1. der Hund (–e) 2. die Kuh (⁔e) 3. das Kind (–er) 4. das Flugzeug (–e) 5. der Lastwagen (–) 6. die Maschine (–n) 7. das Motorrad (⁔er) 8. der Autobus (–se) 9. die Glocke (–n) 10. das Radio (–s)

3 Complete the following sentences in the genitive.

der Vertreter / die Regierung   *Der Vertreter der Regierung* ist bekannt.

1. das Fahrrad / der Mann
2. der Motor / das Auto
3. die Seiten / das Buch
4. der Grund / der Schmerz
5. das Büro / der Chef
6. die Abfahrt / der Bus
7. das Ergebnis / die Prüfung
8. die Lage / das Haus
9. die Farben / das Foto
10. das Wasser / der Fluß
11. das Geschäft / der Kaufmann
12. der Rat / der Fachmann
13. die Frage / die Berufswahl
14. das Ende / die Konferenz
15. die Höhe / die Schulden (Pl.)
16. die Hoffnung / die Eltern (Pl.)

4 Change the following dative singular sentences to their plural forms. The nominative plural form appears in brackets.

Er hilft dem Kind (–er). – Er hilft *den Kindern*.

1. Die Leute glauben dem Politiker (–) nicht. 2. Wir danken dem Helfer (–). 3. Der Bauer droht dem Apfeldieb (–e). 4. Die Wirtin begegnet dem Mieter (–). 5. Wir gratulieren dem Freund (–e). 6. Der Rauch schadet der Pflanze (–n). 7. Das Streusalz schadet dem Baum (⸚e). 8. Das Pferd gehorcht dem Reiter (–) nicht immer. 9. Er widerspricht dem Lehrer (–) oft. 10. Der Kuchen schmeckt dem Mädchen (–) nicht. 11. Die Polizisten nähern sich leise dem Einbrecher (–).

5 Practise using the genitive with the definite and the indefinite article.

die Zeichnung / ein Lehrer	Das ist die Zeichnung *eines Lehrers.*
die Zeugnisse / die Abschlußklasse	Das sind die Zeugnisse *der Abschlußklasse.*

1. der Motor / der Lastwagen
2. die Hefte / ein Freund
3. der Hausmeister / die Schule
4. die Lehrerin / die Abiturienten
5. die Klassenarbeiten / die Schüler
6. die Entschuldigung / eine Schülerin
7. das Auto / ein Lehrer
8. das Ergebnis / die Arbeiten
9. die Noten / der Mathematiklehrer
10. das Zeugnis / ein Freund

§ 2   Declension of the Noun II (n-Declension)

I   Declension with the definite and the indefinite article

Singular	Nominativ	der	Mensch	ein	Mensch
	Genitiv	des	Mensch**en**	eines	Mensch**en**
	Dativ	dem	Mensch**en**	einem	Mensch**en**
	Akkusativ	den	Mensch**en**	einen	Mensch**en**
Plural	Nominativ	die	Mensch**en**		Mensch**en**
	Genitiv	der	Mensch**en**		(Mensch**en**)
	Dativ	den	Mensch**en**		Mensch**en**
	Akkusativ	die	Mensch**en**		Mensch**en**

Rules

1. All declension II nouns are masculine.
2. The ending *–en* occurs in all cases except nominative singular.
   An "Umlaut" never occurs in the plural.
3. *–n* on its own occurs in the following words:
   der Bauer – des Bauer*n* – die Bauer*n*
   der Nachbar – des Nachbar*n* – die Nachbar*n*
   der Ungar – des Ungar*n* – die Ungar*n*
   Exception: der Herr – des Herr*n* – die Herr*en*

II   List of nouns ending in –(e)n

The number of nouns ending in *–(e)n* is relatively small. Here is a list of the most important nouns in this category:

1. der Affe, des Affen
   der Bär, des Bären
   der Bauer, des Bauern
   der Bote, des Boten
   der Bube, des Buben
   der Bulle, des Bullen
   der Bursche, des Burschen
   der Erbe, des Erben
   der Experte, des Experten
   der Fürst, des Fürsten
   der Gefährte, des Gefährten
   der Genosse, des Genossen
   der Graf, des Grafen
   der Hase, des Hasen
   der Heide, des Heiden
   der Held, des Helden
   der Herr, des Herr*n* (Pl. die Herr*en)*
   der Hirte, des Hirten
   der Insasse, des Insassen
   der Jude, des Juden
   der Junge, des Jungen
   der Kamerad, des Kameraden

   der Knabe, des Knaben
   der Kollege, des Kollegen
   der Komplize, des Komplizen
   der Kunde, des Kunden
   der Laie, des Laien
   der Lotse, des Lotsen
   der Löwe, des Löwen
   der Mensch, des Menschen
   der Nachbar, des Nachbarn
   der Nachkomme, des Nachkommen
   der Narr, des Narren
   der Neffe, des Neffen
   der Ochse, des Ochsen
   der Pate, des Paten
   der Prinz, des Prinzen
   der Rabe, des Raben
   der Rebell, des Rebellen
   der Riese, des Riesen
   der Satellit, des Satelliten
   der Sklave, des Sklaven
   der Soldat, des Soldaten
   der Zeuge, des Zeugen

2. All masculine nouns ending in
   –and, –ant, –ent:
   der Doktorand, des Doktoranden
   der Elefant, des Elefanten
   der Student, des Studenten
   der Präsident, des Präsidenten
   der Demonstrant, des Demonstranten
   der Musikant, des Musikanten
   der Produzent, des Produzenten
   der Lieferant, des Lieferanten

   –ist:
   der Kommunist, des Kommunisten
   der Polizist, des Polizisten
   der Kapitalist, des Kapitalisten
   der Journalist, des Journalisten
   der Sozialist, des Sozialisten
   der Terrorist, des Terroristen
   der Utopist, des Utopisten
   der Idealist, des Idealisten
   der Christ, des Christen

3. Masculine nouns – mostly occupation terms derived from Greek:
   der Biologe, des Biologen
   der Soziologe, des Soziologen
   der Demokrat, des Demokraten
   der Bürokrat, des Bürokraten
   der Diplomat, des Diplomaten
   der Automat, des Automaten

   der Fotograf, des Fotografen
   der Seismograph, des Seismographen
   der Architekt, des Architekten
   der Philosoph, des Philosophen
   der Monarch, des Monarchen
   der Katholik, des Katholiken

4. *Exceptions:* Some nouns form the genitive singular by adding *–s:*
   der Buchstabe, –ns; der Gedanke, –ns; der Name, –ns
   das Herz – des Herzens, dem Herzen, das Herz, (Pl.) die Herzen
   aber: der Professor, –s, (Pl.) –en; der Motor, –s, (Pl.) –en; der Staat, –(e)s, (Pl.) –en;
   der See, –s, (Pl.) –n

EXERCISES

**1 Some of the words in the following sentences have been jumbled.
Try rearranging them into their correct order.**

1. Der Automat konstruiert einen Ingenieur. 2. Der Bundespräsident beschimpft den Demonstranten. 3. Der Bauer befiehlt dem Fürsten. 4. Die Zeitung druckt den Drucker. 5. Der Zeuge vernimmt den Richter. 6. Der Hase frißt den Löwen. 7. Der Student verhaftet den Polizisten. 8. Der Gefängnisinsasse befreit den Aufseher. 9. Der Diplomat befragt den Reporter. 10. In dem Buchstaben fehlt ein Wort. 11. Der Hund füttert den Nachbarn. 12. Das Buch liest den Studenten. 13. Der Junge sticht die Mücke. 14. Der Patient tut dem Kopf weh. 15. Der Erbe schreibt sein Testament für einen Bauern. 16. Der Kuchen bäckt den Bäcker. 17. Der Sklave verkauft den Herrn. 18. Ein Narr streitet sich niemals mit einem Philosophen. 19. Der Kunde fragt den Verkäufer nach seinen Wünschen. 20. Die Einwohner bringen dem Briefträger die Post.

2 Complete the following sentences using the appropriate words in their correct case.

1. Der Wärter füttert (A)	der Neffe
2. Der Onkel antwortet (D)	der Bauer
3. Der Bulle verletzt (A)	der Zeuge
4. Der Bauer füttert gerade (A)	der Demonstrant
5. Die Polizisten verhaften (A)	der Laie
6. Der Fachmann widerspricht (D)	der Bär
7. Der Wissenschaftler beobachtet (A)	der Präsident
8. Das Parlament begrüßt (A)	der Ochse
9. Der Richter glaubt (D)	der Seismograph

3 Now do the following sentences in the same way:

1. Der Professor berät (A)	der Lotse
2. Das Kind liebt (A)	der Hirt
3. Die Schafe folgen (D)	der Stoffhase
4. Der Kapitän ruft (A)	der Riese Goliath
5. Der Laie befragt (A)	der Kunde
6. Der Freund hilft (D)	der Doktorand
7. Der Kaufmann bedient (A)	der Fotograf
8. Der Fotohändler berät (A)	der Gefährte
9. David besiegt (A)	der Experte

III Geographical terms and nationalities

Declension II	*Declension I*
der Afghane – des Afghanen	der Ägypter – des Ägypters
der Brite – des Briten	der Algerier – des Algeriers
der Bulgare – des Bulgaren	der Araber – des Arabers

der Chilene – des Chilenen	der Argentinier – des Argentiniers
der Chinese – des Chinesen	der Belgier – des Belgiers
der Däne – des Dänen	der Brasilianer – des Brasilianers
der Finne – des Finnen	der Engländer – des Engländers
der Franzose – des Franzosen	der Holländer – des Holländers
der Grieche – des Griechen	der Inder – des Inders
der Ire – des Iren	der Indonesier – des Indonesiers
der Jugoslawe – des Jugoslawen	der Iraker – des Irakers
der Kroate – des Kroaten	der Iraner – des Iraners
der Libanese – des Libanesen	der Italiener – des Italieners
der Pole – des Polen	der Japaner – des Japaners
der Portugiese – des Portugiesen	der Kanadier – des Kanadiers
der Rumäne – des Rumänen	der Kolumbianer – des Kolumbianers
der Russe – des Russen	der Libyer – des Libyers
der Schotte – des Schotten	der Marokkaner – des Marokkaners
der Schwede – des Schweden	der Norweger – des Norwegers
der Slowake – des Slowaken	der Österreicher – des Österreichers
der Slowene – des Slowenen	der Peruaner – des Peruaners
der Sudanese – des Sudanesen	der Schweizer – des Schweizers
der Tscheche – des Tschechen	der Spanier – des Spaniers
der Türke – des Türken	der Syrer – des Syrers
der Ungar – des Ungarn	der Tunesier – des Tunesiers
der Vietnamese – des Vietnamesen	u. a.
u. a.	
der Asiate – des Asiaten	der Afrikaner – des Afrikaners
	der Amerikaner – des Amerikaners
	der Australier – des Australiers
	der Europäer – des Europäers

Exceptions

1. der Israeli – des Israeli*s* – (Pl.) die Israeli*s*
   der Saudi – des Saudi*s* – (Pl.) die Saudi*s*
   der Somali – des Somali*s* – (Pl.) die Somali*s*
   der Pakistani – des Pakistani*s* – (Pl.) die Pakistani*s*
2. *der Deutsche* is declined like an adjective:
   mask.: der Deutsche / ein Deutsch*er*; fem.: die Deutsch*e* / eine Deutsch*e*
   Plural: die Deutsch*en* / Deutsch*e*

Notes

Apart from *die Deutsche* the ending *–in* is always used in the feminine, e. g.:
die Pol*in*, die Russ*in*, die Französ*in* (!), etc.
die Spanier*in*, die Iraner*in*, etc.
die Asiat*in*, die Europäer*in*, etc.

EXERCISES

1 Complete the following table according to the examples given, if necessary in groups:

I	II	III	IV	V
Polen	der Pole	des Polen	die Polen	die Polin
Spanien	der Spanier	des Spaniers	die Spanier	die Spanierin
Afrika	?	?	?	?
Asien	?	?	?	?

and so on. (see also table on pp. 18/19)

2 Practise the dative.

A: Der Ire singt gern.	B: Ja, man sagt *vom Iren*, daß er gern singt.

You can emphasize agreement: *Ja, das stimmt, man sagt vom Iren, ...* or: *Ja, richtig, ...; Ja, da haben Sie / hast du recht, ...*

1. Der Grieche handelt gern. 2. Der Deutsche liebt die Ordnung. 3. Der Holländer ist sparsam. 4. Der Japaner ist besonders höflich. 5. Der Türke ist besonders tapfer. 6. Der Italiener liebt die Musik. 7. Der Chinese ist besonders fleißig. 8. Der Araber ist ein guter Reiter. 9. Der Pole tanzt gern und gut. 10. Der Spanier ist stolz. 11. Der Engländer ißt morgens gern gut und kräftig. 12. Der Ungar ist sehr musikalisch. 13. Der Franzose kocht gern und gut. 14. Der Österreicher liebt die Mehlspeisen. 15. Der Schweizer wandert gern.

3 Practise according to the following examples:

Grieche / Perser / helfen (D)	A: Hilft der Grieche *dem Perser?* B: Nein, der Perser hilft *dem Griechen.*

1. Pole / Russe / den Weg zeigen (D) 2. Amerikaner / Kanadier / Geld leihen (D) 3. Schwede / Spanier / den Brief übersetzen (D) 4. Portugiese / Engländer / informieren (A) 5. Japaner / Afrikaner / zu Hilfe rufen (A) 6. Franzose / Indonesier / die Wohnung kündigen (D) 7. Israeli / Türke / aus dem Gefängnis befreien (A) 8. Belgier / Däne / schützen (A) 9. Araber / Afghane / anrufen (A) 10. Österreicher / Rumäne (!) / beschenken (A) 11. Finnin / Schweizer / sich verlassen auf (A) 12. Engländer / Chilenin / durch die Stadt führen (A) 13. Ungar / Tscheche / trösten (A) 14. Slowake / Italiener / danken (D)

§ 3   Use of the Article

I   The definite article

Whilst *the* is used in all grammatical situations in English to express the definite article, its German counterpart is more complex. It has three forms: *der, die* and *das* which change according to the case, number and gender of the noun it accompanies. The following guidelines indicate where German practice differs from English. The definite article is used with:

1. abstract and other nouns where the thing in question is being referred to as a whole or as a general idea, e. g.:
   Das Leben ist wunderschön./Life is wonderful.
   Die Arbeitslosigkeit steigt./Unemployment is rising.
2. the genitive, unless the noun is a proper name or is acting as a proper name, e. g.:
   Das Haus *des Lehrers.*/The teacher's house.
   Vaters Auto./Father's car.
3. proper names preceded by an adjective, e. g.
   Die alte Frau Schmidt hat morgen Geburtstag./It's old Mrs Smith's birthday tomorrow.
4. often in colloquial German or in familiar contexts, e.g.:
   Ich habe heute *die Anna* gesehen./I saw Anna today.
5. with street names, the names of buildings, lakes, mountains, parks and bridges, e. g.:
   Er arbeitet jetzt in der Ludwigstraße./He works in Ludwig Street now.
   Der Münchner Bahnhof ist groß./Munich Station is big.
6. time expressions, e. g. days of the week, months, seasons, mealtimes:
   Wir waren *am Montag/im Juni/im Winter/nach dem Mittagessen* dort./We were there on Monday/in June/in winter/after lunch.
7. nouns indicating institutions such as church, school, prison:
   Er war *in der Kirche/Schule/im Gefängnis.*/He was in church/school/prison.

a)   **Der** Lehrer schreibt **das** Wort an **die** Tafel.
     Das Parlament hat **die** Gesetze über **den** Export geändert.
b)   Der Mount Everest ist **der** höchste Berg der Erde.
c)   Die Sonne geht **im** Osten auf und **im** Westen unter.
     Wir gehen **am** Freitag **ins** Kino.

Rules
see a): The definite article is always used if the person or thing in question is known or has already been mentioned.
see b): The definite article always occurs with superlatives (see also § 40 I 2).
see c): The following contractions of prepositions + definite article are usual unless the article is emphasized:
     preposition + dem (Dat. sg. m and n): *am, beim, im, vom, zum*
     preposition + der (Dat. sg. f): *zur*
     preposition + das (Acc. sg. n): *ans, ins*

II The indefinite article

The indefinite article in German has three forms – *ein, eine* and *ein*. They correspond to *a* and *an* in English, and like the definite article, the indefinite article changes its form according to the case and gender of the noun it accompanies. Unlike in English, the indefinite article is omitted after descriptions of people by profession, religion and nationality, after *als*, meaning *as a*, and before the noun *Mitglied*, meaning *member*:
Sie ist *Lehrerin*./She's a teacher.
Er ist *Amerikaner*./He 's American.
Als Ausländer ist man in Deutschland nicht wahlberechtigt./As a foreigner, one doesn't have the right to vote in Germany.
Sie ist *Mitglied* in meinem Klub./She's a member of my club.

a) Singular: **Ein** Fahrrad kostet etwa 300 Mark.
Sie nahm **eine** Tasse aus dem Schrank.
Ein Bauer hatte **einen** Esel. **Der** Esel war alt und schwach.
Der Bauer wollte ihn schlachten, usw.

b) Plural: **Kinder** fragen viel.
Er raucht nur **Zigarren.**

c) Genitiv Singular: Man hört das Geräusch **eines Zuges.**
Genitiv Plural: Man hört das Geräusch **von Zügen.**

d) Verneinung: Im Hotel war **kein** Zimmer frei.
Wir haben **keine** Kinder.

Rules
see a): The indefinite article is used if a person or thing is unknown or to refer to a type of person or thing. In texts, as in spoken German, people and things are first introduced with the indefinite article; thereafter the definite article is used.
see b): As in English, there is no plural indefinite article.
see c): The genitive plural is expressed with *von + dative plural*.
see d): In negative sentences we use *kein-* to express *not a* or *no*.

Singular			*Plural*
maskulin	feminin	neutral	m + f + n
kein Mann	keine Frau	kein Kind	keine Männer / Frauen / Kinder
keines Mannes	keiner Frau	keines Kindes	keiner Männer / Frauen / Kinder
keinem Mann	keiner Frau	keinem Kind	keinen Männern / Frauen / Kindern
keinen Mann	keine Frau	kein Kind	keine Männer / Frauen / Kinder

EXERCISES

1 Practise making sentences in the same way as the example sentences below:

> (m) Dosenöffner / im Küchenschrank
> Ich brauche *einen Dosenöffner*. – *Der Dosenöffner* ist im Küchenschrank!
> (Pl.) Stecknadeln / im Nähkasten
> Ich brauche *Stecknadeln*. – *Die Stecknadeln* sind im Nähkasten!

We can emphasize necessity by using *unbedingt*: *Ich brauche unbedingt...* In the answer we can indicate slight impatience by using *doch*: *Der Dosenöffner ist doch im Küchenschrank, das weißt du doch!*

1. (Pl.) Briefumschläge / im Schreibtisch 2. (Pl.) Briefmarken / in der Schublade 3. (m) Hammer / im Werkzeugkasten 4. (m) Kugelschreiber / auf dem Schreibtisch 5. (n) Feuerzeug / im Wohnzimmer 6. (Pl.) Kopfschmerztabletten / in der Hausapotheke 7. (n) Wörterbuch / im Bücherschrank 8. (m) Flaschenöffner / in der Küche

2 Im Warenhaus

a

> (m) Schal
> Ich möchte bitte *einen Schal*. – Wie gefällt Ihnen *der Schal* hier?
> (Pl.) Taschentücher
> Ich möchte bitte *Taschentücher*. – Wie gefallen Ihnen *die Taschentücher* hier?

1. (n) Sporthemd 2. (f) Cordhose 3. (m) Wollrock 4. (m) Hut 5. (Pl.) Handschuhe 6. (Pl.) Wollsocken 7. (m) Pullover 8. (m) Mantel 9. (f) Jacke

b

> (n) Fahrrad / DM 450,–
> Hier haben wir *ein Fahrrad* für 450 Mark. – Nein, *das Fahrrad* ist mir zu teuer!

1. (m) Gebrauchtwagen / 2500,–
2. (f) Lederjacke / 250,–
3. (m) Elektroherd / 620,–
4. (n) Motorrad / 3000,–
5. (f) Kaffeemaschine / 180,–
6. (f) Waschmaschine / 950,–

3 Make plural sentences.

> Er schenkte mir ein Buch.   Ich habe das Buch noch nicht gelesen.
> Er schenkte mir *Bücher*.   Ich habe *die Bücher* noch nicht gelesen.

1. Ich schreibe gerade einen Brief. Ich bringe den Brief noch zur Post. 2. Morgens esse ich ein Brötchen. Das Brötchen ist immer frisch. 3. Ich kaufe eine Zeitung. Ich lese die Zeitung immer abends. 4. Ich rauche eine Zigarette. Wo habe ich die Zigarette nur gelassen? 5. Sie hat ein Pferd. Sie füttert das Pferd jeden Tag. 6. Ich suche einen Sessel. Der Sessel soll billig sein. 7. Die Firma sucht eine Wohnung. Sie vermietet die Wohnung an Ausländer. 8. Er kaufte ihr einen Brillanten. Er hat den Brillanten noch nicht bezahlt.

4 Change the following plural sentences into the singular.

Die Mücken haben mich gestochen.	*Die Mücke* hat mich gestochen.
Die Firma sucht Ingenieure.	Die Firma sucht *einen Ingenieur.*

1. Ich helfe den Schülern. 2. Sie hat Kinder. 3. Er liest Liebesromane. 4. Sie gibt mir die Bücher. 5. Er hat Hunde und Katzen im Haus. 6. Sie füttert die Tiere. 7. Wir leihen uns Fahrräder. 8. Er besitzt Häuser. 9. Er vermietet Wohnungen. 10. Er sucht noch Mieter. 11. Aber die Wohnungen sind zu teuer. 12. Vermieten Sie Zimmer? 13. Sind die Zimmer nicht zu teuer? 14. Hunde bellen, Katzen miauen.

5 Put in the definite or indefinite article using the correct case.

1 In . . . (f) Seeschlacht fand . . . (m) Matrose Zeit, sich am Kopf zu kratzen, wo ihn . . . (n) Tierlein belästigte. . . . Matrose nahm . . . (n) Tierchen und warf es zu Boden. Als er sich 3 bückte, um . . . (n) Tier zu töten, flog . . . (f) Kanonenkugel über seinen Rücken. . . . Kugel hätte ihn getötet, wenn er sich nicht gerade gebückt hätte. "Laß dich nicht 5 noch einmal bei mir sehen!" meinte . . . Matrose und schenkte . . . Tier das Leben.

6 Make sentences.

(Briefmarken / sammeln) ist ein beliebtes Hobby.
Das Sammeln von Briefmarken ist ein beliebtes Hobby.

1. (Bäume / fällen) ist nicht ungefährlich.
2. (Militäranlagen / fotografieren) ist oft nicht erlaubt.
3. (Fernseher / reparieren) muß gelernt sein.
4. (Kraftwerkanlagen / betreten) ist verboten.
5. (Hunde / mitbringen) ist untersagt.
6. (Rechnungen / schreiben) ist nicht meine Aufgabe.
7. (Schnecken / essen) überlasse ich lieber anderen.
8. (Landschaften / malen) kann man erlernen.
9. (Fotokopien / anfertigen) kostet hier zwanzig Pfennig pro Blatt.
10. (Pilze / sammeln) ist in manchen Gebieten nicht immer erlaubt.

7 Practise using the genitive singular and the dative plural forms of the indefinite article.

der Lärm / ein Motorrad / (¨er)	Man hört den Lärm *eines Motorrads.*
	Man hört den Lärm *von Motorrädern.*

1. Das Singen / ein Kind (–er)
2. das Sprechen / eine Person (–en)
3. das Laufen / ein Pferd (–e)
4. das Pfeifen / ein Vogel (¨)
5. das Hupen / ein Autobus (–se)
6. das Bellen / ein Hund (–e)
7. das Miauen / eine Katze (–n)
8. das Brummen / ein Motor (–en)
9. das Ticken / eine Uhr (–en)
10. das Klatschen / ein Zuschauer (–)

8 Use the vocabulary in exercises 1 and 2.

a

> Hier hast du den Dosenöffner. – Danke, aber ich brauche *keinen Dosenöffner* mehr.
> Hier hast du die Stecknadeln. – Danke, aber ich brauche *keine Stecknadeln* mehr.

b

> Möchtest du einen Schal? – Nein danke, ich brauche *keinen Schal.*
> Möchtest du Taschentücher? – Nein danke, ich brauche *keine Taschentücher.*

c

> Hier haben wir ein Fahrrad für 450 Mark. – Sehr schön, aber ich brauche *kein Fahrrad.*

III The singular with zero article

The following are used without the article:

1. Proper nouns, names of towns, countries and continents:
   Gerhard ist der Bruder von *Klaus.*
   (*Note:* Singular nouns with no article are often used with *von* + dative, instead of the genitive.)

   Goethe wurde 82 Jahre alt.   *Deutschland* ist ein Industrieland.
   Dr. Meyer ist als Forscher bekannt. *Afrika* und *Asien* sind Kontinente.
   Berlin war eine geteilte Stadt.   Auch: *Gott* ist groß.

   Note: The definite article precedes an adjective or a genitive attribute.

   der alte Goethe, der Goethe der Weimarer Zeit
   das geteilte Berlin, das Berlin der zwanziger Jahre
   im Polen der Nachkriegszeit
   der liebe Gott

   Exceptions: Some countries are preceded by the definite article:

maskulin	*feminin*		*Plural*	*Abkürzungen*
der Libanon	die Bundes-	die Schweiz	die Nieder-	[die DDR]*
der Sudan	republik	die Slowakische	lande	[die UdSSR]**
(der) Irak	Deutschland	Republik	die Ver-	die GUS (Ge-
(der) Iran	[die Deutsche	(die Slowakei)	einigten	meinschaft
	Demo-	[die Sowjetunion]**	Staaten	unabhängiger
	kratische	die Türkei	von	Staaten)
	Republik]*	die Tschechische	Amerika	die USA (Pl.)
		Republik		
* 1949–1990		die Antarktis		
** 1923–1991				

2. a) Non-countable nouns which are not defined, e. g. *Brot* (n), *Geld* (n), *Energie* (f), *Elektrizität* (f), *Wasserkraft* (f), *Luft* (f), *Wärme* (f):
Hast du *Geld* bei dir?
Die Hungernden schreien nach *Brot.*
Eisbären fühlen sich bei *Kälte* wohl.
Aus *Wasserkraft* wird *Energie* gewonnen.

Note: If the noun is defined by an attributive or an adverbial expression, the definite article is used:
die verseuchte Luft, die Wärme in diesem Raum

b) Liquids, metals and minerals which are not defined, e. g. *Wasser* (n), *Milch* (f), *Bier* (n),*Wein* (m), *Öl* (n), *Benzin* (n), *Alkohol* (m), *Holz* (n), *Glas* (n), *Kohle* (f), *Stahl* (m), *Beton* (m), *Kupfer* (n), *Kalk* (m):
Zum Frühstück trinkt man *Tee, Kaffee* oder *Milch.*
Zum Bau von Hochhäusern braucht man *Beton, Stahl* und *Glas.*

Note: das schmutzige Meerwasser, das Gold der Münze

c) Personal qualities or feelings which are not defined, e. g. *Mut* (m), *Kraft* (f), *Freundlichkeit* (f), *Intelligenz* (f), *Ehrgeiz* (m), *Nachsicht* (f), *Angst* (f), *Freude* (f), *Liebe* (f), *Trauer* (f), *Hoffnung* (f), *Verzweiflung* (f).

in the accusative case:
Sie hatten *Hunger* und *Durst.*
Er fühlte wieder *Mut* und *Hoffnung.*

with prepositions:
Mit Freundlichkeit kann man viel erreichen.
Sie war sprachlos *vor Freude.*
Aus Angst reagierte er völlig falsch.

Note: die Freude des Siegers, die Verzweiflung nach der Tat

3. Nationality or occupation terms used as the complement of *sein* and *werden* and also after *als:*
Ich bin *Arzt.*   Mein Sohn wird *Ingenieur.*
Er ist *Türke.*   Er arbeitet als *Lehrer.*

Note: If an attributive adjective occurs, the article must be used:
Er ist *ein guter Verkäufer.*
Das ist *der bekannte Architekt Dr. Meyer.*

4. Nouns preceded by terms of measure, weight and quantity:
Ich kaufe ein Pfund *Butter.*   Er trinkt ein Glas *Milch.*
Wir besitzen eine große Fläche *Wald.*   Wir hatten 20 Grad *Kälte.*

5. A large number of proverbs and idiomatic expressions:
Ende gut, alles gut.   Kommt *Zeit,* kommt *Rat.*
Pech haben, *Farbe* bekennen, *Frieden* schließen, *Widerstand* leisten, *Atem* holen
usw.
Er arbeitet *Tag* und *Nacht; Jahr* für *Jahr*

6. Nouns which are preceded by attributive genitives:
Der Sohn des Ministers wurde Direktor. – Des Ministers *Sohn* wurde Direktor.
Wir haben gestern *den Bruder* von Eva getroffen. – Wir haben gestern Evas *Bruder* getroffen.

Note:
Very often there is no article after the following prepositions: *ohne, zu, nach, vor* etc. (see also §§ 58–60):
ohne Arbeit, ohne Zukunft, ohne Hoffnung, etc.
zu Weihnachten, zu Ostern, zu Silvester, etc.
zu Fuß gehen; zu Besuch kommen; zu Boden fallen; zu Mittag essen, etc.
nach / vor Feierabend; nach / vor Beginn; nach / vor Ende, etc.

EXERCISES

1 Put in the definite article where necessary, using the correct case.

1. ... Rom ist die Hauptstadt von ... Italien. 2. Er liebt ... Deutschland und kommt jedes Jahr einmal in ... Bundesrepublik. 3. ... Dresden, ... Stadt des Barocks, liegt in ... Sachsen. 4. ... schöne Wien ist ... Österreichs Hauptstadt. 5. ... Bern ist die Hauptstadt ... Schweiz, aber ... Zürich ist die größte Stadt des Landes. 6. Die Staatssprachen in ... Tschechischen und Slowakischen Republik sind Tschechisch und Slowakisch. 7. ... Ankara ist die Hauptstadt ... Türkei; ... schöne Istanbul ist die größte Stadt des Landes. 8. ... GUS (= Gemeinschaft unabhängiger Staaten) ist ungefähr 62 mal größer als ... Deutschland. 9. ... Mongolei, genauer ... Mongolische Volksrepublik, liegt zwischen ... Rußland und ... China. 10. In ... Nordamerika spricht man Englisch, in ... Mittel- und Südamerika spricht man hauptsächlich Spanisch, außer in ... Brasilien; dort spricht man Portugiesisch. 11. In ... Vereinigten Staaten leben 250 Millionen Menschen. 12. In ... Nordafrika liegen die arabischen Staaten, das Gebiet südlich davon ist ... sogenannte Schwarzafrika. 13. ... Arktis ist im Gegensatz zu ... Antarktis kein Erdteil. 14. Der offizielle Name von ... Holland ist "... Niederlande".

2 Do the following exercise in the same way:

1. Morgens trinke ich ... Tee, nachmittags ... Kaffee. 2. Schmeckt dir denn ... kalte Kaffee? 3. Er ist ... Engländer und sie ... Japanerin. 4. Siehst du ... Japaner dort? Er arbeitet in unserer Firma. 5. Ich glaube an ... Gott. 6. Allah ist ... Gott des Islam. 7. ... Arbeit meines Freundes ist hart. 8. Ich möchte ohne ... Arbeit nicht leben. 9. Du hast doch ... Geld! Kannst du mir nicht 100 Mark leihen? 10. Die Fabrik ist ... Tag und ... Nacht in Betrieb. 11. Wollen Sie in eine Stadt ohne ... Motorenlärm? Dann gehen Sie nach Zermatt in ... Schweiz; dort sind ... Autos und Motorräder für Privatpersonen nicht zugelassen. 12. Zu ... Ostern besuche ich meine Eltern, in ... Ferien fahre ich in ... Alpen. 13. Wenn du ... Hunger hast, mach dir ein Brot. 14. Mein Bruder will ... Ingenieur werden; ich studiere ... Germanistik. 15. Sie als ... Mediziner haben natürlich bessere Berufsaussichten!

§ 4   Declension of the Personal Pronouns

German personal pronouns are used in much the same way as English pronouns. German personal pronouns are declinable like nouns.

German has three pronouns for *you*, *du* (singular), *ihr* (plural) and *Sie* (used to address one or more people). *Du* is always used when talking to small children, friends, relatives and animals. *Ihr* is the plural form of *du*. When in doubt whether to use the familiar form of address, *du/ihr*, or the polite *Sie* form, it's always safer to use the formal form. Note that this *Sie* is written with a capital letter.

	Singular					*Plural*			
Person:	1.	2.	3.			1.	2.	3.	An-rede
Nom.	ich	du	er	sie	es	wir	ihr	sie	Sie
Gen.	(mei-ner)	(dei-ner)	(sei-ner)	(ihrer)	(sei-ner)	(unser)	(euer)	(ihrer)	(Ihrer)
Dat.	mir	dir	ihm	ihr	ihm	uns	euch	ihnen	Ihnen
Akk.	mich	dich	ihn	sie	es	uns	euch	sie	Sie

Rules

1. The personal pronouns *ich, du, wir, ihr, Sie* in the nominative, dative and accusative case always refer to people:
   Ich habe *dich* gestern gesehen. – *Wir* haben *euch* gut verstanden.
   Ich habe *Ihnen* geschrieben. – *Wir* rufen *Sie* wieder an.

2. The personal pronouns *er, sie, es*, (plural) *sie* in the nominative, dative and accusative case, refer to people or things already mentioned:
   Der Professor ist verreist. *Er* kommt heute nicht.
   Die Verkäuferin bedient mich oft. Ich kenne *sie* schon lange.
   Die Blumen sind vertrocknet. Ich habe *ihnen* zu wenig Wasser gegeben.
   Das Ergebnis ist jetzt bekannt. *Es* ist negativ ausgefallen.

Notes

1. a) *Du* and *ihr* are used to address children, relatives and friends.
   b) *Sie* is used as a polite form of address when talking to adults in a formal context. *Sie* can be used for one or more persons.

2. a) *Du, dich, ihr, euch* etc. start with a small letter. In letters and notices, however capital letters are used: *Du, Ihr, Deine* Antwort etc.
   b) In polite forms of address, *Sie, Ihnen, Ihren* Brief etc., always start with a capital letter.

EXERCISES

1 Replace the words which appear in italics with the correct pronoun.

Einem alten Herrn war sein Hündchen entlaufen, das er sehr liebte. *Der alte Herr* suchte *das Hündchen* in allen Straßen und Gärten, aber *der alte Herr* konnte das *Hündchen* nirgendwo finden. Darum ließ *der alte Herr* in der Zeitung eine Belohnung ausschreiben. Wer *dem alten Herrn* das Hündchen wiederbringt, bekommt 500 Mark Belohnung. Als *das Hündchen* nach drei Tagen noch nicht zurückgebracht war, rief der alte Herr wütend bei der Zeitung an. Aber der Pförtner konnte *den alten Herrn* nicht beruhigen und konnte *dem alten Herrn* auch keine genaue Auskunft geben, weil niemand von den Angestellten der Zeitung anwesend war. "Wo sind *die Angestellten* denn", schrie der alte Herr aufgeregt, "warum kann ich mit keinem von *den Angestellten* sprechen?" "*Die Angestellten* suchen alle nach Ihrem Hündchen", antwortete der Pförtner.

2 Continue in the same way as above.

1. In den nächsten Ferien wollen wir mit unseren Verwandten verreisen, wir wissen aber noch nicht, wann es *unseren Verwandten* paßt.
2. Ich habe bei Herrn Schmidt schon zweimal angerufen, aber ich kann *Herrn Schmidt* nicht erreichen.
3. Deine Freundin redet zuviel. Du kannst *deiner Freundin* nichts anvertrauen.
4. Ich habe viele Nachbarn, aber ich kenne *die Nachbarn* nicht.
5. Wir hatten zwei Häuser, aber wir haben *die Häuser* im Krieg verloren.
6. Die Sekretärin hat viel zu tun. Wir wollen *die Sekretärin* jetzt nicht stören.
7. Meine Freunde glauben den Politikern gar nichts, aber *meine Freunde* tadeln *die Politiker* auch nicht.
8. Das Herz des Patienten schlägt sehr schwach. Der Arzt versucht, *das Herz des Patienten* wieder in Bewegung zu bringen.
9. Seit drei Stunden spricht der Professor über das Problem. Aber den Studenten ist *das Problem* immer noch nicht klar.
10. Der Professor versuchte, den Studenten alles genau zu erklären, aber das nützte *den Studenten* gar nichts.
11. Er ärgerte sich über seinen Sohn, deshalb half er *seinem Sohn* nicht.
12. Warum kann dir die Ärztin nicht helfen? Du hast *der Ärztin* doch alles gesagt.
13. Du verstehst die Wörter nicht, aber ich verstehe *die Wörter*.
14. Kinder wollen alles genau wissen. Was man sagt, genügt *den Kindern* meistens nicht.

3 Fill in the missing personal pronouns. Write this exercise, paying close attention to the use of capital or small letters.

1. Kommst du morgen? Dann gebe ich ... das Buch. ... ist sehr interessant. Gib ... ... zurück, wenn du ... gelesen hast.
2. Besuchst ... deinen Bruder? Gib ... bitte dieses Geschenk. ... ist von meiner Schwester. Ich glaube, sie mag ... .
3. Du hast noch meine Schreibmaschine. Gib ... ... bitte zurück; ich brauche ... ... dringend.
4. Hört mal, ihr zwei, ich habe so viele Blumen im Garten; ... könnt euch ruhig ein paar mitnehmen. ... verwelken sonst doch nur.

5. Hier sind herrliche Äpfel aus Tirol, meine Dame. Ich gebe . . . . . . für drei Mark das Kilo. . . . sind sehr aromatisch!
6. "Kommst du morgen mit in die Disko?" ". . . weiß noch nicht. . . . rufe . . . heute abend an und sage . . . Bescheid."
7. Wenn du das Paket bekommst, mach . . . gleich auf. Es sind Lebensmittel drin. Leg . . . gleich in den Kühlschrank, sonst werden . . . schlecht.
8. Geh zu den alten Leuten und gib . . . die Einladung. . . . freuen sich bestimmt, wenn . . . . . . bekommen.
9. "Also, Herr Maier, ich sage . . . jetzt noch einmal: Drehen . . . das Radio etwas leiser!" "Aber ich bitte . . ., Herr Müller, stört . . . das denn?"
10. "Schickst . . . den Eltern eine Karte?" "Ich schicke . . . keine Karte, . . . schreibe . . . einen Brief."

§ 5 Possessive Pronouns

I First to third person possessive pronouns in the nominative singular and plural

	Singular			*Plural*
	maskulin	feminin	neutral	m + f + n
1.	mein	meine	mein	meine
2.	dein	deine	dein	deine
3.	sein	seine	sein	seine
	ihr	ihre	ihr	ihre
	sein	seine	sein	seine
1.	unser	uns(e)**re**	unser	uns(e)**re**
2.	euer	eu(e)**re**	euer	eu(e)**re**
3.	ihr	ihre	ihr	ihre
	Ihr	Ihre	Ihr	Ihre

Rules

1. The possessive pronoun indicates to whom a thing belongs:
   Das ist meine Tasche = Sie gehört *mir.*
   Das ist seine Tasche = Sie gehört *dem Chef.*
   Das ist ihre Tasche = Sie gehört *der Kollegin.*

2. The polite form of address *Ihr, Ihre, Ihr* can refer to one or more owners:
   Ist das Ihre Tasche? – Ja, sie gehört *mir.*
   Ist das Ihre Tasche? – Ja, sie gehört *uns.*

II Declension of the possessive pronouns

Singular	maskulin	feminin	neutral
Nom.	mein Freund	meine Freundin	mein Haus
Gen.	meines Freundes	meiner Freundin	meines Hauses
Dat.	meinem Freund	meiner Freundin	meinem Haus
Akk.	meinen Freund	meine Freundin	mein Haus

Plural	maskulin	feminin	neutral
Nom.	meine Freunde	meine Freundinnen	meine Häuser
Gen.	meiner Freunde	meiner Freundinnen	meiner Häuser
Dat.	meinen Freunden	meinen Freundinnen	meinen Häusern
Akk.	meine Freunde	meine Freundinnen	meine Häuser

Rules

1. The possessive pronoun ending always refers to the person or thing that comes *after* the possessive pronoun:
   a) to its case (nominative, genitive, dative, accusative)
   b) to its gender (masculine, feminine, neuter)
   c) to its number (singular or plural)

   Das ist mein*e* Tasche. (nom. sg. f)
   Ich kenne ihr*en* Sohn. (acc. sg. m)
   Aber: Ich kenne ihr*e* Söhne. (acc. pl. m)

2. Summary: There are two points to bear in mind when using the possessive pronoun:
   a) Who is the "owner"?
   b) Which is the correct ending?

   Ich hole den Mantel der Kollegin. = 3. Person Sg. f
   Ich hole ihr*en* Mantel. = akk. Sg. m

EXERCISES

1 Practise answering the questions in the following way. The possessive pronoun is in the nominative case. Now continue on your own.

a

Wo ist dein Lexikon? – *Mein Lexikon* ist hier!

Wo ist deine Tasche?
Wo ist dein Kugelschreiber?
Wo ist dein Deutschbuch?
Wo ist . . .?

Wo sind deine Arbeiten?
Wo sind deine Aufgaben?
Wo sind deine Hefte?
Wo sind . . .?

b

> Wo ist mein Mantel? – *Dein Mantel* ist hier!

You can express impatience after looking around for some time: *Wo ist denn nur mein Mantel?*

Wo ist mein Hut?   Wo ist mein Portemonnaie?
Wo ist meine Tasche?   Wo ist meine Brieftasche?
Wo sind meine Handschuhe?   Wo sind meine Zigaretten?
Wo ist . . .?   Wo sind . . .?

2 Look at exercise 1 and practise in the same way.

> Wo ist Ihr Lexikon? – *Mein Lexikon* ist hier!
> Wo ist mein Mantel? – *Ihr Mantel* ist hier!

3 Put in the possessive pronouns in the dative case.

Das ist Herr Müller mit . . .
seiner Familie (f).
. . . Frau.
. . . Sohn.
Das ist Frau Schulze mit . . .
. . . Freundinnen (Pl.).
. . . Schwester.
. . . Tochter.
Das sind Thomas und Irene mit . . .
. . . Spielsachen (Pl.).
. . . Eltern (Pl.).
. . . Lehrer (m).

. . . Töchtern (Pl.).
. . . Kind.
. . . Nichte.

. . . Söhnen.
. . . Mann.
. . . Enkelkindern.

. . . Fußball (m).
. . . Freunden (Pl.).
. . . Mutter.

4 Practise according to the following examples:

> Haus (n) / Tante   Das Haus gehört *meiner Tante.*

1. Wagen (m) / Schwiegersohn
2. Garten (m) / Eltern
3. Möbel (Pl.) / Großeltern
4. Fernseher (m) / Untermieterin

5. Bücher (Pl.) / Tochter
6. Teppich (m) / Schwägerin
7. Schmuck (m) / Frau
8. Schallplatten (Pl.) / Sohn

5 Practise according to the following examples. The possessive pronoun is in the accusative case.

> Wo hab' ich nur *meinen Kugelschreiber* hingelegt? (. . . auf den Tisch gelegt.)
> *Deinen Kugelschreiber?* Den hast du auf den Tisch gelegt.

Slight surprise or impatience can be expressed in the answer: *Den hast du doch auf den Tisch gelegt!* ("doch" is not emphasized)

Wo hab' ich nur . . .
1. . . . Brille (f) hingelegt? (. . . auf den Schreibtisch gelegt.)
2. . . . Jacke (f) hingehängt? (. . . an die Garderobe gehängt.)
3. . . . Handschuhe (Pl.) gelassen? (. . . in die Schublade gelegt.)
4. . . . Schirm (m) hingestellt? (. . . da in die Ecke gestellt.)
5. . . . Bleistift (m) gelassen? (. . . in die Jackentasche gesteckt.)
6. . . . Briefmarken (Pl.) gelassen? (. . . in die Brieftasche gesteckt.)
7. . . . Brief (m) hingetan? (. . . in den Briefkasten geworfen.)

6 Now practise in the following way, using the questions from exercise 5:

> Wo hab' ich nur *meinen Kugelschreiber* hingelegt?
> *Ihren Kugelschreiber?* Den haben Sie auf den Tisch gelegt.

7 Fill in the possessive pronouns with their correct endings.

1. Der Minister ist zurückgetreten. Es war . . . Entscheidung (f). 2. Wir sind in ein anderes Hotel gezogen. . . . altes Hotel (n) war zu laut. 3. Frau Kramm läßt dich grüßen. Sie hat sich über . . . Karte (f) sehr gefreut. 4. Müllers ziehen jetzt aus. Nächste Woche ziehen wir in . . . Wohnung (f) ein. 5. Sie haben uns beim Umzug sehr geholfen. Wir sind Ihnen sehr dankbar für . . . Hilfe (f). 6. Der alte Professor ist gestorben. Seine Frau verkauft jetzt . . . Bücher (Pl.). 7. Du telefonierst zuviel! . . . Telefonrechnung (f) wird zu hoch. 8. Bald besuchen wir unsere Freunde. Dann sehen wir auch . . . neues Haus (n). 9. Jetzt studiert er schon zehn Semester. Im Januar wird er endlich . . . Examen (n) machen. 10. Leider haben Sie bisher nicht geantwortet. Wir erwarten dringend . . . Antwort (f) auf . . . Schreiben (n) vom 3.5. 11. Mein Bruder hat in den Ferien zuviel Geld ausgegeben. . . . Schulden (Pl.) bezahle ich nicht! 12. Meine Schwester ist umgezogen. Ich gebe dir . . . neue Telefonnummer (f).

8 Fill in the possessive pronoun endings, but only where necessary.

Lieber Hans,   Frankfurt, den 30. Mai 199 . . .

Dein*e* Antwort (f) auf mein*en* Brief (m) hat mich sehr gefreut. So werden wir also unser*e* Ferien (Pl.) gemeinsam auf dem Bauernhof mein*es* Onkels verbringen.
Sein*e* Einladung (f) habe ich gestern bekommen. Er lädt dich, Dein*en* Bruder und mich auf sein*en* Bauernhof (m) ein. Mein*e* Freude (f) kannst du dir vorstellen. Es war ja schon lange unser__ Plan (m), zusammen zu verreisen.
Mein*e* Verwandten (Pl.) haben auf ihr*em* Bauernhof (m) allerdings ihr*e* eigene Methode (f): Mein *–* Onkel verwendet keinen chemischen Dünger, er düngt sein*en* Boden (m) nur mit dem Mist sein*er* Schafe und Kühe (Pl.). Ebenso macht es sein*e* Frau: ihr__ Gemüsegarten (m) düngt sie nur mit natürlichem Dünger. Ihr *–* Gemüse (n) und ihr *–* Obst (n) wachsen völlig natürlich! Sie braucht keine gefährlichen Gifte gegen Unkraut oder Insekten, und ihr*e* Obstbäume (Pl.) wachsen und gedeihen trotzdem. Deshalb schmecken ihr*e* Äpfel und Birnen (Pl.) auch besser als unser*e* gekauften Früchte (Pl.). Ihr*e* Hühner und Gänse (Pl.) laufen frei herum; nur abends treibt sie mein *–* Onkel in ihr*e* Ställe (Pl.). Dort legen sie Eier und brüten ihr *e* Küken (Pl.) aus; das wird dein*en* kleinen Bruder interessieren!

Die Landwirtschaft mein_er Verwandten (Pl.) ist übrigens sehr modern. Ihr_en Haushalt (m) versorgen sie mit Warmwasser aus Sonnenenergie; sogar die Wärme der Milch ihr_er Kühe (Pl.) verwenden sie zum Heizen! Die Maschinen sind die modernsten ihr_es Dorfes (n).
Mein_e Verwandten sind übrigens noch jung: mein_ Onkel ist 30, mein_e Tante 25 Jahre alt. Ich finde ihr_ Leben (n) und ihr_e Arbeit (f) sehr richtig und sehr gesund. Aber Du wirst Dir dein_e Meinung (f) selbst bilden.

Herzliche Grüße   Dein_ Klaus

§ 6   Verb Conjugation

I   Preliminary note

1. The infinitive of a verb is made up of a *stem* and the *ending -en*:
   lach-en, folg-en, trag-en, geh-en

2. There are *weak*, or regular, verbs and *strong*, or irregular, verbs as well as a few mixed verbs. The *weak* verbs are conjugated in the *regular way*. Most German verbs belong to the category of weak verbs. The *strong* verbs and the *mixed verbs* are conjugated *irregularly*. This is by far the smaller category, and these verbs should be memorized (see appendix).
   Unfortunately there is no simple rule to help you to recognize strong or weak verbs. Very often if the English verb is strong its German equivalent will be strong – as *see/sehen, drink/trinken* or *find/finden*. But, as is the case with most rules, this rule doesn't always apply, so it is safer to memorize the so-called stem forms of a verb when you learn the verb.

3. The stem forms of a verb are the:
   a) infinitive: lachen, tragen
   b) imperfect: er lachte, er trug
   c) past participle: gelacht, getragen

4. The past participle is formed by prefixing *ge–* and adding *–t* to the stem (= weak verbs) or *–en* (= strong verbs):
   lachen – ge*lacht*, einkaufen – ein*ge*kauf*t*
   tragen – ge*tragen*, anfangen – an*ge*fangen
   (for the past participle without *ge–*, see also § 12)

5. The majority of verbs form the perfect and past perfect with the auxiliary verb *haben*, a few are formed with the auxiliary verb *sein* (see § 12).

II Conjugation of the weak verbs

with **haben**

	Präsens	Imperfekt	Perfekt	Plusquamperfekt
Singular	ich lache	ich lachte	ich habe gelacht	ich hatte gelacht
	du lachst	du lachtest	du hast gelacht	du hattest gelacht
	er	er	er	er
	sie | lacht	sie | lachte	sie | hat gelacht	sie | hatte gelacht
	es	es	es	es
Plural	wir lachen	wir lachten	wir haben gelacht	wir hatten gelacht
	ihr lacht	ihr lachtet	ihr habt gelacht	ihr hattet gelacht
	sie lachen	sie lachten	sie haben gelacht	sie hatten gelacht

	Futur I		Futur II	
Singular	ich werde	lachen	ich werde gelacht haben	
	du wirst	lachen	du wirst gelacht haben	
	er		er	
	sie | wird	lachen	sie | wird gelacht haben	
	es		es	
Plural	wir werden	lachen	wir werden gelacht haben	
	ihr werdet	lachen	ihr werdet gelacht haben	
	sie werden	lachen	sie werden gelacht haben	

with **sein**

	Präsens	Imperfekt	Perfekt	Plusquamperfekt
Singular	ich folge	ich folgte	ich bin gefolgt	ich war gefolgt
	du folgst	du folgtest	du bist gefolgt	du warst gefolgt
	er	er	er	er
	sie | folgt	sie | folgte	sie | ist gefolgt	sie | war gefolgt
	es	es	es	es
Plural	wir folgen	wir folgten	wir sind gefolgt	wir waren gefolgt
	ihr folgt	ihr folgtet	ihr seid gefolgt	ihr wart gefolgt
	sie folgen	sie folgten	sie sind gefolgt	sie waren gefolgt

	Futur I		Futur II	
Singular	ich werde folgen		ich werde gefolgt sein	
	du wirst folgen		du wirst gefolgt sein	
	er		er	
	sie | wird folgen		sie | wird gefolgt sein	
	es		es	
Plural	wir werden folgen		wir werden gefolgt sein	
	ihr werdet folgen		ihr werdet gefolgt sein	
	sie werden folgen		sie werden gefolgt sein	

Rules

1. The weak verbs do not change their vowels in the stem forms.
2. The imperfect is formed by adding –*te*.
3. The past participle has a –*t* ending.
4. The Futur I is formed with *werden* and the infinitive of the main verb. (For usage, see also § 21)
5. The Futur II is formed with *werden* and the perfect infinitive (= past participle + *haben* or *sein*). (For usage, see also § 21)

Notes

1. For the question form *(Lachst du? Lacht ihr? Lachen Sie?)* see § 17.
2. For the imperative *(Lach! Lacht! Lachen Sie!)* see § 11.

EXERCISES

1 Conjugate lists one, two and three in the present tense (ich schicke, du heilst, etc.), in the perfect and imperfect.

	1	2	3
Sg. 1. Person	schicken	glauben	zählen
2.	heilen	kaufen	schicken
3.	fragen	jagen	kochen
Pl. 1.	legen	weinen	drehen
2.	führen	lachen	stecken
3.	stellen	bellen	rühren

2 Practise a) according to the pattern on the left and b) according to the pattern on the right.

Benutzt du ein Wörterbuch?   Ja, *ich benutze* ein Wörterbuch.   *Er benutzt* ein Wörterbuch!

Benutzt ihr ein Wörterbuch?   Ja, *wir benutzen* ein Wörterbuch.   *Sie benutzen* ein Wörterbuch!

We can stress our interest in something by using *eigentlich*: *Benutzt du eigentlich ein Wörterbuch?* We can stress that something goes without saying by using *natürlich* – or even stronger, *selbstverständlich*: *Ja, natürlich benutze ich ein Wörterbuch.* Or: *Ja, selbstverständlich benutze ich ein Wörterbuch.*

1. Reparierst du das Rad selbst? 2. Holst du den Koffer mit dem Taxi? 3. Machst du den Kaffee immer so? 4. Brauchst du heute das Auto? 5. Wiederholst du die Verben? 6. Übst du immer laut? 7. Kletterst du über die Mauer? 8. Sagst du es dem Wirt?

3 Now do exercise 2 in the perfect.

4 Add the correct present tense ending to the verbs in brackets. Say the sentences aloud and then write them.

1. Er (zeigen) ihr den Weg. Wir... euch die Lösung. Ich... dir das Fotoalbum. Wann... du mir die Bilder? Sie... uns Haus und Garten. Warum... ihr uns die Arbeiten nicht? ... Sie mir Ihren Plan?
2. Wo (kaufen) Sie die Getränke? ... du das Brot auch hier? Wir... es immer bei Lehmann. Aber Hans... es bei Prüfer. Wo... ihr die Lebensmittel? Ich... sie im Kaufhaus.
3. Was (sagen) er? Herr Maier, ... Sie wirklich die Wahrheit? Wer... es ihm? Ich... es ihm nicht.... du es ihm?
4. Er (hören) nicht gut.... du mich? Warum... die Leute nichts? Ich... ein Flugzeug. ...ihr den Vogel? Nein, wir... ihn nicht.

5 Now practise the perfect tense using the sentences in the above exercise.

> Er *hat* ihr den Weg *gezeigt.* Wir ...

III Conjugation of the strong verbs*

with **haben**

	Präsens	Imperfekt	Perfekt	Plusquamperfekt
Singular	ich trage	ich trug	ich habe getragen	ich hatte getragen
	du trägst	du trugst	du hast getragen	du hattest getragen
	er	er	er	er
	sie trägt	sie trug	sie hat getragen	sie hatte getragen
	es	es	es	es
Plural	wir tragen	wir trugen	wir haben getragen	wir hatten getragen
	ihr tragt	ihr trugt	ihr habt getragen	ihr hattet getragen
	sie tragen	sie trugen	sie haben getragen	sie hatten getragen

with **sein**

	Präsens	Imperfekt	Perfekt	Plusquamperfekt
Singular	ich gehe	ich ging	ich bin gegangen	ich war gegangen
	du gehst	du gingst	du bist gegangen	du warst gegangen
	er	er	er	er
	sie geht	sie ging	sie ist gegangen	sie war gegangen
	es	es	es	es
Plural	wir gehen	wir gingen	wir sind gegangen	wir waren gegangen
	ihr geht	ihr gingt	ihr seid gegangen	ihr wart gegangen
	sie gehen	sie gingen	sie sind gegangen	sie waren gegangen

---

* see alphabetical list in the appendix

Rules

1. The strong verbs change their stem vowel in the imperfect and for the most part in the past participle:

   f*i*nden, f*a*nd, gef*u*nden   tr*a*gen, tr*u*g, getr*a*gen

   Some verbs change their whole stem:

   gehen, g*ing,* geg*angen*   sein, *war, gewesen*

2. In the first and third person singular in the imperfect the strong verbs have no ending: ich / er trug; ich / er ging

3. Some strong verbs have a special form in the first and second person singular in the present. These special present forms have to be learned along with the other verb forms, e. g.:

   ich gebe – du g*i*bst, er g*i*bt   ich lasse – du l*ä*ßt, er l*ä*ßt
   ich nehme – du n*i*mmst, er n*i*mmt   ich stoße – du st*ö*ßt, er st*ö*ßt
   ich lese – du l*ie*st, er l*ie*st   ich laufe – du l*äu*fst, er l*äu*ft
   ich schlafe – du schl*ä*fst, er schl*ä*ft

4. The strong verbs end in *–en* in the past participle.

5. The Futur I is formed with *werden* and the infinitive form of the main verb (*ich werde tragen / gehen*), the Futur II is formed with *werden* and the perfect infinitive (*ich werde getragen haben / gegangen sein*).

EXERCISES

1 Put in the verbs with a vowel change in the second person singular in the present.

> Ich esse Fisch. Was . . . du?
> Ich esse Fisch. Was *ißt* du?

1. Ich brate mir ein Kotelett. Was . . . du dir? 2. Ich empfehle den Gästen immer das "Hotel Europa". Was . . . du ihnen? 3. Ich fange jetzt mit der Arbeit an. Wann . . . du an? 4. Ich gebe dem Jungen eine Mark. Was . . . du ihm? 5. Ich halte mir einen Hund. . . . du dir auch einen? 6. Ich helfe ihr immer montags. Wann . . . du ihr? 7. Ich verlasse mich nicht gern auf ihn. . . . du dich denn auf ihn? 8. Ich laufe hundert Meter in 14 Sekunden. Wie schnell . . . du? 9. Ich lese gern Krimis. Was . . . du gern? 10. Ich nehme ein Stück Kirschtorte. Was . . . du? 11. Ich rate ihm zu fliegen. Was . . . du ihm? 12. Ich schlafe immer bis sieben. Wie lange . . . du? 13. Ich spreche sofort mit dem Chef. Wann . . . du mit ihm? 14. Ich sehe das Schiff nicht. . . . du es? 15. Ich trage den Koffer. . . . du die Tasche? 16. Ich treffe sie heute nicht. . . . du sie? 17. Ich vergesse die Namen so leicht. . . . du sie auch so leicht? 18. Ich wasche die Wäsche nicht selbst. . . . du sie selbst? 19. Ich werde im Mai 25. Wann . . . du 25? 20. Ich werfe alte Flaschen nicht in den Mülleimer. . . . du sie in den Mülleimer?

2 Say the sentences below aloud in the singular.

1. Die Kinder (n) blasen die Flöte. 2. Die Türken empfangen die Radionachrichten aus Ankara erst abends. 3. Die Münzen (f) fallen in den Automaten. 4. Die Löwen (m) fressen die Schafe (n). 5. Die Fischer geraten in einen Sturm. 6. Es geschehen leider keine Wunder (n) mehr. 7. Die Arbeiter graben ein Loch. 8. Die Demonstranten tragen Schilder (n). 9. Die Räuber laden die Pistolen (f). 10. Die Schüler messen die Temperaturen (f) der Flüssigkeiten (f). 11. Die Eiszapfen (m) schmelzen in der Sonne schnell. 12. Die Diebe stehlen ein Auto. 13. Die Patienten sterben nicht an der Vergiftung. 14. Die Truppen (f) stoßen auf Widerstand. 15. Die Gäste (m) betreten die Wohnung. 16. Die Fische (m) verderben in der Hitze schnell. 17. Die Pflanzen (f) wachsen bei der Kälte nicht. 18. Die Firmen (die Firma) werben für ihre Waren (f).

3 Change the sentences in exercise 1 (not the questions) into the perfect and those in exercise 2 into the imperfect.

IV Conjugation of the verbs with auxiliary –e

Weak verbs

	Präsens	*Imperfekt*	*Perfekt*
Singular	ich antworte	ich antwortete	ich habe geantwortet
	du antwortest	du antwortetest	du hast geantwortet
	er antwortet	er antwortete	er hat geantwortet
Plural	wir antworten	wir antworteten	wir haben geantwortet
	ihr antwortet	ihr antwortetet	ihr habt geantwortet
	sie antworten	sie antworteten	sie haben geantwortet

Strong verbs

	Präsens	*Imperfekt*	*Perfekt*
Singular	ich biete	ich bot	ich habe geboten
	du bietest	du botest	du hast geboten
	er bietet	er bot	er hat geboten
Plural	wir bieten	wir boten	wir haben geboten
	ihr bietet	ihr botet	ihr habt geboten
	sie bieten	sie boten	sie haben geboten

Rules

1. Verb stems which end in –d or –t, need an auxiliary –e before the endings –st, –te, –t.

2. The same rule applies to verb stems ending in –m or –n, but only if a consonant (not r) precedes:
   atmen: er atmet, du atmetest, er hat geatmet
   rechn-en: du rechnest, wir rechneten, ihr rechnetet

EXERCISES

1 Make questions.

| Die Bauern reiten ins Dorf. | Wer *reitet* ins Dorf? |

1. Die Verkäufer bieten einen günstigen Preis. 2. Einige Parteimitglieder schaden der Partei. 3. Die Kinder baden schon im See. 4. Die Frauen öffnen die Fenster. 5. Die Angestellten rechnen mit Computern. 6. Die Sportler reden mit dem Trainer. 7. Die Schauspieler verabschieden sich von den Gästen. 8. Die Fußballspieler gründen einen Verein. 9. Die Politiker fürchten eine Demonstration. 10. Die Sanitäter retten die Verletzten. 11. Die Fachleute testen das Auto. 12. Die Schüler warten auf die Straßenbahn. 13. Die Techniker zeichnen die Maschinenteile. 14. Die Jungen streiten mit den Mädchen.

2 Change the sentences in exercise 1 into the imperfect and perfect alternately.

3 Make sentences.

| die Schuhe nicht am Ofen trocknen
A: Ich *trockne* die Schuhe nicht am Ofen.
B: Warum *trocknest* du die Schuhe nicht am Ofen? |

1. das Pferd an den Baum binden 2. den Park bei Dunkelheit meiden 3. das Gras jede Woche schneiden 4. die Aufgabe mit dem Taschenrechner rechnen 5. die Stadt auf der Landkarte nicht finden 6. jeden Tag zwölf Stunden arbeiten 7. den Diebstahl nicht der Polizei melden 8. nicht länger auf den Bus warten 9. den Chef jetzt um Versetzung bitten 10. das Geschenkpaket nicht vor Weihnachten öffnen 11. den Verwandten jeden Monat fünfzig Mark senden 12. mit dem Nachbarn nicht mehr reden

4 Use the vocabulary in exercise 3 and make imperfect and perfect sentences.

| die Schuhe nicht am Ofen trocknen
Er *trocknete* die Schuhe nicht am Ofen.
Er *hat* die Schuhe nicht am Ofen *getrocknet*. |

V Conjugation of the mixed verbs

Präsens		*Imperfekt*	*Perfekt*	
ich	denke	ich dachte	ich habe	gedacht
du	denkst	du dachtest	du hast	gedacht
er	denkt	er dachte	er hat	gedacht
wir	denken	wir dachten	wir haben	gedacht
ihr	denkt	ihr dachtet	ihr habt	gedacht
sie	denken	sie dachten	sie haben	gedacht

Rules

1. The mixed verbs have the same ending as the weak verbs.
2. The mixed verbs change their vowel in the stem, however. For this reason they have to be learned with the strong verbs.
3. The following verbs belong to the category of mixed verbs: *brennen, bringen, kennen, nennen, rennen, senden, wenden, wissen*, as well as the modal verbs (see alphabetical list in the appendix).

EXERCISES

1 Change the following sentences into the imperfect and perfect:

1. Die Abiturienten bringen die Bücher zur Bibliothek. 2. Meine Schwestern denken gern an den Urlaub im letzten Jahr. 3. Die Nachbarn wissen Bescheid. 4. Ihr kennt die Aufgabe. 5. Die Mieter senden dem Hausbesitzer einen Brief. 6. Ihr wißt seit langem Bescheid. 7. Die Teilnehmer denken an den Termin. 8. Die Lampen im Wohnzimmer brennen.

2 Change the sentences in exercise 1 into the singular, and revise the imperfect and perfect again.

3 Make questions in the present and perfect tense.

1. (bringen) ihr ihm die Post nicht? 2. (wissen) Sie nichts von dem Vorfall? 3. (denken) du an die Verabredung? 4. (nennen) er die Namen der Mitarbeiter nicht? 5. (senden) ihr den Brief mit Luftpost? 6. (brennen) die Heizung im Keller nicht?

VI Special conjugation rules

1. If the stem ends in *–s*, or *–ß* or *–z*, the second person singular ends in *–t* in the present tense:

les-en: du lies*t*   ras-en: du ras*t*   lass-en: du läß*t*
müss-en: du muß*t*   heiz-en: du heiz*t*   schütz-en: du schütz*t*

2. Weak verbs ending in *–eln* and *–ern* only have the ending *–n* in the first and third person plural. These forms always correspond to the infinitive:

klingeln: wir kling*eln*, sie kling*eln*   Imperativ: *Klingle!*
lächeln: wir läch*eln*, sie läch*eln*   Imperativ: *Lächle!*
streicheln: wir streich*eln*, sie streich*eln*   Imperativ: *Streichle!*

ändern: wir änd*ern*, sie änd*ern*   Imperativ: *Ändre!*
fördern: wir förd*ern*, sie förd*ern*   Imperativ: *Fördre!*
rudern: wir rud*ern*, sie rud*ern*   Imperativ: *Rudre!*

The *e* does not occur in the first person singular present tense of verbs ending in *–eln*: ich läch*le*, ich kling*le*

3. The verb *wissen* has special forms in the singular in the present tense: ich *weiß*, du *weißt*, er *weiß*, wir wissen, ihr wißt, sie wissen

EXERCISES

1 Form the second person singular present tense of the following verbs:

gießen, messen, schließen, sitzen, stoßen, vergessen, wissen, lassen, beißen, fließen, schmelzen, heizen

2 Make questions.

die Blumen gießen	*Gießt* du auch immer die Blumen?

1. den Benzinverbrauch messen 2. die Tür verschließen 3. abends noch am Schreibtisch sitzen 4. so leicht die Namen vergessen 5. nachts das Fenster offen lassen 6. so wenig essen 7. nur ein Zimmer heizen 8. deine Nachbarn grüßen

3 Form the first person singular and plural present tense of the following verbs:

angeln, wechseln, bügeln, sich ekeln, handeln, klingeln, schaukeln, stempeln, zweifeln, ändern, liefern, wandern, bedauern, hindern, erwidern, flüstern, verhungern, zerkleinern

4 Practise answering the questions below in the following way:

Wechselst du dein Geld denn nicht? – Doch, natürlich *wechsle* ich es!

1. Bügelst du denn nicht alle Hemden? 2. Ekelst du dich denn nicht vor Schlangen? (vor ihnen) 3. Handelst du denn nicht mit den Verkäufern? 4. Zweifelst du denn nicht an der Wahrheit seiner Aussage? (daran) 5. Regelst du denn deine Steuerangelegenheiten nicht selbst? 6. Klingelst du denn nicht immer zweimal, wenn du kommst? 7. Plauderst du denn nicht gern mit deinen Nachbarn? 8. Änderst du denn nicht deine Reisepläne? 9. Lieferst du denn deine Arbeit nicht ab? 10. Wanderst du denn nicht gern? 11. Bedauerst du denn seine Absage nicht? 12. Förderst du denn nicht unsere Interessengemeinschaft?

5 Now practise according to the example below, using the sentences in exercise 4.

Wechselt ihr euer Geld denn nicht? – Nein, wir *wechseln* es nicht.

Instead of using *denn* in the question we can also say *eigentlich*. And instead of using *natürlich* in the answer we can say *selbstverständlich*.

§ 7 Separable Verbs

Infinitiv: zu/hören, weg/laufen

Präsens	*Imperfekt*	*Perfekt*
ich **höre ... zu**	ich **hörte ... zu**	ich **habe ... zugehört**
ich **laufe ... weg**	ich **lief ... weg**	ich **bin ... weggelaufen**

Rules

1. Separable verbs consist of separable parts, the majority of which, as well as being prefixes, are independent parts of speech with their own lexical meaning, usually prepositions: *ab–, an–, auf–, aus-, bei–, ein–, fest–, hin–, her–, los–, mit–, vor–, weg–, zu–, zurück–, zusammen–,* to mention only a few. A separable prefix always carries the main stress.

2. In main clauses in the present tense and imperfect, the prefix is separated from the conjugated verb and stands at the end of the sentence:
Er *hörte* gestern abend dem Redner eine halbe Stunde lang *zu.*

3. The prefix forms one word with the past participle in the perfect and in the past perfect:
Er hat dem Redner eine halbe Stunde lang *zugehört.*

4. Other kinds of prefixes can also be fused with the stem verb to form separable verbs:
Er hat sein Auto *kaputt*gefahren.
Sie hat das Insekt *tot*getreten.
Er hat den ganzen Abend *fern*gesehen.
Ich bin heute zwei Stunden *spazieren*gegangen.
Haben Sie an der Versammlung *teil*genommen?

Notes

1. Questions are formed like this: *Hörst du zu? Hast du zugehört?*
2. Imperatives are formed like this: *Hör zu! Hört zu! Hören Sie zu!*

EXERCISES

1 Practise using the present tense form of the separable verbs.

a) Von der Arbeit einer Sekretärin

Telefonate weiterleiten	Sie *leitet* Telefonate *weiter.*

1. Besucher anmelden
2. Aufträge durchführen
3. Gäste einladen
4. Termine absprechen

5. Post abholen
6. Besprechungen vorbereiten
7. wichtige Papiere bereithalten
8. Geschäftsfreunde anschreiben

b) Was hat die Sekretärin alles gemacht?

Sie *hat* Telefonate *weitergeleitet*. Sie *hat* ...

c) Von der Arbeit einer Hausfrau

einkaufen	Sie *kauft ein.*

1. das Essen vorbereiten
2. das Geschirr abwaschen und es abtrocknen
3. alles in den Schrank zurückstellen
4. Möbel abstauben
5. die Wäsche aus der Waschmaschine herausnehmen und sie aufhängen
6. die Wäsche abnehmen, sie zusammenfalten und sie weglegen
7. die Kinder an- und ausziehen
8. die Kinder zum Kindergarten bringen und sie von dort wieder abholen
9. Geld von der Bank abheben

d) Abends fragt sie sich:

Was habe ich eigentlich alles gemacht? Ich *habe eingekauft, habe* das ..., usw.

e) Write down:

Sie *kaufte ein, bereitete* das ..., usw.

2 Now do the same here:

a) Einige Aufträge

Bitte die Bücher gleich abgeben! – Ja, wir *geben* die Bücher gleich *ab.*

Your answer can have a calming effect if you use "ja" twice without emphasis: *Ja, ja, wir* .... If, on the other hand you use "ja" twice with emphasis it indicates impatience: *Ja, jaa, wir* ...
Bitte
1. den Brief heute noch absenden!
2. das Paket sofort abschicken!
3. die Nachricht weitergeben!
4. das Einschreiben abholen!
5. Papier und Kugelschreiber mitbringen!
6. die Ankunft der Gäste sofort mitteilen!
7. die Termine gleich aufschreiben!
8. die Anmeldung im Büro abgeben!
9. mit der Arbeit anfangen!

b) Now practise using the perfect tense.

Bitte die Bücher gleich abgeben! – Wir *haben* die Bücher doch schon *abgegeben!*

We can indicate impatience by stressing *haben*; *doch* remains unstressed: *Ja, wir haben die Bücher doch schon abgegeben!* (Stress is on *haben*, *doch* is not emphasized.).

c) Write, using the imperfect and omitting the adverbs "heute noch" and "sofort".

Sie *gaben* die Bücher *ab*; sie ...

3 Complete the sentences below using separable verbs.

a) Bei einer Flugreise: **Was macht der Passagier?**

Wir landen in wenigen Minuten!
Bitte
1. aufhören zu rauchen! Er *hört auf* zu rauchen.
2. anschnallen! Er ... sich ...
3. vorn aussteigen! Er ...
4. die Flugtickets vorzeigen! Er ... die Flugtickets ...
5. den Koffer aufmachen! Er ...
6. das Gepäck mitnehmen! Er ...
7. die Zolldeklaration ausfüllen! Er ...
8. den Paß abgeben! Er ...

b) Now tell your partner:
Ich *habe aufgehört* zu rauchen. Ich *habe mich* ... Ich *bin* ..., usw.

c) Now do the same exercise in writing:
Er *hörte auf* zu rauchen. Er ..., usw.

4 Ein Abteilungsleiter hat seine Augen überall – Practise according to the following example:

Hat Inge die Pakete schon weggebracht? – Nein, sie *bringt* sie gerade *weg.*

1. Hat Udo die Flaschen schon aufgestellt? – Nein, er ...
2. Hat Frau Schneider die Waren schon ausgezeichnet?
3. Hat Fritz den Abfall schon rausgebracht?
4. Hat Reimar schon abgerechnet?
5. Hat die Firma Most das Waschpulver schon angeliefert?
6. Hat Frau Holzinger die Preistafeln schon aufgehängt?
7. Hat Uta den Keller schon aufgeräumt?
8. Hat die Glasfirma die leeren Flaschen schon abgeholt?
9. Hat Frau Vandenberg die neue Lieferung schon ausgepackt?
10. Hat Herr Kluge die Bestellisten schon ausgeschrieben?
11. Hat Gerda die Lagerhalle schon aufgeräumt?

5 a) Hier gibt's Ärger!

Sie zieht den Vorhang auf. (zu-)	Er *zieht* ihn wieder *zu.*

1. Sie schließt die Tür auf. (zu-) 4. Sie packt die Koffer ein. (aus-)
2. Sie dreht den Wasserhahn auf. (zu-) 5. Sie macht die Fenster auf. (zu-)
3. Sie schaltet das Radio an. (ab-) 6. Sie hängt die Bilder auf. (ab-)

b) Wie war das bei den beiden? – Practise using the perfect with the sentences in 5 a.

Sie *hat* den Vorhang *aufgezogen;* er *hat* ihn wieder *zugezogen.*

§ 8   Inseparable Verbs

Präsens	Imperfekt	Perfekt
ich **erzähle**	ich **erzählte**	ich **habe ... erzählt**
ich **verstehe**	ich **verstand**	ich **habe ... verstanden**

Rules

1. Unlike with separable verbs, the prefixes of inseparable ones do not exist as independent words and they do not have a meaning of their own: e. g. *be–, emp–, ent–, er–, ge–, miß–, ver–, zer–*, etc. They never carry the stress.

2. These prefixes give the verb a new meaning which is not usually derived from the stem verb:
   Ich *suche* den Schlüssel.   But: Ich *besuche* meinen Onkel.
   Sie *zählt* das Geld.   But: Sie *erzählt* ein Märchen.
   Wir *stehen* im Flur.   But: Wir *verstehen* den Text.

3. The prefix occurs with the verb in the present and imperfect tense:
   ich *ver*suche, ich *ver*suchte; ich *be*komme, ich *be*kam

4. The *ge–* which would normally occur is omitted in the past participle:
   er hat berichtet, er hat erklärt, er hat verstanden

Notes

1. The *ge–* in the past participle disappears in verbs ending in *–ieren* and *–eien*:
   studieren – er hat studiert; regieren – er hat regiert; prophezeien – er hat prophezeit

2. Verbs containing the prefix *hinter–* are treated as inseparable verbs:
   Er *hinter*läßt seinem Sohn einen Bauernhof.

3. Some verbs with an inseparable prefix no longer have a stem verb: e. g. *gelingen, verlieren*.

4. Note the question form: *Versteht ihr das? Habt ihr das verstanden?*

5. Note the imperative form: *Erzähl! Erzählt! Erzählen Sie!*

EXERCISES

1   Choose the correct present and perfect tense for each of the verbs. (The perfect tense is always formed with "haben" here).

1. Der Arzt (verbieten) meinem Vater das Rauchen. 2. Die Kinder (empfinden) die Kälte nicht. 3. Der Student (beenden) seine Doktorarbeit. 4. Auch der Wirtschaftsminister (erreichen) keine Wunder. 5. Seine Freundin (gefallen) mir gut. 6. Heute (bezahlen) Gustl die Runde. 7. Wer (empfangen) die Gäste? 8. Die Schauspielerin (erobern) die Herzen ihrer Zuschauer. 9. Franz und Sigrun (erreichen) den Zug nicht mehr. 10. Warum (versprechen) er sich eigentlich dauernd? 11. Heinz (beachten) die

Ampel nicht und (verursachen) leider einen Unfall. 12. Die Stadtverordneten (beschließen) den Bau des Schwimmbades. 13. Der Vater (versprechen) der Tochter eine Belohnung. 14. Du (zerstören) unsere Freundschaft! 15. Paul (vergessen) bestimmt wieder seine Schlüssel! 16. Der Architekt (entwerfen) einen Bauplan.

2 Put the sentences containing inseparable verbs into the present and imperfect tense.

1. Die Eltern haben das Geschenk versteckt. 2. Er hat mir alles genau erklärt. 3. Der Hausherr hat unseren Mietvertrag zerrissen. 4. Die Kinder haben die Aufgaben vergessen. 5. Die Fußballmannschaft hat das Spiel verloren. 6. Der Medizinstudent hat die erste Prüfung bestanden. 7. Ich habe ihm vertraut. 8. Der Ingenieur hat einen neuen Lichtschalter erfunden. 9. In der Vorstadt ist eine neue Wohnsiedlung entstanden. 10. Das Kind hat die chinesische Vase zerbrochen. 11. Der alte Professor hat die Frage des Studenten gar nicht begriffen. 12. Er hat mich immer mit seiner Freundin verglichen. 13. Wir haben den Bahnhof rechtzeitig erreicht. 14. Er hat seine Gäste freundlich empfangen. 15. Auf dem langen Transport ist das Fleisch verdorben.

3 Practise using the perfect form of the inseparable verbs.

Man versteht dich ja! – Bis jetzt *hat* mich noch niemand *verstanden*!

1. Du verärgerst ihn bestimmt! – Bis jetzt habe ich ihn nicht …! 2. Man entläßt ihn sicher! – … hat man ihn jedenfalls noch nicht …! 3. Du erkältest dich! – … habe ich mich jedenfalls noch nicht…! 4. Sie bezahlen deine Unkosten! – … haben sie sie noch nicht …! 5. Beachtet man die Vorschriften? – … hat sie kein Mensch …! 6. Enttäuscht sie dich? – … hat sie mich jedenfalls noch nicht…! 7. Die Diebe entkommen ja! – … ist noch niemand…! 8. Hier erstickt man ja! – … ist hier noch niemand…! 9. Ich verdurste! – … ist bei uns noch niemand…! 10. Erscheint der Notarzt denn nicht? – … ist er noch nicht…! 11. Verreist sie schon wieder? – … ist sie noch nicht… ! 12. Die Blumen vertrocknen ja! – … sind sie jedenfalls noch nicht…! 13. Du vergißt wieder alles! – … habe ich jedenfalls noch nichts…! 14. Warum belügst du mich? – … habe ich dich überhaupt nicht…!

4 Do the same here:

1. Man enteignet die Leute! – Bis jetzt hat man noch niemand…! 2. Man entläßt die Arbeiter! – … hat man noch niemand…! 3. Man verklagt die Anführer! – … hat man sie noch nicht…! 4. Man verbietet ihnen alles! – … hat man ihnen noch nichts…! 5. Man bedroht die Leute! – … hat man noch niemand…! 6. Begreifen die Leute endlich? – … hat noch niemand etwas…! 7. Verhungern die Leute nicht? – … ist noch niemand…! 8. Verlangen sie nicht Unmögliches? – … haben sie nichts Unmögliches …! 9. Der Versuch mißlingt! – … ist er noch nicht…! 10. Das Fleisch verdirbt bestimmt! – … ist es jedenfalls nicht…! 11. Das Glas zerspringt bestimmt! – … ist es jedenfalls noch nicht…! 12. Bekämpft man den Lärm nicht? – … hat ihn noch niemand …! 13. Du vergißt deine Freunde. – … habe ich sie noch nicht …! 14. Vermißt du die Zigaretten nicht? – … habe ich sie noch nicht…!

5 Practise using the perfect form of the separable and inseparable verbs.

Vorschläge der Bevölkerung:	Durchführung:
1. den Park erweitern	Man hat den Park erweitert.
2. Sträucher anpflanzen	Man hat Sträucher angepflanzt.
3. Straßen verbreitern	. . .

4. einen Busbahnhof anlegen
5. neue Buslinien einrichten
6. den Sportplatz vergrößern
7. das Clubhaus ausbauen
8. das Gasleitungsnetz erweitern
9. die alte Schule abreißen
10. eine neue Schule errichten
11. das häßliche Amtsgebäude abbrechen
12. den Verkehrslärm einschränken
13. neue Busse anschaffen
14. die Straßen der Innenstadt entlasten
15. Fußgängerzonen einrichten
16. ein Museum errichten
17. Luftverschmutzer feststellen
18. den Fremdenverkehr ankurbeln
19. leerstehende Häuser enteignen
20. historische Feste veranstalten
21. einen Stadtplan herausgeben
22. die Durchfahrt des Fernverkehrs durch die Stadt verhindern
23. die Rathausfenster anstreichen
24. Radfahrwege anlegen
25. Grünflächen einplanen

Worterklärungen:

erweitern, vergrößern, ausbauen: größer machen

abreißen, abbrechen: zerstören, wegnehmen

anschaffen: kaufen

einschränken: (hier) weniger/geringer machen

einrichten: (hier) schaffen

errichten: bauen

feststellen: (hier) finden

ankurbeln: stärker machen

veranstalten: organisieren, machen

verhindern: versuchen, daß etwas nicht geschieht

enteignen: einem Besitzer (zugunsten der Allgemeinheit) etwas wegnehmen

§ 9   Verbs which are Separable and Inseparable

	Präsens	*Perfekt*
trennbar	Das Schiff **geht** im Sturm **unter.**	Das Schiff **ist** im Sturm **untergegangen.**
untrennbar	Er **unterschreibt** den Brief.	Er **hat** den Brief **unterschrieben.**

Rules

1. Verbs containing *durch–, über–, um–, unter–, voll–, wider–, wieder–* are sometimes separable, sometimes inseparable, and are stressed accordingly.

2. The prefix carries the stress in separable verbs (e. g. *úmkehren*), in inseparable verbs the stem vowel of the verb carries the stress (e. g. *umgében*).

3. The meaning of the preposition is generally retained in separable verbs. A new meaning arises from the combination of prefix and verb in inseparable verbs.

	trennbar	untrennbar
durch	Er *bricht* den Stock *durch.*	Der Richter *durchschaut* den Zeugen.
über	Er *läuft* zum Feind *über.*	Der Lehrer *übersieht* den Fehler.
um	Er *fuhr* den Baum *um.*	Das Kind *umarmt* die Mutter.
unter	Die Insel *geht* im Meer *unter.*	Wir *unterhalten* uns gut.
voll	Er *goß* das Glas *voll.*	Er *vollendete* sein 70. Lebensjahr.
wider	Das *spiegelt* die Lage *wider.*	Warum *widersprichst* du mir?
wieder	Er *bringt* mir die Zeitung *wieder.*	Ich *wiederhole* den Satz.

4. Some compound verbs are separable as well as inseparable; they have different meanings in each case, e. g.:

wiéderholen (= etwas zurückholen)
Das Kind holt den Ball wieder.
wiederhólen (= etwas noch einmal sagen / lernen)
Er wiederholt die Verben.

úmgehen (= jdn. / etw. auf bestimmte Art behandeln)
Geh mit diesem Glas bitte sorgfältig um!
umgéhen (= einer Schwierigkeit aus dem Wege gehen / um einen Ort herumgehen)
Dieses Problem umgehen wir lieber!

EXERCISES

1 Is the verb separable or inseparable? Make sentences in the present and perfect tense.

1. Ernst / die starken Verben / wieder*holen.* 2. Helga / das Stück Holz / *fort*werfen / und der Hund / es / *wieder*holen 3. der Kanal / das Land / durch*schneiden* 4. die Fischer / die Leine / *durch*schneiden 5. der Direktor / den Brief / unter*schreiben* 6. ich / mich / mit den Ausländern / unter*halten* 7. wir / die Großstadt / auf der Autobahn / um*fahren* 8. der Betrunkene / die Laterne / *um*fahren 9. er / zum katholischen Glauben / *über*treten 10. er / das Gesetz / über*treten* 11. ich / die Pläne meines Geschäftspartners / durch*schauen* 12. er / die Schranken des Gesetzes / durch*brechen* 13. Klaus / den Stock / *durch*brechen 14. der Lehrer / den Fehler / über*sehen* 15. die Milch / *über*laufen 16. warum / der Lehrer / den Schüler / über*gehen?* 17. der Einbrecher / den Hausbesitzer / *um*bringen 18. die Polizisten / das Gebäude der Bank / um*stellen.* 19. warum / du / schon wieder alle Möbel / *um*stellen? 20. warum Sie / den Sprecher / dauernd unter*brechen?*

2 Continue in the same way:

1. die Gäste / im Berggasthof *unter*kommen 2. der Redner / den Vortrag unter*brechen* 3. das Schiff / im Sturm *unter*gehen 4. die Familien / sich über Politik unter*halten* 5. die Expertengruppe / eine Informationsreise unter*nehmen* 6. die Schüler / die Fremdwörter unter*streichen* 7. der Rundfunk / das Festprogramm über*tragen* 8. der Richter / den Angeklagten über*führen* 9. der Politiker / seinen Austritt aus der Partei sehr genau über*legen* 10. der Minister / die neue Autobahnstrecke dem Verkehr über*geben* 11. die Soldaten / in Scharen zum Feind *über*laufen 12. die Grippewelle / langsam von Asien nach

Europa *über*greifen 13. das Haus / nach dem Tod der Eltern in den Besitz der Kinder *über*gehen 14. der Assistent / den Professor mit seinen guten Kenntnissen über*raschen*

*3   Put the verbs into their correct forms.

1. Du (übernehmen/Präsens) also tatsächlich am 1. Januar das Geschäft deines Vaters? Das (überraschen/Präsens) mich, denn ich habe (annehmen), dein Vater (weiterführen/Präsens) das Geschäft, bis er die Siebzig (überschreiten) hat.
2. Man (annehmen/Präsens), daß der Buchhalter mehrere zehntausend Mark (unterschlagen) hat. Lange Zeit hatte es die Firma (unterlassen), die Bücher zu (überprüfen). Dann aber (auffallen/Imperfekt) der Buchhalter durch den Kauf einer sehr großen Villa. Nun (untersuchen/Imperfekt) man den Fall. Dann (durchgreifen/Imperfekt) die Firma schnell. Sie (einschalten/Imperfekt) sofort die Polizei. Der Mann war aber (dahinterkommen) und war schnell in der Großstadt (untertauchen). Nach zwei Wochen fand man ihn im Haus seiner Schwester; dort war er nämlich (unterkommen). Aber im letzten Moment (durchkreuzen/Imperfekt) der Buchhalter die Absicht der Polizei: Er nahm seine Pistole und (sich umbringen/Imperfekt).

§ 10   Reflexive Verbs

The following pronouns are used in German in conjunction with reflexive verbs: *mich* or *mir* for *myself, dich* or *dir* for *yourself* (familiar form), *uns* for *ourselves, euch* for *yourselves* (familiar form) and *sich* for all other forms, i. e. *himself, herself, itself, oneself, yourself/yourselves* (polite form) and *themselves*.

Reflexive verbs occur more frequently in German than in English and are often used in contexts where they wouldn't be used in English. *Sich erinnern – to remember, sich Sorgen machen – to worry, sich interessieren – to be interested, sich beeilen – to hurry,* are examples of German reflexive verbs with non-reflexive English equivalents. Observe that there are two forms of *myself* and *yourself* (familiar): *mich/dich* and *mir/dir*. It is important to memorize the reflexive verbs that take the dative forms *mir/dir*. Finally note the use of the definite article in the following sentence to render the English possessive when referring to parts of one's own body: *Wasch dir bitte die Hände = Wash your hands. Er wäscht sich die Hände = He is washing his hands: Er wäscht seine Hände* would mean *He is washing his* (i. e. someone else's) *hands*.

a) Ich **bewerbe mich** bei einer Versicherung.
   Sie **haben sich** im Urlaub gut **erholt.**

b) Wir **haben uns** über seine Antwort sehr **geärgert.**
   Max **ärgert seine Geschwister** immer.

c) Er sieht **sich** den Film erst nächste Woche an.
   Ich sehe **mir** den Film noch in dieser Woche an.

ich	–	**mich, mir**	wir	–	**uns**
du	–	**dich, dir**	ihr	–	**euch**
er, sie, es	–	**sich**	sie, Sie	–	**sich**

Rules

1. The declensions of the reflexive pronouns are the same as those for the personal pronouns (see § 4); *sich* occurs only in the third person singular and plural.

2. The reflexive pronoun indicates that an action or feeling refers back to the subject of the sentence:
Ich habe *mich* in der Stadt verlaufen. (= mich selbst)
Die Geschwister haben *sich* wieder vertragen. (= sich miteinander)
Die Gleise haben *sich* verbogen. (= sich selbständig)

3. see a) Some verbs always have the reflexive pronoun in the accusative case, e. g.:

sich aufregen	sich erkundigen	sich verbeugen
sich beeilen	sich freuen	sich weigern
sich entschließen	sich irren	sich wundern
sich entschuldigen	sich kümmern	u. a.
sich ereignen	sich schämen	
sich erkälten	sich sehnen	

see b) Some verbs can be used with the reflexive pronoun, but also, in a different meaning, with an independent accusative object, e. g.:

sich ändern	but:	Er ändert seine Pläne.
sich beherrschen		Er beherrscht die englische Sprache.
sich bemühen		Er bemüht die Gerichte.
sich bewegen		Der Wind bewegt die Zweige.
sich entfernen		Der Zahnarzt entfernt den kranken Zahn.
sich fürchten		Er fürchtet eine Katastrophe.
sich treffen		Er traf zufällig seinen Schulfreund.
sich verletzen		Er verletzte ihn an der Hand.

see c) The reflexive pronoun is in the dative case if the reflexive verb has an accusative object as well. The forms vary only in the accusative and dative first and second person singular.
Ich wasche *mir* die Hände. Aber: Ich wasche *mich*.
Du rasierst *dir* den Bart ab. Aber: Du rasierst *dich*.

Ich denke *mir* eine Geschichte aus.
Ich habe *mir* seine Autonummer gemerkt.
Du stellst *dir* die Sache zu einfach vor.

Notes

1. Verbs with a dative object can be used as reflexives if the action refers back to the subject:
Er widerspricht *sich* selbst, nicht *ihm*.
Zuerst hat er *sich* eine Bratwurst gekauft, dann *seinem* Sohn.

2. *lassen* + reflexive (see § 19 III Notes, § 48)
Man kann etwas leicht ändern. = Das *läßt sich* leicht ändern.
Man kann das nicht beschreiben. = Das *läßt sich* nicht beschreiben.

3. Note the question form: *Freust du dich? Habt ihr euch gefreut?*

4. Note the imperative form: *Fürchte dich nicht! Fürchtet euch nicht! Fürchten Sie sich nicht!*

EXERCISES

1 Conjugate in the present, imperfect, and perfect tense.

ich	sie / Sie	sich anziehen	sich die Aufregung vorstellen
du	ihr	sich umziehen	sich eine Reise vornehmen
er / sie	wir	sich entfernen	sich etwas einbilden
wir	er / sie	sich beschweren	sich ein Moped kaufen
ihr	du	sich erinnern	sich ein Bier bestellen
sie / Sie	ich	sich freuen	sich eine Weltreise leisten

*2 Match and make sentences.

1. Das Huhn setzt
2. Erholen Sie
3. Müllers schämen
4. Ruth interessiert
5. Erkundigst du
6. Albert beschäftigt
7. Ich besinne
8. Wir bemühen
9. Bewerbt ihr

Reflexiv-
pronomen?

a) im Sanatorium.
b) nicht für ihr Benehmen.
c) um diese Stelle?
d) für Hans.
e) nicht auf Sie.
f) mit Spanisch.
g) ins Nest.
h) um einen Studienplatz.
i) nach dem Zug?

*3 Match and make sentences.

1. Wir leisten
2. Helen leiht
3. Die Geschwister kaufen
4. Erlaubt ihr
5. Färben Sie
6. Ich verbitte
7. Du wäschst

Reflexiv-
pronomen?

a) ein Haus.
b) eine Weltreise.
c) die Haare?
d) diesen Lärm!
e) einen Scherz?
f) einen Kugelschreiber.
g) die Hände.

4 Practise using the reflexive pronouns.

Bückt er sich nicht nach dem Geld? Doch, er *bückt sich* nach dem Geld.

1. Fürchtet ihr euch nicht vor der Dunkelheit? 2. Ruht ihr euch nach dem Fußmarsch nicht aus? 3. Erholst du dich nicht bei dieser Tätigkeit? 4. Duscht ihr euch nicht nach dem Sport? 5. Zieht ihr euch auch zum Skifahren nicht wärmer an? 6. Legen Sie sich nach dem Essen nicht etwas hin? 7. Setzen Sie sich nicht bei dieser Arbeit? 8. Erkundigt sich der Arzt nicht regelmäßig nach dem Zustand des Kranken? 9. Überzeugt sich Vater nicht vorher von der Sicherheit des Autos? 10. Erinnert ihr euch nicht an das Fußballspiel? 11. Wunderst du dich nicht über meine Geduld? 12. Unterhaltet ihr euch nicht oft mit euren Freunden über eure Pläne? 13. Rasierst du dich nicht mit dem Elektrorasierer? 14. Bewerben Sie sich nicht um diese Stelle? 15. Besinnst du dich nicht auf den Namen meiner Freundin? 16. Freuen Sie sich nicht auf die Urlaubsreise? 17. Schämst du dich nicht? 18. Entschuldigst du dich nicht bei den Nachbarn? 19. Ziehst du dich fürs Theater nicht um? 20. Ärgerst du dich nicht über seine Antwort?

5 Put the question and answer into the perfect tense.

> Hat er sich nicht nach dem Geld gebückt?
> Doch, er *hat sich* nach dem Geld *gebückt.*

6 Put in the reflexive pronouns.

1 Sie trafen... am Rathaus, begrüßten... mit einem Kuß und begaben... in ein Café.
"Komm, wir setzen... hier ans Fenster, da können wir... den Verkehr draußen an-
3 schauen", meinte er. Sie bestellte... einen Tee, er... eine Tasse Kaffee.
"Wie habe ich... auf diesen Moment gefreut! Endlich können wir... mal in Ruhe un-
5 terhalten!" – "Ja, ich habe... sehr beeilt; beinahe hätte ich... verspätet." – "Wir müssen... von jetzt ab öfter sehen!" – "Ja, da hast du recht. Sag mal, was hast du... denn
7 da gekauft? Einen Pelzmantel? Kannst du... das denn leisten?" – "Kaufen kann ich...
den natürlich nicht; aber ich kann ihn... schenken lassen." – "Du hast ihn... schenken
9 lassen??" – "Ja, von einem sehr guten Freund." – "Ha! Schau an! Sie läßt... Pelzmän-
tel schenken! Von ‚guten' Freunden!" – "Reg... doch nicht so auf!" – "Du begnügst...
11 also nicht mit einem Freund? Mit wieviel Freunden amüsierst du... denn etwa? Du bil-
dest... wohl ein, ich lasse... das gefallen?" – "Beruhige... doch! Sprich nicht so laut!
13 Die Leute schauen... schon nach uns um. Benimm... bitte, ja? Schau, der ‚sehr gute
Freund' ist doch mein Vater; wir verstehen... wirklich gut, aber zur Eifersucht gibt es
15 keinen Grund! Da hast du... jetzt ganz umsonst geärgert."

§ 11 The Imperative

In commands to people addressed as *Sie* the pronoun is used with the imperative. The
word order in such commands is like that for questions: *Bringen Sie* mir bitte ein Bier.
The pronoun *Sie* is repeated if two or more commands are expressed in the same sentence: *Kommen Sie* herein, und *machen Sie* die Tür zu.
Note that there is no parallel construction in German for the English *Do not ...: Bestellen Sie* kein Bier mehr für mich. (Don't order me another beer.)

Eine Bitte oder einen Befehl richtet man a) an eine Person:		
	Anrede mit **du**	**Gib** mir das Lexikon!
	Anrede mit **Sie**	**Geben Sie** mir das Lexikon!
b) an mehrere Personen:		
	Anrede mit **ihr**	**Macht** die Tür **zu**!
	Anrede mit **Sie**	**Machen Sie** die Tür **zu**!

Rules

1. Form of address with *du*
   a) The imperative is derived from the second person singular present. The *–st* ending
   is omitted:

du fragst	Imperativ: *Frag!*
du kommst	Imperativ: *Komm!*
du nimmst	Imperativ: *Nimm!*
du arbeitest	Imperativ: *Arbeite!*

b) The "Umlaut" in the second person singular doesn't occur in strong verbs:

du läufst	Imperativ: *Lauf!*
du schläfst	Imperativ: *Schlaf!*

c) Special forms with auxiliary verbs:

haben: du hast	Imperativ: *Hab* keine Angst!
sein: du bist	Imperativ: *Sei* ganz ruhig!
werden: du wirst	Imperativ: *Werd(e)* nur nicht böse!

2. Form of address with *ihr*

The imperative form and the second person plural in the present tense are the same:

ihr fragt	Imperativ: *Fragt!*
ihr kommt	Imperativ: *Kommt!*
ihr nehmt	Imperativ: *Nehmt!*

3. Form of address with *Sie* (singular or plural)

The imperative form and the third person plural in the present tense are the same. The personal pronoun *Sie* follows the verb:

sie fragen	Imperativ: *Fragen Sie!*
sie kommen	Imperativ: *Kommen Sie!*
sie nehmen	Imperativ: *Nehmen Sie!*
sie sind	Imperativ: *Seien Sie* so freundlich! (Ausnahme)

4. The ending for the second person singular in the imperative form used to be *–e*: Komm*e* bald! Lach*e* nicht! These forms are no longer spoken today and are seldom written. The *–e* only occurs in verbs ending in *–d*, *–t*, and *–ig*, also in rech*n*en, and öff*n*en. These words would be difficult to pronounce otherwise (see also § 6 VI 2):

lei*d*en:	du leidest	Imperativ: Leid*e*, ohne zu klagen!
bi*tt*en:	du bittest	Imperativ: Bitt*e* ihn doch zu kommen!
entschul*dig*en:	du entschuldigst	Imperativ: Entschuldig*e* mich!
rech*n*en:	du rechnest	Imperativ: Rechn*e* alles zusammen!

Notes

1. Requests or demands addressed to the general public have the infinitive form instead of the imperative:
Nicht aus dem Fenster *lehnen*!
Nicht *öffnen*, bevor der Zug hält!

2. The past participle is used for commands to be carried out immediately:
Aufgepaßt! Hiergeblieben!

EXERCISES

1 Der Hotelportier hat viel zu tun

Was er tut:	**Die Bitte des Gastes:**
Er bestellt dem Gast ein Taxi.	*Bestellen Sie* mir bitte ein Taxi!

1. Er weckt den Gast um sieben Uhr. 2. Er schickt dem Gast das Frühstück aufs Zimmer. 3. Er besorgt dem Gast eine Tageszeitung. 4. Er bringt den Anzug des Gastes zur Reinigung. 5. Er verbindet den Gast mit der Telefonauskunft. 6. Er läßt den Gast mittags schlafen und stört ihn nicht durch Telefonanrufe. 7. Er besorgt dem Gast ein paar Kopfschmerztabletten. 8. Er läßt die Koffer zum Auto bringen. 9. Er schreibt die Rechnung.

2 Schüler haben's manchmal schwer!

a

Was sie tun:	Was sie tun sollen:
Hans spricht *zu* laut.	*Sprich* nicht *so* laut!

You can emphasize a request: *Sprich doch nicht so laut!* (*doch* is not stressed).
1. Günther schreibt zu undeutlich. 2. Heidi ißt zu langsam. 3. Fritz raucht zuviel. 4. Otto fehlt zu oft. 5. Edgar macht zu viele Fehler. 6. Angelika spricht zu leise. 7. Else kommt immer zu spät. 8. Ruth ist zu unkonzentriert. 9. Maria ist zu nervös. 10. Willi macht zuviel Unsinn.

b

Was sie nicht getan haben:	Was sie tun sollen:
Udo hat seine Schultasche nicht mitgenommen.	*Nimm* bitte deine Schultasche *mit*!

1. Gisela hat ihre Arbeit nicht abgegeben. 2. Heinz hat sein Busgeld nicht bezahlt. 3. Irmgard hat ihren Antrag nicht ausgefüllt. 4. Alex hat seine Hausaufgaben nicht gemacht. 5. Monika hat das Theatergeld eingesammelt. 6. Didi hat seine Vokabeln nicht gelernt. 7. Uschi hat die Unterschrift des Vaters nicht mitgebracht. 8. Wolfgang ist nicht zum Direktor gegangen.

3 Die Bevölkerung fordert . . . – Make imperative sentences, using exercise 5 in § 8.

Erweitert den Park! *Pflanzt* Sträucher *an*! usw.

4 Do the same with exercise 1 in § 7.

Telefonate weiterleiten   *Leiten Sie* die Telefonate bitte *weiter*!

5 Einige Fluggäste werden aufgefordert – Make imperative sentences using exercise 3 in § 7.

Bitte aufhören zu rauchen!   *Hören Sie* bitte *auf* zu rauchen!
Bitte anschnallen!   *Schnallen Sie sich* bitte *an*!

6 Using exercise 5 a in § 7, practise in the following way:

Sie zieht den Vorhang auf. (zu-)   *Zieh* den Vorhang bitte wieder *zu*!

§ 12   Forming the Perfect with "haben" or "sein"

Preliminary note

The most frequently used tense when talking about the past in conversation in German is the perfect. This tense is similar in form to the English present perfect tense. Note that the German present perfect always denotes a completed past action. Where English uses the present perfect for an action that has continued up to and including the moment of speaking, German uses the present: *I have lived in Munich for 20 years.* = *Ich lebe seit 20 Jahren in München. He has worked for Siemens for years.* = *Er arbeitet seit Jahren bei Siemens.*

In order to construct the perfect and past perfect, an auxiliary verb and the past participle are required. The problem here is to know when to use the auxiliary verb *haben* and when to use the auxiliary verb *sein*.

I   Verbs with "haben"

We use *haben* with:

1. all verbs which take an accusative object (= transitive verbs): *bauen, fragen, essen, hören, lieben, machen, öffnen*, etc.

2. all reflexive verbs: *sich beschäftigen, sich bemühen, sich rasieren*, etc.

3. all modal verbs (see § 18 II): *dürfen, können, mögen, müssen, sollen, wollen.*

4. verbs which cannot have an accusative object (= intransitive verbs), but only those which express a state or the duration of an action rather than the dynamics of an action. The following verbs belong to this category:
   a) verbs used with place and temporal items which express a state, without mention of motion or change in condition: *hängen* (= strong verb), *liegen, sitzen, stehen, stecken, arbeiten, leben, schlafen, wachen*, etc.
   b) stative verbs with a dative object: *antworten, danken, drohen, gefallen, glauben, nützen, schaden, vertrauen*, etc.
   c) verbs denoting a definite beginning or ending: *anfangen, aufhören, beginnen.*

II   Verbs with "sein"

We use *sein* with:
1. all verbs which can't take an accusative object (= intransitive verbs), but which denote a change in place: *aufstehen, begegnen, fahren, fallen, fliegen, gehen, kommen, reisen*, etc.

2. all intransitive verbs which indicate a change in condition:
   a) denoting a new beginning or development: *aufblühen, aufwachen, einschlafen, entstehen, werden, wachsen*, etc.
   b) denoting the end or completion of a development: *sterben, ertrinken, ersticken, umkommen, vergehen*, etc.

3. the verbs *sein* and *bleiben.*

Notes

1. The verbs *fahren* and *fliegen* can also be used with an accusative object, in which case we use *haben* in the perfect tense:
Ich habe *das Auto* selbst in die Garage gefahren.
Der Pilot hat *das Flugzeug* nach New York geflogen.
2. The verb *schwimmen:*
Er ist *über den Kanal* geschwommen. (= action to a certain place)
Er hat hier *im Fluß* geschwommen. (= fixed place)

EXERCISES

1 Perfect with "haben" or "sein"?

> Wann beginnt das Konzert? – Es *hat* gerade *begonnen.*
> Wann reist euer Besuch ab? – Er *ist* gerade *abgereist.*

1. Wann eßt ihr zu Mittag? – Wir . . .
2. Wann rufst du ihn an? – Ich . . .
3. Wann kaufst du die Fernsehzeitschrift?
4. Wann kommt die Reisegruppe an?
5. Wann fährt der Zug ab?
6. Wann schreibst du den Kündigungsbrief?
7. Wann ziehen eure Nachbarn aus der Wohnung aus?
8. Wann ziehen die neuen Mieter ein?
9. Wann schafft ihr euch einen Fernseher an?

2 "Haben" or "sein"? Choose the correct auxiliary verb putting it in its correct form.

1. " . . . du geschlafen?" "Ja, ich . . . plötzlich eingeschlafen; aber ich . . . noch nicht ausgeschlafen." "Ich . . . dich geweckt, entschuldige bitte!"
2. Die Rosen . . . wunderbar geblüht! Aber jetzt . . . sie leider verblüht.
3. Heute morgen waren alle Blüten geschlossen; jetzt . . . sie alle aufgegangen; heute abend . . . sie alle verblüht, denn sie blühen nur einen Tag. Aber morgen früh . . . wieder neue erblüht.
4. Wir . . . lange auf die Gäste gewartet, aber jetzt . . . sie endlich eingetroffen.
5. Um 12.15 Uhr . . . der Zug angekommen; er . . . nur drei Minuten gehalten, dann . . . er weitergefahren.
6. Die Kinder . . . am Fluß gespielt; dabei . . . ein Kind in den Fluß gefallen. Es . . . noch um Hilfe geschrien, . . . aber kurz darauf ertrunken.
7. Gas . . . in die Wohnung gedrungen. Die Familie . . . beinahe erstickt. Das Rote Kreuz . . . gekommen und . . . die Leute ins Krankenhaus gebracht.

3 Eine Woche Urlaub – Put the following sentences into the perfect tense.

Zuerst fahren wir nach Bayreuth. Dort gehen wir am Samstag in die Oper. An diesem Tag steht der "Tannhäuser" von Wagner auf dem Programm. Auch am Sonntag bleiben wir in Bayreuth und schauen uns die Stadt und die Umgebung an.

Am Sonntag abend treffen wir uns mit Freunden und fahren ins Fichtelgebirge. Da blei-
5 ben wir eine Woche und wandern jeden Tag zu einem anderen Ziel.
Abends sitzen wir dann noch zusammen und unterhalten uns, sehen fern oder gehen
7 tanzen. Kaum liegt man dann im Bett, schläft man auch schon ein. Am Sonntag darauf
fahren wir dann wieder nach Hause.

4   Practise using the perfect tense.

> Herr Traut im Garten // Beete umgraben / Salatpflanzen setzen
> Was hat Herr Traut im Garten gemacht?
> Er *hat* Beete *umgegraben* und Salatpflanzen *gesetzt*.
>
> Lieschen Müller gestern // in die Schule gehen / eine Arbeit schreiben
> Was hat Lieschen Müller gestern gemacht?
> Sie *ist* in die Schule *gegangen* und *hat* eine Arbeit *geschrieben*.

1. Frau Traut im Garten // Unkraut vernichten / Blumen pflücken
2. Inge gestern in der Stadt // ein Kleid kaufen / Schuhe anprobieren
3. Herr Kunze gestern // in die Stadt fahren / Geld von der Bank abheben
4. Frau Goldmann gestern // zur Post fahren / ein Paket aufgeben
5. Herr Lange gestern // den Fotoapparat zur Reparatur bringen / die Wäsche aus der Wäscherei abholen
6. Herr Kollmann gestern // Unterricht halten / Hefte korrigieren
7. Fräulein Feldmann gestern im Büro // Rechnungen bezahlen / Telexe schreiben
8. Professor Keller gestern // Vorlesungen halten / Versuche durchführen
9. Fritzchen Hase gestern // in den Kindergarten gehen / Blumen und Schmetterlinge malen
10. Frau Doktor Landers gestern // Patienten untersuchen / Rezepte ausschreiben

5   Christof kommt nach Hause und erzählt: "Heute ist eine Unterrichtsstunde ausgefallen, und wir haben gemacht, was wir wollten."

> Hans (zum Fenster rausschauen)   Hans *hat* zum Fenster *rausgeschaut*.

1. Ulla (ihre Hausaufgaben machen)
2. Jens (sich mit Hans-Günther unterhalten)
3. Gilla (die Zeitung lesen)
4. Ulrich (mit Carlo Karten spielen)
5. Karin (Männchen malen)
6. Ulrike (Rüdiger lateinische Vokabeln abhören)
7. Christiane (sich mit Markus streiten)
8. Katja (ein Gedicht auswendig lernen)
9. Heike (mit Stefan eine Mathematikaufgabe ausrechnen)
10. Iris (etwas an die Tafel schreiben)
11. Claudia und Joachim (sich Witze erzählen)
12. Wolfgang und Markus (ihre Radtour besprechen)
13. Ich (in der Ecke sitzen und alles beobachten)

6 Put the following sentences into the perfect tense.

> Der Mieter kündigte und zog aus.
> Der Mieter *hat* gekündigt und *ist* ausgezogen.
>
> Maiers besichtigten die Wohnung und unterschrieben den Mietvertrag.
> Maiers *haben* die Wohnung besichtigt und den Mietvertrag unterschrieben.

1. Herr Maier besorgte sich Kartons und verpackte darin die Bücher. 2. Er lieh sich einen Lieferwagen und fuhr damit zu seiner alten Wohnung. 3. Die Freunde trugen die Möbel hinunter und verstauten sie im Auto. (verstauen = auf engem Raum unterbringen, verpacken) 4. Dann fuhren die Männer zu der neuen Wohnung und luden dort die Möbel aus. 5. Sie brachten sie mit dem Aufzug in die neue Wohnung und stellten sie dort auf. 6. Frau Maier verpackte das Porzellan sorgfältig in Kartons und fuhr es mit dem Auto zu der neuen Wohnung. 7. Dort packte sie es wieder aus und stellte es in den Schrank. 8. Maiers fuhren mit dem Lieferwagen fünfmal hin und her, dann brachten sie ihn der Firma zurück.

7 Do the same here:

1. Ein Mann überfiel eine alte Frau im Park und raubte ihr die Handtasche. 2. Ein Motorradfahrer fuhr mit hoher Geschwindigkeit durch eine Kurve und kam von der Straße ab. Dabei raste er gegen einen Baum und verlor das Bewußtsein. 3. Ein betrunkener Soldat fuhr mit einem Militärfahrzeug durch die Straßen und beschädigte dabei fünfzehn Personenwagen. 4. Auf einem Bauernhof spielten Kinder mit Feuer und steckten dabei die Stallungen in Brand. Die Feuerwehrleute banden die Tiere los und jagten sie aus den Ställen. 5. Zwei Schäferhunde überfielen ein dreijähriges Kind und verletzten es durch zahlreiche Bisse lebensgefährlich.

*8 Retell this story in the perfect tense, using the first person singular (ich).

1 Er wachte zu spät auf, sprang sofort aus dem Bett, zerriß dabei die Bettdecke und warf das Wasserglas vom Nachttisch. Das machte ihn schon sehr ärgerlich. Er wusch sich
3 nicht, zog sich in aller Eile an, verwechselte die Strümpfe und band sich eine falsche Krawatte um. Er steckte nur schnell einen Apfel ein, verließ die Wohnung und rannte die
5 Treppe hinunter. Die Straßenbahn fuhr ihm gerade vor der Nase weg. Er lief ungeduldig zehn Minuten lang an der Haltestelle hin und her. Er stieg eilig in die nächste Bahn,
7 verlor aber dabei die Fahrkarte aus der Hand. Er drehte sich um, hob die Fahrkarte vom Boden auf, aber der Fahrer machte im selben Augenblick die automatischen Türen zu.
9 Er hielt ein Taxi an, aber der Taxifahrer verstand die Adresse falsch und lenkte den Wagen zunächst in die falsche Richtung. So verging wieder viel Zeit. Er kam 45 Minuten
1 zu spät in der Firma an, entschuldigte sich beim Chef und beruhigte die Sekretärin. Er schlief dann noch eine halbe Stunde am Schreibtisch.

§ 13 Transitive and Intransitive Verbs which are often Confused

I legen / liegen, stellen / stehen, etc.

transitive schwache Verben	intransitive starke Verben
hängen, hängte, hat gehängt Ich **habe** den Mantel in die Garderobe **gehängt.**	hängen, hing, hat gehangen Der Mantel **hat** in der Garderobe **gehangen.**
legen, legte, hat gelegt Ich **habe** das Buch auf den Schreibtisch **gelegt.**	liegen, lag, hat gelegen Das Buch **hat** auf dem Schreibtisch **gelegen.**
stellen, stellte, hat gestellt Ich **habe** das Buch ins Regal **gestellt.**	stehen, stand, hat gestanden Das Buch **hat** im Regal **gestanden.**
setzen, setzte, hat gesetzt Sie **hat** das Kind auf den Stuhl **gesetzt.**	sitzen, saß, hat gesessen Das Kind **hat** auf dem Stuhl **gesessen.**
stecken, steckte, hat gesteckt Er **hat** den Brief in die Tasche **gesteckt.**	stecken, steckte (stak), hat gesteckt Der Brief **hat** in der Tasche **gesteckt.**

Rules

1. The transitive verbs indicate an action: A person (subject) does something to an object (accusative object).
   The details of place occur with a preposition in the accusative. The question is asked with *wohin?* (see § 57)

2. The intransitive verbs show the result of an action.
   The place is given with a preposition in the dative. The question is asked with *wo?* (see § 57)

II More transitive and intransitive verbs

transitive schwache Verben	intransitive starke Verben
erschrecken (erschreckt), erschreckte, hat erschreckt Der Hund **hat** das Kind **erschreckt.**	erschrecken (erschrickt), erschrak, ist erschrocken Das Kind **ist** vor dem Hund **erschrocken.**
löschen, löschte, hat gelöscht Die Männer **haben** das Feuer **gelöscht.**	erlöschen (erlischt), erlosch, ist erloschen Das Feuer **ist erloschen.**
senken, senkte, hat gesenkt Der Händler **hat** die Preise **gesenkt.**	sinken, sank, ist gesunken Die Preise **sind gesunken.**

sprengen, sprengte, hat gesprengt Die Soldaten **haben** die Brücke **gesprengt.**	springen, sprang, ist gesprungen Das Glas **ist gesprungen.**
versenken, versenkte, hat versenkt Das U-Boot **hat** das Schiff **versenkt.**	versinken, versank, ist versunken Die Insel **ist** im Meer **versunken.**
verschwenden, verschwendete, hat verschwendet Der Sohn **hat** das Geld **verschwendet.**	verschwinden, verschwand, ist verschwunden Das Geld **ist verschwunden.**

Rules

1. The transitive verbs indicate an action.
2. The intransitive verbs indicate a condition in which the subject finds itself (see also the "Zustandspassiv", § 45).

EXERCISES

1 Choose the correct verb, using the past participle.

1. Die Bilder haben lange Zeit im Keller (liegen / legen). 2. Jetzt habe ich sie in mein Zimmer (hängen st. / schw.). 3. Früher haben sie in der Wohnung meiner Eltern (hängen st. / schw.) 4. Das Buch hat auf dem Schreibtisch (liegen / legen). 5. Hast du es auf den Schreibtisch (liegen / legen)? 6. Ich habe die Gläser in den Schrank (stehen / stellen). 7. Die Gläser haben in der Küche (stehen / stellen). 8. Der Pfleger hat den Kranken auf einen Stuhl (sitzen / setzen). 9. Der Kranke hat ein wenig in der Sonne (setzen / sitzen). 10. Die Bücher haben im Bücherschrank (stehen / stellen). 11. Hast du sie in den Bücherschrank (stehen / stellen)? 12. Die Henne hat ein Ei (legen / liegen). 13. Hast du den Jungen schon ins Bett (legen / liegen)? 14. Die Familie hat sich vor den Fernseher (setzen / sitzen). 15. Dort hat sie den ganzen Abend (setzen / sitzen). 16. Im Zug hat er sich in ein Abteil 2. Klasse (setzen / sitzen). 17. Er hat den Mantel an den Haken (hängen). 18. Vorhin hat der Mantel noch an dem Haken (hängen).

2 Herr Müller macht die Hausarbeit – Dative or accusative? Fill in the correct case in the sentences below.

1. Er stellt das Geschirr in (Schrank [m]) zurück. 2. Die Gläser stehen immer in (Wohnzimmerschrank [m]). 3. Die Tassen und Teller stellt er in (Küchenschrank [m]). 4. Die Tischtücher legt er in (Schränkchen [n]) in (Eßzimmer [n]). 5. In (Schränkchen [n]) liegen auch die Servietten. 6. Ein Geschirrtuch hängt in (Badezimmer [n]). 7. Die Wäsche hängt noch auf (Wäscheleine [f]) hinter (Haus [n]). 8. Er nimmt sie ab und legt sie in (Wäscheschrank [m]). 9. Die schmutzige Wäsche steckt er in (Waschmaschine [f]). 10. Später hängt er sie auf (Wäscheleine [f]).

3 Now put exercise 2 into the perfect.

4 Choose the appropriate verb in the sentences below, using the correct form of the present tense.

1. *"löschen" oder "erlöschen"?* Seine Liebe zu Rosemarie ... nie. Die Wanderer ... ihren Durst. Der Kirchendiener ... die Kerzen. Das Feuer im Ofen ....
2. *"senken" oder "sinken"?* Der Verurteilte ... enttäuscht den Kopf. Man ... den Toten ins Grab. Der Wert des Autos ... von Jahr zu Jahr. Der Fallschirmspringer ... langsam zu Boden.
3. *"sprengen" oder "springen"?* Die Arbeiter ... das Haus in die Luft. Die Feder der Uhr ..., und die Uhr ist kaputt. Das Wasser gefriert und ... den Topf. Der Sportler ... 7,10 Meter weit.
4. *"versenken" oder "versinken"?* Die Kinder ... bis zu den Knien im Schnee. Man ... den Behälter für Heizöl in die Erde. Der Feind ... das Schiff mit einer Rakete. Bei einem schweren Erdbeben ... ganze Städte in Schutt und Asche.
5. *"verschwenden" oder "verschwinden"?* Er ... zuviel Zeit für diese Arbeit. Die Sonne ... hinter den Wolken. Mit diesem Mittel ... jeder Fleck sofort. Er ... sein ganzes Vermögen.

5 Now do exercise 4 again using the imperfect and perfect this time.

§ 14 Verb Case Government

Preliminary note

The concept of case is difficult for English-speaking students, since case is hardly marked in English. Case is a way of showing the function of a word in a sentence or the relationship between words. This may be shown by using a preposition in English, where German uses a case ending. In languages like German with a strong case system, word order is not as important as it is in English. In German sentences words may very often be shifted around without changing the overall meaning of the sentence: *Mrs. Smith is paying the waiter* for example differs in meaning from: *The waiter is paying Mrs. Smith.* Because case is marked in German it is possible to change the word order of sentences like the above without changing the meaning of the sentence: *Frau Schmidt zahlt den Kellner*, or: *Den Kellner zahlt Frau Schmidt.*

There are four cases in German: nominative, accusative, dative, genitive.

Verb case government means that certain verbs are followed by a certain case. There are no strict rules regarding which verb takes which case. It is especially difficult to differenciate between verbs with an accusative object and a dative object:

Ich frage *ihn.*   Er trifft *ihn.*
Ich antworte *ihm.*   Er begegnet *ihm.*

I Verbs with the accusative

1. The majority of German verbs take an accusative object:

Er baut *ein Haus.*   Wir bitten *unseren Nachbarn.*
Er pflanzt *einen Baum.*   Ich liebe *meine Geschwister.*
Der Bauer pflügt *den Acker.*   Der Professor lobt *den Studenten.*
Ich erreiche *mein Ziel.*   Sie kennen *die Probleme.*

2. Some impersonal verbs. These verbs have the impersonal subject *es* and an accusative object, usually an accusative pronoun. A *daß* sentence usually follows, or an infinitive construction (see § 16 II 4):

Es ärgert *mich*, daß . . .   Es langweilt *den Schüler*, daß . . .
Es beleidigt *uns*, daß . . .   Es macht *mich* froh (traurig, fertig), daß . . .
Es beunruhigt *ihn*, daß . . .   Es stößt *mich* ab, daß . . .
Es erschreckt *mich*, daß . . .   Es wundert *mich*, daß . . .
Es freut *den Kunden*, daß . . .   usw.

3. The majority of inseparable verbs with the prefixes: *be–, ver–, zer–*:

Er *be*kommt *die Stellung* nicht.   Wir *ver*stehen *dich* nicht.
Wir *be*suchen *unsere Freunde*.   Er *zer*reißt *die Rechnung*.
Er *be*reiste *viele Länder*.   Der Sturm *zer*brach *die Fenster*.
Sie *ver*ließ *das Zimmer*.   usw.

4. The idiomatic expression *es gibt* and *haben* as a full verb:

Es gibt *keinen Beweis* dafür.   Wir haben *einen Garten*.
Es gibt heute *nichts* zu essen.   Er hatte *das beste Zeugnis*.

II Verbs with the dative

The dative case is the case of the recipient and as such the dative verbs express a personal relationship. There is a limited number of verbs belonging to this category.

The following list contains the most commonly used dative verbs:

ähneln	Sie ähnelt *ihrer Mutter* sehr.
antworten	Antworte *mir* schnell!
befehlen	Der Zöllner befiehlt *dem Reisenden*, den Koffer zu öffnen.
begegnen	Ich bin *ihm* zufällig begegnet.
beistehen	Meine Freunde stehen *mir* bestimmt bei.
danken	Ich danke *Ihnen* herzlich für die Einladung.
einfallen	Der Name fällt *mir* nicht ein.
entgegnen	Der Minister entgegnete *den Journalisten*, daß . . .
erwidern	Er erwiderte *dem Richter*, daß . . .
fehlen	Meine Geschwister fehlen *mir*.
folgen	Der Jäger folgt *dem Wildschwein*.
gefallen	Die Sache gefällt *mir* nicht.
gehören	Dieses Haus gehört *meinem Vater*.
gehorchen	Der Junge gehorcht *mir* nicht.
gelingen	Das Experiment ist *ihm* gelungen.
genügen	Zwei Wochen Urlaub genügen *mir* nicht.
glauben	Du kannst *ihm* glauben.
gratulieren	Ich gratuliere *Ihnen* herzlich zum Geburtstag.
helfen	Könnten Sie *mir* helfen?
mißfallen	Der neue Film hat *den Kritikern* mißfallen.
mißlingen	Der Versuch ist *dem Chemiker* mißlungen.
sich nähern	Der Wagen näherte sich *der Unfallstelle*.
nützen	Der Rat nützt *ihm* nicht viel.
raten	Ich habe *ihm* geraten, gesünder zu essen.
schaden	Der Lärm schadet *dem Menschen*.

schmecken	Schokoladeneis schmeckt *allen Kindern.*
vertrauen	Der Chef vertraut *seiner Sekretärin.*
verzeihen	Ich verzeihe *dir.*
ausweichen	Der Radfahrer ist *dem Auto* ausgewichen.
widersprechen	Ich habe *ihm* sofort widersprochen.
zuhören	Bitte hör *mir* zu!
zureden	Wir haben *ihm* zugeredet, die Arbeit anzunehmen.
zusehen	Wir haben *dem Meister* bei der Reparatur zugesehen.
zustimmen	Die Abgeordneten stimmten *dem neuen Gesetz* zu.
zuwenden	Der Verkäufer wendet sich *dem neuen Kunden* zu.

III Verbs with the dative and the accusative

Generally speaking, the dative object is usually a person, the accusative object, on the other hand, is usually a thing. The following verbs take both, a dative and an accusative object. Very often, however, only the accusative object is used:
Er beantwortet *dem Sohn die Frage.*
Er beantwortet *die Frage.*
The following list contains the most commonly used verbs with a dative and an accusative object:

anvertrauen	Er hat *dem Lehrling die Werkstattschlüssel* anvertraut.
beantworten	Ich beantworte *dir* gern *die Frage.*
beweisen	Er bewies *dem Schüler den mathematischen Lehrsatz.*
borgen	Ich habe *ihm das Buch* nur geborgt, nicht geschenkt.
bringen	Er brachte *mir einen Korb* mit Äpfeln.
empfehlen	Ich habe *dem Reisenden ein gutes Hotel* empfohlen.
entwenden	Ein Unbekannter hat *dem Gast die Brieftasche* entwendet.
entziehen	Der Polizist entzog *dem Fahrer den Führerschein.*
erlauben	Wir erlauben *den Schülern das Rauchen* in den Pausen.
erzählen	Ich erzähle *dir* jetzt *die ganze Geschichte.*
geben	Er gab *mir die Hand.*
leihen	Er hat *mir den Plattenspieler* geliehen.
liefern	Die Fabrik liefert *der Firma die Ware.*
mitteilen	Er teilt *mir die Geburt* seines Sohnes mit.
rauben	Die Räuber raubten *dem Boten das Geld.*
reichen	Er reichte *den Gästen die Hand.*
sagen	Ich sagte *ihm* deutlich *meine Meinung.*
schenken	Ich schenke *ihr ein paar Blumen.*
schicken	Meine Eltern haben *mir ein Paket* geschickt.
schreiben	Er schrieb *dem Chef einen unfreundlichen Brief.*
senden	Wir senden *Ihnen* anliegend *die Antragsformulare.*
stehlen	Unbekannte Täter haben *dem Bauern zwölf Schafe* gestohlen.
überlassen	Er überließ *mir* während der Ferien *seine Wohnung.*
verbieten	Er hat *seinem Sohn das Motorradfahren* verboten.
verschweigen	Der Angeklagte verschwieg *dem Verteidiger die Wahrheit.*
versprechen	Ich habe *ihm 200 Mark* versprochen.
verweigern	Die Firma verweigert *den Angestellten das Urlaubsgeld.*
wegnehmen	Er hat *mir die Schreibmaschine* wieder weggenommen.
zeigen	Er zeigte *dem Besucher seine Bildersammlung.*

IV Verbs with two accusatives

There are only a few verbs which take two accusative objects. The most important are:
kosten, lehren, nennen, schelten, schimpfen.
Ich nenne *ihn Fritz.*
Das Essen kostet *mich 100 Mark.*
Er lehrt *mich das Lesen.*

V Verbs with the accusative and the genitive

These verbs are usually used in a legal context.

anklagen	Man klagt *ihn des Meineids* an.
bezichtigen	Er bezichtigt *ihn der Unehrlichkeit.*
überführen	Die Polizei überführte *den Autofahrer der Trunkenheit* am Steuer.
verdächtigen	Man verdächtigte *den Zeugen der Lüge.*

VI Verbs with the genitive

These verbs are seldom used in present day German:
Sie erfreute sich *bester Gesundheit.*
Der Krankenbesuch bedurfte *der Genehmigung* des Chefarztes.

VII Verbs with two nominatives

The following verbs can have, apart from the subject, a further nominative: *sein, werden, bleiben, heißen* and *scheinen* :
Die Biene ist *ein Insekt.*
Mein Sohn wird später *Arzt.*
Er blieb zeit seines Lebens *ein armer Schlucker.*
Der Händler scheint *ein Betrüger* zu sein.

Note

The verbs *sein* and *werden* cannot be used on their own. They require a complement. Examples:
Bienen sind *fleißig.* Du bist *tapfer.* Der Musiker wurde *berühmt.* Er blieb immer *freundlich.* Er scheint *geizig* zu sein. (= adverb § 42)
Sein Geburtstag ist *am 29. Februar.* Wir bleiben *in der Stadt.* Er scheint *zu Hause* zu sein. (= place or temporal items)
Das sind *meine Haustiere. Das* wird *eine schöne Party. Das* bleibt *Wiese, das* wird *kein Bauland.* (see § 36 III 4 b)

VIII Verbs governed by an accusative object

Combinations like the following are fairly common in German. The respective verbs seldom have a meaning of their own; they complement the accusative object, and with it, form a semantic unit. They are known as function verbs.

Bei Waldbränden *ergreifen* die meisten Tiere rechtzeitig *die Flucht.* (= sie fliehen)
Der Politiker *gab* im Fernsehen *eine Erklärung ab.* (= er erklärte öffentlich)
Wir *haben* endlich *eine Entscheidung getroffen.* (= wir haben uns entschieden)

The following list contains a selection:

Simple Verbs

1. fällen
   a) eine Entscheidung b) ein Urteil
2. finden
   a) ein Ende b) Anerkennung c) Ausdruck d) Beachtung/Interesse e) Beifall f) Ruhe g) Verwendung
3. führen
   a) den Beweis b) ein Gespräch/eine Unterhaltung c) Krieg
4. geben
   a) jdm. (eine) Antwort b) jdm. (eine) Auskunft c) jdm. (den) Befehl d) jdm. Bescheid e) jdm. seine Einwilligung f) jdm. die Erlaubnis g) jdm. die Freiheit h) jdm. die Garantie i) jdm. (die) Gelegenheit j) jdm. eine Ohrfeige k) jdm. einen Rat/einen Tip/einen Wink l) jdm. die Schuld m) jdm. einen Tritt/einen Stoß n) (jdm.) Unterricht o) jdm. das Versprechen/sein Wort p) jdm. seine Zustimmung q) jdm./einer Sache den Vorzug
5. gewinnen
   a) den Eindruck b) die Überzeugung c) einen Vorsprung
6. halten
   a) eine Rede/einen Vortrag/eine Vorlesung b) ein (sein) Versprechen/sein Wort
7. holen
   a) Atem b) sich eine Erkältung/eine Infektion/eine Krankheit c) sich den Tod
8. leisten
   a) eine Arbeit b) einen Beitrag c) Hilfe d) Zivildienst e) Ersatz f) Widerstand
9. machen
   a) den Anfang b) jdm. ein Angebot c) jdm. Angst d) mit jdm. eine Ausnahme e) ein Ende f) jdm. (eine) Freude g) sich die Mühe h) eine Pause i) Spaß j) einen Spaziergang k) einen Unterschied l) einen Versuch m) jdm. einen Vorwurf/Vorwürfe
10. nehmen
    a) Abschied b) Anteil (an jdm./etwas) c) Bezug (auf etwas) d) Einfluß (auf jdn./etwas) e) ein Ende f) Platz g) Rache h) Stellung
11. schaffen
    a) Abhilfe b) Klarheit c) Ordnung d) Ruhe e) Arbeitsplätze
12. stiften
    a) Frieden/Unfrieden b) Unruhe
13. treffen
    a) mit jdm. ein Abkommen/eine/die Vereinbarung b) eine Entscheidung c) Maßnahmen d) Vorsorge e) Vorbereitungen
14. treiben
    a) (zuviel) Aufwand b) Handel c) Mißbrauch d) Sport e) Unfug
15. wecken
    a) Erinnerungen b) Gefühle c) Interesse d) die Neugier

Separable and inseparable verbs

16. abgeben
    a) eine Erklärung b) seine Stimme c) ein Urteil

17. ablegen
    a) einen Eid/einen Schwur b) ein Geständnis c) eine Prüfung
18. abschließen
    a) die Arbeit b) die Diskussion c) einen Vertrag
19. annehmen
    a) den Vorschlag b) die Bedingung c) die Einladung d) (die) Hilfe e) Vernunft
    f) die Wette
20. anrichten
    a) ein Blutbad b) Schaden c) Unheil d) Verwüstungen
21. anstellen
    a) Berechnungen b) Nachforschungen c) Überlegungen d) Versuche e) Un-
    fug/Dummheiten
22. antreten
    a) den Dienst b) die Fahrt c) die Regierung
23. aufgeben
    a) die Arbeit b) seinen Beruf c) den Plan d) die Hoffnung e) das Spiel f) den Wi-
    derstand
24. ausführen
    a) eine Arbeit b) einen Auftrag c) einen Befehl d) einen Plan e) eine Reparatur/Re-
    paraturen
25. begehen
    a) eine Dummheit b) (einen) Fehler c) einen Mord d) Selbstmord e) Verrat
26. durchsetzen
    a) seine Absicht b) seine Forderungen c) seine Idee(n) d) seine Meinung e) seinen
    Willen
27. einlegen
    a) Beschwerde/Protest b) Berufung c) ein gutes Wort (für jdn.)
28. einreichen
    a) einen Antrag/ein Gesuch b) Beschwerde c) die Examensarbeit d) einen Vorschlag
29. einstellen
    a) die Arbeit b) die Herstellung c) den Betrieb d) das Rauchen e) die Untersuchung
    f) den Versuch/das Experiment
30. ergreifen
    a) Besitz (von etwas) b) die Flucht c) die Gelegenheit d) Maßnahmen e) das Wort
31. erstatten
    a) Anzeige b) (einen) Bericht
32. verüben
    a) einen Mord b) eine (böse) Tat c) ein Verbrechen
33. zufügen
    a) jdm. Böses b) jdm. Kummer c) jdm. eine Niederlage d) jdm. Schaden e) jdm.
    Schmerzen
34. zuziehen
    a) sich eine Erkältung/eine Grippe b) sich Unannehmlichkeiten c) sich eine Ver-
    letzung/schwere Verletzungen

EXERCISES

1 Find the correct noun and put it into the dative case.

1. Das Gras schmeckt		a)	der Jäger
2. Das Medikament nützt		b)	die Blumen
3. Die Kinder vertrauen		c)	der Hund
4. Der Sportplatz gehört		d)	das Geburtstagskind
5. Wir gratulieren		e)	der Gastgeber
6. Die Gäste danken		f)	die Patientin
7. Der Jäger befiehlt		g)	die Eltern
8. Der Hund gehorcht		h)	der Ladendieb
9. Die Trockenheit schadet		i)	die Gemeinde
10. Der Detektiv folgt		j)	die Kühe

2 Make sentences in the imperfect and perfect, putting the nouns in their correct case.

> der Arzt / der Mann / das Medikament / verschreiben
> Der Arzt verschrieb *dem Mann* das Medikament.
> Der Arzt hat *dem Mann* das Medikament verschrieben.

1. die Hausfrau / der Nachbar / die Pflege der Blumen / anvertrauen
2. die Tochter / der Vater / die Frage / beantworten
3. der Angeklagte / der Richter / seine Unschuld / beweisen
4. Udo / mein Freund / das Moped / borgen
5. der Briefträger / die Einwohner / die Post / jeden Morgen gegen 9 Uhr / bringen
6. er / die Kinder / Märchen / erzählen
7. der Bürgermeister / das Brautpaar / die Urkunden / geben
8. Gisela / der Nachbar / das Fahrrad / gern leihen
9. das Versandhaus / die Kunden / die Ware / ins Haus liefern
10. sie / die Tante / das Geburtstagsgeschenk / schicken
11. Hans / der Chef / die Kündigung / aus Frankreich / schicken
12. das Warenhaus / der Kunde / der Kühlschrank / ins Haus senden
13. der Angestellte / der Chef / seine Kündigungsabsicht / verschweigen
14. die Zollbehörde / der Ausländer / die Einreise / verweigern
15. eine Diebesbande / die Fahrgäste im Schlafwagen / das Geld / entwenden
16. die Polizei / der Busfahrer / der Führerschein / entziehen
17. der Motorradfahrer / die Dame / die Tasche / im Vorbeifahren rauben
18. meine Freundin / die Eltern / dieses Teeservice / zu Weihnachten / schenken
19. ein Dieb / der Junggeselle / die ganze Wohnungseinrichtung / stehlen
20. der Vater / der Sohn zum Abitur / das Geld für eine Italienreise / versprechen

3 Accusative and/or dative? Make sentences in the imperfect.

1. der Einheimische / die Gäste / das "Hotel Ritter" empfehlen
2. wir / unser Nachbar / begegnen
3. der Fußballstar / die Fußballfans (Pl.) / entfliehen
4. die Lügen / der Politiker / nicht helfen
5. der Richter / der Zeuge / nicht glauben
6. die Katze / das Vogelnest / sich heimlich nähern

7. der Dünger / die Pflanzen / nützen
8. das Bild / die Freunde / nicht gefallen
9. ich / der Brief / nicht beantworten
10. der Fußgänger / die Fremden (Pl.) / der Weg / zeigen
11. der Vater / der Junge / eine Belohnung / versprechen
12. der Fahrer / der Autoschlosser / zusehen
13. der Minister / die Verantwortung / übernehmen
14. der Trainer / der Fußballspieler / nicht erlauben mitzuspielen
15. die Anwesenden / der Vorschlag / zustimmen
16. die Passanten / die Dame / beistehen
17. das Parlament / das Gesetz / beschließen
18. alle / die Antwort / verweigern
19. das Musikstück / die Besucher (Pl.) / mißfallen
20. einige Zuhörer / der Redner / widersprechen

4 Practise in the following way:

> Hast du deinem Freund das Auto geliehen?
> Ja, ich hab' *ihm* das Auto geliehen.

Hast du
1. ... dem Chef die Frage beantwortet?
2. ... deinen Eltern deinen Entschluß mitgeteilt?
3. ... den Kindern das Fußballspielen verboten?
4. ... deiner Wirtin die Kündigung geschickt?
5. ... deinem Sohn das Rauchen gestattet?
6. ... deiner Freundin den Fernseher überlassen?
7. ... deinem Bruder die Wahrheit gesagt?
8. ... deinem Vater deine Schulden verschwiegen?
9. ... den Kindern den Ball weggenommen?
10. ... deinen Freunden die Urlaubsbilder schon gezeigt?
11. ... deiner Familie einen Ausflug versprochen?
12. ... deinen Eltern einen Gruß geschickt?

5 Using the sentences 1–14 from exercise 2, practise according to the example in the box below:

> Der Arzt hat dem Mann das Medikament verschrieben.
> Nein, das stimmt nicht, er hat *ihm* das Medikament nicht verschrieben!

Instead of saying, "Nein, das stimmt nicht" we can also say: *Nein, ganz im Gegenteil, . . .; Nein, das ist nicht wahr, . . .; Nein, da irren Sie sich, . . .; Nein, da sind Sie im Irrtum, . . .*

6a Using the function verbs 1–15, answer the following questions in the perfect tense.

> Wer macht einen Spaziergang? (die Eltern / mit ihren Kindern)
> Die Eltern *haben* mit ihren Kindern *einen Spaziergang gemacht.*

1. Wer findet Anerkennung? (der Politiker / bei den Wählern)
2. Wer gibt der Firmenleitung die Schuld? (der Gewerkschaftsvertreter / an den Verlusten)
3. Wer gewinnt einen Vorsprung von zwei Metern? (der polnische Läufer)
4. Wer hält eine Vorlesung? (ein Professor aus Rom / am 4.5. / über Goethe)
5. Wer leistet Hilfe? (das Rote Kreuz / bei der Rettung der Flüchtlinge)
6. Wer macht mir ein Angebot? (der Makler / für ein Ferienhaus)
7. Wer macht dem Neffen Vorwürfe? (die Tante / wegen seiner Unhöflichkeit)
8. Wer trifft eine Entscheidung? (der Chef / am Ende der Verhandlungen)
9. Wer schafft 150 neue Arbeitsplätze? (eine Textilfabrik / in der kleinen Stadt)
10. Was weckt das Interesse des Wissenschaftlers? (die Arbeit eines Kollegen)

b **Do the same here. But using the function verbs 16–34.**

1. Wer nimmt die Wette an? (Peter)
2. Wer richtet großen Schaden an? (die Fußballfans / beim Spiel ihrer Mannschaft)
3. Wer tritt seinen Dienst an? (der neue Pförtner / am 2. Mai)
4. Wer gibt seinen Beruf auf? (der Schauspieler / nach drei Jahren)
5. Wer setzt seine Forderungen durch? (der Arbeitslose / beim Sozialamt)
6. Wer legt Berufung ein? (der Rechtsanwalt / gegen das Urteil)
7. Wer reicht die Examensarbeit endlich ein? (die Studentin / bei ihrem Professor)
8. Wer ergreift das Wort? (der Bürgermeister / nach einer langen Diskussion im Stadtparlament)
9. Wer erstattet Anzeige? (der Mieter / gegen den Hausbesitzer)
10. Wer zieht sich schwere Verletzungen zu? (der Lastwagenfahrer / bei einem Unfall)
11. Wer stellt das Rauchen ein? (die Fluggäste / während des einstündigen Fluges)
12. Wer hat der Firma großen Schaden zugefügt? / (ein Mitarbeiter / durch Unterschlagungen)

c **Answer the following questions. Choose the appropriate noun and verb combination from the number in brackets. – Give reasons for your choice if more than one answer is possible.**

> Ein junger Familienvater geht zum Wohnungsamt.
> Was will er? (Nr. 28) – Er *reicht einen Antrag ein.*

1. Der Junge ist ohne Jacke und Mütze aufs Eis gegangen. – Was war die Folge? (7)
2. Die Kinder machten das Fenster auf, damit der Vogel wegfliegen konnte. – Was haben sie getan? (4)
3. Ich hatte vergessen, die Blumen meiner Nachbarin zu gießen. – Wie reagierte sie, als sie zurückkam? (9)
4. Die Not in vielen Teilen der Welt ist groß. – Was müssen die reicheren Länder tun? (8)
5. Wir wollen diese schöne Wohnung mieten. – Was müssen wir tun? (18) (... mit dem Hausbesitzer einen Miet-...)
6. Der Hund meiner Tante ist weggelaufen. – Was tut sie? (21)
7. Der Künstler hatte keinen Erfolg. – Wie reagierte er? (23)
8. Der Wasserhahn tropft, deshalb habe ich einen Handwerker gerufen. – Was hat er gemacht? (24)

9. Die Elektronik-Firma hat ein nichtkonkurrenzfähiges Produkt auf den Markt gebracht. – Was hat sie daraufhin getan? (29)
10. Die Kollegen streiten dauernd miteinander. – Was muß der Chef tun? (12)

*7a Using the expression in brackets, rewrite the following sentences (function verbs 1–15). Take care to use the correct tense.

1. Das Gericht *hat* noch nicht *entschieden,* ob der Angeklagte freigesprochen werden kann. (1a)
2. Der Vortrag des Atomwissenschaftlers *interessierte* die anwesenden Forscher sehr. (2d – bei den . . . Forschern großes Interesse)
3. Leere Flaschen müssen abgegeben werden, damit sie *wiederverwendet* werden können. (2g)
4. Viele Länder, die *sich* früher *bekriegten,* sind heute miteinander befreundet. (3c – Krieg gegeneinander . . .)
5. Wenn die Eltern *nicht einverstanden sind,* kann der Fünfzehnjährige das teure Lexikon nicht bestellen. (4e – ihre Einwilligung)
6. Wie viele Stunden *unterrichten* Sie pro Woche? (4 n)
7. Glauben Sie, daß er hält, was er *verspricht?* (6b)
8. Von Zeit zu Zeit müssen die Meeressäugetiere an die Wasseroberfläche schwimmen, *um zu atmen.* (7a)
9. Wer einen Gegenstand stark beschädigt, muß *ihn ersetzen.* (8e – muß dafür . . .)
10. Man muß *unterscheiden* zwischen denen, die in der Diktatur die Anführer waren, und denen, die nur Mitläufer waren. (9k)
11. Noch im Hotel *verabschiedeten sich* die Teilnehmer der Veranstaltung. (10a) (voneinander)
12. Die Gäste wurden gebeten, *sich zu setzen.* (10f)
13. Die Geschwister *vereinbarten,* jedes Jahr in ihrer Heimatstadt zusammenzukommen. (13b)
14. Schon vor Tausenden von Jahren *handelten* Kaufleute mit Salz. (14b)

*b Do the same here, this time using the function verbs 16–34.

1. Im letzten Herbst *sind* nur 75 Prozent der Wähler *zur Wahl gegangen.* (16b)
2. Nach langen Verhören *gestand* der Angeklagte schließlich. (17b)
3. Alle Soldaten mußten auf die Fahne *schwören.* (17a)
4. Nach zwei Jahren war er endlich *mit seiner Doktorarbeit fertig.* (18a)
5. Die Eltern ermahnten ihren sechzehnjährigen drogensüchtigen Sohn, doch *vernünftig zu sein.* (19e)
6. Ein Wirbelsturm *verwüstete große Teile des Landes.* (20d – schwere Verwüstungen in + D)
7. Die Versicherungsgesellschaft *forscht* zur Zeit *nach* dem Schiff, das im Pazifischen Ozean verschwunden ist. (21b)
8. Punkt neun Uhr *ist* die Reisegruppe *losgefahren.* (22b)
9. Sie *hat keine Hoffnung mehr,* daß ihr Mann zu ihr zurückkommt. (23d)
10. Acht Tage hatten die Bürger ihre Stadt tapfer verteidigt; am neunten Tag *ergaben* sie *sich,* da sie kein Wasser mehr hatten. (23f)
11. Er ist ein Typ, der *alles* selbst *repariert.* (24e)

12. Er *hat falsch gehandelt,* als er das Zimmer im Studentenheim nicht angenommen hat. (25b)
13. Der Gefangene *hatte sich* in seiner Zelle *umgebracht.* (25d)
14. Er sollte 60 DM Mahngebühr an das Finanzamt zahlen; darüber *hat* er *sich beschwert.* (27a – dagegen)
15. Der Betriebsrat *hat* Verschiedenes zur Arbeitszeitverkürzung *vorgeschlagen* und bei der Geschäftsleitung *abgegeben.* (28d – verschiedene Vorschläge)
16. Die Fluggäste werden beim Verlassen des Warteraumes gebeten, *nicht mehr zu rauchen.* (29d)
17. Das hochverschuldete Unternehmen *konnte nicht weiterarbeiten.* (29c) (mußte . . .)
18. Viele Menschen *sind* aus Angst vor einem möglichen Bombenangriff *geflohen.* (30 b)
19. Infolge des naßkalten Wetters *haben sich* viele Menschen *erkältet.* (34a)
20. Der Skirennfahrer *hat sich* beim Abfahrtslauf schwer *verletzt.* (34c)

§ 15   Verbs with a Prepositional Object

English prepositions are less complex in their use than are German prepositions insofar as there are no differences of case to be considered in a following noun or pronoun. In German it is important to consider which case a preposition takes. A preposition may take more than one case depending on the context or meaning.

As in English some German verbs require a preposition for their completion, *for, to, with, by* etc. The prepositions used by German verbs may not be those expected from their English equivalents, however. Compare the following: sich sehnen *nach* etwas/to long *for* something, warten *auf*/to wait *for*, bitten *um*/to ask *for*, sich freuen *auf*/to look forward *to*, sich freuen *über*/to be pleased *about.* Occasionally German verbs use a preposition where their English counterparts do not, e. g. *diskutieren über/to discuss.*

Preliminary note

1. Lots of verbs are used in conjunction with a particular preposition which is followed by an object in either the accusative or dative case. The preposition and the object comprise the prepositional object.

2. There is no fixed rule regarding the choice of preposition for the verb or for the case of the object. The verb, preposition and the case should therefore be learned as one unit (see table listed under III on next page).

I Usage

a) Die Nachtschwester **sorgt für den Schwerkranken.**
   Wir haben **an dem Ausflug** nicht **teilgenommen.**
b) Sie **erinnert sich** gern **an die Schulzeit.**
   Wir **beschäftigen uns** schon lange **mit der Grammatik.**
c) Der Reisende dankt **dem Schaffner für seine Hilfe.**
   Der Einheimische warnt **den Bergsteiger vor dem Unwetter.**
d) Er beschwert sich **bei den Nachbarn über den Lärm.**
   Wir haben uns **bei dem Beamten nach der Ankunft des Zuges** erkundigt.

Rules

see a) The verb is followed by a prepositional object.

see b) Lots of verbs with a prepositional object are reflexive verbs (see § 10).

see c) Some verbs with a prepositional object require a second object, either in the dative or accusative. It is placed before the prepositional object.

see d) Some verbs even require two prepositional objects. Generally speaking, the prepositional object in the dative case precedes the object in the accusative case.

II Usage with questions, "daß"-sentences and infinitive constructions

a) Er denkt **an seine Freundin.**   Frage: **An wen** denkt er? (= Person)

b) Er denkt **an seine Arbeit.**   Frage: **Woran** denkt er? (= Sache)

c) Denkst du **an deine Freundin?**   Antwort: Ich denke immer **an sie.**

d) Denkst du **an deine Arbeit?**   Antwort: Ich denke immer **daran.**

e) Er denkt **daran,** daß seine Eltern bald zu Besuch kommen.

f) Er denkt **daran,** sich eine neue Stellung zu suchen.

Rules

The preposition has a fixed position in relation to the verb and the object, and also occurs in questions related to the prepositional object (a + b), in sentences where pronouns function as prepositional objects, (c + d), and usually in *daß*-sentences and infinitive constructions (e + f).

see a + b) In questions related to the prepositional object it is essential to differentiate between people and things.
The preposition appears before the personal interrogative word in questions referring to people, e. g. *bei wem?, an wen?* etc.
In questions referring to a thing *wo* becomes an integrated part of the interrogative word, e. g. *wofür?, wonach?* If the word begins with a vowel an *–r–* is inserted, e. g. *woran?*

see c + d) It is also necessary to differentiate between people and things when pronouns function as prepositional objects:
The preposition appears before the personal pronoun when it refers to people, e. g. *vor ihm, an ihn* etc.
In sentences where pronoun objects refer to things, *da–* becomes an integrated part of the preposition, e. g. *damit, davon,* etc. If the word begins with a vowel an *–r–* is inserted, e. g. *daran, darauf* etc.

see e + f) The prepositional object can be extended to a *daß*-sentence or to an infinitive construction (see § 16 II 2). Generally speaking, the preposition with *da–* or *dar–* occurs at the end of the main clause or dependent clause.

III Selection of the most commonly used verbs and their prepositions

abhängen	von + D	den Eltern	
es hängt ab	von + D	den Umständen	davon, daß . . . / ob . . . / wie . . . / wann . . .
achten	auf + A	die Fehler	darauf, daß . . . / ob . . . / Inf.-K.

anfangen	mit + D	dem Essen	(damit), Inf.-K.
sich anpassen	an + A ✳	die anderen	
sich ärgern	über + A ✳	den Nachbarn	(darüber), daß . . . / Inf.-K.
jdn. ärgern	mit + D	dem Krach	damit, daß . . .
aufhören	mit + D	dem Unsinn	(damit), Inf.-K.
sich /jdn. befreien	von + D	den Fesseln	
	aus + D	der Gefahr	
beginnen	mit + D	der Begrüßung	(damit), Inf.-K.
sich beklagen	bei + D	dem Chef	
	über + A ✳	die Mitarbeiter	(darüber), daß . . . / Inf.-K.
sich bemühen	um + A	die Zulassung	(darum), daß . . . / Inf.-K.
sich / jdn. beschäftigen	mit + D	dem Problem	(damit), daß . . . / Inf.-K.
sich beschweren	bei + D	dem Direktor	
	über + A ✳	den Kollegen	(darüber), daß . . . / Inf.-K.
sich bewerben	um + A	ein Stipendium	darum, daß . . . / Inf.-K.
jdn. bitten	um + A	einen Rat	(darum), daß . . . / Inf.-K.
bürgen	für + A	den Freund	dafür, daß . . .
		die Qualität	
jdm. danken	für + A	die Blumen	(dafür), daß . . .
denken	an + A ✳	die Schulzeit	(daran), daß . . . / Inf.-K.
sich entschuldigen	bei + D	dem Kollegen	
	für + A	den Irrtum	(dafür), daß . . .
sich/jdn. erinnern	an + A ✳	die Reise	(daran), daß . . . / Inf.-K.
jdn. erkennen	an + D ✳	der Stimme	daran, daß . . .
sich erkundigen	bei + D	dem Beamten	
	nach + D	dem Paß	(danach), ob . . . / wann . . . / wie . . . / wo . . .
jdn. fragen	nach + D	dem Weg	(danach), ob . . . / wann . . . / wo . . .
sich freuen	auf + A ✳	die Ferien	(darauf), daß . . . / Inf.-K.
	über + A	das Geschenk	(darüber), daß . . . / Inf.-K.
sich fürchten	vor + D	der Auseinandersetzung	(davor), daß . . . / Inf.-K.
jdm. garantieren	für + A	den Wert der Sache	(dafür), daß . . .
gehören	zu + D	einer Gruppe	es gehört dazu, daß . . .
geraten	in + A ✳	eine schwierige Lage; Wut	
	unter + A ✳	die Räuber	
sich / jdn. gewöhnen	an + A ✳	das Klima	daran, daß . . . / Inf.-K.
glauben	an + A ✳	Gott; die Zukunft	
jdn. halten	für + A	einen Betrüger	
etwas / nichts halten	von + D	dem Mann; dem Plan	davon, daß . . . / Inf.-K.
es handelt sich	um + A	das Kind; das Geld	darum, daß . . . / Inf.-K.
herrschen	über + A ✳	ein Land	
hoffen	auf + A ✳	die Geldsendung	(darauf), daß . . . / Inf.-K.

sich interessieren	für + A	das Buch	dafür, daß . . . / Inf.-K.
sich irren	in + D	dem Datum; dem Glauben, daß . . .	
kämpfen	mit + D	den Freunden	
	gegen + A	die Feinde	dagegen, daß . . .
	für + A	den Freund	dafür, daß . . . / Inf.-K.
	um + A	die Freiheit	darum, daß . . . / Inf.-K.
es kommt an	auf + A	die Entscheidung	darauf, daß . . . / ob . . . /
es kommt jdm. an	auf + A	diesen Termin	wann . . . / Inf.-K.
sich konzentrieren	auf + A	den Vortrag	darauf, daß . . . / Inf.-K.
sich kümmern	um + A	den Gast	darum, daß . . .
lachen	über + A	den Komiker	(darüber), daß . . .
leiden	an + D	einer Krankheit	daran, daß . . .
	unter + D	dem Lärm	darunter, daß . . .
jdm. liegt	an + D	einem Rat	daran, daß . . . / Inf.-K.
es liegt	an + D	der Leitung	daran, daß . . .
nachdenken	über + A	den Plan	darüber, daß . . . / wie . . . / wann . . .
sich rächen	an + D	den Feinden	
	für + A	das Unrecht	dafür, daß . . .
jdm. raten	zu + D	diesem Studium	(dazu), daß . . . / Inf.-K.
rechnen	auf + A	dich	darauf, daß . . .
	mit + D	deiner Hilfe	damit, daß . . . / Inf.-K.
schreiben	an + A	den Vater	
	an + D	einem Roman	
	über + A	ein Thema	darüber, wie . . . / wann . . .
sich / jdn. schützen	vor + D	der Gefahr	davor, daß . . . / Inf.-K.
sich sehnen	nach + D	der Heimat	danach, daß . . . / Inf.-K.
sorgen	für + A	die Kinder	dafür, daß . . .
sich sorgen	um + A	die Familie	
sprechen	mit + D	der Freundin	
	über + A	ein Thema	darüber, daß . . . / ob . . . / wie . . . / was . . .
	von + D	einem Erlebnis	davon, daß . . . / wie . . . / was . . .
staunen	über + A	die Leistung	(darüber), daß . . . / wie . . . / was . . .
sterben	an + D	einer Krankheit	
	für + A	eine Idee	
sich streiten	mit + D	den Erben . . .	
	um + A	das Vermögen	darum, wer . . . / wann . . . / ob . . .
teilnehmen	an + D	der Versammlung	
etwas zu tun haben	mit + D	dem Mann; dem Beruf	damit, daß . . . / wer . . . / was . . . / wann . . .
sich unterhalten	mit + D	dem Freund	
	über + A	ein Thema	darüber, daß. . . / ob. . . / wie . . . / was . . .

sich verlassen	auf + A ✳	dich; deine Zusage	darauf, daß . . . / Inf.-K.
sich verlieben	in + A ✳	ein Mädchen	
sich vertiefen	in + A ✳	ein Buch	
vertrauen	auf + A ✳	die Freunde; die Zukunft	darauf, daß . . . / Inf.-K.
verzichten	auf + A ✳	das Geld	darauf, daß . . . / Inf.-K.
sich/jdn. vorbereiten	auf + A ✳	die Prüfung	darauf, daß . . . / Inf.-K.
jdn. warnen	vor + D	der Gefahr	(davor), daß . . . / Inf.-K.
warten	auf + A ✳	den Brief	(darauf), daß . . . / Inf.-K.
sich wundern	über + A ✳	die Technik	(darüber), daß . . . / Inf.-K.
zweifeln	an + D ✳	der Aussage des Zeugen	(daran), daß . . . / Inf.-K.

Notes

jd. = jemand (nominative); jdm. = jemandem (dative); jdn. = jemanden (accusative)
Inf.-K. = infinitive construction

The information in the right hand column indicates that the construction which follows can be added, e. g. *sich ärgern (darüber), daß . . . / Inf.-K.:*

Ich ärgere mich darüber, daß ich nicht protestiert habe.
       nicht protestiert zu haben.
Ich ärgere mich, daß ich nicht protestiert habe.
      nicht protestiert zu haben.

If a pronominal adverb does not appear in brackets (e. g. *darüber*) it cannot be omitted.

sich erkundigen (danach), ob . . . / wie . . . / wann . . . means that a subordinate clause with *ob* or any interrogative pronoun may be added:

Ich erkundige mich (danach), ob sie noch im Krankenhaus ist.
        wann sie entlassen wird.
        wer sie operiert hat.
        wie es ihr geht.

IV Verbs with a prepositional object, governed by an accusative object

a) Ich *nehme Bezug auf Ihr Schreiben* vom 15. Januar.
 Sie machten sich Hoffnung auf eine billige Wohnung in München.
 Wir *wissen* seit langem *Bescheid über seine Schulden.*
b) Sie machten sich Hoffnung *darauf,* eine billige Wohnung in München zu bekommen.
c) Wir wissen seit langem Bescheid *darüber,* daß er hohe Schulden hat.

Rules

see a) In conjunction with its accusative object, the verb forms a unit (see § 14 VIII).
  This expression is part of the prepositional object.
  In general, there are also fixed rules concerning the article. Instead of the indefinite article, the plural with zero article can be used:
  Sie führten *ein Gespräch* mit ihm. / Sie führten *Gespräche* mit ihm.
see b + c) Otherwise all the afore-mentioned rules apply (see § 15 III).

The following list contains a selection:

1. Abschied nehmen	von + D	den Eltern	
2. einen Antrag stellen	auf + A	Kindergeld	
3. die Aufmerksamkeit lenken	auf + A	das Unrecht	darauf, daß
4. Ansprüche stellen	an + A	das Leben; den Partner	
5. Bescheid wissen	über + A	die Steuergesetze	darüber, daß / wie / wann / wo
6. Beziehungen haben	zu + D	Regierungskreisen	
7. Bezug nehmen	auf + A	die Mitteilung	
8. Druck ausüben	auf + A	die Politiker	
9. Einfluß nehmen	auf + A	eine Entscheidung	darauf, daß / wie
10. eine / die Frage stellen	nach + D	der Bezahlung	danach, ob / wann / wie
11. sich Gedanken machen	über + A	ein Thema	darüber, daß / ob / wie / wo
12. Gefallen finden	an + D	dem Spiel	daran + Inf. / wie
13. ein Gespräch führen	mit + D	einem Mitarbeiter	
	über + A	einen Plan	darüber, daß / ob
14. sich Hoffnung machen	auf + A	einen Gewinn	darauf, daß / Inf.-K.
15. die Konsequenz ziehen	aus + D	dem Verhalten eines anderen	daraus, daß / wie
16. Kritik üben	an + D	dem Verhalten eines Menschen; einer Aussage	daran, daß / wie
17. Notiz nehmen	von + D	einer Person; einem Ereignis	davon, daß / wie
18. Protest einlegen	gegen +A	eine Entscheidung	dagegen, daß / wie
19. Rache nehmen	an + D	einer Person	
20. ein Recht haben	auf + A	eine Erbschaft	darauf, daß / Inf.-K.
21. Rücksicht nehmen	auf + A	einen Nachbarn	darauf, daß
22. Schritt halten	mit + D	einem Menschen; einer Entwicklung	
23. Stellung nehmen	zu + D	einem Problem	dazu, ob / wie
24. einen Unterschied machen	zwischen + D	einer Idee und der Wirklichkeit	
25. eine Verabredung treffen	mit + D	der Freundin	
26. (eine) Verantwortung übernehmen / auf sich nehmen / tragen	für + A	einen Mitmenschen; eine Fehlentwicklung	dafür, daß
27. ein Verbrechen / einen Mord begehen / verüben	an + D	einem Geldboten	
28. Vorbereitungen treffen	für + A	eine Expedition	
29. Wert legen	auf + A	Genauigkeit	darauf, daß / wie / Inf.-K.
30. Widerstand leisten	gegen + A	einen Feind; eine Entscheidung	dagegen, daß

EXERCISES

✗ 1 **Fill in the missing prepositions, pronominal adverbs ("darum" etc.) and complete the endings.**

1. Du kannst dich . . . verlassen, daß ich . . . dies__ Kurs teilnehme, denn ich interessiere mich . . . dies__ Thema.
2. Wie kannst du dich nur . . . d__ Direktor fürchten? Ich halte ihn . . . ein__ sehr freundlichen Menschen.
3. Wenn ich mich . . . erinnere, wie sehr er sich . . . mein__ Fehler (m) gefreut hat, gerate ich immer . . . Wut.
4. Hast du dich . . . d__ Professor . . . erkundigt, ob er . . . dir . . . dein__ Doktorarbeit sprechen will?
5. Er hatte . . . gerechnet, daß sich seine Verwandten . . . d__ Kinder kümmern, weil er sich . . . konzentrieren wollte, eine Rede zum Geburtstag seines Chefs zu schreiben.
6. Er kann sich nicht . . . unser__ Gewohnheiten anpassen; er gehört . . . d__ Menschen, die sich nie . . . gewöhnen können, daß andere Menschen anders sind.
7. Seit Jahren beschäftigen sich die Wissenschaftler . . . dies__ Problem (n) und streiten sich . . ., welches die richtige Lösung ist. Man kann ihnen nur . . . raten, endlich . . . dies__ Diskussion (f) aufzuhören.
8. Die Angestellte beklagte sich . . . d__ Personalchef . . ., daß sie noch immer keine Lohnerhöhung bekommen hat.

✗ 2 **Fill in the missing prepositions and the correct pronominal adverbs ("darüber", "darauf" etc.).**

1 Eine Hausfrau redet . . . ihre Nachbarin: "Das ist eine schreckliche Person! Sie gehört . . . den Frauen, die erst saubermachen, wenn der Staub schon meterhoch liegt.
3 Man kann sich . . . verlassen, daß sie den Keller noch nie geputzt hat, und dann wundert sie sich . . ., daß sie böse Briefe vom Hauswirt bekommt. Ich kann mich
5 nicht . . . besinnen, daß sie ihre Kinder jemals rechtzeitig zur Schule geschickt hat. Jeden Abend zankt sie sich . . . ihrem Mann . . . das Wirtschaftsgeld. Sie denkt gar
7 nicht . . ., sparsam zu sein. Ihre Kinder warten . . . eine Ferienreise und freuen sich . . ., aber sie hat ja immer alles Geld verschwendet. Sie sorgt nur . . . sich selbst und kümmert
9 sich den ganzen Tag nur . . . ihre Schönheit. Ich habe meinen Sohn . . . ihr gewarnt. Er hatte sich auch schon . . . sie verliebt, aber jetzt ärgert er sich nur noch . . . ihren
11 Hochmut. Neulich hat sie mich doch tatsächlich . . . etwas Zucker gebeten. Ich werde mich mal . . . der Polizei erkundigen, ob das nicht Bettelei ist. – Die dumme Gans leidet
13 ja . . . Größenwahn! – Gott schütze uns . . . solchen Nachbarinnen!

3 **Do the same here:**

1 Ein alter Rentner saß auf einer Parkbank und beschwerte sich . . . sein Leben: "Seit sieben Tagen warte ich schon . . . meine Rentenzahlung, aber die Beamten haben noch
3 nicht einmal . . . begonnen, meinen Antrag auszufüllen. Sie verlassen sich anscheinend . . ., daß ich ein Vermögen auf der Bank liegen habe, und wundern sich . . ., daß ich
5 jeden Tag aufs Amt laufe. Meine Rente gehört doch . . . meinen Rechten als Staatsbürger; aber die wollen wohl, daß ich sie auf den Knien . . . mein Geld bitte. . . . können sie

7 lange warten. Die Herren Beamten halten mich wohl . . . einen Irren und verlassen
sich . . . , daß ich endlich . . . alles verzichte. Aber da irren sie sich . . . mir; ich werde . . .
9 mein Recht kämpfen, auch wenn ich mich schwarz ärgern muß . . . diese Leute. Schließlich muß ich ja auch . . . meinen Hund sorgen. Wer soll ihn denn . . . schützen, daß ihn
11 irgendein Idiot überfährt oder stiehlt, wenn ich mich den ganzen Tag . . . endlosen For-
mularen beschäftigen muß. Meine alte Nachbarin stirbt sowieso bald . . . Alters-
13 schwäche, und dann kümmert sich niemand mehr . . . mich und freut sich . . . , daß ich
nach Hause komme. – . . . dem Verstand meiner Tante Amalie zweifle ich schon
15 lange."
Du lieber Himmel! dachte ich, jetzt fängt der Mensch noch an, . . . seiner Tante zu er-
17 zählen. Hoffentlich hört er bald auf . . . diesen langweiligen Reden!

***4   Replace the verbs in the following sentences, using the appropriate fixed
expressions.**

1. Am Ende des Urlaubs auf dem Bauernhof verabschiedeten sich die Gäste von ihren
   Gastgebern. (1)
2. Wenn die Studenten den Zuschuß zum Studiengeld nicht beantragen, bekommen
   sie natürlich auch nichts. (2)
3. Ich beziehe mich auf die Rede des Parteivorsitzenden vom 1.3. (7)
4. Natürlich fragten die Arbeiter nach der Höhe des Lohnes und den sonstigen Ar-
   beitsbedingungen. (Pl.) (10)
5. Die Werksleitung überlegte, ob sie das Werk stillegen sollte. (darüber, ob) (11)
6. Den Kindern gefiel der kleine Hund auf dem Bauernhof so gut, daß die Eltern ihn
   schließlich dem Bauern abkauften. (so großen Gefallen) (12)
7. Der Professor sprach mit der Studentin über ihre Dissertation. (13)
8. Die Skifahrer in dem Sportzentrum hofften auf baldigen Schnee. (14)
9. Die Bevölkerung der Stadt kritisierte das städtische Bauamt und seine Pläne zur
   Verkehrsberuhigung. (16)
10. Viele Menschen interessiert die drohende Klimakatastrophe anscheinend gar
    nicht. (17)
11. Die Beamten protestierten gegen die angekündigte Gehaltskürzung. (18)
12. Der Alte rächte sich an seinen lieblosen Verwandten und schenkte sein Vermögen
    der Kirche. (19)
13. Jedes der drei Kinder kann einen Teil des Erbes für sich beanspruchen. (20)
14. Die Entwicklung der Technik in den industrialisierten Ländern ist zum Teil so
    schnell, daß andere Länder kaum mithalten können. (damit) (22)
15. Die Bürger wurden gefragt, ob sie sich zu den Plänen der Stadtverwaltung äußern
    wollten. (23)
16. Juristen unterscheiden die Begriffe "Eigentum" und "Besitz". (24)
17. In diesem Wald haben vor 200 Jahren die Dorfbewohner einen Kaufmann ermor-
    det. (27)
18. Wir müssen uns auf unseren Umzug nach Berlin vorbereiten. (28)
19. Für meinen Hausarzt ist es wichtig, daß die Patienten frei über ihre Krankheit spre-
    chen. (29)
20. Die Betriebe sollen rationalisiert werden; dagegen wollen viele etwas unterneh-
    men. (30)

§ 16 Verbs with "daß"-Clauses or Infinitive Constructions

I General rules

a) **Er** glaubt, daß **er** sich richtig verhält.
b) **Er** glaubt, sich richtig zu verhalten.
c) **Ich** hoffe, daß **ich** dich bald wiedersehe.
d) **Ich** hoffe, dich bald wiederzusehen
e) Weil **wir** befürchten, daß **wir** Ärger bekommen, stellen wir das Radio leiser.
   Weil **wir** befürchten, Ärger zu bekommen, stellen wir das Radio leiser.

Rules
daß-sentences and infinitive constructions depend on certain verbs. These verbs may occur in main clauses or in subordinate clauses.

see a + c) *daß*-clauses are subordinate clauses (see § 25), i. e. the conjugated verb occurs at the end of the clause. They require the conjunction *daß* and always have their own subject.

see b + d) Infinitive constructions never have their own subject; they refer to a person or thing in the main clause.
Because infinitive constructions don't have their own subject, the verb cannot occur in the conjugated form; it occurs as an infinitive at the end of the sentence; *zu* is placed before the infinitive. *Zu* is placed between the prefix and the stem in sentences with separable verbs:
Ich beabsichtige, das Haus *zu kaufen.*
Ich beabsichtige, das Haus *zu verkaufen.* (= inseparable verb)
Ich beabsichtige, ihm das Haus *abzukaufen.* (= separable verb)

Should there be more than one infinitive, *zu* must be repeated each time:
Ich hoffe, ihn *zu* sehen, *zu* sprechen und mit ihm *zu* verhandeln.

II Verbs which can govern "daß"-sentences or infinitive constructions

First category

Ich erwarte die Zusage. (= Akkusativobjekt)
a) **Ich** erwarte, daß **mein Bruder** die Zusage erhält.
b) **Ich** erwarte, daß **ich** die Zusage erhalte.
   Ich erwarte, die Zusage zu erhalten.

Rules

Daß-sentences and infinitive constructions can occur as extended accusative objects.

see a) A *daß*-sentence is used if the subject in the subordinate clause and the subject in the main clause refer to different people or things.

see b) If the subject in both clauses is the same, an infinitive construction is normally used.

The following verbs belong to this category:
1. Verbs expressing a personal opinion, e. g. a wish, a feeling or an intention:

ablehnen (es)	hoffen	verlangen
annehmen = vermuten	meinen	versprechen (+D)
erwarten	unterlassen (es)	versuchen
befürchten	vergessen	sich weigern
glauben = annehmen	vermeiden (es)	wünschen u. a.

2. Verbs expressing the durative aspect of an action. These verbs are used exclusively with an infinitive construction:

anfangen	beabsichtigen	versäumen (es)
sich anstrengen	beginnen	wagen (es)
aufhören	fortfahren	u. a.

Notes

1. Some verbs may be used with *es* in subordinate clauses.

2. A main clause can occur in place of a *daß*-clause after the following verbs: *annehmen, fürchten, glauben, hoffen, meinen, wünschen,* etc. :
Ich nehme an, *es gibt morgen Regen.*
Ich befürchte, *er kommt nicht rechtzeitig.*

3. Statement verbs are not listed: *sagen, antworten, fragen, berichten,* etc. These verbs are used with *daß*-sentences (see indirect speech, § 56 I).

4. The verbs *brauchen, drohen, pflegen, scheinen* can be used independently:
Ich *brauche* einen neuen Anzug.
Er *drohte* seinem Nachbarn.
Sie *pflegte* die kranken Kinder.
Die Sonne *scheint.*

When these verbs are used with an infinitive + *zu*, however, their meaning changes:
Er *brauchte* nicht / nur wenig / kaum *zu arbeiten.*
(= er muß nicht . . .; always negative or restrictive)
Die schwefelhaltigen Abgase *drohen* die Steinfiguren an der alten Kirche *zu zerstören.* (= there is a danger)
Er *pflegt* jeden Tag einen Spaziergang *zu machen.* (= he is in the habit of doing it)
Der Kellner *scheint* uns nicht *zu sehen.* (= maybe this is so; it looks like it)

Second category

Der Kollege hat nicht **an die Besprechung** gedacht. (= präpositionales Objekt)
a) **Der Kollege** hat nicht **daran** gedacht, daß **wir** eine Besprechung haben.
b) (**Der Kollege** hat nicht **daran** gedacht, daß **er** zur Besprechung kommt.)
Der Kollege hat nicht **daran** gedacht,   zur Besprechung zu kommen.

Daß-sentences and infinitive constructions can be the result of an extended preposition-al complement.

see a + b) The preposition + *da(r)*– occurs in the main clause. Otherwise the same rules
apply as those for the verbs in category 1.

The following verbs belong to this category:

sich bemühen um + A	sich gewöhnen an + A
denken an + A	sich verlassen auf + A
sich fürchten vor + D	verzichten auf + A u. a. (see § 15 III)

Third category

a) Er bat **die Sekretärin,** daß **der Chef** ihn rechtzeitig anruft.
b) Er bat **die Sekretärin,** daß **sie** ihn rechtzeitig anruft.
   Er bat **die Sekretärin,**   ihn rechtzeitig anzurufen.

Rules

see a) A *daß*-sentence is used if the object in the main clause and the subject in the *daß*-
clause refer to different persons or things.
see b) If the object in the main clause and the subject in the *daß*-clause are the same, an
infinitive is normally used.

The following verbs belong to this category:

ich befehle ihm (D)	ich fordere ihn (A) . . . auf
ich bitte ihn (A)	ich rate ihm (D)
ich empfehle ihm (D)	ich überzeuge ihn (A)
ich erlaube ihm (D)	ich verbiete ihm (D)
ich ermahne ihn (A)	ich warne ihn (A)
ich ersuche ihn (A)	ich zwinge ihn (A) u. a.

Fourth category

a) **Die Zusammenarbeit** freut mich. (= Subjekt)
   Es freut **mich,** daß **du**   mit mir zusammenarbeitest.
   Es freut **mich,** daß **ich**   mit dir zusammenarbeite.
   Es freut **mich,**   mit dir zusammenzuarbeiten.

b) **Entwicklungshilfe** ist notwendig. (= Subjekt)
   Es ist notwendig, daß **wir**   Ländern der Dritten Welt helfen.
   Es ist notwendig, daß **man** Ländern der Dritten Welt hilft.
   Es ist notwendig,   Ländern der Dritten Welt zu helfen.

Rules

Daß-clauses and infinitive constructions can occur by extending the subject. They are
governed by impersonal verbs (verbs with *es*).
see a) A *daß*-clause occurs with *es*-verbs which have a personal object, if the subject in

the *daß*-clause refers to a different person or thing. If both are the same, an infinitive construction is generally used.

The following verbs belong to this category:

es ärgert mich (A)	es gelingt mir (D)
es ekelt mich (A)	es genügt mir (D)
es freut mich (A)	es scheint mir (D), daß ...
es gefällt mir (D)	es wundert mich (A) u. a.

see b) A *daß*-clause is used with a personal subject including *man*. An infinitive construction is generally used in impersonal statements.

The following adjectives with *sein* belong to this category:

es ist angenehm	es ist unangenehm
es ist erfreulich	es ist unerfreulich
es ist erlaubt	es ist verboten
es ist möglich	es ist unmöglich
es ist nötig / notwendig	es ist unnötig / nicht notwendig
es ist verständlich	es ist unverständlich u. a.

Notes

1. Infinitive constructions or *daß*-clauses can also occur before main or subordinate clauses:
   Daß du den Brief geöffnet hast, hoffe ich.
   Deinen Paß rechtzeitig abzuholen, verspreche ich dir.

2. *Daß*-clauses can also occur in first position with impersonal verbs or adjectives (category 4). The *es* is omitted here:
   Daß er mich nicht erkannt hat, ärgert mich.
   Den Abgeordneten anzurufen, war leider unmöglich.

3. If another subordinate clause occurs at the beginning in position I (see § 25), the complete main clause follows with *es*:
   Weil das Telefon des Abgeordneten immer besetzt war, war *es* unmöglich, ihn anzurufen.

III Use of tenses in infinitive constructions

a) Gleichzeitigkeit	Der Schwimmer **versucht,** das Ufer **zu erreichen.**
	Der Schwimmer **versuchte,** das Ufer **zu erreichen.**
	Der Schwimmer **hat versucht,** das Ufer **zu erreichen.**
b) Vorzeitigkeit	Der Angeklagte **leugnet,** das Auto **gestohlen zu haben.**
	Der Angeklagte **leugnete,** das Auto **gestohlen zu haben.**
	Der Angeklagte **hat geleugnet,** das Auto **gestohlen zu haben.**

Rules

1. In active infinitive constructions there are only two tenses (for passive see § 19 IV):
   a) present infinitive: *zu machen, zu tragen, zu wachsen*
   b) perfect infinitive: *gemacht zu haben, getragen zu haben, gewachsen zu sein*

see a) If the events in both parts of the sentence occur simultaneously, the infinitive construction is in the present tense. The tense of the verb in the main clause can vary (present, perfect, etc.).

see b) If the event in the infinitive construction took place at an earlier point in time than the action in the main clause, the perfect infinitive is used. The tense in the main clause can vary here too; the action in the infinitive construction always took place at an earlier point in time.

2. A perfect infinitive construction often occurs after the following verbs, e. g.: *Er behauptet, das Geld verloren zu haben:*

bedauern	bekennen	sich erinnern	gestehen	versichern
behaupten	bereuen	erklären	leugnen	u. a.

EXERCISES

1 Practise "daß"-sentences. Begin each sentence with "Wußten Sie schon ...?"

> Die am häufigsten gesprochene Sprache in der Welt ist Chinesisch.
> Wußten Sie schon, *daß* die am häufigsten gesprochene Sprache in der Welt Chinesisch ist?

1. 115 bis 120 Millionen Menschen in der Welt sprechen Deutsch als Muttersprache.
2. Die deutsche Sprache steht an neunter Stelle in der Liste der am meisten gesprochenen Sprachen in der Welt.
3. Die Staaten der ehemaligen SU (Sowjetunion) und Nordamerika fördern zusammen fast soviel Erdöl wie alle übrigen Erdölländer gemeinsam.
4. Die größten Erdöllieferanten der Bundesrepublik Deutschland sind Saudiarabien, Libyen und Großbritannien.
5. Der längste Autotunnel der Welt ist der 17 Kilometer lange Gotthardt-Straßentunnel in der Schweiz.
6. Österreich ist seit Jahren das bevorzugte Reiseziel der deutschen Auslandsurlauber.
7. Nach Österreich sind Italien, die Schweiz, Spanien und Frankreich die beliebtesten Urlaubsländer der Deutschen.
8. Die meisten ausländischen Besucher der Bundesrepublik kommen aus den Niederlanden.
9. 71 Prozent der Schweizer leben in der deutschsprachigen Schweiz.
10. Nur 19 Prozent der Schweizer sprechen Französisch und 3,8 Prozent Italienisch als Muttersprache.
11. Es gibt noch eine kleine Sprachinsel mit rätoromanisch sprechenden Schweizern.
12. 1990 gab es 5,29 Milliarden Menschen auf der Welt.
13. Bis zum Jahr 2000 schätzt man die Zahl der Erdbewohner auf 6,35 Milliarden Menschen.
14. Zwanzig Prozent der Weltbevölkerung sind Analphabeten.
15. Ungefähr ein Viertel der Weltbevölkerung lebt in China.

2 Practise the infinitive construction.

Warum übernachtest du im "Hotel Stern"? (meine Bekannten / jdm. empfehlen)
Meine Bekannten haben mir empfohlen, im "Hotel Stern" *zu übernachten.*

Questions can be given a friendly, familiar twist by using: *Sag mal, warum übernachtest du eigentlich im "Hotel Stern"?*

1. Warum fährst du nach London? (mein Geschäftsfreund / jdn. bitten)
2. Warum fährst du mit seinem Wagen? (mein Freund / es jdm. erlauben)
3. Warum besuchst du ihn? (er / jdn. dazu auffordern)
4. Warum fährst du im Urlaub an die Nordsee? (das Reisebüro / jdm. dazu raten)
5. Warum zahlst du soviel Steuern? (das Finanzamt / jdn. dazu zwingen)
6. Warum stellst du das Radio leiser? (mein Nachbar / jdn. dazu auffordern)
7. Warum gehst du abends nicht durch den Park? (ein Bekannter / jdn. davor warnen) [ohne "nicht"!]
8. Warum fährst du nicht in die Berge? (meine Bekannten / jdm. davon abraten) [ohne "nicht"!]

3 Match the sentences below. Four of the sentences can also have an infinitive construction. Which are they?

1. Ich kann mich nicht daran gewöhnen, . . .
2. Warum kümmert sich der Hausbesitzer nicht darum, . . .
3. Wie soll der Briefträger sich denn davor schützen, . . .
4. Kann ich mich auf Sie verlassen, . . .
5. Wie sehne ich mich danach, . . .
6. Du mußt beim Fernmeldeamt Bescheid geben, . . .
7. Denkt bitte im Lebensmittelgeschäft daran, . . .
8. Ich habe leider nicht soviel Geld, . . .

a) daß Sie mir den Teppich heute noch bringen?
b) daß ich jeden Morgen um fünf Uhr aufstehen muß.
c) daß ich euch eure Ferienreise finanzieren kann.
d) daß wir immer noch auf einen Telefonanschluß warten.
e) daß die Mieter das Treppenhaus reinigen?
f) daß ihr euch eine Quittung über die Getränke geben laßt!
g) daß ich dich endlich wiedersehe!
h) daß ihn immer wieder Hunde der Hausbewohner anfallen?

4 Complete the following sentences.

1. Ich habe mich darüber geärgert, daß . . .
2. Meine Eltern fürchten, daß . . .
3. Wir alle hoffen, daß . . .
4. Meine Schwester glaubt, daß . . .
5. Ich kann nicht leugnen, daß . . .
6. Mein Bruder freut sich darüber, daß . . .
7. Ich freue mich darauf, daß . . .
8. Ich danke meiner Freundin dafür, daß . . .

5   Beim Fotohändler

> Mit diesem Fotoapparat bin ich nicht zufrieden. (Ich muß Ihnen sagen, . . .)
> Ich muß Ihnen sagen, *daß* ich mit diesem Fotoapparat nicht zufrieden bin.

1. Dieser Apparat ist sehr preiswert. (Ich finde, . . .) 2. Bei dieser Kamera kann man die Objektive auswechseln. (Ich wußte gar nicht, . . .) 3. Für Aufnahmen in der Kirche nehmen Sie besser einen hochempfindlichen Film. (Ich sagte schon, . . .) 4. Diese Batterie kann man für den Apparat nicht verwenden. (Ich muß Sie darauf aufmerksam machen, . . .) 5. Bei diesem Fotoapparat braucht man nur zu knipsen und bekommt immer gute Bilder. (Es ist sehr angenehm, . . .) 6. Es gibt besondere Farbfilme für Kunstlicht. (Ich wußte gar nicht, . . .) 7. Das Blitzgerät kann man sehr einfach bedienen. (Ich lege Wert darauf, . . .) 8. Einfache Filmkameras gibt es schon für 200 Mark. (Ich möchte Sie darauf aufmerksam machen, . . .)

*6   Ein Interview mit dem Bürgermeister

> Sprechen Sie auf der Versammlung über das geplante Gemeindehaus? (Ja, ich habe vor / Inf.-K.)
> Ja, ich habe vor, auf der Versammlung über das geplante Gemeindehaus *zu sprechen.*
>
> Treten bei dem Bau finanzielle Schwierigkeiten auf?
> (Nein, ich glaube nicht, daß . . .)
> Nein, ich glaube nicht, *daß* bei dem Bau finanzielle Schwierigkeiten auftreten.

1. Kommen Sie heute abend zu der Versammlung? (Ja, ich habe vor / Inf.-K.) 2. Sprechen Sie auch über den neuen Müllskandal? (Nein, vor Abschluß der Untersuchungen beabsichtige ich nicht / Inf.-K.) 3. Kommen weitere Firmen in das neue Industriegebiet? (Ja, ich habe Nachricht, daß . . .) 4. Hat sich die Stadt im vergangenen Jahr noch weiter verschuldet? (Nein, ich freue mich, Ihnen mitteilen zu können, daß . . .) 5. Setzen Sie sich für den Bau eines Flughafens in Stadtnähe ein? (Nein, ich bin wegen des Lärms nicht bereit / Inf.-K.) 6. Berichten Sie heute abend auch über Ihr Gespräch mit der Landesregierung? (Ja, ich habe die Absicht / Inf.-K.) 7. Bekommen die Stadtverordneten regelmäßig freie Eintrittskarten fürs Theater? (Es ist mir nichts davon bekannt, daß . . .) 8. Muß man die Eintrittspreise für das Hallenbad unbedingt erhöhen? (Ja, ich fürchte, daß . . .)

*7   Auf dem Bahnhof

> Der Zug fährt pünktlich ab. (Verspätung haben)
> Ich habe gehört, *daß* der Zug Verspätung hat.

Use: *Ich habe erfahren; Ich habe gelesen; Ich weiß; Ich habe gehört; Man hat mir gesagt . . .*

1. Der Bus verkehrt samstags. (samstags nicht) 2. Der Zug hält in Bebra. (durch Bebra durchfahren) 3. Für den Zug wird keine Zuschlagskarte benötigt. (eine Zuschlagskarte) 4. Der Zug hat einen Speisewagen. (keinen Speisewagen) 5. Der Zug hat keinen Kurswagen nach Wien. (einen Kurswagen) 6. In Zürich gibt es keinen Anschluß nach

Genf. (einen Anschluß) 7. Für den Schlafwagen ist eine Reservierung erforderlich. (keine Reservierung) 8. Der Zug hat in Graz eine halbe Stunde Aufenthalt. (nur zwei Minuten Aufenthalt) 9. Das Rauchen ist in diesem Abteil verboten. (erlaubt)

*8 Das Geschäft für Damenkleidung – Make "daß"-sentences.

> der Geschäftsführer / einen guten Standort für sein Geschäft wählen (entscheidend sein)
> Es ist entscheidend, *daß* der Geschäftsführer einen guten Standort für sein Geschäft wählt.
> *Daß der Geschäftsführer einen guten Standort für sein Geschäft wählt, ist entscheidend.*

1. der Inhaber / für ein breites Angebot sorgen (nötig sein)
2. er / auf den Geschmack der verschiedenen Kunden Rücksicht nehmen (notwendig sein)
3. er / vor Saisonwechsel die alten Kleidungsstücke billig verkaufen (erforderlich sein)
4. der Ladeninhaber / unmoderne Kleidungsstücke zum alten Preis verkaufen (kaum möglich sein)
5. der Inhaber / die Lager rechtzeitig räumen (erforderlich sein)
6. keine Bestände / über mehrere Jahre im Laden liegenbleiben (wichtig sein)
7. er / regelmäßig Reklame machen und ein paar besonders billige Angebote bereithalten (richtig sein)
8. er / für höfliche Bedienung und gute Beratung seiner Kunden sorgen (notwendig sein)

9 Make an infinitive sentence from the sentence in brackets. If this is not possible make a "daß"-sentence.

> Er unterließ es . . . (Er sollte den Antrag rechtzeitig abgeben.)
> Er unterließ es, *den Antrag rechtzeitig abzugeben.*
> Das Kind hofft . . . (Vielleicht bemerkt die Mutter den Fleck auf der Decke nicht.)
> Das Kind hofft, *daß die Mutter den Fleck auf der Decke nicht bemerkt.*
> Ich warne dich . . . (Du sollst dich nicht unnötig aufregen.)
> Ich warne dich, *dich unnötig aufzuregen.*

1. Er vergaß . . . (Er sollte den Schlüssel mitnehmen.)
2. Wir lehnen es ab . . . (Man soll Singvögel nicht fangen und essen.)
3. Ich habe ihn gebeten . . . (Er soll uns sofort eine Antwort geben.)
4. Die Behörde ersucht die Antragsteller . . . (Sie sollen die Formulare vollständig ausfüllen.)
5. Der Geschäftsmann befürchtet . . . (Vielleicht betrügt ihn sein Partner.)
6. Jeder warnt die Autofahrer . . . (Sie sollen nicht zu schnell fahren.)
7. Ich habe ihm versprochen . . . (Ich will seine Doktorarbeit korrigieren.)
8. Er hat mich ermahnt . . . (Ich soll Flaschen und Papier nicht in den Mülleimer werfen.)

9. Meinst du . . . (Hat er wirklich im vorigen Jahr wieder geheiratet?)
10. Wir haben ihn überzeugt . . . (Er soll sich einen kleinen Hund kaufen.)
11. Er weigerte sich . . . (Er sollte den Dieb bei der Polizei anzeigen.)
12. Er hat uns erlaubt . . . (Wir dürfen sein Auto nehmen.)
13. Eltern bemühen sich . . . (Sie wollen ihre Kinder gut erziehen.)
14. Wir fürchten uns (davor) . . . (Vielleicht schlägt der Blitz ein.)
15. Der Arzt verlangt . . . (Die Mutter soll ihre Kinder vernünftig ernähren.)
16. Ich rate meinem Kollegen . . . (Fahren Sie im Winter nicht nach Rom.)
17. Der Junge wagte es . . . (Er sprang von der Brücke in den Fluß.)
18. Die Eltern haben den Sohn gezwungen . . . (Er soll Chemie studieren.)
19. Der Hausmeister verbot ihm ... (Er darf sein Fahrrad nicht in den Hausflur stellen.)
20. Der Kranke hat es versäumt . . . (Er hat seine Medizin nicht regelmäßig eingenommen.)
21. Die Angestellten bei der Bahn beabsichtigen . . . (Sie wollen ab Freitag streiken.)
22. Ich rate dir ab . . . (Du sollst am Abend nicht mehr als eine Flasche Wein trinken.)

10   Make sentences using the perfect infinitive.

nicht früher heiraten (Ich bedaure es, . . .)
Ich bedaure es, nicht früher *geheiratet zu haben.*

aus dem Haus auszuziehen (Fritz ist froh, . . .)
Fritz ist froh, aus dem Haus *ausgezogen zu sein.*

1. von dir vorige Woche einen Brief erhalten (Ich habe mich gefreut, . . .)
2. dir nicht früher schreiben (Ich bedaure es, . . .)
3. noch nie zu spät kommen (Ulrike behauptet, . . .)
4. dich nicht früher informieren (Es tut mir leid, . . .)
5. nicht früher zu einem Architekten gehen (Herr Häberle bereut, . . .)
6. mit diesem Brief endlich eine Anstellung finden (Es beruhigt mich, . . .)
7. Sie mit meinem Vortrag gestern abend nicht langweilen (Ich hoffe sehr, . . .)
8. Sie nicht vorher warnen (Es ist meine Schuld, . . .)
9. aus dem Gefängnis entfliehen (Er gibt zu, . . .)
10. gestern verschlafen und zu spät kommen (Ich ärgere mich, . . .) (zu . . . und . . . zu . . .)

§ 17   Questions

German statements can be turned into questions by means of inversion, that is, by placing the main or main auxiliary verb before the subject:
Wir essen heute hier. / *Essen wir* heute hier?
Sie hat viel Geld./ *Hat sie* viel Geld?

Preliminary note

There are two kinds of questions:
a) Questions without an interrogative word (= yes-no questions).
b) Questions with an interrogative word (= wh-questions).

I Questions without an interrogative word

Simple yes-no questions

a) **Kennst** du den Mann?	Ja, ich kenne ihn. Nein, ich kenne ihn nicht.
b) **Habt** ihr mich **nicht** verstanden?	**Doch,** wir haben dich verstanden. Nein, wir haben dich nicht verstanden.
Hast du **keine** Zeit?	**Doch,** ich habe Zeit. Nein, ich habe keine Zeit.

Rules

In questions without an interrogative word, the verb appears at the beginning of the question. After a negative question (see b) a positive answer is normally introduced with *doch.*

Complex yes-no questions

a) Sind Sie **erst** heute angekommen?	Ja, wir sind **erst** heute angekommen. Nein, wir sind **schon** gestern angekommen.
b) Hat er den Brief **schon** beantwortet?	Ja, er hat den Brief **schon** beantwortet. Nein, er hat den Brief **noch nicht** beantwortet.
c) Hat er **schon** 3000 Briefmarken?	Ja, er hat **schon** 3000 Briefmarken. Nein, er hat **erst** etwa 2500 Briefmarken.
d) Hat er **noch nichts** erzählt?	Doch, er hat **schon alles** erzählt. Nein, er hat **noch nichts** erzählt.
e) Lebt er **noch**?	Ja, er lebt **noch.** Nein, er lebt **nicht mehr.**
f) Bleibst du **nur** drei Tage hier?	Ja, ich bleibe **nur** drei Tage hier. Nein, ich bleibe **noch länger** hier.
g) Liebt er dich etwa **nicht mehr**?	Doch, er liebt mich **noch.** Nein, er liebt mich **nicht mehr.**

Rule

Questions and answers sound more precise by adding *schon, erst, noch* etc.

II Questions with an interrogative word

Simple interrogative words

temporal	**Wann** kommt ihr aus Kenia zurück?	Im November.
kausal	**Warum** schreibt ihr so selten?	Weil wir so wenig Zeit haben.
modal	**Wie** fühlt ihr euch dort?	Ausgezeichnet.

lokal	**Wo** habt ihr die Elefanten gesehen?	Im Nationalpark.
	Wohin reist ihr anschließend?	Nach Ägypten.
Subjekt	**Wer** hat euch das Hotel empfohlen?	Der Reiseleiter. (= Person)
	Was hat euch am besten gefallen?	Die Landschaft. (= Sache)
Akk.-Objekt	**Wen** habt ihr um Rat gebeten?	Einen Arzt. (= Person)
	Was hat er euch gegeben?	Tabletten. (= Sache)
Dat.-Objekt	**Wem** habt ihr 200 Mark borgen müssen?	Einer Zoologiestudentin.
Gen.-Attribut	**Wessen** Paß ist verlorengegangen?	Der Paß der Studentin.

Rule

The question begins with the interrogative word (Position I), followed by the conjugated verb (Position II) and the subject (Position III or IV, whichever the case may be), see § 22 ff.

Interrogative words with nouns

a) **Wie viele Stunden** seid ihr gewandert?	Sieben Stunden.
Wieviel Geld habt ihr schon ausgegeben?	Erst 80 Dollar.
b) **Welches Hotel** hat euch am besten gefallen?	Das "Hotel zum Stern".
c) **Was für ein Zimmer** habt ihr genommen?	Ein Doppelzimmer mit Bad.

see a) *Wie viele* or *wieviel* are used when asking about a certain amount. A plural noun without an article is usually placed after *wie viele*, and a singular noun with no article after *wieviel*.

see b) *Welcher, –e, –es*; pl. *–e* are used when asking about a particular person or thing in a group of persons or things.

see c) *Was für ein, –e–*; pl. *was für* (noun without the article) asks about the nature of a person or thing.

"wie" + adverb

a) **Wie lange** seid ihr schon in Nairobi?	Einen Monat. (Akk.)
Wie oft hört ihr Vorträge?	Dreimal in der Woche.
b) **Wie lang** war die Schlange?	Einen Meter. (Akk.)
Wie hoch war das Gebäude?	Fünf Stockwerke hoch. (Akk.)

see a) *Wie lange* asks about duration, *wie oft* asks about the frequency of an action or a state.

see b) The following adjectives can be used after *wie*: *alt, dick, groß, hoch, lang, schwer, tief, weit*, etc. Information expressed in answers to questions about weight and measurements, the age etc. of a person or a thing is in the accusative case (see § 43 II).

Interrogative words with prepositions

a) **Mit wem** habt ihr euch angefreundet?   Mit einer dänischen Familie.
   An wen erinnert ihr euch am liebsten?   An den witzigen Fremdenführer.

b) **Womit** habt ihr euch beschäftigt?   Mit Landeskunde.
   Worüber habt ihr euch gewundert?   Über die Fortschritte des Landes.

c) **In welche Länder** fahrt ihr noch?   Nach Ägypten und Tunesien.
   Bis wann wollt ihr dort bleiben?   Bis Ende März.

Rules

see a + b) In questions referring to the prepositional object, it is necessary to distinguish between persons and things (see § 15 II). The preposition is placed in front of the interrogative word if the prepositional object refers to people. If, on the other hand, it refers to a particular thing, or general condition, *wo(r)–* + preposition is used.

see c) Prepositions can also be used in front of temporal and place interrogatives.

EXERCISES

1   A reads the statement to himself and forms a suitable question. B answers him.

A: Seid ihr heute abend zu Hause?
B: Nein, wir sind heute abend nicht zu Hause; wir sind im Garten.

A: Geht ihr gern in den Garten?
B: Ja, wir gehen gern in den Garten.

1. Nein, wir haben den Garten nicht gekauft; wir haben ihn geerbt.
2. Nein, die Obstbäume haben wir nicht gepflanzt; sie waren schon da.
3. Ja, die Beete haben wir selbst angelegt.
4. Nein, die Beerensträucher waren noch nicht im Garten; die haben wir gesetzt.
5. Ja, das Gartenhaus ist ganz neu.
6. Ja, das haben wir selbst gebaut.
7. Nein, einen Bauplan haben wir nicht gehabt. (Habt ihr keinen Bauplan . . .?)
8. Nein, so ein Gartenhäuschen ist nicht schwer zu bauen.
9. Nein, das Material dazu ist nicht billig.
10. Ja, so ein Garten macht viel Arbeit!
11. Nein, im Sommerhalbjahr können wir keinen Urlaub machen.
12. Ja, wir machen im Winter Urlaub.

2   Make questions for the sentences below.

Haben Sie dem Finanzamt denn *nicht* geschrieben?
Doch, ich habe dem Finanzamt geschrieben.

1. Doch, ich habe mich beschwert.
2. Doch, ich habe meine Beschwerde schriftlich eingereicht.
3. Doch, ich habe meinen Brief sofort abgeschickt.
4. Doch, ich bin sofort zum Finanzamt gegangen.
5. Doch, ich habe Steuergeld zurückbekommen.
6. Doch, ich bin zufrieden.
7. Doch, ich bin etwas traurig über den Verlust.
8. Doch, ich baue weiter.

3 Give negative and positive answers for the questions below. If possible practise in threes.

Backt dieser Bäcker auch Kuchen? –	Nein, er backt *keinen* Kuchen.
	Doch, er backt auch Kuchen.

1. Verkauft der Metzger auch Hammelfleisch?
2. Macht dieser Schuster auch Spezialschuhe?
3. Ist Herr Hase auch Damenfrisör?
4. Arbeitet Frau Klein als Sekretärin?
5. Holt man sich in der Kantine das Essen selbst?
6. Bedient der Ober auch draußen im Garten?
7. Bringt der Postbeamte auch am Samstag Post?
8. Ist die Bank am Freitag auch bis 17 Uhr geöffnet?
9. Hat der Busfahrer der Frau eine Fahrkarte gegeben?
10. Hat die Hauptpost auch einen Sonntagsdienst eingerichtet?
11. Ist der Kindergarten am Nachmittag geschlossen?
12. Gibt es in der Schule auch am Samstag Unterricht?

4 Questions and answers

Wie . . .; – Ich heiße Franz Wehner.	
Wie heißen Sie? – Ich heiße Franz Wehner.	

1. Wo . . . ?	Ich wohne in Kassel, Reuterweg 17.
2. Wann . . . ?	Ich bin am 13. 12. 1962 geboren.
3. Um wieviel Uhr . . . ?	Gegen 20 Uhr bin ich durch den Park gegangen.
4. Wer . . . ?	Ein junger Mann hat mich angefallen.
5. Was . . . ?	Er hat mir die Brieftasche abgenommen.
6. Woher . . . ?	Er kam aus einem Gebüsch rechts von mir.
7. Wohin . . . ?	Er ist tiefer in den Park hineingelaufen.
8. Weshalb . . . ?	Ich war so erschrocken; deshalb habe ich nicht um Hilfe gerufen.
9. Wie groß . . . ?	Der Mann war ungefähr 1,80 Meter groß.
10. Wie . . . ?	Er sah schlank aus, hatte dunkle Haare, aber keinen Bart.
11. Was . . . ?	Er hatte eine blaue Hose und ein blaues Hemd an.
12. Was für . . . ?	Er trug ein Paar alte Tennisschuhe.
13. Wieviel Geld . . . ?	Ich hatte einen Hundertmarkschein in der Brieftasche.

14. Was . . . ?   Außerdem hatte ich meinen Personalausweis, meinen Führerschein und ein paar Notizzettel in der Brieftasche.

15. Wie viele . . . ?   Zwei Personen haben den Überfall gesehen.

16. Was für . . . ?   Ich habe keine Verletzungen erlitten.

5 Do the same here:

1. An wen . . . ?   Ich habe an meine Schwester geschrieben.

2. Von wem . . . ?   Den Ring habe ich von meinem Freund.

3. Hinter welchem Baum . . . ?   Der Junge hat sich hinter dem dritten Baum versteckt.

4. Was für ein . . . ?   Mein Freund hat sich ein Fahrrad mit Dreigangschaltung gekauft.

5. Wo . . . ?   Der Radiergummi liegt in der zweiten Schublade.

6. Zum wievielten Mal . . . ?   Ich fahre dieses Jahr zum siebten Mal nach Österreich in Urlaub.

7. Wessen . . . ?   Das ist das Motorrad meines Freundes.

8. In welchem Teil . . . ?   Meine Großeltern liegen im unteren Teil des Friedhofs begraben.

9. Von welcher Seite . . . ?   Die Bergsteiger haben den Mont Blanc von der Südseite bestiegen.

10. Am wievielten April . . . ?   Mutter hat am 17. April ihren sechzigsten Geburtstag.

11. Um wieviel Uhr . . . ?   Der Schnellzug kommt um 17.19 Uhr hier an.

12. Wie viele . . . ?   Wir sind vier Geschwister.

13. Welches Bein . . . ?   Mir tut das linke Bein weh.

14. Von wem . . . ?   Den Teppich habe ich von meinen Eltern.

15. Wie oft . . . ?   Ich fahre dreimal in der Woche nach Marburg in die Klinik.

6 Ask questions about the part of the sentence which appears in italics.

> Wir fahren *am Montag* nach Stuttgart.
> *Wann* fahrt ihr nach Stuttgart?

1. Im Sommer fahren wir *in die Schweiz.* 2. Wir fahren *Anfang Juli.* 3. Wir bleiben *eine Woche* in Basel. 4. In Interlaken wohnen wir *bei Freunden.* 5. Wir fahren *mit dem Zug* in die Schweiz. 6. Meiner Mutter geht es *gut.* 7. Früher haben wir *in Wien* gewohnt. 8. Jetzt sind wir *nach Graz* gezogen. 9. *Horst* hat den Haustürschlüssel vergessen. 10. Ich habe *die Lebensmittel* in der Tasche. 11. Die Flaschen habe ich *in den Kühlschrank* gestellt. 12. *Aus Ärger über seinen Chef* hat er seine Stellung gekündigt. 13. Heute mittag gibt es *Schnitzel mit Kartoffeln und Salat.* 14. Der Hund hat Angst *vor dem Gewitter.* 15. Das ist der Hut *eines Gastes.*

7 Ask questions about the part of the sentence which appears in italics.

> Meine Schwester wohnt im *Stadtteil Bornheim.*
> *In welchem Stadtteil* wohnt Ihre Schwester?

1. Sie wohnt im *5.* Stockwerk.
2. Sie hat *eine Drei-Zimmer-Wohnung mit Balkon.*

3. Die Wohnung kostet *520 Mark.*
4. Die Wohnung darunter gehört *mir.*
5. Sie ist *genauso* groß.
6. Ich wohne hier schon seit *drei Jahren.*
7. Wir wohnen *mit drei Personen* in der Wohnung.
8. Unser Vorort hat *3000 Einwohner.*
9. Er ist nur *5 Kilometer* von der Großstadt entfernt.
10. Ich fahre nicht mit dem Wagen in den Dienst; *denn ich finde dort keinen Parkplatz.*
11. Ich brauche *eine halbe Stunde* bis zu meinem Dienstort.
12. Ich fahre *mit der Linie 7.*
13. *Um fünf Uhr* abends bin ich wieder zu Hause.
14. Ich esse mittags *in der Kantine meiner Firma.*
15. *Dort ist es viel billiger als im Restaurant;* deshalb esse ich in der Kantine.

8 **... schon ...? – ... erst ... / ... erst ...? – ... schon ... – Practise according to example a or b.**

> a) Habt ihr die Wohnung *schon* renoviert? (anfangen)
>   Nein, wir haben *erst* angefangen.
>
> b) Habt ihr *erst* ein Zimmer tapeziert? (zwei Zimmer)
>   Nein, wir haben *schon* zwei Zimmer tapeziert.

1. Habt ihr schon alle Fenster geputzt? (die Fenster im Wohnzimmer) 2. Habt ihr das Treppenhaus schon renoviert? (den Hausflur) 3. Habt ihr erst eine Tür gestrichen? (fast alle Türen) 4. Habt ihr die neuen Waschbecken schon installiert? (die Spüle in der Küche) 5. Habt ihr schon alle Fußböden erneuert? (den Fußboden im Wohnzimmer) 6. Habt ihr schon alle Lampen aufgehängt? (die Lampe im Treppenhaus)

9 **... schon ...? – noch nicht / noch nichts / noch kein ... – Practise according to example a, b or c.**

> a) Waren Sie *schon* mal in Hamburg? – Nein, ich war *noch nicht* dort.
> b) Haben Sie *schon etwas* von ihrem Freund gehört? – Nein, ich habe *noch nichts* von
>   ihm gehört.
> c) Haben Sie *schon eine* Fahrkarte? – Nein, ich habe *noch keine.*

1. Haben Sie schon eine Einladung? 2. Hat Horst das Fahrrad schon bezahlt? 3. Hast du ihm schon geschrieben? 4. Hast du schon eine Nachricht von ihm? 5. Hat er dir schon gedankt? 6. Bist du schon müde? 7. Habt ihr schon Hunger? 8. Hast du deinem Vater etwas von dem Unfall erzählt?

10 **... noch ...? – nicht mehr / nichts mehr / kein ... mehr – Continue in the same way as you did in exercise 9.**

> a) Erinnerst du dich *noch* an seinen Namen? – Nein, ich erinnere mich *nicht mehr*
>   daran.
> b) Hat Gisela *noch etwas* gesagt? – Nein, sie hat *nichts mehr* gesagt.
> c) Haben Sie *noch* Zeit? – Nein, ich habe *keine* Zeit *mehr.*

1. Hast du noch Geld? 2. Hast du noch einen Bruder? 3. Hast du von seiner Erklärung noch etwas behalten? 4. Habt ihr noch Fotos von euren Klassenkameraden? 5. Hast du heute noch Unterricht? 6. Haben Sie noch besondere Wünsche? 7. Bleiben Sie noch lange hier? 8. Möchten Sie noch etwas Wein?

§ 18   Modal Verbs

Preliminary note

With the help of modal verbs we are able to express a person's point of view on a particular action, e. g.
if a person *is willing* to do something
if a person *is able* or *capable* of doing something
if a person *is compelled* or *obliged* to do something

A modal verb requires an additional main verb. The main verb appears in the infinitive without *zu*:
Er *muß* heute länger *arbeiten.*

I   Modal verbs and their meaning

dürfen	a) permission or right to do something	In diesem Park dürfen Kinder spielen.
	b) something which is not permissable (always with negation)	Bei Rot darf man die Straße nicht überqueren.
	c) an instruction expressed in the negative form	Man darf Blumen in der Mittagshitze nicht gießen.
können	a) a possibility or opportunity	In einem Jahr können wir das Haus bestimmt teurer verkaufen.
	b) an ability	Er kann gut Tennis spielen.
mögen	a) likes and dislikes	Ich mag mit dem neuen Kollegen nicht zusammenarbeiten.
	b) the same, often without a full verb	Ich mag keine Schlagsahne!
ich möchte,	c) a wish	Wir möchten ihn gern kennenlernen.
du möchtest,	d) a polite request	Sie möchten nach fünf bitte noch einmal anrufen.
usw.		
müssen	a) force of circumstances	Mein Vater ist krank, ich muß nach Hause fahren.
	b) a necessity	Nach dem Unfall mußten wir zu Fuß nach Hause gehen.
	c) subsequent conclusion	Das mußte ja so kommen, wir haben es geahnt.

sollen	a) a command, a law	Du sollst nicht töten.
	b) a duty, a moral duty	Jeder soll die Lebensart des anderen anerkennen.
	c) an order, an instruction	Ich soll nüchtern zur Untersuchung kommen. Das hat der Arzt gesagt.
	d) an intention, a plan (referring to things)	Hier soll ein Einkaufszentrum entstehen.
wollen	a) a wish, an intention	Ich will dir die Wahrheit sagen.
	b) an intention, a plan (referring to persons)	Im Dezember wollen wir in das neue Haus einziehen.

For further meanings of modal verbs see § 20 and § 54 VI.

Notes

1. In some cases the main verb may be omitted:
   Ich muß nach Hause (gehen).   Sie kann gut Englisch (sprechen).
   Er will in die Stadt (fahren).   Ich mag keine Schlagsahne (essen).

2. If the context is clear, modal verbs can also be used as independent verbs:
   Ich *kann* nicht gut *kochen.*
   Meine Mutter *konnte* es auch nicht.
   Wir haben es beide nicht gut *gekonnt.*

II Forms and uses

Present tense (irregular forms in the present)

dürfen	*können*	*mögen*	*müssen*	*sollen*	*wollen*
ich **darf**	ich **kann**	ich **mag**	ich **muß**	ich **soll**	ich **will**
du **darfst**	du **kannst**	du **magst**	du **mußt**	du **sollst**	du **willst**
er **darf**	er **kann**	er **mag**	er **muß**	er **soll**	er **will**
wir dürfen	wir können	wir mögen	wir müssen	wir sollen	wir wollen
ihr dürft	ihr könnt	ihr mögt	ihr müßt	ihr sollt	ihr wollt
sie dürfen	sie können	sie mögen	sie müssen	sie sollen	sie wollen

Word order for modal verbs in main clauses

Präsens	Der Arbeiter **will**	den Meister **sprechen.**
Imperfekt	Der Arbeiter **wollte**	den Meister **sprechen.**
Perfekt	Der Arbeiter **hat**	den Meister **sprechen wollen.**
Plusquamperfekt	Der Arbeiter **hatte**	den Meister **sprechen wollen.**

Rules

1. In the present and the imperfect the conjugated modal verb is placed in position II.
2. In the perfect and past perfect the conjugated auxiliary verb is placed in position II. The auxiliary verb is always *haben*. The modal verb always appears in the infinitive at the end of the sentence after the main verb.

Word order for modal verbs in subordinate clauses

Präsens	Es ist schade, daß er uns nicht	**besuchen kann.**
Imperfekt	Es ist schade, daß er uns nicht	**besuchen konnte.**
Perfekt	Es ist schade, daß er uns nicht **hat**	**besuchen können.**
Plusquamperfekt	Es ist schade, daß er uns nicht **hatte**	**besuchen können.**

Rules

1. The modal verb appears in conjugated form at the end of the subordinate clause in present tense and imperfect sentences.
2. In perfect and past perfect sentences the modal verb appears in the infinitive form at the end of the subordinate clause. The conjugated auxiliary verb then appears *before* the two infinitives. (For the passive with modal verbs see § 19 III.)

III Verbs which function as modal verbs

hören, lassen, sehen, helfen*

a) im Hauptsatz	*Präsens*	Er **hört** mich Klavier **spielen.**
	Imperfekt	Er **ließ** sich nach Haus **fahren.**
	Perfekt	Du hast die Gefahr **kommen sehen.**
b) im Nebensatz	*Präsens*	Ich weiß, daß er mich Klavier **spielen hört.**
	Imperfekt	Ich weiß, daß er sich nach Haus **fahren ließ.**
	Perfekt	Ich weiß, daß du die Gefahr **hast kommen sehen.**

Rules

When the verbs *hören, lassen, sehen, helfen* are used with main verbs, they are used in exactly the same way in the main clause and in the subordinate clause as modal verbs (see II).

bleiben, gehen, lehren*, lernen*

a) im Hauptsatz	*Präsens*	Er **bleibt** bei der Begrüßung **sitzen.**
	Perfekt	Er **ist** bei der Begrüßung **sitzen geblieben.**
	Präsens	Sie **geht** jeden Abend **tanzen.**
	Perfekt	Sie **ist** jeden Abend **tanzen gegangen.**
	Präsens	Er **lehrt** seinen Sohn **lesen** und **schreiben.**
	Perfekt	Er **hat** seinen Sohn **lesen** und **schreiben gelehrt.**
b) im Nebensatz	*Präsens*	Ich weiß, daß sie nicht gern **einkaufen geht.**
	Imperfekt	Ich weiß, daß er noch mit 80 **radfahren lernte.**
	Perfekt	Ich weiß, daß dein Mantel **hängen geblieben ist.**

Rules

If the verbs *bleiben, gehen, lehren, lernen* occur in conjunction with a main verb, they are used in the present and imperfect in main clauses and in subordinate clauses in exactly the same way as modal verbs (see II). In perfect or past perfect sentences, however, these verbs occur in the regular word order, with an auxiliary verb and the past participle.

Note:

Bleiben occurs with a limited number of verbs: jemand / etwas *bleibt* ... liegen / hängen / sitzen / stehen / stecken / haften / kleben / wohnen

IV Modal verbs with two infinitives

a) im Hauptsatz	*Präsens*	Ich **kann** dich nicht **weinen sehen.**
		Du **mußt** jetzt **telefonieren gehen.**
	Imperfekt	Er **mußte** nach seinem Unfall wieder **laufen lernen.**
		Er **konnte** den Verletzten nicht **rufen hören.**
	Perfekt	Sie **hat** ihn nicht **weggehen lassen wollen.**
		Der Wagen **hat** dort nicht **stehen bleiben dürfen.**
b) Nebensatz	*Präsens*	Ich weiß, daß er sich **scheiden lassen will.**
	Imperfekt	Ich weiß, daß er das Tier nicht **leiden sehen konnte.**
	Perfekt	Ich weiß, daß er mit uns **hat essen gehen wollen.**

Rules

1. If a modal verb is used concurrently with a verb which can be treated as a modal verb (see III), the modal verb takes the most important position within the sentence. All the rules for the use of modal verbs apply. The auxiliary verb in the perfect and past perfect is always *haben*.
2. Verbs used in the same way as modals are placed after the main verb; both verbs occur in the infinitive.

*Notes

1. In general, *helfen, lehren, lernen* are used as modal verbs only if an infinitive follows on its own or if it is preceded by a short simple phrase:
   Wir *helfen* euch die Koffer *packen.*
   Er *lehrte* seinen Enkel *schwimmen.*

2. If the infinitive is used within a longer complex sentence, an infinitive construction with *zu* follows the comma:
   Ich *habe* ihm *geholfen,* ein Haus für seine fünfköpfige Familie und seine Anwaltspraxis *zu finden.*
   Endlich *haben* wir es *gelernt,* die Erläuterungen zur Lohnsteuer *zu verstehen.*

3. The verbs *fühlen* and *spüren* can also occur in the infinitive in conjunction with a main verb:
   Ich *spüre* den Schmerz *wiederkommen.*
   Er *fühlt* das Gift *wirken.*

More common usage, however, is:
Ich *spüre, wie* der Schmerz *wiederkommt.*
Er *fühlt, wie* das Gift *wirkt.*

4. After *brauchen* normal usage is *zu* + infinitive. *Nicht brauchen* is the negation of *müssen* (see § 16 II, notes 4):
Mußt du heute *kochen?* – Nein, heute *brauche* ich *nicht zu kochen.*

EXERCISES

1 Fill in the blanks in the sentences below with the correct modal verb.

1. Leider . . . ich nicht länger bei dir bleiben, denn ich . . . um 17 Uhr mit dem Zug nach München fahren.
2. Eis oder Kaffee? Was . . . du?
3. Ich . . . keinen Kaffee trinken; der Arzt hat's mir verboten.
4. Ich . . . täglich dreimal eine von diesen Tabletten nehmen.
5. Wo . . . du denn hin? . . . du nicht einen Moment warten, dann gehe ich gleich mit dir?
6. "Guten Tag! Wir . . . ein Doppelzimmer mit Bad; aber nicht eins zur Straße. Es . . . also ein ruhiges Zimmer sein." – "Ich . . . Ihnen ein Zimmer zum Innenhof geben. . . . Sie es sehen?" – "Ja, sehr gern." – ". . . wir Sie morgen früh wecken?" – "Nein, danke, wir . . . ausschlafen."

2 Change the tense in the passage below to the imperfect.

1 Herr Müller will ein Haus bauen. Er muß lange sparen. Auf den Kauf eines Grundstücks kann er verzichten, denn das hat er schon.
3 Er muß laut Vorschrift einstöckig bauen. Den Bauplan kann er nicht selbst machen. Deshalb beauftragt er einen Architekten; dieser soll ihm einen Plan für einen Bun-
5 galow machen. Der Architekt will nur 1500 Mark dafür haben; ein "Freundschaftspreis", sagt er.
7 Einen Teil der Baukosten kann der Vater finanzieren. Trotzdem muß sich Herr Müller noch einen Kredit besorgen. Er muß zu den Banken, zu den Ämtern und zum Notar lau-
9 fen. – Endlich kann er anfangen.

3 Now put the passage into the perfect tense. Begin as follows:

Mein Freund erzählte mir: "Herr Müller hat ein Haus bauen wollen. Er hat . . ."

4 Practise the use of the modal verbs.

a

> Gehst du morgen in deinen Sportclub?
> Nein, morgen *kann* ich nicht in meinen Sportclub *gehen.*

1. Bezahlst du die Rechnung sofort? 2. Kommst du morgen abend zu unserer Party? 3. Reparierst du dein Motorrad selbst? 4. Fährst du im Urlaub ins Ausland? 5. Kaufen Sie sich diesen Ledermantel? 6. Sprechen Sie Türkisch?

b

> Kannst du mich morgen besuchen? (in die Bibliothek gehen)
> Nein, morgen *muß* ich in die Bibliothek *gehen.*

1. Hast du morgen Zeit für mich? (Wäsche waschen) 2. Fährst du nächste Woche nach Hamburg? (nach München fahren) 3. Machst du nächstes Jahr die Amerikareise? (mein Examen machen) 4. Kommst du heute abend in die Disko? (meine Mutter besuchen) 5. Gehst du jetzt mit zum Sportplatz? (nach Hause gehen) 6. Machst du am Sonntag die Wanderung mit? (zu Hause bleiben und lernen)

c

> Lösen Sie diese mathematische Aufgabe!
> Ich *soll* diese mathematische Aufgabe *lösen*? Aber ich *kann* sie nicht *lösen.*

1. Schreiben Sie einen Aufsatz über die Lage der Behinderten in der Bundesrepublik! 2. Machen Sie eine Reise durch die griechische Inselwelt! 3. Verklagen Sie Ihren Nachbarn wegen nächtlicher Ruhestörung! 4. Geben Sie Ihre Reisepläne auf! 5. Lassen Sie Ihren Hund für die Dauer der Reise bei Ihrem Nachbarn! 6. Kaufen Sie sich einen schnellen Sportwagen!

5 Gartenarbeit

> Wollten Sie nicht Rasen (m) säen?
> Doch, aber ich *konnte* ihn noch nicht *säen.*

Wollten Sie nicht ...
1. Unkraut (n) ausreißen? 2. Salat (m) pflanzen? 3. Blumen (Pl.) gießen? 4. ein Beet umgraben? 5. ein Blumenbeet anlegen? 6. die Obstbäume beschneiden? 7. neue Beerensträucher setzen? 8. Kunstdünger (m) streuen?

6 Practise the perfect tense according to the example in the box below, using the sentences in exercise 5.

> Wollten Sie nicht Rasen (m) säen?
> Ja schon, aber ich *habe* ihn noch nicht *säen können.*

*7 Two modal verbs in one sentence – Practise according to the following example:

> Der Hausbesitzer läßt das Dach nicht reparieren. (müssen)
> A: *Muß* der Hausbesitzer das Dach nicht *reparieren lassen*?
> B: Doch, er *muß* es *reparieren lassen.*

1. Die Autofahrer sehen die Kinder dort nicht spielen. (können) 2. Müllers gehen heute nicht auswärts essen. (wollen) 3. Der kleine Junge lernt jetzt nicht lesen. (wollen) 4. Herr Gruber läßt sich keinen neuen Anzug machen. (wollen) 5. Man hört die Kinder

auf dem Hof nicht rufen und schreien. (können) 6. Die Studenten bleiben in dem Haus nicht länger wohnen. (dürfen) 7. Sie läßt sich nach 35jähriger Ehe nicht plötzlich scheiden. (wollen) (Nein, ...) 8. Die Krankenschwestern lassen die Patienten nicht gern warten. (wollen) 9. Der Autofahrer bleibt nicht am Straßenrand stehen. (dürfen) 10. Er hilft ihm nicht suchen. (wollen)

*8   Now change the questions and answers in exercise 7 to the perfect tense.

> A: *Hat* der Hausbesitzer das Dach nicht *reparieren lassen müssen?*
> B: Nein, er *hat* es nicht *reparieren lassen müssen.*

*9   Construct subordinate clauses from the answers in exercise 8, placing them after a main clause, e. g.: *Es ist (mir) klar, daß . . .; Ich weiß, . . .; Es ist verständlich, . . .; Es ist (mir) bekannt, . . .*

> Ich weiß, daß er es nicht *hat reparieren lassen müssen.*

10   "müssen – nicht brauchen" – Negate the questions using "nicht brauchen".

> *Mußt* du heute ins Büro *gehen?* – Nein, ich *brauche* heute *nicht* ins Büro *zu gehen.*

Mußt du ... 1. ... aus der Wohnung ausziehen? 2. ... die Wohnung gleich räumen? 3. ... die Möbel verkaufen? 4. ... eine neue Wohnung suchen? (keine neue Wohnung) 5. ... die Wohnungseinrichtung bar bezahlen? 6. ... den Elektriker bestellen? 7. ... ein neues Schloß in die Tür einbauen lassen (kein) 8. ... einen Wohnungsmakler einschalten? (keinen) 9. ... eine Garage mieten? (keine) 10. ... den Hausbesitzer informieren?

11   Practise according to the following example:

Feuer! – hören / sehen

> Die Sirenen heulen. – *Hörst* du die Sirenen *heulen?*
> Die Feuerwehrleute springen zu den Wagen. – *Siehst* du die Feuerwehrleute zu den Wagen *springen?*

1. Das Haus brennt. 2. Rauch quillt aus dem Dach. 3. Die Feuerwehr eilt herbei. 4. Die Leute rufen um Hilfe. 5. Das Vieh brüllt in den Ställen. 6. Ein Mann steigt auf die Leiter. 7. Die Kinder springen aus dem Fenster.

12   In der Jugendherberge – helfen

> *Ich* packe jetzt den Rucksack! – *Ich helfe dir* den Rucksack packen.
> *Wir* tragen die Rucksäcke jetzt zum Bus! – *Wir helfen euch* die Rucksäcke zum Bus tragen.

1. Wir machen jetzt die Betten! 2. Wir decken jetzt den Tisch! 3. Wir kochen jetzt den Kaffee! 4. Ich teile jetzt das Essen aus! 5. Ich spüle jetzt das Geschirr! 6. Wir räumen jetzt das Zimmer auf!

13 Beim Hausbau – lassen

das Dach decken	Deckst du das Dach selbst? Nein, ich *lasse* es *decken*.

1. die Elektroleitungen verlegen 2. die Heizung installieren 3. die Fenster streichen 4. die Schränke einbauen 5. die Wohnung mit Teppichen auslegen 6. die Möbel aufstellen

14 Make sentences in the perfect tense using the examples in exercise 11, 12, and 13

a

Ich *habe* die Sirenen *heulen hören*. Ich *habe* die Feuerwehrleute zu den Wagen *springen sehen*.

b

Ich *habe* den Rucksack *packen helfen*.

c

Ich *habe* das Dach *decken lassen*.

15 bleiben, gehen, lehren, lernen

schwimmen gehen	*Gehst* du *schwimmen*? Nein, aber die anderen *sind schwimmen gegangen*.

1. maschineschreiben lernen 2. hier wohnen bleiben 3. Tennis spielen gehen 4. Gitarre spielen lernen 5. tanzen gehen 6. hier sitzen bleiben

§ 19   The Passive

I   Conjugation

	Präsens	*Imperfekt*
Singular	ich werde gefragt du wirst gefragt er wird gefragt	ich wurde gefragt du wurdest gefragt er wurde gefragt
Plural	wir werden gefragt ihr werdet gefragt sie werden gefragt	wir wurden gefragt ihr wurdet gefragt sie wurden gefragt
	Perfekt	*Plusquamperfekt*
Singular	ich bin gefragt worden du bist gefragt worden er ist gefragt worden	ich war gefragt worden du warst gefragt worden er war gefragt worden
Plural	wir sind gefragt worden ihr seid gefragt worden sie sind gefragt worden	wir waren gefragt worden ihr wart gefragt worden sie waren gefragt worden

Rules
1. The passive is formed with the auxiliary verb *werden* and the past participle of the main verb.
2. In perfect and past perfect passive sentences the auxiliary verb is always *sein*; *worden* follows the past participle of the main verb.

Note

The stem forms of *werden* are: *werden – wurde – geworden*. The short form *worden* only occurs in perfect and past perfect passive sentences.

II   Usage

Preliminary note

1. In an active sentence, the subject or agent i. e. the instigator of the action, is important:
   Der Hausmeister schließt abends um 9 Uhr die Tür ab.

   In a passive sentence the emphasis is on the action; the instigator of the action (the subject of the active sentence) is often of little importance and need not be mentioned:
   Abends um 9 Uhr *wird die Tür abgeschlossen*.
2. The instigator of the action is often anonymous; in this case an active sentence with *man* or a passive sentence omitting *man* is used:
   Man baut hier eine neue Straße.
   Hier *wird* eine neue Straße *gebaut*.

Passive sentences with animated subjects

a) Präsens Aktiv	Der Arzt untersucht **den Patienten** vor der Operation.
Präsens Passiv	**Der Patient** wird vor der Operation untersucht.
Perfekt Aktiv	Der Arzt hat **den Patienten** vor der Operation untersucht.
Perfekt Passiv	**Der Patient** ist vor der Operation untersucht worden.
b) Aktiv	Man renoviert jetzt endlich **die alten Häuser am Marktplatz.**
Passiv	**Die alten Häuser am Marktplatz** werden jetzt renoviert.

Rules

see a) The accusative object of the active sentence becomes the subject (= nominative) of the passive sentence.

The subject of the active sentence – except *man* – can be transferred to the passive sentence using *von* + dative:

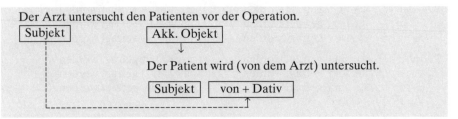

This is usually not necessary. If the instigator is of primary importance, preference is given to an active sentence:
Der berühmte Arzt Professor Müller untersuchte den Patienten vor der Operation.

see b) Note: All the information (e. g. genitive attributives, adverbial time and place phrases) which occur with the accusative object in the active sentence, become part of the subject in the passive sentence.

Passive sentences without a subject (main clauses)

a) Aktiv	Man arbeitet sonntags nicht.
b) Passiv	**Es wird** sonntags nicht **gearbeitet.**
c)	Sonntags **wird** nicht **gearbeitet.**
a) Aktiv	Man half den Verunglückten erst nach zwei Tagen.
b) Passiv	**Es wurde** den Verunglückten erst nach zwei Tagen **geholfen.**
c)	Den Verunglückten **wurde** erst nach zwei Tagen **geholfen.**
	Erst nach zwei Tagen **wurde** den Verunglückten **geholfen.**

Rules

see a + b) If the active sentence does not have an accusative object, it cannot have an animated subject in the passive, in which case the impersonal *es* is used. This *es* can only be used at the beginning of the main clause in position I.

see c) Should another phrase be used here, however, – and this is normally better style – *es* is omitted.

Passive sentences with no subject are always singular, also those where *es* is omitted and other items in the sentence are in the plural.

Passive subordinate clauses without a subject

Aktiv	Er wird immer böse, wenn man ihm sagt, daß er unordentlich ist.
Passiv	Er wird immer böse, **wenn ihm gesagt wird,** daß er unordentlich ist.
Aktiv	Ich war ratlos, als mir der Arzt von einer Impfung abriet.
Passiv	Ich war ratlos, **als mir von einer Impfung abgeraten wurde.**

Rule

In subordinate passive clauses the impersonal *es* is always omitted and the conjunctions (*weil, als, nachdem, wenn, daß* etc.) occupy the first position.

III   The passive with modal verbs

In main clauses

Präsens	Aktiv	Man muß den Verletzten sofort operieren.
	Passiv	Der Verletzte **muß** sofort **operiert werden.**
Imperfekt	Aktiv	Man mußte den Verletzten sofort operieren.
	Passiv	Der Verletzte **mußte** sofort **operiert werden.**
Perfekt	Aktiv	Man hat den Verletzten sofort operieren müssen.
	Passiv	Der Verletzte **hat** sofort **operiert werden müssen.**

In subordinate clauses

Präsens	Passiv	Es ist klar, daß der Verletzte sofort **operiert werden muß.**
Imperfekt	Passiv	Es ist klar, daß der Verletzte sofort **operiert werden mußte.**
Perfekt	Passiv	Es ist klar, daß der Verletzte sofort **hat operiert werden müssen.**

Rules

1. The general rules for the use of modal verbs also apply in passive sentences (see § 18 II).

2. The passive infinitive (past participle + *werden*) occurs in passive sentences instead of the active infinitive, e. g.:

Active infinitive:	*operieren*	*anklagen*	*zerstören*
Passive infinitive:	*operiert werden*	*angeklagt werden*	*zerstört werden*

Notes

1. Passive sentence:
   Die Schuld des Angeklagten *kann* nicht *bestritten werden.*
   a) Die Schuld des Angeklagten *ist* nicht *zu bestreiten* (see § 48).
   b) Die Schuld des Angeklagten *ist unbestreitbar.*
   c) Die Schuld des Angeklagten *läßt sich* nicht *bestreiten* (see § 10, § 48).
2. The modal verb *wollen* (in its literal meaning) can only be used in active sentences.
   Sollen is used in passive sentences.
   Man *will* am Stadtrand eine neue Siedlung errichten.
   Am Stadtrand *soll* eine neue Siedlung errichtet werden.

IV   The passive in infinitive constructions

a) Ich fürchte, daß ich bald entlassen werde.
   Ich fürchte,   bald **entlassen zu werden.**

   Sie hofft, daß sie vom Bahnhof abgeholt wird.
   Sie hofft,   vom Bahnhof **abgeholt zu werden.**

b) Er behauptet, daß er niemals vorher gefragt worden ist.
   Er behauptet,   niemals vorher **gefragt worden zu sein.**

Rules

Infinitive constructions in the passive voice are only possible if the subject in the main clause and the subject in the *daß*-clause refer to the same person or thing.

see a) The (present) passive infinitive with *zu* is used in the sentences with simultaneous actions: *gezwungen zu werden, erkannt zu werden, angestellt zu werden.*
see b) If it is quite clear that the statement in the main clause is more recent than the statement in the infinitive construction, the perfect passive infinitive is used with *zu*: *gelobt worden zu sein, verstanden worden zu sein, überzeugt worden zu sein.*

EXERCISES

1   Practise the passive.

Der Radio- und Fernsehhändler in der Zeitung:	Die Arbeit der Fachleute:
Wir beraten die Kunden	Die Kunden *werden beraten.*

1. Wir holen den Fernseher ab und reparieren ihn. 2. Wir bringen die Geräte ins Haus.
3. Wir installieren Antennen. 4. Wir führen die neuesten Apparate vor. 5. Wir bedienen die Kunden höflich. 6. Wir machen günstige Angebote.

2   a) Do the same here:

Von den Aufgaben des Kochs:	Was ist los in der Küche?
Kartoffeln schälen	Kartoffeln *werden geschält.*

1. Kartoffeln reiben 2. Salz hinzufügen 3. Fleisch braten 4.Reis kochen 5. Salat waschen 6. Gemüse schneiden 7. Würstchen (Pl.) grillen 8. Milch, Mehl und Eier mischen 9. Teig machen 10. Kuchen backen 11. Sahne schlagen 12. Brötchen (Pl.) streichen und belegen

b) Die Küchenarbeit ist beendet. Was wurde gemacht?

Kartoffeln schälen	Kartoffeln *wurden geschält.*

Practise in the same way using the vocabulary above.

3   a) Was ist alles im Büro los?

Telefonate weiterleiten.	Telefonate *werden weitergeleitet.*

Using the phrases in exercise 1, § 7, practise the passive present.

b) Was war los im Büro?

Telefonate weiterleiten	Telefonate *wurden weitergeleitet.*

Using the phrases in exercise 1, § 7, make passive sentences in the imperfect.

4   Make passive sentences. The verbs listed at the end of the exercise will make this exercise easier, should you need help.

In der Fabrik *wird gearbeitet.*

Was geschieht . . .
1. in der Kirche?
2. in der Schule?
3. an der Kasse?
4. auf dem Sportplatz?
5. im Gesangverein?
6. in der Küche?
7. in der Bäckerei?
8. auf der Jagd?
9. beim Frisör?
10. im Schwimmbad?
11. auf dem Feld?
12. beim Schuster?
13. auf dem Eis?
14. in der Wäscherei?

Verben hierzu: *schießen, säen und ernten, Haare schneiden, kochen, schwimmen, singen, Fußball spielen, lernen, beten, zahlen, Schuhe reparieren, Wäsche waschen, Schlittschuh laufen, Brot backen.*

5   Was in einem Unrechtsstaat geschieht

Man belügt das Volk.	Das Volk *wird belogen.*

1. Man bedroht Parteigegner. 2. Man enteignet Leute. 3. Man verurteilt Unschuldige. 4. Man verteufelt die Andersdenkenden. 5. Man schreibt alles vor. 6. Man zensiert die Zeitungen. 7. Man beherrscht Rundfunk und Fernsehen. 8. Man steckt Unschuldige ins Gefängnis. 9. Man mißhandelt die Gefangenen. 10. Man unterdrückt die freie Meinung.

6 a) Was war in letzter Zeit los in der Stadt?

> Wiedereröffnung des Opernhauses – Das Opernhaus *wurde wiedereröffnet.*

1. Ausstellung von Gemälden von Picasso
2. Aufführung zweier Mozartopern
3. Eröffnung der Landesgartenschau
4. Ehrung eines Komponisten und zweier Dichter
5. Ernennung des Altbürgermeisters zum Ehrenbürger der Stadt
6. Errichtung eines Denkmals zur Erinnerung an einen Erfinder
7. Einweihung des neuen Hallenbades
8. Veranstaltung eines Sängerwettstreits
9. Vorführung von Kulturfilmen
10. Start eines Rennens über 50 Jahre alter Automobile

b) Continue in the same way – this time using the perfect tense.

> Wiedereröffnung des Opernhauses – Das Opernhaus *ist wiedereröffnet worden.*

7 Was stand gestern in der Zeitung? – Change the phrases below and complete the sentences.

> Man gab bekannt, . . .
> Es *wurde bekanntgegeben,* daß die Tiefgarage nun doch gebaut werden darf.

1. Man berichtete, . . . 2. Man gab bekannt, . . . 3. Man behauptete, . . . 4. Man befürchtete, . . . 5. Man stellte die Theorie auf, . . . 6. Man nahm an, . . . 7. Man äußerte die Absicht, . . . 8. Man stellte die Behauptung auf, . . .

8 Practise with the sentences from exercise 5.

> Man belügt das Volk.
> Warum *ist* das Volk *belogen worden?*

9 Answer according to the following example:

> Warum sagst du nichts? (fragen) – Ich *bin* nicht *gefragt worden.*

1. Warum gehst du nicht mit? (bitten)
2. Warum singst du nicht mit? (auffordern)
3. Warum wehrst du dich nicht? (bedrohen)
4. Warum kommst du nicht zur Party? (einladen)
5. Warum verklagst du ihn nicht vor Gericht? (schädigen)
6. Warum gehst du nicht zu dem Vortrag? (informieren)
7. Warum sitzt du immer noch hier? (abholen)

8. Wie kommst du denn hier herein? (kontrollieren)
9. Warum hast du das kaputte Auto gekauft? (warnen)
10. Warum bist du so enttäuscht? (befördern)

10 Backen Sie Ihren Obstkuchen selbst!

> Mehl mit Backpulver mischen und auf ein Brett legen. . . .
> Mehl *wird* mit Backpulver *gemischt* und auf ein Brett *gelegt* . . .

Using the example in the box, put the following recipe into the passive voice:

1 Mehl mit Backpulver mischen und auf ein Brett legen. In der Mitte des Mehls eine Vertiefung machen. Zucker und Eier mit einem Teil des Mehls schnell zu einem Brei ver-
3 arbeiten. Auf diesen Brei die kalte Butter in kleinen Stücken geben und etwas Mehl darüberstreuen. Alles mit der Hand zusammendrücken und möglichst schnell zu einem
5 glatten Teig verarbeiten. Den Teig vorläufig kalt stellen. Dann etwas Mehl auf das Brett geben, den Teig ausrollen und in die Form legen.
7 Auf dem Teigboden viel Semmelmehl ausstreuen und das Obst darauflegen. Im Backofen bei 175–200 Grad den Kuchen etwa 30 bis 35 Minuten backen.

11 The passive with modal verbs

a

Umweltschützer stellen fest:	**Umweltschützer fordern:**
Die Menschen verschmutzen die Flüsse.	Die Flüsse *dürfen* nicht länger *verschmutzt werden*!

If you want to express the fact that things have been happening over a long period of time and that they will continue to do so insert "nach wie vor" or "immer noch": *Die Menschen verschmutzen nach wie vor die Flüsse.* If you want to intensify the imperative nature of a statement, insert "auf keinen Fall" or "unter (gar) keinen Umständen" instead of "nicht". *Die Flüsse dürfen auf keinen Fall länger verschmutzt werden.*

1. Sie verunreinigen die Seen. 2. Sie verpesten die Luft. 3. Sie verseuchen die Erde. 4. Sie vergiften Pflanzen und Tiere. 5. Sie vernichten bestimmte Vogelarten. 6. Sie werfen Atommüll ins Meer. 7. Sie vergraben radioaktiven Müll in der Erde. 8. Sie ruinieren die Gesundheit der Mitmenschen durch Lärm.

b

Der Landwirt berichtet von der Tagesarbeit:	**Von der Tagesarbeit auf dem Bauernhof:**
Ich muß das Vieh füttern.	Das Vieh *muß gefüttert werden.*

Ich muß 1. die Felder pflügen 2. die Saat aussäen 3. die Äcker düngen 4. die Ställe säubern 5. die Melkmaschine anlegen 6. Bäume fällen 7. Holz sägen 8. ein Schwein schlachten 9. Gras schneiden 10. Heu wenden 11. Äpfel und Birnen pflücken

c

Eine Krankenschwester erzählt von ihren Aufgaben: Ich muß einige Patienten waschen und füttern.	Von den Aufgaben einer Krankenschwester: Einige Patienten *müssen gewaschen* und *gefüttert werden.*

1. Ich muß die Patienten wiegen. 2. Ich muß die Größe der Patienten feststellen. 3. Ich muß den Puls der Kranken zählen und das Fieber messen. 4. Ich muß beides auf einer Karte einzeichnen. 5. Ich muß Spritzen geben und Medikamente austeilen. 6. Ich muß Blut abnehmen und ins Labor schicken. 7. Ich muß Karteikarten ausfüllen. 8. Ich muß die Kranken trösten und beruhigen.

12 Von den Plänen der Stadtverwaltung

Man *will* den Park erweitern.	Der Park *soll erweitert werden.*

Practise in the same way, using the vocabulary in § 8, exercise 5.

13 **Brand in der Großmarkthalle – Put the following passage into the passive. If the "instigator" appears in italics leave it out. Pay special attention to the tenses.**

1   Gestern abend meldete man der Feuerwehr einen leichten Brandgeruch in der Nähe der Großmarkthalle. Sofort schickte man drei Feuerwehrwagen an den Ort, aber man
3   konnte zunächst den Brandherd nicht feststellen, weil *die Geschäftsleute* den Eingang zur Großmarkthalle mit zahllosen Kisten und Handwagen versperrt hatten. Als man die
5   Sachen endlich weggeräumt hatte, mußte man noch das eiserne Gitter vor dem Hallentor aufsägen, denn man hatte in der Eile vergessen, die Schlüssel rechtzeitig zu besor-
7   gen. Immer wieder mußten *die Polizeibeamten* die neugierigen Zuschauer zurückdrängen. Nachdem man endlich die Türen aufgebrochen hatte, richteten *die Feuerwehrleu-*
9   *te* die Löschschläuche in das Innere der Halle. Erst nach etwa zwei Stunden konnten *die Männer* das Feuer unter Kontrolle bringen. *Die Polizei* gab bekannt, daß *das Feuer* et-
11 wa die Hälfte aller Waren in der Markthalle vernichtet hat. Erst spät in der Nacht rief man die letzten Brandwachen von dem Unglücksort ab.

14 **Jugendliche aus Seenot gerettet – Put the following passage into the passive voice.**

1   Gestern morgen alarmierte man den Seenotrettungsdienst in Cuxhaven, weil man ein steuerlos treibendes Boot in der Nähe des Leuchtturms Elbe I gesehen hatte. Wegen
3   des heftigen Sturms konnte man die Rettungsboote nur unter großen Schwierigkeiten zu Wasser bringen. Über Funk gab man den Männern vom Rettungsdienst den ge-
5   nauen Kurs bekannt. Mit Hilfe von starken Seilen konnte man die drei Jugendlichen aus dem treibenden Boot an Bord ziehen, wo man sie sofort in warme Decken wickelte und
7   mit heißem Tee stärkte.
Vorgestern nachmittag hatte der scharfe Ostwind die drei Jungen in ihrem Segelboot
9   auf die Elbe hinausgetrieben, wo sie bald die Kontrolle über ihr Fahrzeug verloren (Ak-

tiv). Erst bei Anbruch der Dämmerung konnte man sie sichten. Niemand hatte ihre Hil-
11 ferufe gehört.
Wegen Verdachts einer Lungenentzündung mußte man den Jüngsten der drei in ein
13 Krankenhaus einliefern; die anderen beiden brachte man auf einem Polizeischnellboot
nach Hamburg zurück, wo ihre Eltern sie schon erwarteten.

§ 20   Modal Verbs for Subjective Statements

Preliminary note

1. The modal verbs (§ 18) express objectivity towards an action:
   Mein Freund *kann* die Prüfung *bestehen.* = Jeder weiß, daß er fähig ist, die Prüfung
   zu bestehen.
   Der Professor *soll* alles verständlich *erklären.* = Es ist seine Pflicht, alles verständlich
   zu erklären. (= It is his duty to explain things.)

2. The same sentences can also express subjectivity, rumour or report:
   Mein Freund *kann* die Prüfung *(vermutlich) bestehen.* (= I hope so and assume so,
   but I'm not sure.)
   Der Professor *soll (so sagt man)* alles verständlich *erklären.* = Das berichten andere
   Studenten über diesen Professor.

3. In statements in the present tense, this difference in meaning can only be made clear
   within the context of a text or dialogue or by stressing certain words in spoken German.

4. In statements about an action or state in the past tense there are fixed rules for ob-
   jective and subjective statements:

Jemand fragt: Warum hat er auf unseren Brief immer noch nicht geantwortet? Darauf sind folgende Antworten möglich:

a) Er **muß sich** über unseren Brief schrecklich **geärgert haben.**
   = Das ist wahrscheinlich, fast sicher.

   Er **kann** über Weihnachten bei Freunden **gewesen sein.**
   = Das ist möglich, aber nicht sicher.

   Er **kann** unseren Brief nicht richtig **verstanden haben.**
   = Das ist aber fast unmöglich.

   Er **mag** unseren Brief noch nicht **erhalten haben.**
   = Vielleicht ist es so.

b) Er **soll** unseren Brief vor Wut **zerrissen haben.**
   = Das hat man uns erzählt. Das haben wir von anderen gehört, aber ob es stimmt,
   wissen wir nicht.

c) Er **will** unseren Brief gar nicht **erhalten haben.**
   = Das sagt er selbst, aber wir haben Zweifel an der Wahrheit der Aussage.

Rules

1. a) The modal verbs used to mark a subjective statement are in the present. In the imperfect they only occur in narrative texts or in reports. They are placed in the main clause in position II. In the subordinate clause they are placed at the end:
   Er *kann* mich gesehen haben.
   Ich bin beunruhigt, weil er mich gesehen haben *kann*.
   b) In subjective statements about an action in the past, the perfect infinitive is used.
   Perfect infinitive active: *gemacht haben, gekommen sein*
   Perfect infinitive passive: *gemacht worden sein*
   Vor 300 Jahren *sollen* Soldaten das Schloß völlig *zerstört haben*.
   Vor 300 Jahren *soll* das Schloß völlig *zerstört worden sein*.

2. see a) *Mögen, können, müssen* in subjective statements express probability.

   see b) *Sollen* expresses a rumour or report:
   Somebody says something or reports on something, but there is no exact information available. This way of expressing statements is also used in newspaper reports:
   In Italien *sollen* die Temperaturen auf minus 20 Grad *gesunken sein*.

   see c) *Wollen* is used to claim, maintain or to pretend. Somebody says something about himself. The truth of the statement cannot be proven. On the other hand it cannot be proven untrue. This form is often used in the legal language of court cases:
   Der Angeklagte *will* die Zeugin nie *gesehen haben*.

Note

In order to make the difference in meaning quite clear, the modal verb is also used in Konjunktiv II (see § 54 VI):

er dürfte	(cautious supposition)	Er dürfte jetzt etwa 80 Jahre alt sein.
er könnte	(possibility)	Er könnte Ihnen eine Zulassung besorgen.
er müßte	(necessity which has not yet been met)	Er müßte endlich mit dem Rauchen aufhören.
er sollte *eigentlich*	(a recommendation that is not being followed)	Er sollte ihn eigentlich unterstützen, aber er tut es nicht.

EXERCISES

1 Aus der Zeitung – Explain the meaning of the modal verbs which appear in italics.

1 Wieder ist der Polizei ein Raubüberfall gemeldet worden. Drei Unbekannte *sollen* in der Zuckschwerdtstraße einen 26 Jahre alten Brückenbauer aus Frankfurt überfallen
3 und niedergeschlagen haben. Nach Angaben der Polizei *soll* einer der Täter dem Brückenbauer in die Jackentasche gegriffen und Ausweispapiere sowie Schlüssel ent-
5 wendet haben. Vorher *will* der Überfallene in einer Gaststätte in der Bolongarostraße gewesen sein, in der sich auch die Täter befunden haben *sollen*. Beim Bezahlen *können*
7 die Täter gesehen haben, daß er einen größeren Geldbetrag – es *soll* sich um etwa 500 Mark gehandelt haben – bei sich führte. "Das *muß* der Anlaß gewesen sein, daß die Ker-
9 le mir folgten und mich dann überfielen", meinte der Brückenbauer.

2 Choose the correct modal verb for the blanks in the sentences below and put it into its correct form.

1. Der Mann hat doch eine Verletzung! Wer das nicht sieht, ... blind sein. 2. Du ... recht haben; aber es klingt sehr merkwürdig. 3. Diese Schauspielerin ... 80 Jahre alt sein, so steht es in der Zeitung. Sie sieht doch aus wie fünfzig! 4. Der Junge ... die Geldbörse gefunden haben; dabei habe ich gesehen, wie er sie einer Frau aus der Einkaufstasche nahm. 5. "Er ... ein Vermögen von zwei bis drei Millionen besitzen, glaubst du das?" – "Also das ... übertrieben sein. Es ... sein, daß er sehr reich ist, aber so reich sicher nicht!" 6. In Griechenland ... gestern wieder ein starkes Erdbeben gewesen sein. 7. Es ist schon zehn Uhr. Der Briefträger ... eigentlich schon dagewesen sein. 8. Eben haben sie einen Fernsehbericht über Persien angekündigt, jetzt zeigen sie Bilder über Polen. Da ... doch wieder ein Irrtum passiert sein! 9. Wir haben dein Portemonnaie in der Wohnung nicht gefunden. Du ... es nur unterwegs verloren haben. Wenn du es nicht verloren hast, ... es dir gestohlen worden sein. 10. Den Ring ... sie geschenkt bekommen haben, aber das glaube ich nicht. 11. Er ist erst vor zehn Minuten weggegangen. Er ... eigentlich noch nicht im Büro sein. 12. Es ... heute Nacht sehr kalt gewesen sein, die Straßen sind ganz vereist.

3 Change the sentences below so that the expressions conveying possibility or conviction such as "wohl", "sicher(lich)", "angeblich", "er behauptet", "so wird gesagt" etc., can be omitted.

> Ich habe gehört, daß der Schriftsteller sich zur Zeit in Südamerika aufhält. (sollen)
> Der Schriftsteller *soll sich* zur Zeit in Südamerika *aufhalten.*

1. Man hat den Mann verurteilt; aber er war unschuldig, so wird gesagt. (sollen)
2. Sie hat sicherlich recht. (mögen)
3. Er hat angeblich sein ganzes Vermögen an eine Hilfsorganisation verschenkt. (sollen)
4. Der Zeuge behauptet, daß er den Unfall genau gesehen hat. (wollen)
5. Wie war das nur möglich? Es war doch 22 Uhr und wahrscheinlich stockdunkel. (müssen)
6. Er behauptet, daß er die 20 Kilometer lange Strecke in zweieinhalb Stunden gelaufen ist. (wollen)
7. Der Angeklagte behauptet, von zwei betrunkenen Gästen in der Wirtschaft angegriffen worden zu sein. (wollen)
8. Man ist überzeugt, daß der Angeklagte sich in großer Angst und Aufregung befunden hat. (müssen)
9. Ich frage mich, wie wohl dem Angeklagten zumute war. (mögen)
10. Sicherlich hat der Angeklagte die Tat nur im ersten Schrecken begangen. (können)

4 Do the same here as in exercise 3 – Use the modal verbs to make a subjective statement.

1. Man sagt, daß im Krankenhaus der Stadt B. im letzten Jahr viele Millionen Mark veruntreut worden sind.

2. Ein junger Arzt sagt, daß er gehört habe, daß die Medikamente für das Krankenhaus gleich wieder verkauft worden seien.
3. Die Krankenschwestern und Pfleger haben davon vielleicht gar nichts gewußt.
4. Die Leute erzählen, daß der Chefarzt vor kurzem die häßliche Tochter des Gesundheitsministers geheiratet hat.
5. Sehr wahrscheinlich waren die Beamten des Gesundheitsministeriums über die Unterschlagungen im Krankenhaus schon seit langem informiert.
6. Vielleicht sind einige Beamte sogar bestochen worden.
7. Außerdem wird berichtet, daß alle Akten aus den Geschäftsräumen des Krankenhauses verschwunden sind.
8. Vielleicht waren unter den verschwundenen Medikamenten auch Drogen.
9. Ein verhafteter Drogenhändler sagt, daß er seinen "Stoff" immer an der Hintertür des Krankenhauses abgeholt habe.
10. Möglicherweise sind auch Verbandszeug und Kopfschmerztabletten verschoben worden.
11. In einem Zeitungsartikel wird berichtet, daß der Chefarzt in der vorigen Woche 900 000 Mark von seinem Konto abgehoben hat.
12. Sehr wahrscheinlich haben die Patienten unter den ungeordneten Zuständen in diesem Krankenhaus sehr gelitten.
13. Vielleicht wird der Prozeß gegen den Chefarzt und den Gesundheitsminister noch in diesem Jahr eröffnet.

§ 21 Futur I and II to Express Probability or a Supposition

In general, the future tense in German corresponds almost exactly with the English use of *shall, will* and *going to* to form the future. Note that the present tense + adverbs of time is commonly used in German, as in English, to denote a future action.

Preliminary note

1. Unlike other European languages, most of which have their own future verb forms, German signals the simple future (Futur I) with the present + temporal adverbs if it is certain that the future event being referred to will take place:
Ich *komme morgen früh* zu dir und *bringe* dir die Fotos *mit*.
Heute abend gibt es bestimmt noch ein Gewitter.

2. We use the perfect tense + temporal adverbs (Futur II) to say that something will have been completed by a certain point of time in the future:
Wenn ihr morgens erst um 10 Uhr kommt, *haben* wir schon *gefrühstückt*.

3. If it is uncertain that something will take place, *werden* with the infinitive is used. *Werden* does not have purely temporal meaning here, it is used more or less like a modal verb to express the speaker's attitude to a future event. This is often the case with *will/shall* and *going to* in English, too.

4. By inserting *wohl, vielleicht, wahrscheinlich*, we can emphasize probability or supposition.

I Main clauses

Futur I Aktiv	Er **wird** die neue Stellung wahrscheinlich **annehmen.**
Futur II Aktiv	Er **wird** bei seiner Suche nach einer besseren Stellung wohl keinen Erfolg **gehabt haben.**
Futur I Passiv	Das Gesetz **wird** wohl bald **geändert werden.**
Futur II Passiv	Das Gesetz **wird** wohl inzwischen **geändert worden sein.**

Rule
Werden is used in active and passive sentences like a modal verb to mark subjectivity.

Futur I Aktiv mit Modalverb	Meine Freunde **werden** das Auto wohl **reparieren können.**
Futur II Aktiv mit Modalverb	In der kurzen Zeit **werden** die Gäste wohl nicht alles **gesehen haben können.**
Futur I Passiv mit Modalverb	Das Auto **wird** wohl nicht mehr **repariert werden können.**

Rule

Should an additional modal verb occur, it is placed at the end of the sentence in the infinitive. This complicated form is no longer used in Futur II.

II Subordinate clauses

Futur I Aktiv	Es ist ärgerlich, daß das Flugzeug wohl nicht planmäßig **landen wird.**
Futur II Aktiv	Ich mache mir Sorgen, obwohl das Flugzeug inzwischen in Rom **gelandet sein wird.**
Futur I Aktiv mit Modalverb	Der Geschäftsmann regt sich auf, weil er sein Reiseziel wohl nicht rechtzeitig **wird erreichen können.**

Rules

1. In subordinate clauses, *werden* occurs in conjugated form in final position to express supposition.

2. If a modal verb is added, it occurs at the end of the sentence in the infinitive form. The conjugated form of *werden* precedes the main verb (see § 18 II).

3. In general, it is considered better style to use the present or perfect in passive subordinate clauses expressing supposition. The items *wohl* or *wahrscheinlich* make the context clear:
   Present passive:
   Die alten Formulare gelten noch, obwohl das Gesetz wohl bald *geändert wird.* (instead of: ..., obwohl das Gesetz wohl bald *geändert werden wird.*)

Perfect passive:
Die alten Formulare gelten noch bis zum 1. Januar, obwohl das Gesetz wohl inzwischen schon *geändert worden ist.* (instead of: . . ., obwohl das Gesetz wohl inzwischen schon *geändert worden sein wird.)*

4. It is also better to use the present or perfect in subordinate clauses containing a modal verb which expresses a supposition about the future.
Present active with a modal verb:
Es ist beruhigend, daß der Meister das Auto vielleicht schon bis übermorgen *reparieren kann.* (instead of: . . ., daß der Meister das Auto vielleicht schon bis übermorgen *wird reparieren können.)*

Perfect active with a modal verb:
Am 1. Mai wollen wir nach Spanien fahren. Es ist beruhigend, daß der Meister das Auto wohl schon vorher *hat reparieren können.* (instead of: . . ., daß der Meister das Auto wohl schon vorher *wird repariert haben können.)*

Present passive with a modal verb:
Es ist beruhigend, daß unser Auto vielleicht schon übermorgen *repariert werden kann.* (instead of: . . ., daß unser Auto vielleicht schon übermorgen *wird repariert werden können.)*

Perfect passive with a modal verb:
Am 1. Mai wollen wir nach Spanien fahren. Es ist beruhigend, daß unser Auto schon vorher *hat repariert werden können.* (A construction with *werden* is no longer used.)

Note

Werden + infinitive is used to express a threat, a threatening prediction or an imperative equivalent:
Du *wirst* jetzt zu Hause *bleiben* und nicht in den Club *gehen.*
(also in question form:) *Wirst* du endlich deine Hausaufgaben *machen?*
Wir *werden* alle *umkommen.*

EXERCISES

1 Signal an element of uncertainty in your answers to the following questions.

> Kommt Ludwig auch zu der Besprechung?
> Ja, er *wird wahrscheinlich* auch zu der Besprechung *kommen.*

Instead of using "wahrscheinlich" "wohl" or "vielleicht" can be inserted.
1. Gibt Hans seine Stellung als Ingenieur auf? 2. Geht er ins Ausland? 3. Will er in Brasilien bleiben? 4. Fliegt er noch in diesem Jahr rüber? 5. Nimmt er seine Familie gleich mit? 6. Besorgt ihm seine Firma dort eineWohnung?

2 Hans und Inge haben einen langen Weg von Andreas Party nach Hause. Bis sie zu Hause sind, wird Andrea schon viel erledigt haben.

> schon alle Gläser in die Küche bringen
> Sie *wird* schon alle Gläser in die Küche *gebracht haben.*

1. die Schallplatten wieder einordnen 2. die Wohnung aufräumen 3. die Möbel an den alten Platz stellen 4. das Geschirr spülen und in den Schrank räumen 5. den Teppich absaugen 6. sich ins Bett legen 7. einschlafen

3 Müllers waren lange von zu Hause weg. Wie mag es aussehen, wenn sie zurückkommen?

der Gummibaum / vertrocknen –*Wird* der Gummibaum *vertrocknet sein?*

1. die Zimmerpflanzen / eingehen (= sterben) 2. die Möbel / sehr verstauben 3. die Teppiche / nicht gestohlen werden. 4. die Blumen im Garten / verblühen 5. die Pflanzen auf dem Balkon / vertrocknen 6. die Nachbarin / die Post aufheben

4 Express probability in your answer. Use Futur II.

Hat er noch Geld? (sicher alles ausgeben) – Er *wird sicher* alles *ausgegeben haben.*

1. Sind die Gäste noch da? (wahrscheinlich schon nach Hause gehen)
2. Geht es ihm noch schlecht? (sich sicher inzwischen erholen)
3. Hat sie ihre Bücher mitgenommen? (ganz sicher mitnehmen)
4. Haben sie den letzten Bus noch gekriegt? (wahrscheinlich noch bekommen)
5. Ist Heinrich noch zum Zug gekommen? (sich bestimmt ein Taxi zum Bahnhof nehmen)

5 By using Futur II, express supposition.

Ich vermute, daß der Weg inzwischen gesperrt worden ist.
Der Weg *wird* inzwischen *gesperrt worden sein.*

1. Ich nehme an, daß der Lastwagen inzwischen aus dem Graben gezogen worden ist. 2. Ich vermute, daß die Polizei sofort benachrichtigt worden ist. 3. Ich glaube, daß niemand ernstlich verletzt worden ist. 4. Es ist anzunehmen, daß dem betrunkenen Fahrer der Führerschein entzogen worden ist. 5. Ich nehme an, daß die Ladung inzwischen von einem anderen Lastwagen übernommen worden ist.

PART II

§ 22   Word Order in Main Clauses

English-speaking students of German will soon notice that German word order differs greatly from the word order used in English sentences. When working through this grammar you will learn that four general rules apply to the position of almost all verbs you are likely to use in German. It will help you to master German word order if you try to recognize which rule of verb position is operating and the reason for it.

The sequence of adverbs and phrases differs from English. In general the sequence of thought in German is usually: (1) time, (2) manner, and (3) place:

Ich habe sie *heute glücklicherweise im Hotel* antreffen können.

It is, however, always possible to begin a sentence with a phrase or an adverb:

Glücklicherweise habe ich sie heute im Hotel angetroffen. / *Luckily I met* her in the hotel today.

I   General rules

1. Sentences are made up of certain *units*: subject, predicate, objects, adverbials etc.
2. These units are arranged according to a certain word order in all languages.
3. The German sentence is determined by the position of the conjugated verb: this is the verb form with an inflected ending, e. g. ich geh*e*, du geh*st*.
4. The position of the conjugated verb varies considerably depending on whether it is in the main clause or in a subordinate clause.
5. The main clause is an independent, complete sentence. The conjugated verb always occurs in position II.
6. The subject in the main clause can move from position I to position III (IV), i. e. it moves around the conjugated verb (position II) as if this were an axis.

Notes

1. The position numbers I, II, III (IV) will be used from now on to illustrate the word order in main clauses.
2. The transfer of the subject from position I to position III will be referred to as *inversion* from now on.
3. The distribution of all other items following the subject changes according to the overall meaning, or to the context of the sentence. It is therefore not possible to define a fixed sequence.

II   Word order with objects

I	II		Dativ-objekt	Akkusativ-objekt		Partizip
a) Die Firma	liefert	heute			nicht.	
b) Die Firma	lieferte	gestern			nicht.	
c) Die Firma	liefert	morgen			nicht.	
d) Die Firma	hat	gestern			nicht	geliefert.
e) Die Firma	liefert		dem Kunden	die Ware	nicht.	
f) Die Firma	hat		dem Kunden	die Ware	nicht	geliefert.

Rules

The subject occurs in position I, followed by the conjugated verb in position II.

see a + b + c) In the present, imperfect and future (= present with temporal expressions, compare § 21 preliminary note) the conjugated main verb occurs in position II.

see d) The conjugated auxiliary verb occurs in position II in the perfect and past perfect. The past participle of the main verb occurs in final position.

see e) Certain verbs are used with a dative or an accusative object or with both (see § 14 I–III).

When both objects occur in one sentence, the dative object usually appears before the accusative object.

III   Inversion

I	II	III	Dativ-objekt	Akkusativ-objekt		Partizip
a) **Der Postbote**	kommt	**heute**			nicht.	
Heute	kommt	**der Postbote**			nicht.	
b) **Der Postbote**	ist	**heute**			nicht	ge-kommen.
Heute	ist	**der Postbote**			nicht	ge-kommen.
c) **Die Firma**	liefert	**wahr-scheinlich**	dem Kunden	die Ware	nicht.	
Wahr-scheinlich	liefert	**die Firma**	dem Kunden	die Ware	nicht.	
Die Firma	hat	**wahr-scheinlich**	dem Kunden	die Ware	nicht	ge-liefert.
Wahr-scheinlich	hat	**die Firma**	dem Kunden	die Ware	nicht	ge-liefert.

Rules

1. Inversion means that another item occurs in position I, the conjugated verb then follows in position II and the subject in position III. Almost any other item can be placed in position I.

2. The overall meaning of the sentence is hardly affected by inversion. Position I often refers to a preceding statement and it emphasizes the progressive aspect of the action:

Einstein emigrierte nach Amerika. *Dort* konnte er weiterarbeiten.
Man stellte den Zeugen einige Männer vor. *Den Täter* erkannte niemand.
Mein Fotoapparat ist nicht in Ordnung. *Damit* kannst du nichts anfangen.

see a + b +c) Only positions I and III change in inversion; otherwise the word order remains the same.

IV Word order with pronouns in accusative and dative

I	II		
a) Der Lehrer	gibt	**dem Schüler**	**das Buch.**
b) Der Lehrer	gibt	es	dem Schüler.
Der Lehrer	gibt	ihm	das Buch.
c) Der Lehrer	gibt	**es**	**ihm.**

Rules

see a) The dative object occurs before the accusative object (see II).
see b) A single pronoun, whether it is in the accusative or dative case, follows immediately after the conjugated verb.
see c) If two pronouns occur in one sentence, the accusative pronoun precedes the dative pronoun.

V Inversion

a)

I	II	Pronomen (III)	Subjekt (Substantiv) IV	
Um 7 Uhr	bringt	**mir**	**der Briefträger**	die Post.
Aus Kairo	ruft	**mich**	**der Chef**	bestimmt nicht an.
Zum Glück	hat	**es ihm**	**der Professor**	noch mal erklärt.

b)

I	II	Subjekt (Pron.) III	Akk./Dat.-Pronomen	
Vorgestern	hat	**er**	mir	das Buch geliehen.
Vorgestern	hat	**er**	es	dem Schüler geliehen.
Vorgestern	hat	**er**	es ihm	geliehen.

Rules

see a) The general rule that the accusative and dative pronoun follow immediately after the conjugated verb, also applies to inversion. In this case, the subject can be shifted to position IV if it is a noun.

see b) If the subject is itself a pronoun, however, it always remains in position III.

VI Word order for reflexive pronouns

I	II			
Ich	habe	mich		gewaschen.
Ich	habe	**mir**	**die Hände**	gewaschen.
Ich	habe	**sie**	**mir**	gewaschen.

Inversion

I	II	III	*Pronomen*	
Sofort	hat	**er**	sich	die Hände gewaschen.
Sofort	hat	**er**	sie sich	gewaschen.

Rule

The word order rules for reflexive pronouns are the same as those discussed above.

EXERCISES

1 Practise the word order.

> Hat der Hotelgast der Schauspielerin den Pelzmantel gestohlen?
> Ja, er hat *ihn ihr* gestohlen.

1. Hast du deiner Freundin dein Geheimnis verraten? (Ja, ich . . .). 2. Hat Maria dir deine Frage beantwortet? 3. Hat der Reiseleiter Ihnen das Hotel Ritter empfohlen? 4. Hat die Gemeindeverwaltung deinen Freundinnen die Pensionsadressen zugeschickt? 5. Hat der Chef den Bewerbern schon eine Nachricht zugesandt? 6. Hat Ursula der Hauswirtin einen Blumenstock zum Geburtstag geschenkt? 7. Hat der Verlag dem Verfasser das Manuskript zurückgesandt? 8. Hat Angela dir ihre Ankunft verschwiegen? 9. Hat dir der Kaufmann die Lieferung versprochen? 10. Liefert diese Firma den Kunden die Ware kostenlos ins Haus? 11. Leihst du deinem Freund auch dein Auto? 12. Hat der Postbeamte dem Kunden den Scheck zurückgegeben? 13. Haben die Jungen den Eltern das Abenteuer erzählt? 14. Borgst du der Familie Schulz das Auto? 15. Hat der Taxifahrer den Beamten seine Unschuld bewiesen? 16. Teilst du deinen Verwandten deine Ankunft mit? 17. Hat der Mann den Kindern den Fußball weggenommen? 18. Verweigert der Landtag den Studenten die Demonstration?

2   Using the vocabulary in § 14 exercise 2, practise in the way shown in the box below.

der Arzt / der Mann / das Medikament / verschreiben
Hat der Arzt *dem Mann das Medikament* verschrieben?
Ja, er hat *es ihm* verschrieben.

3   Using the questions in § 14 exercise 4, make sentences like the one shown below.

Hast du *deinem Freund das Auto* geliehen?
Ja, ich hab' *es ihm* geliehen.

4   Transfer the words in italics to position I, paying special attention to the position of the pronouns.

1. Er hat mich *heute* wieder furchtbar geärgert. 2. Dein Vater hat es dir *gestern* doch ganz anders dargestellt. 3. Wir haben ihn *zufällig* auf dem Weg nach Hause getroffen. 4. Er hat mir *die Frage* leider immer noch nicht beantwortet. 5. Der Koffer steht *seit zehn Jahren* bei uns im Keller. 6. Ihr habt *mich* überhaupt nicht beachtet. 7. Der Zeuge hat ihn *trotz der Sonnenbrille* sofort erkannt. 8. Sie hat ihm *wütend* die Tür vor der Nase zugeschlagen. 9. Es hat *in der Nacht* stark geregnet. 10. Sie hat es mir *bis heute* verschwiegen. 11. Er hat *den Jugendlichen* mit seinem Zeitungsartikel nur geschadet. 12. Der Bäcker bringt mir *seit drei Monaten* die Brötchen ins Haus. 13. Sie ist *natürlich* immer vorsichtig gefahren. 14. Der Bauer schlug *vor Ärger* mit der Faust auf den Tisch. 15. Er gibt mir die Papiere *übermorgen* zurück. 16. Sie erklärte uns *vorsichtshalber* die ganze Sache noch einmal. 17. Der Nachbar hat ihnen *schon seit langem* mißtraut. 18. Es geht *mir* eigentlich gut. 19. Das Gold liegt *aus Sicherheitsgründen* im Keller der Bank. 20. Der Beamte hat es euch *bestimmt* gesagt.

5   Insert the pronouns.

1. Der Museumsdirektor zeigte den Gästen die Ausstellung. In einem zweistündigen Vortrag führte . . . . . . jedes einzelne Bild vor. 2. Der Vater hatte dem Sohn nach dem Abitur eine Skandinavienreise versprochen. . . . wollte . . . . . . voll finanzieren. 3. Der Landwirt mußte das Gebäude wieder abreißen. Das Bauamt hatte . . . . . . nicht genehmigt. 4. Die Studentin hatte sich von ihrem Freund ein Armband gewünscht. . . . . schenkte . . . . . . zu ihrem Geburtstag. 5. Der Gefangene bat um seine Uhr, aber man gab . . . . . . nicht. 6. Ein Dieb hatte einer Rentnerin die Handtasche gestohlen. Nach einer Stunde konnte man . . . ., allerdings ohne Geld und Papiere, zurückgeben. 7. Ein Bauer hatte den Wanderern den Weg zur Berghütte erklärt. Sie fanden ihr Ziel leicht, denn . . . hatte . . . . . . sehr gut beschrieben. 8. In ihrem Testament vermachte (= schenkte) die alte Dame ihren Nichten und Neffen ihr ganzes Vermögen. Der Notar ließ . . . . . . durch die Bank überweisen. 9. Die Polizei hatte dem Kaufmann den Führerschein entzogen. Nach einem Jahr gab . . . . zurück. 10. Der Gast hatte bei der Kellnerin noch ein Bier bestellt, aber . . . brachte . . . . . . nicht. 11. Alle Kinder hören gern Märchen, und Großmütter erzählen . . . . . . gern. 12. Sie bat die Ärztin um den Termin für die Operation, aber . . . teilte . . . . . . nicht mit.

VII Word order with adverbial and prepositional phrases

Subjekt	II	wann? (temporal)	warum? (kausal)	wie? (modal)	wo? wohin? (lokal)
Ich	komme	morgen		mit Vergnügen	zu eurer Party.
Sie	schlief	gestern	vor Ärger	sehr schlecht.	
Sie	ging	heute früh	wegen der Prüfung	voller Furcht	zur Schule.

Rule

There are no fixed rules for the position of adverbials, in general, however, the distribution **TCMP** (= **t**emporal, **c**ausative, **m**odal, **p**lace) applies.

VIII Word order with objects and adverbials

		Spalte A		Spalte B		Spalte C	
I	II	wann?	Dat.-objekt	warum?	wie?	Akk.-obj.	wo? wohin?
Er	hilft	abends	seinem Vater		gerne		im Büro.
Ich	schreibe	morgen	meinem Mann	wegen der Sache		einen Brief	nach Italien.
Sie	riß		dem Kind		voller Angst	das Messer	aus der Hand.

Rules

There are no fixed rules for the position of the various items. In general, the following distribution rules apply:
a) The temporal items and dative objects occur after the conjugated verb (column A) or the other way round.
b) The causative and modal items occur in the middle of the sentence (column B).
c) The accusative object and the adverbs of place, especially the *wohin* items occur at the end of the sentence (column C).

IX Inversion

	I	II	III	
a) temporale Angabe	**Heute**	fährt	mein Vetter	nach Köln.
b) kausale Angabe	**Wegen der Hitze**	arbeiteten	die Angestellten	nur bis 14 Uhr.

	I	II	III	
c) konzessive Angabe	**Trotz des Verbots**	rauchte	der Kranke	zwanzig Zigaretten pro Tag.
d) modale Angabe	**Höflich**	öffnete	der Herr	der Dame die Tür.
e) lokale Angabe (wo?)	**Im Garten**	fand	der Junge	sein Taschenmesser wieder.
f) Akkusativobjekt	**Den Lehrer**	kennen	alle Bauern	seit ihrer Kindheit.
g) Dativobjekt	**Dem Gast**	hat	das Essen	leider nicht geschmeckt.
h) Akkusativ-Pronomen	**Mich**	sieht	die Schwiegermutter	niemals wieder.
i) Dativ-Pronomen	**Mir**	tut	das Mißverständnis	noch immer leid.

Rules

see a–e) 1. Temporal, causative, concessive and modal items can be placed in position I at all times, but only one item of the same category.
2. The place items answering the question *wo?* are likely to be used in position I, whereas the place items answering *wohin?* are generally used in final position.

see f–i) Nouns and pronouns can occur as accusative or dative objects in position I. In this case they are emphasized in spoken German. Position I is often compulsory here for a clearer understanding of the context.
The accusative pronoun *es* never occurs in position I.

Notes

1. The *wann/wo* items: When giving information about the time and the place of an action, e. g. in the news or in a report, these items are likely to occur towards the beginning of the sentence:
Im Frankfurter Hauptbahnhof fuhr *gestern nachmittag* eine Lokomotive auf einen vollbesetzten Zug.
Am Ostersonntag fand *in Rom* ein feierlicher Gottesdienst statt.

2. The place items in answer to the question *woher?* as well as the *wohin?* items, usually occur right at the end of the sentence. If both items are necessary, the *woher?* item generally precedes the *wohin?* item.
Er kam gestern mit einer Reisegesellschaft *aus Polen* zurück.
Die Angestellten strömten *aus den Büros* (woher?) *auf die Straße* (wohin?).

X Word order with prepositional objects

Er schrieb seit Jahren zum ersten Mal wieder einen Brief **an seinen Vater.**
Jetzt denkt das alte Fräulein nur noch **an ihn.**
Natürlich ärgert er sich schon lange **darüber.**

Rules

1. The prepositional object usually occurs right at the end of the sentence, following the objects and any other items.

2. The prepositional pronouns with *da(r)*– often occur in position I, depending on the context and how they are emphasized:
Darüber haben wir uns schon lange gewundert.
Damit habe ich mich leider niemals beschäftigt.

EXERCISES

1   Put the various items in their proper order.

1. Er kam . . . .
   a) ins Büro
   b) aufgeregt
   c) gegen 9 Uhr

2. Sie hat . . . geantwortet.
   a) wegen ihrer Krankheit
   b) bis jetzt noch nicht
   c) uns

3. Er teilt . . . mit.
   a) das Ergebnis der Besprechung
   b) erst morgen
   c) mir

4. Sie steigt . . . ein.
   a) jetzt immer langsam
      und vorsichtig
   b) wegen ihrer Verletzung
   c) in die Straßenbahn

5. Der Bus fährt . . . vorbei.
   a) an unserem Haus
   b) ab heute
   c) wegen der Umleitung

6. Er hat . . . gelegt.
   a) voller Wut
   b) den Brief
   c) auf den Schreibtisch
   d) ihr

7. Sie hat . . . vergessen.
   a) im Zug   c) ihre Tasche
   b) gestern   d) dummerweise

8. Er hat . . . vorgestellt.
   a) immer   c) es
   b) genau so   d) sich

9. Er gab . . . zurück.
   a) das falsche Buch
   b) mit Absicht
   c) dem Professor
   d) nach dem Examen

10. Sie hat . . . verlassen.
    a) die Wohnung
    b) wegen der bösen Bemerkungen
       ihres Mannes
    c) heute morgen
    d) wütend

11. Er brachte . . . .
    a) mit einer Entschuldigung
    b) ins Hotel
    c) mir
    d) den geliehenen Mantel
    e) erst gegen Mitternacht

2 Do the same here. One item can occur in position I.

1. Ein Bauer hat ... getreten.
   a) bei einer Jagdgesellschaft
   b) aus Versehen
   c) auf den Fuß
   d) seinem Fürsten

2. Der Gast überreichte ... .
   a) einen Blumenstrauß
   b) an der Wohnungstür
   c) mit freundlichen Worten
   d) der Dame des Hauses
   e) zu ihrem 75. Geburtstag

3. Die junge Frau gab ... .
   a) zum Abschied
   b) an der Autotür
   c) einen Kuß
   d) ihrem Mann

4. Der Arzt legte ... .
   a) prüfend
   b) auf die Stirn
   c) dem Fieberkranken
   d) vor der Untersuchung
   e) die Hand

5. Die Versammelten verurteilten ... .
   a) in ein unabhängiges Land
   b) einstimmig
   c) den Einmarsch fremder Truppen
   d) Anfang Februar

6. Der Verfolgte sprang ... .
   a) mit letzter Kraft
   b) über den Gebirgsbach
   c) kurz vor seiner Verhaftung

7. Der Motorradfahrer riß ... .
   a) die Einkaufstasche
   b) aus der Hand
   c) einer alten Dame
   d) gestern gegen 17 Uhr

8. Der Vater zog ... weg.
   a) die Bettdecke
   b) wütend
   c) um 11 Uhr
   d) dem schlafenden Sohn

9. Du hast ... erzählt.
   a) schon gestern
   b) mir
   c) in der Mensa
   d) diese Geschichte

10. Er bot ... an.
    a) mit freundlichen Worten
    b) ihm
    c) es
    d) zum zweiten Mal

11. Ich habe ... vorgestellt.
    a) auf der Party
    b) ihm
    c) selbstverständlich
    d) mich

3 Practise word order.

Using exercise 1, begin sentence 1 with b; 2 with a; 3 with a; 4 with b; 5 with c; 6 with a; 7 with d; 8 with b; 9 with d; 10 with b; 11 with e.

§ 23 Sentence Coordinates: Conjunctions in Zero Position

HAUPTSATZ	Konjunktion	HAUPTSATZ
I II III ...... Verb	.... 0	I II .... Verb ....….............…...…

I Word order

	0	I	II	
Die Eltern fahren nach Italien,	und	die Tante	sorgt	für die Kinder.
Die Eltern fahren nach Italien,	aber	die Kinder	bleiben	zu Hause.
Die Eltern fahren unbeschwert ab,	denn	die Tante	sorgt	für die Kinder.
Entweder fahren die Eltern allein,	oder	sie	nehmen	die Kinder mit.
Die Eltern fahren nicht weg,	sondern	sie	bleiben	bei den Kindern.

Rule

The conjunctions *und, aber, denn, oder, sondern* occur in zero position. A main clause follows with the regular word order: the subject occurs in position I and the conjugated verb, as always, in position II.

II Inversion

	0	I	II	III	
Ich habe heute die Prüfung bestanden,	und	**morgen**	bekomme	**ich**	das Zeugnis.
Ich habe das Zeugnis abgeholt,	aber	**leider**	war	**mein Name**	falsch geschrieben.
Ich habe das Zeugnis zurückgegeben,	denn	**so**	ist	**es**	nicht brauchbar.

	0	I	II	III	
Entweder hat sich die Sekretärin verschrieben,	oder	**in meinem Paß**	steht	**der Name**	falsch.
Heute abend kann ich nichts mehr tun,	sondern	**erst morgen**	kann	**ich**	etwas unternehmen.

Rule

Inversion can take place after *und, aber, oder, denn,* and *sondern,* as in every main clause: another item occurs in position I followed by the conjugated verb in position II and the subject in position III.

III Inversion with pronouns

	0	I	II	III *Prono- men*	IV *Subjekt* (Substantiv)
Er hatte gut geschlafen,	und	**am Morgen**	weckten	**ihn**	**die Vögel.**
Er wollte aus dem Zug springen,	aber	**im letzten Augenblick**	hielt	**ihn**	**der Schaffner** zurück.

Rule

If a pronoun occurs it follows the conjugated verb. The subject is then inserted in position IV.

IV Omission of the subject after "und"

	0	I	II	
Ich ließ ihn stehen,	und	ich	rannte	davon.
besser: Ich ließ ihn stehen	und		rannte	davon.
Der Verkäufer irrte sich,	und	er	schrieb	eine zu hohe Rechnung aus.
besser: Der Verkäufer irrte sich	und		schrieb	eine zu hohe Rechnung aus.

Rules

1. If two main clauses have the same subject and are joined by *und*, it is considered better style to omit the subject after *und* making one main clause with two statements. The comma is omitted.

2. It is also possible to have a number of statements one after the other. If the subject remains the same it is not repeated:
Er kam nach Hause, *sagte* kein Wort, *holte* eine Flasche Bier aus dem Kühlschrank und *setzte sich* vor den Fernsehapparat.

3. If the subject does not occur in position I after *und*, it must be repeated:

	0	I	II	III	
Er hörte nur kurz zu,	und	sofort	war	**er**	dagegen.
Heute packe ich,	und	morgen	fahre	**ich**	fort.

4. The subject should be mentioned again after *aber, oder,* and *sondern*, even if it is the same:
Er verlor sein Vermögen, aber *er* war nicht unglücklich.
Entweder helft *ihr* ihm, oder *ihr* laßt ihn in Ruhe.
Sie beklagten sich nicht, sondern *sie* begannen von vorn.

5. It is obligatory to use the subject after *denn*:
Er ist nicht mehr ausgegangen, denn *er* war müde.

V Functions and uses of the coordinating conjunctions "aber, oder, denn, sondern"

1. *Aber* is a coordinating conjunction joining contrasting units or clauses. *Aber erst, aber doch* can also have a modifying function (see § 24 II 3c):
Er bot mir Kekse und Schokolade an, *aber* keinen Kaffee.
Sie kamen endlich an, *aber erst* nach langem Suchen.
Gewiß, er hat sein Ziel erreicht, *aber doch* nicht ohne unsere Hilfe.
Aber needn't be placed in position I. It can also occur in other positions within the sentence, depending on the emphasis:

	0	I	II	III	
Du kannst zu uns kommen,	**aber**	du	kannst	hier	nicht übernachten.
Du kannst zu uns kommen,		du	kannst	**aber** hier	nicht übernachten.
Du kannst zu uns kommen,		hier **aber**	kannst	du	nicht übernachten.
Du kannst zu uns kommen,		du	kannst	hier **aber**	nicht übernachten.

2. *Allein, doch* and *jedoch* are treated in the same way as *aber*. *Allein* always occurs in zero position, *doch* and *jedoch* in zero position or position I:
Er versuchte, den Gipfel des Berges zu erreichen, *allein* er schaffte es nicht.

Er beeilte sich sehr, *doch* er kam trotzdem zu spät.
Er beeilte sich sehr, *doch* kam er trotzdem zu spät.

Er wollte gern Maler werden, *jedoch* er hatte zu wenig Talent.
Er wollte gern Maler werden, *jedoch* hatte er zu wenig Talent.

3. *Oder* joins alternative sentence units or clauses.
Entweder ist etwas so, *oder* es ist anders.
Du bringst ihr *entweder* Blumen mit *oder* Süßigkeiten.
Entweder ist er wirklich krank, *oder* er tut nur so.

4. *Denn* is a causative coordinating conjunction. It is the exact equivalent of the English *for*. Thus a *denn*-clause can never precede the clause with which it is coordinated, nor can it be used on its own:
Ich konnte nicht mit ihm sprechen, *denn* er war verreist.

5. *Sondern* presents two concepts which are incompatible and is only used after a negative. *Nicht nur . . . sondern auch . . .* are often used to complete the statement in question:
Ich habe *nicht* dich gefragt, *sondern* ihn.
Sein Verhalten ist *keine* Hilfe, *sondern* es bringt nur zusätzlichen Ärger.
Er war *nicht nur* arm, *sondern* er war *auch* krank und einsam.

EXERCISES

1 Join the sentences with "und". Do not repeat the subject unless it is necessary. Pay special attention to the comma.

> *Ich* bleibe hier. *Du* gehst fort.
> *Ich* bleibe hier, und *du* gehst fort.
>
> *Ich* bleibe hier. *Ich* erledige meine Arbeit.
> *Ich* bleibe hier und erledige meine Arbeit.
>
> *Wir* bleiben hier. Abends machen *wir* noch einen Besuch.
> *Wir* bleiben hier, und abends machen *wir* noch einen Besuch.

Aus der Zeitung

a) Nachtwächter zerstört drei Wohnungen

1. Ein Nachtwächter übte Pistolenschießen. Er zerstörte mit einem Schuß drei Wohnungen. 2. Der Mann hatte Dosen auf die Gasuhr seiner Wohnung gestellt. Er versuchte, sie zu treffen. 3. Dabei traf er die Gasuhr. Gas strömte in großen Mengen aus. 4. Das Gas entzündete sich an einer Zigarette. Es entstand eine furchtbare Explosion. 5. Drei Wohnungen wurden zerstört. Der Nachtwächter mußte mit schweren Verbrennungen ins Krankenhaus gebracht werden.

b) Frau jagt Haus in die Luft

1. Eine Frau wollte ihre Kleidung in der Waschmaschine reinigen. Sie zerstörte dabei ihr Haus. 2. Sie war sehr sparsam. Sie wollte das Geld für die Reinigung sparen. 3. Sie schüttete Benzin in die Waschmaschine. Sie stellte den Schalter auf 60 Grad. 4. Schließlich schaltete sie die Maschine an. Dann ging sie aus dem Zimmer. 5. Plötzlich gab es eine starke Explosion. Ein Teil des Hauses brach zusammen und brannte. 6. Die Feuerwehr wurde gerufen. Die Löscharbeiten begannen. 7. Die Frau war gerade in den Keller gegangen. Dort wurde sie von der Explosion überrascht. 8. Sie erlitt einen schweren Schock. Deshalb mußte sie sofort ins Krankenhaus gebracht werden.

c) Hund erschießt Hund

1. Die Jäger hatten ihre Jagd beendet. Nun saßen sie an einer Waldecke am Feuer. 2. Es war schon kalt. Die Jäger waren halb erfroren. 3. Jetzt freuten sie sich über die Wärme. Sie legten immer wieder Holz auf das Feuer. 4. Natürlich erzählten sie ganz unglaubliche Jagdgeschichten. Niemand achtete auf die Hunde. 5. Die Gewehre hatten sie an einen Baum gestellt. Die Hunde waren angebunden. 6. Aber plötzlich kamen die Tiere in Streit. Ein Gewehr fiel um. 7. Dabei löste sich ein Schuß. Er traf einen der Hunde tödlich. 8. Nun standen die Jäger um den toten Hund. Sie waren sehr erschrocken. 9. Nachdenklich packten sie zusammen. Sie fuhren nach Hause.

d) Dackel frißt Haschisch
(der Dackel = kleine Hunderasse)

1. Spaziergänger gingen durch einen Frankfurter Park. Sie beobachteten einen lustigen, kleinen Dackel, der auf einer Wiese herumsprang.
2. Der Hund hatte die Nase immer dicht am Boden. Er schnüffelte. Er suchte anscheinend etwas. Er begann plötzlich zu graben.
3. Auf einmal hatte der Dackel ein weißes Päckchen zwischen den Zähnen. Er spielte damit. Er biß darauf herum.
4. Da kam ein Mann angelaufen. Er jagte den Hund. Er packte und schüttelte ihn. Er riß ihm das Päckchen aus den Zähnen.
5. Die Besitzerin des Dackels, eine ältere Dame, lief sofort aufgeregt auf die Wiese. Die Spaziergänger folgten ihr.
6. Der Mann ließ den Dackel los. Er lief mit dem Päckchen ins Gebüsch.
7. Die Dame nahm den Hund auf den Arm. Sie tröstete und beruhigte ihn. Sie brachte ihn nach Hause.
8. Dort benahm sich der Dackel wie ein Betrunkener. Er lief von einer Ecke des Zimmers zur anderen. Er schlief plötzlich mitten im Zimmer auf dem Teppich ein.
9. Die Dame war beunruhigt. Sie telefonierte nach einem Taxi. Sie fuhr mit dem Hund zum Tierarzt.
10. Der Tierarzt untersuchte das kranke Tier. Er stellte eine Haschischvergiftung fest. Er gab der Dame den Rat, den Dackel ausschlafen zu lassen.
11. Die Dame rief bei der Polizei an. Sie erzählte ihr Erlebnis. Sie erhielt die Auskunft, daß man schon lange einen Haschischhändler in dem Park vermutete.
12. Die Dame beschrieb den Mann. Sie gab den Ort und die Uhrzeit genau an. Vier Polizisten machten sich auf die Suche nach dem Rauschgifthändler.

2 "Aber" in zero position or within the sentence.

Seine Frau hatte zu ihm gesagt:
Fahr nicht zu schnell! – *Aber* er ist doch zu schnell gefahren.
Er ist *aber* doch zu schnell gefahren.

1. Gib nicht zuviel Geld aus!
2. Schreib nicht zu undeutlich!
3. Komm nicht zu spät!
4. Lauf nicht zu schnell!
5. Laß dir nicht zuviel gefallen!
6. Iß nicht zu hastig!
7. Zieh dich nicht zu leicht an!
8. Fotografier nicht zuviel!

3 Practise according to the following drill pattern:

(n) Stahlmesser / Brotmesser (zum B.)
Das Stahlmesser ist ein Messer aus Stahl, das Brotmesser aber ist ein Messer zum Brotschneiden.

1. (m) Eisenofen / Holzofen (für H.) 2. (m) Porzellanteller / Suppenteller (für S.) 3. (m) Holzkasten / Kohlenkasten (für K.) 4. (f) Ledertasche / Schultasche (für die S.) 5. (n) Papiertaschentuch / Herrentaschentuch (für H.) 6. Baumwollhemd / Sporthemd (für den S.) 7. (Pl.) Lederschuhe / Wanderschuhe (zum W.) 8. Plastikbeutel / Einkaufsbeutel (zum E.)

4 Join the sentences using "denn", "aber", or "sondern". Choose the appropriate conjunction.

In einer Großgärtnerei können die Kunden ihre Erdbeeren selber pflücken. Folgende Anzeige steht in der Zeitung:
Erdbeeren vom Feld!
1. Sie kaufen die Erdbeeren nicht fertig im Korb. Sie pflücken sie selbst!
2. Sie haben nur erstklassige Beeren. Was Ihnen nicht gefällt, pflücken Sie nicht.
3. Wir können Sie billig bedienen. Wir zahlen keine Ladenmiete!
4. Besuchen Sie uns bald! Wir sind am Ende der Saison.
5. Viele kommen nicht allein. Sie bringen ihre Familie mit.
6. Bringen Sie auch die Kleinen mit. Sie sind in unserem Kindergarten gut aufgehoben.
7. Sie sparen nicht nur Geld. Sie machen beim Sammeln gleich ein bißchen Gymnastik.
8. Sie sind nicht einsam. Die Sammler haben sich immer etwas zu erzählen.
9. Erdbeermarmelade kann man jeden Tag essen. Auch Erdbeersaft ist erfrischend zu jeder Jahreszeit!
10. Essen Sie mal ein paar Tage nur Erdbeeren! Das ist gesund.

5 Urlaubssorgen – Join the sentences with "denn", "aber", "oder", "sondern", "und". Choose the appropriate conjunction.

1. Ilse möchte im Urlaub in den Süden fahren. Sie liebt die Sonne und das Meer. 2. Willi und Helga möchten auch in Urlaub fahren. Sie müssen dieses Jahr zu Hause bleiben. Ihr Junge ist krank. 3. Ich verbringe meinen Urlaub auf einem Bauernhof. Ich bleibe zu Hause. Ich muß sparen. 4. Fritz macht keinen Urlaub auf dem Bauernhof. Er arbei-

tet lieber in seinem eigenen Garten. 5. Ruth bleibt dieses Jahr zu Hause. Sie will im nächsten Jahr zu ihrer Schwester nach Kanada fliegen. Dafür muß sie fleißig sparen. 6. Wolfgang und Heidi fliegen nicht nach Spanien. Sie fahren mit ihren Kindern an die Nordsee. Für die Kinder ist ein rauhes Klima besser, sagt der Arzt. 7. Eberhard will ins Hochgebirge. Er klettert gern. Seine Mutter ist davon nicht begeistert. 8. Rosemarie fährt zu ihrem Bruder nach Wien. Sie besucht ihre Verwandten in Leipzig.

§ 24 Sentence Coordinates: Conjunctions in Position I

Preliminary note

All coordinating conjunctions, except those mentioned in § 23 in zero position, occur in position I. Conjunctions in position I introduce a main clause. These conjunctions have a defining function within the sentence.

I Word order

Conjunctions in position I (= a) and inversion (= b)

	I	II	III	IV	
Er will abrei-sen,	a) **darum** b) er	hat hat	er **darum**		sein Zimmer gekündigt.
Er hatte sich sehr beeilt,	a) **trotzdem** b) er	kam kam	er **trotzdem**		zu spät.
Du schuldest mir noch 20 Mark,	a) **folglich** b) ich	gebe gebe	ich dir	dir **folglich**	nur 10 Mark zurück.
Wir mußten ihn anrufen,	a) **dann** b) er	kam kam	er **dann**		endlich.
Einerseits wollte er mit-kommen,	a) **anderer-seits** b) er	fürchtete fürchtete	er sich	sich **andererseits**	vor den Unko-sten. vor den Unko-sten.
Er hat be-stimmt viel Arbeit,	a) **sonst** b) er	wäre wäre	er **sonst**		gekommen.

Rules

see a) The conjunctions usually occur between the clauses in position I, followed by the conjugated verb in position II and the subject in position III.

see b) The majority of conjunctions in position I can, according to the rules of inversion, also occur in position III, or in position IV, if a pronoun is required.

II Functions and uses of the conjunctions

1. Causative conjunctions are *darum, deshalb, deswegen, daher* etc. Clauses containing these conjunctions follow a clause which expresses *why* something has happened:
Warum ging er zur Polizei? *Er hatte seinen Paß verloren, darum* ging er zur Polizei.
Weshalb mußt du jetzt gehen? *Wir erwarten Gäste, deshalb* muß ich jetzt gehen.
Weswegen zog er sich zurück? *Man hatte ihn belogen, deswegen* zog er sich zurück.
Aus welchem Grund interessiert er sich für griechische Kultur? *Seine Mutter stammt aus Griechenland, daher* interessiert er sich für griechische Kultur.

2. The result conjunctions are *also, so, folglich, infolgedessen, demnach, insofern*, etc. Sentences containing these conjunctions express the consequence or result of what was said before:
Die alte Dame war erblindet, *also (so)* war sie gezwungen, in ein Heim zu gehen.
In dem Geschäft hat man mich betrogen, *folglich* kaufe ich dort nicht mehr.
Der Kassierer hatte Geld aus der Kasse genommen, *infolgedessen* wurde er entlassen.
Er fuhr bei Rot über die Kreuzung, *demnach* handelte er verkehrswidrig.
Er war immer pünktlich und fleißig, *insofern* ist die Kündigung nicht gerechtfertigt.

3. a) Concessive conjunctions are *trotzdem, dennoch, allerdings, indessen*, etc. These conjunctions signal the unexpected, surprising nature of what is being said, in view of what was said in the preceding statement:
Sie war ein freundliches und hübsches Mädchen, *trotzdem* liebte er sie nicht.
Er hatte die besten Zeugnisse, *dennoch* bekam er die Stelle nicht.
Er ist ein großartiger Mathematiker, *allerdings* verrechnet er sich immer wieder.
Er spielte leidenschaftlich gern, er hatte *indessen* nur selten Glück.

   b) *Zwar* can be placed at the beginning of a concessive clause in order to achieve strong emphasis. *Zwar* occurs either in position I or III (i. e. IV):
Zwar war das Zimmer ungeheizt, *trotzdem* liefen die Kinder barfuß umher.
Er kennt mich *zwar* vom Sehen, *allerdings* grüßt er mich nicht.

   c) *Aber doch* also belongs to the concessive conjunctions, in which case *aber* either occurs at the beginning of the clause in zero position or with *doch* in position III (i. e. IV):
Zwar hatte er seit langem Kopfschmerzen, *aber* er wollte *doch* keinen Arzt aufsuchen.
Er hatte *zwar* seit langem Kopfschmerzen, er wollte *aber doch* keinen Arzt aufsuchen.

4. Temporal conjunctions are *dann, da, danach, daraufhin, inzwischen*, etc. These conjunctions place an action at a point of transition in the passage of time:
Er begrüßte sie zuerst sehr feierlich, *dann* lachte er und umarmte sie.
Ich kam zuerst an, *danach* kam mein Bruder.
Wir waren kaum zehn Schritte aus dem Haus, *da* begann es plötzlich heftig zu regnen.
Sie hatte nur eine unbedeutende Bemerkung gemacht, *daraufhin* rannte er aus dem Zimmer.
Die Touristen füllten die Formulare aus, *inzwischen* brachte der Hoteldiener die Koffer in die Zimmer.

Note

The temporal conjunctions have different meanings:
1. *Dann* is used to link actions in a sequence.
2. *Danach* relates an action to a previous one.
3. *Da* signals a sudden change to a new action.
4. *Daraufhin* acts as a pointer to what happens next.
5. *inzwischen* or *unterdessen* indicate what is happening or what has happened in the meantime.

5. Alternative conjunctions consist of two parts: *entweder – oder, nicht nur – sondern ... auch, weder – noch, einerseits – andererseits, mal – mal, bald – bald,* etc. In the first part of the sentence the first possibility is shown, and in the second part the other possibility.

a) entweder – oder

I	II	III		0	I	II	
Entweder	kommt	er	noch heute,	**oder**	er	kommt	überhaupt nicht mehr.

Entweder occurs in position I or III, *oder* always in zero position.

b) nicht nur – sondern ... auch

I	II	III		0	I	II	
Er	hatte	**nicht nur**	private Sorgen,	**sondern**	er	war	**auch** finanziell am Ende.

Nicht nur nearly always occurs in position III, *sondern* always in zero position. *Auch* usually follows the conjugated verb.

c) weder – noch

I	II	III		I	II	III	
Er	war	**weder**	zu Hause,	**noch**	konnten	wir	ihn in seinem Büro erreichen.

Weder – noch express a double negative: it's neither one nor the other. *Weder* usually occurs in position III, rarely in position I; *noch* follows in the second part of the sentence in position I.

d) einerseits – andererseits, mal – mal, bald – bald

Einerseits ist er geizig und rechnet mit jedem Pfennig, **andererseits** gibt er das Geld mit vollen Händen aus.
Mal putzt sie das Treppenhaus, **mal** tut er es.
Bald ist die Patientin optimistisch, **bald** ist sie verzweifelt.

EXERCISES

1 Choose an appropriate conjunction for the blanks. I: darum, deshalb, deswegen, daher; II: trotzdem, dennoch, allerdings.

1. Mein Bruder hat tausend Hobbys, . . . hat er nur selten Zeit dafür. 2. Herr M. geht nicht gern ins Theater, . . . tut er es seiner Frau zuliebe. 3. Herr K. macht nicht gern große Reisen, . . . hat er sich jetzt einen Garten gekauft. 4. Ich habe ihm erst kürzlich wieder 100 Mark gegeben, . . . soll er mich jetzt mal in Ruhe lassen. 5. Frau H. hat sich soviel Mühe mit dem Essen gegeben, es schmeckte . . . nicht besonders gut. 6. Gisela hat heute nacht bis drei Uhr gearbeitet, . . . braucht sie jetzt Zeit zum Schlafen. 7. Die Ärzte haben alles versucht, . . . konnten sie den Patienten nicht retten. 8. Es hört dem Professor kein Mensch mehr zu, er spricht . . . ruhig weiter. 9. Der Vortrag war schrecklich langweilig, . . . schliefen die Zuhörer langsam ein. 10. Mein Freund hatte sich das Bein gebrochen, . . . hat ihm der Arzt das Tennisspielen verboten, . . . spielt er natürlich längst wieder mit. 11. Herr Z. ist Diabetiker, . . . darf er bestimmte Speisen nicht essen. 12. Die Kinder sollen nicht an dem gefährlichen Fluß spielen, sie tun es . . . immer wieder. 13. Das ganze Haus schläft, . . . stellt Herr N. das Radio auf volle Lautstärke. 14. Mein Schreibpapier ist zu Ende, . . . höre ich jetzt auf zu schreiben.

2 Join the following clauses according to their meaning, using a conjunction from group I or II from exercise 1.

Er läuft gern Ski. a) Er fährt diesen Winter nicht in Urlaub.
                 b) Er legt seinen Urlaub in den Winter.
Er läuft gern Ski, *allerdings* fährt er diesen Winter nicht in Urlaub.
Er läuft gern Ski, *darum* legt er seinen Urlaub in den Winter.

1. Die Kartoffeln sind noch nicht gar, a) Wir essen sie jetzt. b) Sie müssen noch fünf Minuten kochen. 2. Das Eis auf dem See ist noch nicht fest. a) Der Junge läuft darauf Schlittschuh. b) Das Betreten der Eisfläche ist gefährlich. 3. Die Familie kennt die Pilze nicht. a) Sie läßt sie stehen. b) Sie nimmt sie mit nach Hause. 4. Der kleine Kerl friert sehr. a) Er geht jetzt raus aus dem Wasser. b) Er bleibt stundenlang im Wasser. 5. Die Wanderer sind längst müde vom Laufen. a) Sie wollen die restliche Strecke noch schaffen. b) Sie machen erst einmal Pause. 6. Rauchen ist in diesem Gebäude verboten. a) Einige Leute rauchen ruhig weiter. b) Die meisten Leute machen ihre Zigarette aus. 7. Benzin wird immer teurer. a) Die meisten Autobesitzer wollen nicht auf ihr Fahrzeug verzichten. b) Immer mehr Personen fahren mit dem Zug. 8. Sie hat hohes

Fieber. a) Sie bleibt im Bett liegen. b) Sie geht in den Dienst. 9. Er kann nicht schwimmen. a) Er geht gern segeln. b) Er hat immer Angst auf dem Wasser. 10. Er verdient sehr viel. a) Er kann sich die Villa kaufen. b) Er ist immer unzufrieden. 11. Kein Mensch will dick sein. a) Viele Menschen essen zuviel. b) Viele Leute sind vorsichtig mit dem Essen. 12. Sie ißt sehr wenig. a) Sie wiegt noch zuviel. b) Sie ist immer müde.

3 Complete the sentences below.

1. Die Kellner in dem Restaurant waren recht unhöflich; infolgedessen ... 2. Die Kinder bekamen auf der Geburtstagsfeier von jedem Kuchen ein Stück; so ... 3. Die Autobahn war zwischen Kassel und Göttingen gesperrt; folglich ... 4. In der Studentengruppe waren Anhänger der verschiedensten politischen Parteien; infolgedessen ... 5. Der Redner beschimpfte die Anwesenden immer von neuem; insofern ... 6. Nach kurzer Zeit sahen die Wanderer wieder ein Wanderzeichen; also ... 7. Das Wasser war eiskalt; insofern ... 8. Die Zahl der Brände in Hochhäusern nimmt zu; demnach ... 9. Die Kinokarten waren ausverkauft; folglich ... 10. Die Strecke a ist so lang wie die Strecke c, die Strecke b ist ebenfalls so lang wie c; demnach ...

4 Join the sentences with "zwar ..., aber (doch)".

Das Heizen mit Strom ist bequem. Es ist teuer.
Zwar ist das Heizen mit Strom bequem, *aber* es ist *(doch)* teuer.
Das Heizen mit Strom ist *zwar* bequem, es ist *aber (doch)* teuer.

1. Das Wasser ist kalt. Wir gehen schwimmen. 2. Das Bild ist teuer. Das Museum kauft es. 3. Ich wollte jetzt schlafen. Ich helfe dir erst. 4. Genf ist 600 Kilometer von Frankfurt entfernt. Wir schaffen die Strecke in fünf bis sechs Stunden. 5. Der Patient ist sehr schwach. Er muß sofort operiert werden. 6. Ich habe dir meinen Plan neulich erklärt. Ich erkläre dir jetzt alles noch einmal. 7. Du bist ein kluger Kopf. Alles verstehst du auch nicht. 8. Meine Eltern tun alles für mich. Meinen Studienaufenthalt können sie nicht bezahlen. 9. Deutschland gefällt mir ganz gut. Die Schweiz gefällt mir besser. 10. Die Schweiz ist schön. In Österreich lebt man billiger.

5 "da", "dann" or "daraufhin"?

1. Zunächst gab es eine Wirtschaftskrise, ... kam die Geldentwertung; ... verlor die Regierungspartei die nächste Wahl. 2. Ich beende erst mein Studium, ... muß ich zum Militärdienst. 3. Wir waren gerade beim Essen, ... klingelte das Telefon. 4. Die Vorstellung war zu Ende, ... schrie plötzlich jemand "Feuer!" 5. Er wollte bezahlen, ... merkte er, daß er sein Geld vergessen hatte. 6. Er mußte sich nun erst Geld besorgen, ... konnte er weiterreisen. 7. Alles war still, ... fiel plötzlich ein Schuß. 8. Erst waren alle ganz erschrocken, ... redeten alle durcheinander. 9. Die beiden Alten gingen durch den Wald, ... trat plötzlich ein Mann mit einer Pistole in der Hand hinter einem Baum hervor und sagte: "Erst das Geld, ... können Sie weitergehen." ... gaben ihm die beiden ihr gesamtes Geld. ... zog der Alte, ein pensionierter Polizeibeamter, seine Pistole und sagte: "Erst die Pistole, und ... kommen Sie mit!"

6 Insert the following conjunctions correctly: "da", "dann", "daraufhin",
"also", "darum", "trotzdem".

1 Es war nachts gegen halb vier. Der Wächter im Kaufhaus war beinah eingeschlafen, . . .
hörte er ein verdächtiges Geräusch. Er lauschte einige Zeit, . . . schlich er sich vorsich-
3 tig in die Lebensmittelabteilung hinunter. Die Nachtbeleuchtung war merkwürdigerwei-
se ausgeschaltet, . . . knipste er seine Taschenlampe an und bemerkte sofort, daß die
5 Bürotür nicht geschlossen war. Er wußte genau, daß die Tür vorher verschlossen war, . . .
war ein Fremder in das Haus eingedrungen. Der Wächter zog seinen Revolver und at-
7 mete einmal tief durch, . . . riß er die Tür auf und schrie: "Hände hoch!" Die beiden Männer im Büro waren schwer bewaffnet, . . . verlor der Wächter keinen Augenblick die Ru-
9 he, und es gelang ihm, den Alarmknopf neben dem Schreibtisch zu erreichen. Seine Tat
wurde in der Presse groß herausgebracht, . . . erhöhte die Geschäftsleitung sein Gehalt.

**7 Ausbildungs- und Berufsfragen – Make sentences with the words, using
"entweder . . ., oder".**

> der Ausländer / jetzt / die Prüfung / bestehen / / er / in sein Heimatland / zurückkeh-
> ren müssen
> Entweder besteht der Ausländer jetzt die Prüfung, oder er muß in sein Heimatland
> zurückkehren.

1. Helga / Medizin / studieren / / sie / die Musikhochschule / besuchen
2. er / jetzt / die Stelle als Ingenieur in Stuttgart / erhalten / / er / eine Stelle in der Schweiz
   / annehmen
3. mein Bruder / den Facharzt / machen / / er / praktischer Arzt / werden
4. der Arbeitslose / die angebotene Stelle / annehmen / / er / die Arbeitslosenunter-
   stützung / verlieren
5. Fritz / jetzt / das Abitur / bestehen / / er / die Schule / verlassen müssen
6. meine Mutter / jetzt / eine Stelle als Sekretärin / erhalten / / sie / eine neue Stel-
   lenanzeige in der Zeitung / aufgeben
7. ich / ab Januar / eine Gehaltserhöhung / bekommen / / ich / meine Stellung kündigen
8. der Schüler / einen Notendurchschnitt von 1,7 / erhalten / / er / keine Zulassung zur
   Universität / bekommen

**8 "Jedes Ding hat seine zwei Seiten" – Make sentences with the words below,
using "einerseits . . . andererseits".**

> Felix / ein sehr guter Schüler / sein / / er / überhaupt kein Selbstvertrauen / besitzen
> Felix ist *einerseits* (oder: *Einerseits* ist Felix) ein sehr guter Schüler, *andererseits* be-
> sitzt er (oder: . . ., er besitzt *andererseits*) überhaupt kein Selbstvertrauen.

1. Klaus / ein sehr langsamer Schüler / sein / / er / immer / gute Noten / nach Hause bringen
2. das Institut / genug Lehrer für 200 Schüler / haben / / nicht genügend Räume / für den
   Unterricht / vorhanden sein
3. der Mann / ein Vermögen / verdienen / / er / keine Zeit haben, / das Leben zu genießen
4. das Land / sehr gute Möglichkeiten zur Förderung des Tourismus / haben / / dazu /
   das Geld / fehlen

5. man / immer mehr elektrischen Strom / benötigen / / die Leute / keine Kraftwerke / in ihrer Nähe / haben wollen
6. jeder / mehr Geld / haben wollen / / alle / weniger arbeiten wollen
7. er / ein Haus / bauen mögen (. . . möchte er) / / er / Angst vor den hohen Kosten / haben
8. sie / heiraten und Kinder haben mögen / / sie / ihre Freiheit / nicht verlieren wollen

9 Beim Radiohändler – Make sentences with the words below, using "nicht nur . . ., sondern . . . auch".

an diesem Fernseher / der Lautsprecher / kaputt sein / / das Bild / gestört sein
An diesem Fernseher ist *nicht nur* der Lautsprecher kaputt, *sondern* das Bild ist *auch* gestört.

1. diese Musik / viel zu laut sein / / sie / ganz verzerrt / klingen
2. mit diesem Radiogerät / Sie / Mittelwelle und UKW / empfangen können / / Sie / die Kurzwellensender im 41- und 49-Meter-Band hören können
3. dieser Apparat / Ihnen / Stereoempfang / bieten / / er / einen eingebauten Cassettenrecorder / enthalten
4. wir / Ihnen / ein Fernsehgerät / zu einem günstigen Preis / verkaufen / / wir / es / ins Haus bringen und / es einstellen
5. dieser Videorecorder / jedes Fernsehprogramm / aufzeichnen / / er / in Ihrer Abwesenheit / sich automatisch an- und abstellen
6. der Cassettenrecorder / viel zu teuer sein / / er / einen schlechten Klang / haben
7. der Apparat / mit 220 Volt arbeiten / / er / mit eingebauter Batterie oder mit den 12 Volt aus dem Auto / funktionieren
8. ich / einen Fernseher / kaufen / / ich / eine neue Dachantenne / brauchen

10 Gesundheit und Krankheit – "entweder . . ., oder", "nicht nur . . ., sondern . . . auch" or "einerseits . . ., andererseits"? Join the sentences with the appropriate conjunction. (In some cases two of the above conjunction pairs may be used.)

1. Ich muß ständig Tabletten nehmen. Ich muß mich operieren lassen.
2. Ich fühle mich müde. Ich kann nicht schlafen.
3. Sie brauchen viel Schlaf. Sie müssen viel an die frische Luft.
4. Sie nehmen Ihre Medizin jetzt regelmäßig. Ich kann Ihnen auch nicht helfen.
5. Sie haben Übergewicht. Sie sind zuckerkrank.
6. Sie wollen gesund werden. Sie leben sehr ungesund.
7. Sie sind stark erkältet. Sie haben hohes Fieber.
8. Dieses Medikament gibt es in Tropfenform. Sie können es in Tabletten bekommen.
9. Es wird Ihnen Ihre Schmerzen nehmen. Sie werden auch wieder Appetit bekommen.
10. Ihnen fehlt der Schlaf. Sie brauchen unbedingt Erholung.
11. Sie hören sofort auf zu rauchen. Ich behandle Sie nicht mehr.
12. Ihr Kind leidet an Blutarmut. Es ist sehr nervös.
13. Sie müssen sich natürlich viel bewegen. Sie dürfen den Sport nicht übertreiben.
14. Sie trinken keinen Alkohol mehr. Sie werden nie gesund.

§ 25   Subordinate Clauses

General rules

It is helpful to bear in mind that the verb occurs at the end of all subordinate clauses, whether they are introduced by a conjunction or any other type of word, and that subordinate clauses are always preceded by a comma and followed by a comma, unless a final mark of punctuation is called for.

1. Subordinate clauses are incomplete sentences from the point of view of meaning. They supplement the main clause. In most cases, subordinate clauses cannot occur without a main clause.

2. Grammatically speaking, however, subordinate clauses are complete sentences, i. e. they require a subject and a conjugated verb. Even if the subject is the same in the main clause and in the subordinate clause, it must be repeated:
   Er sprang in den Fluß, als *er* Hilferufe hörte.

3. Subordinate clauses are introduced by subordinating conjunctions which define the meaning of the sentence:
   . . ., *als* er nach Hause kam.
   . . ., *obwohl* er nicht schwimmen konnte.

4. The subject usually occurs after the conjunction in subordinate clauses. The conjugated verb is at the end of the subordinate clause. (Exceptions, see § 18 II–IV, § 19 III).

5. Subordinate clauses may precede or follow a main clause or the clause they refer to.
   a) The subordinate clause follows the main clause:
      Er schrieb an seine Tante, *als er Geld brauchte.*
   b) If the subordinate clause precedes the main clause, the same rules apply as in sentences where the subject is in position I. The conjugated verb in the main clause now occurs in position II, immediately after the comma; the subject follows in position III (IV):

I	II	III	
Als er Geld brauchte,	schrieb	er	an seine Tante.

6. Subordinate clauses can also be dependent on other subordinate clauses, infinitive constructions or relative clauses:
   Er ärgerte sich, *weil sie ihn nicht begrüßte, als er ankam.*
   Der Besucher fürchtet, *die Gastgeber zu kränken, wenn er das Hammelfleisch zurückweist.*
   Es gibt Medikamente, *die frei verkäuflich sind, obwohl sie schädliche Stoffe enthalten.*

   Note: To simplify matters the subordinate clause always relates to the main clause in the following examples.

§ 26 Temporal Subordinate Clauses (Subordinate Clauses of Time)

I wenn, als

a) **Wenn** der Wecker klingelt, stehe ich sofort auf.
b) **Jedesmal (Immer) wenn** es an der Tür läutete, erschrak er furchtbar.
c) **Als** er das Feuer bemerkte, rannte er sofort zur Tür.

Rules

see a) *Wenn* is used with the present tense for momentary, non-recurring actions (see also, conditional sentences, § 28).
see b) *Wenn* is used with the present tense as well as with all past-tense forms for recurring actions.
If the subordinate clause occurs at the beginning, *jedesmal* or *immer* can be placed before *wenn* for emphasis.
In sentences describing recurring actions, the subordinating conjunction *sooft* can also be used: *Sooft* es an der Tür läutete . . .
see c) *Als* is used for non-recurring actions in the past tense:
Als ich jung war, gab es noch keine Videogeräte.

	Gegenwart	*Vergangenheit*
einmalige Handlung	**wenn**	**als**
wiederholte Handlung	**wenn**	**wenn**

II während, solange, bevor

a) **Während** er am Schreibtisch arbeitete, sah sie fern.
b) **Solange** er studierte, war sie berufstätig.
c) **Bevor** er studieren konnte, mußte er eine Prüfung machen.

Rules

see a + b) *Während* and *solange* are used for two or more simultaneous actions. The tenses in both the main clause and in the subordinate clause are always the same.
see c) We use *bevor* for actions which occur at a later point in time than those in the main clause. Nevertheless, the same tenses are generally used in both the main clause and in the subordinate clause in German.
Ehe can be used in the same sense as *bevor*: *Ehe* er studieren konnte . . .

Note

Während can be used to denote contrast (adversative meaning):
Ich habe mich sehr gut unterhalten, *während* er sich gelangweilt hat.
Sie schickte ihm seine Briefe zurück, *während* sie die Geschenke behielt.

III nachdem, sobald

a) **Nachdem** er **gefrühstückt hat, beginnt** er zu arbeiten.
   Nachdem er **gefrühstückt hatte, begann** er zu arbeiten.

b) **Sobald** er eine Flasche **ausgetrunken hat, öffnet** er gleich eine neue.
   Sobald er eine Flasche **ausgetrunken hatte, öffnete** er gleich eine neue.

Rules

see a + b) The action in a subordinate clause with *nachdem* and *sobald* always belongs
to an earlier point in time than the action in the main clause; in clauses containing
nachdem a change in tense is obligatory:

Nebensatz	Hauptsatz
Perfekt	→ Präsens
Plusquamperfekt	→ Imperfekt

It is possible to have a space in time between the two actions in sentences with *nachdem*;
the actions are usually successive after *sobald*.
Simultaneous actions are possible in the main and subordinate clauses in sentences with
sobald:

Sobald ein Streit *ausbricht, zieht* er sich *zurück*.
Sobald ein Streit *ausbrach, zog* er sich *zurück*.

IV bis, seit(dem)

a) **Bis** er aus Amsterdam anruft, bleibe ich im Büro.
b) **Bis** unsere Tochter heiratet, haben wir etwa 10 000 Mark gespart.
c) **Seitdem** ich in Hamburg bin, habe ich eine Erkältung.
d) **Seit** man das Verkehrsschild hier aufgestellt hat, passieren weniger Unfälle.

Rules

see a) The conjunction *bis* is generally used to denote future actions. When the action in
the main clause comes to an end, the subordinate clause introduces the new action.
Generally speaking, the future or present tense is used both in the main and in the
subordinate clause. In narrative texts past tense actions are also possible:
Er *war* immer vergnügt und lustig, *bis er heiratete.*

see b) If it is obvious that the main clause action occurs before the action in the subordinate clause, the perfect tense (Futur II) can be used and in the subordinate clause
the present tense (Futur I) may be used.

see c) The conjunctions *seit* or *seitdem* are used for simultaneous actions which have be-
gun in the past and are still continuing. In this case the tenses in both clauses are the
same.

see d) If a past non-recurring action continues to have an effect, a change in tense is necessary.

EXERCISES

1 An der Grenze – "wenn" or "als"? Insert the correct conjunction.

1. Haben dich die Zollbeamten auch so gründlich untersucht, . . . du nach Tirol gefahren bist? 2. Ja, sie sind immer besonders genau, . . . junge Leute im Auto sitzen. 3. . . . ich neulich über den Brenner-Paß fuhr, mußte ich jeden Koffer aufmachen. 4. . . . ich früher nach Tirol fuhr, habe ich nie ein Gepäckstück öffnen müssen. 5. Ja, . . . du damals nach Italien gefahren bist, gab's noch keine Terroristen! 6. . . . ich neulich in Basel über die Grenze fuhr, haben sie einem Studenten das halbe Auto auseinandergenommen! 7. Im vorigen Jahr haben sie immer besonders genau geprüft, . . . ein Auto aus dem Orient kam. 8. Ich glaube, sie haben immer nach Rauschgift gesucht, . . . sie diese Wagen so genau untersucht haben. 9. Hast du auch jedesmal ein bißchen Angst, . . . du an die Grenze kommst? 10. Ja, . . . mich neulich der deutsche Zollbeamte nach Zigaretten fragte, fing ich gleich an zu stottern. 11. Aber jetzt nehme ich keine Zigaretten mehr mit, . . . ich über die Grenze fahre. 12. Und ich habe es den Zollbeamten immer lieber gleich gesagt, . . . ich etwas zu verzollen hatte.

2 Make subordinate clauses from the first sentences with "wenn" or "als".

1. Ich war im vorigen Sommer in Wien. Ich besuchte meine Schwester.
2. Der Junge war sechs Jahre alt. Da starben seine Eltern.
3. Die Menschen waren früher unterwegs. Sie reisten mit einem Pferdewagen.
4. Man senkte den Vorhang. Ich verließ das Theater.
5. Ich hatte in den Semesterferien Zeit. Ich ging immer Geld verdienen.
6. Er hatte ein paar Glas Bier getrunken. Er wurde immer sehr laut.
7. Sie dachte an ihre Seereise. Es wurde ihr jedesmal beinahe schlecht.
8. Ich traf gestern meinen Freund auf der Straße. Ich freute mich sehr.
9. Der Redner schlug mit der Faust auf den Tisch. Alle Zuhörer wachten wieder auf.
10. Er kam vom Urlaub. Er brachte immer Räucherfisch mit.

3 "wenn" or "als"? Answer the questions according to the example below.

> Wann wurde J. F. Kennedy ermordet? (1963 / im offenen Auto durch die Stadt Dallas fahren)
> J. F. Kennedy wurde ermordet, *als* er 1963 im offenen Auto durch die Stadt Dallas *fuhr.*

1. Wann verschloß man früher die Stadttore? (es / abends dunkel werden)
2. Wann brachen früher oft furchtbare Seuchen aus? (Krieg / herrschen und Dörfer und Städte / zerstört sein)
3. Wann mußten sogar Kinder 10 bis 15 Stunden täglich arbeiten? (in Deutschland / die Industrialisierung beginnen)
4. Wann fand Robert Koch den Tuberkulosebazillus? (er / 39 Jahre alt sein)

5. Wann wurden früher oft Soldaten in fremde Länder verkauft? (die Fürsten / Geld brauchen)
6. Wann mußten die Kaufleute unzählige Zollgrenzen passieren? (sie / vor 200 Jahren z. B. von Hamburg nach München fahren)
7. Wann fuhren früher viele Menschen nach Amerika? (sie / in Europa / aus religiösen oder politischen Gründen / verfolgt werden)
8. Wann kam es zum Zweiten Weltkrieg? (die deutschen Truppen unter Hitler im August 1939 in Polen einmarschieren)

4 Im Restaurant – Link the sentences with "während" or "bevor".

> Ich betrete das Lokal. Ich schaue mir die Preise auf der Speisekarte vor der Tür an.
> *Bevor* ich das Lokal *betrete,* schaue ich mir die Preise auf der Speisekarte vor der Tür an.

1. Ich bestelle mein Essen. Ich studiere die Speisekarte. 2. Ich warte auf das Essen. Ich lese die Zeitung. 3. Ich esse. Ich wasche mir die Hände. 4. Ich warte auf den zweiten Gang. Ich betrachte die Gäste und suche nach alten Bekannten. 5. Ich esse. Ich unterhalte mich mit den Gästen an meinem Tisch. 6. Ich bezahle. Ich bestelle mir noch einen Kaffee. 7. Ich trinke meinen Kaffee. Ich werfe noch einen Blick in die Tageszeitung. 8. Ich gehe. Ich zahle.

*5 Change the part of the sentences in italics to a subordinate clause, using "bevor" or "während".

1. *Während des Studiums* arbeitet sie bereits an ihrer Doktorarbeit.
2. Sie hatte *vor dem Studium* eine Krankenschwesternausbildung mitgemacht.
3. *Vor ihrem Examen* will sie ein Semester in die USA gehen. (Examen machen)
4. *Während ihres Aufenthalts in den USA* kann sie bei ihrer Schwester wohnen. (sich aufhalten)
5. Ihren Mann hat sie schon *vor dem Studium* gekannt.
6. *Vor ihrer Heirat* wohnte sie in einem möblierten Zimmer.
7. *Vor Verlassen der Universität* will sie promovieren.
8. *Während ihrer Arbeit fürs Examen* findet sie wenig Zeit für ihre Familie.
9. *Während ihrer Hausarbeit* denkt sie immer an ihre wissenschaftliche Tätigkeit. (Hausarbeit machen)
10. *Vor Sonnenaufgang* steht sie schon auf und setzt sich an ihren Schreibtisch.
11. *Während ihres Examens* muß ihr Mann für die Kinder sorgen.
12. *Vor Eintritt in die Firma ihres Mannes* will sie ein Jahr Pause machen.

6 Does "während" have a temporal or an adversative meaning in the following sentences? – Using "dagegen" or "aber", change the sentence with an adversative meaning.

> *Während er sich über die Einladung nach Australien freute,* brach sie in Tränen aus.
> Er freute sich über die Einladung nach Australien, *dagegen brach sie in Tränen aus.*

1. Während die öffentlichen Verkehrsmittel, Busse und Bahnen, oft nur zu zwei Dritteln besetzt sind, staut sich der private Verkehr auf Straßen und Autobahnen.
2. Der Forscher entdeckte, während er sein letztes Experiment prüfte, daß seine gesamte Versuchsreihe auf einem Irrtum beruhte.
3. Während die Studenten "streikten", fielen die Vorlesungen an allen hessischen Universitäten aus.
4. Während die hessischen Studenten "streikten", gingen ihre bayerischen Kommilitonen brav in ihre Vorlesungen.
5. In den Abendstunden sind berufstätige Mütter im allgemeinen total überlastet, während die meisten Väter ihre Freizeit genießen.
6. Obwohl er sich sehr anstrengte, schaffte er es kaum, 20 Kilometer pro Tag zu wandern, während trainierte Sportler mühelos 60 bis 80 Kilometer täglich laufen.
7. Die Mieter der Häuser in der Altstadt hoffen immer noch auf eine gründliche Renovierung, während der Abriß des gesamten Stadtviertels schon längst beschlossen ist.
8. Während ich anerkennen muß, daß deine Argumente richtig sind, ärgere ich mich darüber, daß du mich immerzu persönlich beleidigst.
9. Während er in seine Arbeit vertieft ist, hört er weder die Klingel noch das Telefon.
10. In dem Scheidungsurteil bestimmte der Richter, daß die Frau das Haus und das Grundstück behalten sollte, während der Ehemann leer ausging.
11. Während früher die Post zweimal am Tag ausgetragen wurde, kommt der Briefträger jetzt nur noch einmal, und samstags bald überhaupt nicht mehr.
12. Ich habe genau gesehen, daß er, während wir spielten, eine Karte in seinen Ärmel gesteckt hat.

7 Auf dem Kongreß – Complete the endings of the verbs in brackets using the correct tense.

1. Nachdem der Präsident die Gäste (begrüßen), begeben sich alle in den Speiseraum. 2. Alle Teilnehmer der Konferenz begaben sich in den Versammlungsraum, nachdem sie (essen). 3. Nachdem alle Gäste Platz genommen haben, (beginnen) der erste Redner seinen Vortrag. 4. Nachdem der Vortragende (enden), setzte eine lebhafte Diskussion ein. 5. Nachdem man dann eine kurze Pause gemacht hatte, (halten) ein Teilnehmer einen Lichtbildervortrag. 6. Nachdem alle Gäste zu Abend gegessen hatten, (sitzen) sie noch eine Zeitlang zusammen und (sich unterhalten). 7. Nachdem man so drei Tage (zuhören, lernen und diskutieren), fuhren alle Teilnehmer wieder nach Hause.

*8 Der Briefmarkensammler – Change the words in italics into a subordinate clause with "nachdem".

> *Nach dem Kauf der Briefmarken beim Briefmarkenhändler* steckt sie der Sammler in sein Album.
> *Nachdem* der Sammler die Briefmarken beim Briefmarkenhändler *gekauft hat,* steckt er sie in sein Album.

1. *Nach einer halben Stunde in einem Wasserbad* kann man die Briefmarken leicht vom Papier ablösen. (in einem Wasserbad liegen)

2. *Nach dem Ablösen der Briefmarken von dem Brief* legt sie der Sammler auf ein Tuch und läßt sie trocknen.
3. *Nach dem Trocknen der Briefmarken* prüft er jede Marke genau auf Beschädigungen.
4. *Nach dem Aussortieren der schon vorhandenen Briefmarken* steckt er die anderen in sein Briefmarkenalbum.
5. *Nach dem Einsortieren jeder einzelnen Briefmarke* stellt er ihren Wert in einem Katalog fest.
6. *Nach Beendigung dieser Arbeit* sortiert er die Doppelten in Tüten, die nach Ländern geordnet sind, um sie mit seinen Freunden zu tauschen.

*9 Do the same here as you did in exercise 8, paying close attention to the tenses.

1. *Nach dem Ende der Demonstration* wurde es still in den Straßen.
2. *Nach gründlicher Untersuchung des Patienten* schickte der Arzt den Kranken ins Krankenhaus.
3. *Nach dreistündigem Aufenthalt in Zürich* reisten die Touristen nach Genua weiter. (sich aufhalten)
4. *Nach der Lösung aller Probleme* konnten die Architekten mit dem Bau des Hochhauses beginnen.
5. *Nach Bestehen des Staatsexamens* wird Herr M. eine Stelle als Assistenzarzt in einem Krankenhaus antreten.
6. *Nach Auflösung der verschiedenen Mineralien* sollte die Säure auf ihre Bestandteile untersucht werden. (sich auflösen)
7. *Nach Ende des Unterrichts* geht er zur Mensa.
8. *Nach Beginn der Vorstellung* wird kein Besucher mehr eingelassen.
9. *Nach der Entdeckung Amerikas* kehrte Columbus nach Europa zurück.
10. *Nach dem Regen* steigt Nebel aus dem Wald. (. . . es geregnet . . .)

10 "bis" or "seit"? Insert the appropriate conjunction.

1 . . . seine Eltern gestorben waren, lebte der Junge bei seiner Tante. Dort blieb er, . . . er 14 Jahre alt war. . . . er die Hauptschule verlassen hatte, trieb er sich in verschiede-
3 nen Städten herum. Er lebte von Gelegenheitsarbeiten, . . . er in die Hände einiger Gangster fiel. . . . er bei diesen Leuten lebte, verübte er nur noch Einbrüche, überfiel
5 Banken und stahl Autos, . . . er dann schließlich von der Polizei festgenommen wurde. . . . er nun im Gefängnis sitzt, schreibt er an seiner Lebensgeschichte. . . . er in drei Jah-
7 ren entlassen wird, will er damit fertig sein.

*11 Change the part of the sentence in italics to a subordinate clause, using "seit", "seitdem" or "bis".

1. *Seit der Einführung der 5-Tage-Woche* ist die Freizeitindustrie stark angewachsen.
2. *Seit der Erfindung des Buchdrucks* sind über 500 Jahre vergangen.
3. *Seit dem Bau des Panamakanals* brauchen die Schiffe nicht mehr um Kap Hoorn zu fahren.
4. *Seit der Verlegung des ersten Telefonkabels von Europa nach USA im Jahr 1956* ist der Telefonverkehr sicherer und störungsfreier geworden.
5. *Bis zum Bau des Tunnels* ging der ganze Verkehr über den 2500 m hohen Paß.

6. *Bis zur Entdeckung des ersten Betäubungsmittels* mußten die Menschen bei Operationen große Schmerzen aushalten.
7. *Bis zur Einrichtung von sogenannten Frauenhäusern* wußten manche Frauen nicht, wo sie Schutz vor ihren aggressiven Männern finden konnten.
8. *Bis zur Einführung der 35-Stunden-Woche* werden wohl noch viele Jahre vergehen.

*12   Nach einem Unfall – Change the prepositional phrase into a subordinate clause.

Vor Eintreffen des Krankenwagens . . .
Bevor der Krankenwagen eintraf, . . .

Während des Transports des Patienten ins Krankenhaus . . .
Während man den Patienten ins Krankenhaus transportierte, . . .

Nach Ankunft des Verletzten im Krankenhaus . . .
Nachdem der Verletzte im Krankenhaus angekommen war, . . .

Sofort nach der Untersuchung . . .
Sobald man den Patienten untersucht hatte, . . .

Bei der Untersuchung des Patienten . . .
Als man den Patienten untersuchte, . . .

Seit der Operation des Patienten . . .
Seitdem man den Patienten operiert hat, . . .

1. *Vor Ankunft des Krankenwagens an der Unfallstelle* wurde der Verletzte von einem Medizinstudenten versorgt.
2. *Während des Transports des Verletzten in ein Krankenhaus* wurde er bereits von einem Notarzt behandelt.
3. *Sofort nach Ankunft des Verletzten im Krankenhaus* haben Fachärzte ihn untersucht.
4. *Bei der Untersuchung des Verletzten* stellte man innere Verletzungen fest.
5. *Vor der Operation des Patienten* gab man ihm eine Bluttransfusion.
6. *Vor Beginn der Operation* legte man alle Instrumente bereit.
7. *Nach der Operation* brachte man den Patienten auf die Intensivstation. (die Operation beenden)
8. *Nach einigen Tagen* brachte man den Patienten in ein gewöhnliches Krankenzimmer. (Tage vergehen)
9. *Vor seiner Entlassung* hat man ihn noch einmal gründlich untersucht.
10. *Nach seiner Rückkehr in seine Wohnung* mußte der Patient noch vierzehn Tage im Bett liegen bleiben.
11. *Seit seinem Unfall* kann der Verletzte nicht mehr Tennis spielen. (einen Unfall haben

*13   Do the same here:

Ein Fußballspiel
1. *Vor Beginn des Fußballspiels* loste der Schiedsrichter die Spielfeldseiten aus.
2. *Während des Spiels* feuerten die Zuschauer die Spieler durch laute Rufe an.

3. *Bei einem Tor* gab es jedesmal großen Jubel.
4. *Sofort nach einem Foul* zeigte der Schiedsrichter einem Spieler die gelbe Karte.
5. *Seit dem Austausch eines verletzten Spielers* wurde das Spiel deutlich schneller.
6. *Nach Beendigung des Spiels* tauschten die Spieler ihre Trikots.

§ 27   Causative Subordinate Clauses (Subordinate Clauses of Reason)

weil, da, zumal

a) **Weil** man starke Schneefälle vorausgesagt hatte, mußten wir unseren Ausflug verschieben.
Da eine Bergwanderung im Schnee gefährlich ist, hat man uns geraten, darauf zu verzichten.
b) Bei solchem Wetter bleiben wir lieber im Hotel, **zumal** unsere Ausrüstung nicht gut ist.

Rules

see a) 1. The causal conjunctions *weil* and *da* are often used synonymously.
2. The time sequence in clauses with *weil* and *da* depends on the meaning being expressed. Simultaneous actions, as well as actions denoting different points in time (= tense change) are possible.
see b) 1. Subordinate clauses containing *zumal* mention additional important reasons. *Zumal* is stressed in spoken German.
2. The subordinate clause with *zumal* usually follows the main clause.

Notes

The difference between *da* and *weil:*
1. *Weil* is used in subordinate clauses to express the reason for something being referred to for the first time.
2. Subordinate clauses with *da* stress the reason for an action or statement which is generally a well-known fact.

EXERCISES

1   Die Gruppe hat abends gefeiert. Alle sind froh, aber jeder hat einen anderen Grund. – Make sentences with "weil".

A.: Ich habe eine gute Arbeit geschrieben; deshalb bin ich froh.
A. ist froh, *weil* er eine gute Arbeit *geschrieben hat.*

B.: Ich habe eine nette Freundin gefunden. (B. ist froh, weil . . .)
C.: Hier kann ich mal richtig tanzen.

D.: Ich kann mich mal mit meinen Freunden aussprechen.
E.: Ich kann mich hier mal in meiner Muttersprache unterhalten.
F.: Ich brauche mal keine Rücksicht zu nehmen.
G.: Ich habe mal Gelegenheit, meine Sorgen zu vergessen.
H.: Ich bin so verliebt.
I.: Ich höre gern die Musik meiner Heimat.

2 Am nächsten Tag ist die Gruppe nicht rechtzeitig zum Unterricht gekommen. Jeder hatte eine andere Ausrede. – Make sentences using "weil".

A. ist nicht gekommen, weil er Kopfschmerzen hat.
B.: Der Autobus hatte eine Panne.
C.: Der Wecker hat nicht geklingelt.
D.: Die Straßenbahn war stehen geblieben.
E.: Der Zug hatte Verspätung.
F.: Die Mutter hat verschlafen.
G.: Das Motorrad ist nicht angesprungen.
H.: Die Straße war wegen eines Verkehrsunfalls gesperrt.
I.: Er mußte seinen Bruder ins Krankenhaus fahren.
J.: Sie ist in den falschen Bus gestiegen.

3 Einige konnten beim Fußballspiel nicht mitspielen.

Ich konnte nicht mitspielen, weil . . .
A.: Ich hatte keine Zeit.
B.: Ich habe mir den Fuß verletzt.
C.: Ich habe zum Arzt gehen müssen.
D.: Ich habe mir einen Zahn ziehen lassen müssen.
E.: Ich habe das Auto in die Werkstatt bringen müssen.
F.: Ich bin entlassen worden und habe mir einen neuen Job suchen müssen.
G.: Ich habe mich bei meiner neuen Firma vorstellen müssen.
H.: Ich habe zu einer Geburtstagsparty gehen müssen.
I.: Ich habe auf die Kinder meiner Wirtin aufpassen müssen.

4 Make a "weil"-clause from the second sentence.

> Frau Müller hat wieder als Sekretärin gearbeitet. Die Familie hat mehr Geld für den Hausbau sparen wollen.
> Frau Müller hat wieder als Sekretärin gearbeitet, *weil* die Familie mehr Geld für den Hausbau *hat sparen wollen.*

1. Herr Müller hat mit dem Bauen lange warten müssen. Er hat das notwendige Geld nicht so schnell zusammensparen können.
2. Er und seine Familie haben fünf Jahre auf alle Urlaubsreisen verzichtet. Sie haben mit dem Bau nicht so lange warten wollen.
3. Herr Müller hatte das Haus zweistöckig geplant. Er hat durch Vermietung einer Wohnung schneller von seinen Schulden herunterkommen wollen.

4. Er hat dann aber doch einstöckig gebaut. Das Bauamt hat ihm eine andere Bauart nicht erlauben wollen.
5. Herr Müller war zunächst ziemlich verärgert. Er hat einstöckig bauen sollen.
6. Später war er sehr froh. Sie haben alle Kellerräume für sich benutzen können.

5 In einem Möbelhaus – Practise according to the following drill pattern:

> einen Schrank zum Kunden bringen
> Unser Kundendienst ist nicht da, *weil* ein Schrank zu einem Kunden *gebracht werden muß*.

Unser Kundendienst ist nicht da, weil . . .
1. neue Möbel abholen 2. bei einem Kunden einen Schrank aufbauen 3. bei einer Kundin die Eßzimmermöbel austauschen 4. in einem Vorort ein komplettes Schlafzimmer ausliefern 5. in der Innenstadt eine Küche einrichten 6. bei einer Firma sechs Ledersessel ausliefern 7. in einem Hotel einen Elektroherd installieren 8. in einer Neubauwohnung Teppiche verlegen

6 Arbeit bei der Stadtverwaltung – Using the vocabulary from exercise 6 in § 19, make sentences like the ones in the box below:

> Wiedereröffnung des Opernhauses
> Ich habe noch viel zu tun, *weil* das Opernhaus *wiedereröffnet wird*.
> Ich habe noch viel zu tun, *weil* das Opernhaus *wiedereröffnet werden soll*.

7 Make sentences like the ones below with the vocabulary from exercise 9 in § 19:

> Sagst du nichts, *weil* du nicht *gefragt worden bist*?

§ 28 Conditional Subordinate Clauses

I wenn, falls

a) **Wenn** ich das Stipendium bekomme, kaufe ich mir als erstes ein Fahrrad.
b) **Bekomme** ich das Stipendium, kaufe ich mir als erstes ein Fahrrad.
c) **Falls** ich ihn noch treffe, was ich aber nicht glaube, will ich ihm das Päckchen gern geben.
d) **Treffe** ich ihn noch, was ich aber nicht glaube, will ich ihm das Päckchen gern geben.
e) Du kannst dir eine Decke aus dem Schrank nehmen, **wenn** du frierst.

Rules

see a) 1. Conditional sentences with *wenn* indicate that a certain condition must be fulfilled before the statement in the main clause can be realized.

2. Conditional sentences occur both in the present and future tense. It is not always easy to distinguish between temporal and conditional sentences with *wenn* in German.

see b) *Wenn* can also be omitted in conditional sentences, in which case the conjugated verb appears at the beginning of the sentence.

see c + d) In obvious conditional sentences the conjunction *falls* is used. *Falls* can also be omitted, in which case the conjugated verb occurs at the beginning of the sentence.

see e) If the subordinate clause with *wenn* or *falls* follows the main clause, a complete subordinate clause with the conjunction is usually necessary.

Note

The past tense is only possible in improbable conditional sentences. These sentences use *Konjunktiv II* (see § 54 II).

II Differentiating conditional sentences

a) **Angenommen, daß** der Angeklagte die Wahrheit sagt, so muß er freigesprochen werden.
Ich gehe nicht zu ihm, **es sei denn, daß** er mich um Verzeihung bittet.

b) **Angenommen, der Angeklagte sagt die Wahrheit,** so muß er freigesprochen werden.
Ich gehe nicht zu ihm, **es sei denn, er bittet mich um Verzeihung.**

Rules

The following idiomatic expressions can be used to express a condition:

angenommen, daß . . .   im Fall, daß . . .
es sei denn, daß . . .   unter der Bedingung, daß . . .
gesetzt den Fall, daß . . .   vorausgesetzt, daß . . .

see a) The above expressions are similar to conditional sentences with *wenn* or *falls*:
Wenn der Angeklagte die Wahrheit sagt, muß er freigesprochen werden.

see b) These conditional expressions can also precede a main clause. The subject usually occurs in position I. A *daß*-sentence usually follows *im Fall* and *unter der Bedingung*.

EXERCISES

1 Postangelegenheiten – Link the sentences.

Der Brief ist unterfrankiert. Der Empfänger zahlt eine "Einziehungsgebühr".
Wenn der Brief *unterfrankiert ist,* zahlt der Empfänger eine Einziehungsgebühr.
Der Empfänger zahlt eine Einziehungsgebühr, *wenn* der Brief *unterfrankiert ist.*

1. Der Empfänger nimmt den Brief nicht an. Der Brief geht an den Absender zurück.
2. Der Brief soll den Empfänger möglichst schnell erreichen. Man kann ihn als Eilbrief

schicken. 3. Es handelt sich um sehr wichtige Mitteilungen oder Dokumente. Sie schicken den Brief am besten per Einschreiben. 4. Ein Brief oder eine Postkarte ist größer oder kleiner als das Normalformat. Die Sendung kostet mehr Porto. 5. Eine Warensendung ist über zwei Kilogramm schwer. Man kann sie nicht als Päckchen verschicken. 6. Nützen Sie die verkehrsschwachen Stunden im Postamt. Sie sparen Zeit. 7. Sie telefonieren in der Zeit von 18 Uhr bis 8 Uhr. Sie zahlen wesentlich weniger für das Gespräch. 8. Sie wollen die Uhrzeit, das Neueste vom Sport oder etwas über das Wetter vom nächsten Tag erfahren. Sie können den Telefonansagedienst benützen. 9. Sie wollen ein Glückwunschtelegramm versenden. Die Postämter halten besondere Schmuckblätter für Sie bereit. 10. Sie haben ein Postsparbuch. Sie können in verschiedenen europäischen Ländern Geld davon abheben.

2 Make conditional sentences without "wenn". Use the sentences in exercise 1.

Ist der Brief unterfrankiert, so zahlt der Empfänger eine "Einziehungsgebühr".

Instead of using "so", "dann" can be used. The sentence is grammatically correct, however, without "so" or "dann".

*3 Make a "wenn"-sentence from the part of the sentence in italics.

Bei der Reparatur einer Waschmaschine muß man vorsichtig sein.
Wenn man eine Waschmaschine *repariert*, muß man vorsichtig sein.

1. *Beim Motorradfahren* muß man einen Sturzhelm aufsetzen. (Wenn man ...) 2. *Bei Einnahme des Medikaments* muß man sich genau an die Vorschriften halten. 3. *Beim Besuch des Parks* muß man ein Eintrittsgeld bezahlen. (... besuchen will ...) 4. *Bei großer Hitze* fällt der Unterricht in der 5. und 6. Stunde aus. (es / sehr heiß sein) 5. *Bei einigen Französischkenntnissen* kann man an dem Sprachkurs teilnehmen. (Wenn man ... hat) 6. *Bei achtstündigem Schlaf* ist der Erwachsene im allgemeinen ausgeschlafen. 7. *Bei entsprechender Eile* kannst du den Zug noch bekommen. (sich entsprechend beeilen) 8. *Bei Nichtgefallen* kann die Ware innerhalb von drei Tagen zurückgegeben werden. (nicht gefallen) 9. *Bei unvorsichtigem Umgang mit dem Pulver* kann es explodieren. 10. *Bei sorgfältiger Pflege* werden Ihnen die Pflanzen jahrelang Freude bereiten. (Wenn Sie ... pflegen) 11. *Bei unerlaubtem Betreten des Geländes* erfolgt Strafanzeige. (Passiv) 12. *Beim Ertönen der Feuerglocke* müssen alle Personen sofort das Gebäude verlassen.

4 Make conditional sentences.

(Sie / die Reise nicht antreten können) ..., so müssen Sie 80 Prozent der Fahrt- und Hotelkosten bezahlen. (gesetzt den Fall)
Gesetzt den Fall, Sie können die Reise nicht antreten, so müssen Sie 80 Prozent der Fahrt- und Hotelkosten bezahlen.

1. (ich / krank werden) ..., so muß ich von der Reise zurücktreten. (angenommen) 2. (der Hausbesitzer / mir die Wohnung kündigen) ..., so habe ich immer noch ein Jahr

Zeit, um mir eine andere Wohnung zu suchen. (angenommen) 3. Ich gehe nicht zu ihm, . . . (er mich rufen) (es sei denn) 4. (ihr alle / den Protestbrief auch unterschreiben) . . ., so bin ich bereit, ebenfalls zu unterschreiben. (vorausgesetzt) 5. (das Telefon / klingeln) . . ., so bin ich jetzt nicht zu sprechen. (gesetzt den Fall) 6. (er / den Unfall verursacht haben) . . ., so wird man ihm eine Blutprobe entnehmen. (gesetzt den Fall) 7. (sie / den Leihwagen eine Woche vorher bestellen) . . ., so können Sie sicher sein, daß Sie einen bekommen. (unter der Voraussetzung) 8. (Sie / den Leihwagen zu Bruch fahren) . . ., so zahlt die Versicherung den Schaden. (gesetzt den Fall) 9. Wir fahren auf jeden Fall in die Berge, . . . (es / in Strömen regnen) (es sei denn) 10. (ich / gleich im Krankenhaus bleiben sollen) . . ., so muß ich dich bitten, mir Verschiedenes herzubringen. (angenommen)

5 Using the examples from exercise 4, make conditional sentences with "daß".

> (Sie / die Reise nicht antreten können) . . ., so müssen Sie 80 Prozent der Fahrt- und Hotelkosten bezahlen. (gesetzt den Fall)
> *Gesetzt den Fall, daß* Sie die Reise nicht antreten können, so müssen Sie 80 Prozent der Fahrt- und Hotelkosten bezahlen.

6 Complete the following sentences.

1. Angenommen, daß er mir das Geld nicht zurückgibt, . . .
2. Gesetzt den Fall, daß ich das gesamte Erbe meiner Tante bekomme, . . .
3. Im Fall, daß es Krieg gibt, . . .
4. Unter der Bedingung, daß du mich begleitest, . . .
5. Vorausgesetzt, daß ich bald eine Anstellung erhalte, . . .
6. . . ., es sei denn, daß ich wieder diese starken Rückenschmerzen bekomme.

§ 29 Consecutive Subordinate Clauses (Subordinate Clauses of Consequence)

I so daß; so . . ., daß

> a) Der Gast stieß die Kellnerin an, **so daß** sie die Suppe verschüttete.
> b) Er fuhr **so** rücksichtslos durch die Pfütze, **daß** er alle Umstehenden bespritzte.
> c) Er war ein **so erfolgreicher** Geschäftsmann, **daß** er in kurzer Zeit ein internationales Unternehmen aufbaute.
> d) Sein Bart wächst **so, daß** er sich zweimal am Tag rasieren muß.

Rules

see a) Subordinate clauses with *so daß* convey the consequence of an action in the preceding main clause. The subordinate clause with *so daß* always follows the main clause.

see b) 1. If an adverb occurs in the main clause, *so* usually precedes the adverb. *So* as well as the adverb are stressed in spoken German.

2. If, however, we wish to emphasize the consequence of the preceding action, the emphasis is placed on *so daß*:
Er fuhr rücksichtslos durch die Pfütze, *so daß* er alle Umstehenden bespritzte.

see c) 1. If an attributive adjective occurs in the main clause, *so* generally precedes the adjective. By so doing, the attributive adjective is automatically stressed:
Er war ein *so erfolgreicher* Geschäftsmann, daß ... (= singular)
Sie waren *so erfolgreiche* Geschäftsleute, daß ... (= plural)
2. Consequence can also be emphasized in the following way:
Er war ein erfolgreicher Geschäftsmann, *so daß* er in kurzer Zeit ...

see d) *So* sometimes occurs in the main clause without an adverb. Adverbs can easily be inserted:
Sein Bart wächst *so* (schnell), *daß* ...

II   solch- . . ., daß; dermaßen . . ., daß

a) Es herrschte **eine solche Kälte, daß** die Tiere im Wald erfroren.
b) Es herrschte **solch eine Kälte, daß** die Tiere im Wald erfroren.
c) Es war **dermaßen kalt, daß** die Tiere im Wald erfroren.

Rules

see a) For emphasis of a particular noun in the main clause, *solch–* with the appropriate adjectival ending is often used: *ein solcher Tag; eine solche Kälte; solche Fragen* (Pl.).

see b) *Solch* can also be used without the ending, in which case it precedes the indefinite article: *solch ein Tag; solch eine Kälte* (see also § 39 V d).

see c) *Dermaßen* can also occur in place of *so*, but only in front of an adverb or an attributive adjective. This is the strongest form of emphasis: *dermaßen groß, ein dermaßen großer Mensch.*

Note

Consecutive sentences with *zu ..., als daß* are formed with Konjunktiv II (see § 54 V).

EXERCISES

1   Link the sentences with "so daß" or "so . . ., daß".

Erdbeben

Das Haus fiel zusammen. Die Familie war plötzlich ohne Unterkunft.
Das Haus fiel zusammen, *so daß* die Familie plötzlich ohne Unterkunft *war*.

> Das Erdbeben war stark. Es wurde noch in 300 Kilometer Entfernung registriert.
> Das Erdbeben war *so* stark, *daß* es noch in 300 Kilometer Entfernung *registriert wurde.*

1. Die Erde bebte plötzlich stark. Die Menschen erschraken zu Tode und rannten aus ihren Häusern. 2. Immer wieder kamen neue Erdbebenwellen. Die Menschen wollten nicht in ihre Häuser zurückkehren. 3. Viele Häuser wurden durch das Erdbeben zerstört. Die Familien mußten bei Freunden und Bekannten Unterkunft suchen. 4. Die Zerstörungen waren groß. Das Land bat andere Nationen um Hilfe. 5. Das Militär brachte Zelte und Decken. Die Menschen konnten notdürftig untergebracht werden. 6. Es wurden auch Feldküchen vom Roten Kreuz aufgestellt. Die Menschen konnten mit Essen versorgt werden. 7. Die Menschen in den benachbarten Ländern waren von den Bildern erschüttert. Sie halfen mit Geld, Kleidung und Decken. 8. Bald war genug Geld zusammen. Es konnten zahlreiche Holzhäuser gebaut werden.

2 Link the sentences with "so . . ., daß".

> Die Kinder waren vom Zirkus begeistert. Sie erzählten noch stundenlang davon.
> Die Kinder waren vom Zirkus *so* begeistert, *daß* sie noch stundenlang davon *erzählten.*

1. Der Clown machte komische Bewegungen. Wir mußten alle lachen. 2. Die Seiltänzerin machte einen gefährlichen Sprung. Die Zuschauer hielten den Atem an. 3. Der Jongleur zeigte schwierige Kunststücke. Die Zuschauer klatschten begeistert Beifall. 4. Ein Löwe brüllte laut und böse. Einige Kinder fingen an zu weinen. 5. Ein Zauberkünstler zog viele Blumen aus seinem Mantel. Die Manege (= der Platz in der Mitte des Zirkus) sah aus wie eine Blumenwiese. 6. Die Musikkapelle spielte laut. Einige Leute hielten sich die Ohren zu. 7. Man hatte viele Scheinwerfer installiert. Die Manege war taghell beleuchtet. 8. Einige Hunde spielten geschickt Fußball. Die Zuschauer waren ganz erstaunt.

§ 30 Concessive Subordinate Clauses

I obwohl, obgleich, obschon

a) **Obwohl** wir uns ständig streiten, sind wir doch gute Freunde.
b) **Obgleich** wir uns schon seit zwanzig Jahren kennen, hast du mich noch niemals besucht.
c) **Obschon** der Professor nur Altgriechisch gelernt hatte, verstanden ihn die griechischen Bauern.

Rules

see a–c) 1. *Obwohl, obgleich*, and the rarer *obschon* are used synonymously.

2. The above conjunctions indicate the unexpected, surprising nature of an action in the subordinate clause, in view of what was said before.
3. The tenses used in concessive subordinate clauses depend on the meaning being expressed.

Note

Obwohl introduces a subordinate clause, *trotzdem* introduces a main clause. It is important not to confuse these two conjunctions (the use of *trotzdem* instead of *obwohl* is archaic):
Obwohl wir uns ständig *streiten,* sind wir doch gute Freunde.
Wir sind gute Freunde; *trotzdem streiten wir uns* ständig.

II wenn . . . auch noch so

a) **Wenn** er **auch noch so** schlecht schlief, so weigerte er sich, eine Tablette zu nehmen.
b) **Wenn** er **auch noch so** schlecht schlief, **er weigerte sich,** eine Tablette zu nehmen.
c) **Schlief** er **auch noch so** schlecht, **er weigerte sich,** eine Tablette zu nehmen.

Rules

see a) 1. This complicated structure emphasizes the adverse meaning within the sentence more than the *obwohl*-clause.
2. The subordinate clause begins with *wenn, auch noch so* occurs after the subject, giving the sentence a concessive meaning. The main clause generally begins with *so,* which refers to the preceding subordinate clause.

see b) The main clause can also follow the subordinate clause without inversion (= subject in position I, followed by the conjugated verb in position II). This word order is not possible in other subordinate clauses.

see c) *Wenn* can also be omitted in concessive subordinate clauses, in which case the conjugated verb replaces it.

EXERCISES

1 Link the sentences with "obwohl", "obgleich" or "obschon".

1. *Er ist nicht gekommen,* . . .
   a) Ich hatte ihn eingeladen.
   b) Er hatte fest zugesagt.
   c) Er wollte kommen.
   d) Ich benötige seine Hilfe.
   e) Er wollte uns schon seit langem besuchen.
   f) Er wußte, daß ich auf ihn warte.

2. *Sie kam zu spät, . . .*
   a) Sie hatte ein Taxi genommen.
   b) Sie hatte sich drei Wecker ans Bett gestellt.
   c) Sie hatte sich übers Telefon wecken lassen.
   d) Die Straße war frei.
   e) Sie hatte pünktlich kommen wollen.
   f) Sie hatte einen wichtigen Termin.
   g) Sie hatte mir versprochen, rechtzeitig zu kommen.

3. *Ich konnte nicht schlafen, . . .*
   a) Ich hatte ein Schlafmittel genommen.
   b) Ich war nicht aufgeregt.
   c) Niemand hatte mich geärgert.
   d) Ich hatte bis spät abends gearbeitet.
   e) Ich war sehr müde.
   f) Das Hotelzimmer hatte eine ruhige Lage.
   g) Kein Verkehrslärm war zu hören.
   h) Ich hatte eigentlich gar keine Sorgen.

4. *Das Hallenbad wurde nicht gebaut, . . .*
   a) Es war für dieses Jahr geplant.
   b) Die Finanzierung war gesichert.
   c) Der Bauplatz war vorhanden.
   d) Der Bauauftrag war bereits vergeben worden.
   e) Die Bürger der Stadt hatten es seit Jahren gefordert.
   f) Auch die Schulen benötigen es dringend.
   g) Auch die Randgemeinden waren daran interessiert.
   h) Man hatte es schon längst bauen wollen.

2 Link the sentences from exercise 1 with "zwar . . ., aber", "zwar . . .,
   aber doch", "zwar . . ., allerdings", "dennoch" or "trotzdem" alternately.

3 Make sentences like the ones in the box below from § 24 exercise 2.

Obwohl er gern Ski *läuft,* fährt er diesen Winter nicht in Urlaub.
Weil er gern Ski *läuft,* legt er seinen Urlaub in den Winter.

4 Link the sentences using the conjunctions in brackets.

1. Er war unschuldig. Er wurde bestraft. (dennoch; obwohl)
2. Die Familie wohnte weit von uns entfernt. Wir besuchten uns häufig. (zwar . . ., aber doch; obgleich)
3. Wir mußten beide am nächsten Tag früh zur Arbeit. Wir unterhielten uns bis spät in die Nacht. (trotzdem; dennoch; obwohl)
4. Wir stritten uns häufig. Wir verstanden uns sehr gut. (allerdings; obschon)
5. Die Gastgeber waren sehr freundlich. Die Gäste brachen frühzeitig auf und gingen nach Hause. (zwar . . ., dennoch; obwohl)
6. Die Arbeiter streikten lange Zeit. Sie konnten die geforderte Lohnerhöhung nicht durchsetzen. (obwohl; trotzdem)
7. Er hatte anfangs überhaupt kein Geld. Er brachte es durch seine kaufmännische Geschicklichkeit zu einem großen Vermögen. (indessen; obgleich)
8. Die Jungen waren von allen Seiten gewarnt worden. Sie badeten im stürmischen Meer. (dennoch; obwohl)

§ 31 Modal Subordinate Clauses

I wie, als (Comparative sentences)

a) Er ist **so reich, wie** ich vermutet habe.
b) Er machte **einen so hohen Gewinn** bei seinen Geschäften, **wie** er gehofft hatte.
c) Er verhielt sich **(genau)so, wie** wir gedacht hatten.
d) Er ist noch **reicher, als** ich erwartet habe.
e) Er machte **einen höheren Gewinn, als** er angenommen hatte.
f) Er verhielt sich ganz **anders, als** wir uns vorgestellt hatten.

Rules

In comparative sentences with *wie* and *als* a tense change usually occurs. In most cases a previous supposition is compared with a construction expressing a fact.

see a + b) If the comparison in question equates two things, *wie* is used in the subordinate clause. *So (genauso, ebenso, geradeso)* precedes the adverb or attributive adjective in uninflected form in the main clause.

see c) *So (genauso, ebenso* and *geradeso)* can sometimes occur in the main clause without an adverb, in which case *so* is strongly emphasized.

see d + e) If the comparison in question differentiates between two things rather than equating them, *als* is used in the subordinate clause. The comparative occurs in the main clause.

see f) A comparative construction with *als* occurs after *anders, ander-* (e. g.: Er hat gewiß *andere Pläne, als* . . .).

II je . . . desto (Comparative sentences)

Nebensatz	Hauptsatz			
	I	II	III	
a) **Je schlechter** die Wirtschaftslage ist,	**desto schneller**	steigen	die Preise.	
b)	**um so schneller** **desto höhere Steuern**	steigen müssen	die Preise.	gezahlt werden.
c)	**desto mehr Geld** **desto mehr Menschen**	fließt werden	ins Ausland. arbeitslos.	
d)	**eine desto höhere Inflationsrate**	ist		die Folge.

Rules

1. Sentences containing *je . . ., desto* or *je . . ., um so* compare two comparatives, each expressing different content, despite the fact that they are part of a correlated sequence.
2. Word order: A subordinate clause with a comparative with *je* occurs first; the conjugated verb is in final position. A main clause follows with *desto* and a comparative in position I. The conjugated verb occurs in position II and the subject in position III (IV).

see a) The most common form: comparative adverbs are used to make a comparison.

see b) Attributive adjectives can also be used for comparative sentences. They usually precede zero article nouns.

see c) If there is no attributive item, the uninflected comparative form *mehr* or *weniger* is used.

see d) A rare form: the indefinite article always precedes *je* or *desto* with singular nouns which require an article.

3. All these forms can vary in *je* or *desto* constructions. The nouns in question can be used as a subject or an object, or even as a prepositional object:
Je schlechter die Wirtschaftslage ist, *mit desto höheren Steuern* muß man rechnen.

III wie (Modal sentences)

a) **Wie** es mir geht, weißt du ja.
Du weißt ja, **wie** es mir geht.
Wie ich ihn kennengelernt habe, habe ich Dir schon geschrieben.
Ich habe Dir schon geschrieben, **wie** ich ihn kennengelernt habe.

b) **Wie gut** er sich verteidigt hat, haben wir alle gehört.
Wir haben alle gehört, **wie gut** er sich verteidigt hat.

c) **Wie ich annehme,** wird er trotzdem verurteilt.
Wie ich gehört habe, hat er sein gesamtes Vermögen verloren.

Rules

see a) Modal subordinate clauses can occur after *wie*-questions:
Wie geht es dir? Wie es mir geht, weißt du ja.

see b) The modal conjunction *wie* can be complemented by an adverb.

see c) Subordinate clauses with *wie* can also convey the speaker's attitude to the content of the sentence:
Wie ich annehme, kommt er morgen.
Wie ich glaube, . . .
Wie er sagte, . . .
Wie ich erfahren habe, . . .
The modal subordinate clause rarely appears after the main clause: *Meine Verwandten sind schon lange umgezogen, wie ich annehme.*

IV   indem (Modal sentences)

Sie gewöhnte ihm das Rauchen ab, **indem** sie seine Zigaretten versteckte.
Er kann den Motor leicht reparieren, **indem** er die Zündkerzen auswechselt.

Rule

The modal subordinate clause with *indem* expresses the manner in which a person does something as well as the means.
Phrases with *indem* answer the question *how?* Wie wird eine Handlung ausgeführt?

EXERCISES

1   "als" or "wie"? Which of the phrases in column II and III belong to the phrases in column I?

I	II	III
1. Es bleibt uns nichts anderes übrig,		a) im allgemeinen angenommen wird.
2. Der Bauer erntete mehr,		
3. Er erntete so dicke Äpfel,		b) der Busfahrer geplant hatte.
4. Der Patient erholte sich schneller,	als	c) die Ärzte angenommen hatten.
5. Die Steuernachzahlung war nicht so hoch,		d) er sie in den Wintern zuvor gehabt hatte.
6. Im letzten Jahr hatte er eine höhere Heizölrechnung,	wie	e) er sie noch nie geerntet hatte. f) der Kaufmann befürchtet hatte.
7. Das Haus ist nicht so alt,		g) er je zuvor geerntet hatte.
8. Die Reise verlief anders,		h) wieder von vorn anzufangen.

2 Practise the comparative.

War das Konzert gut?
Ja, es war *besser, als* ich erwartet *hatte.*
Es war nicht *so gut, wie* ich angenommen *hatte.*

Complete the following sentences, using the words in italics: *als ich gedacht / erwartet / angenommen / gehofft / befürchtet / vermutet / geglaubt hatte.*
1. Waren die Eintrittskarten teuer? 2. War der Andrang groß? 3. Waren die Karten schnell verkauft? 4. Spielten die Künstler gut? 5. Dauerte das Konzert lang? 6. War der Beifall groß? 7. Hast du viele Bekannte getroffen? 8. Bist du spät nach Hause gekommen?

3 Do the same here:

1. War die Tagung lohnend? 2. War das Hotel gut eingerichtet? 3. War euer Zimmer ruhig? 4. War das Essen reichhaltig? 5. Waren die Vorträge interessant? 6. Wurde lebhaft diskutiert? 7. Habt ihr viel gestritten? 8. Habt ihr viele Kollegen getroffen?

4 Link the sentences using "je ..., desto".

Wir stiegen hoch; wir kamen langsam vorwärts.
Je höher wir stiegen, *desto* langsamer kamen wir vorwärts.

1. Er trank viel; er wurde laut. 2. Er ißt wenig; er ist schlecht gelaunt. 3. Du arbeitest gründlich; dein Erfolg wird groß sein. 4. Das Hotel ist teuer; der Komfort ist zufriedenstellend. 5. Der Ausländer sprach schnell; wir konnten wenig verstehen. 6. Die Sekretärin spricht viele Fremdsprachen; sie findet leicht eine gute Stellung. 7. Das Herz ist schwach; eine Operation ist schwierig. 8. Du sprichst deutlich; ich kann dich gut verstehen. 9. Es ist dunkel; die Angst der Kleinen ist groß. 10. Das Essen ist gut gewürzt; es schmeckt gut.

5 Do the same here:

1. Es wurde spät; die Gäste wurden fröhlich. 2. Du arbeitest sorgfältig; du bekommst viele Aufträge. 3. Die Musik ist traurig; ich werde melancholisch. 4. Ich bekomme wenig Geld; ich muß sparsam sein. 5. Der Vertreter muß beruflich weit fahren; er kann viel von der Steuer absetzen. 6. Ihre Schüler waren klug und fleißig; die Arbeit machte ihr viel Spaß. 7. Hans wurde wütend; Gisela mußte laut lachen. 8. Die Künstler, die im Theater auftraten, waren berühmt; viele Zuschauer kamen, aber die Plätze wurden teuer. (desto ..., aber desto) 9. Er hält sich lange in Italien auf; er spricht gut Italienisch. 10. Du fährst schnell; die Unfallgefahr ist groß.

6 Complete the following on your own.

1. Je leiser du sprichst, ...
2. Je stärker der Kaffee ist, ...

3. Je schlechter die Wirtschaftslage des Landes wird, ...

4. Je größer ein Krankenhaus ist, ...
5. Je mehr sie über ihn lachten, ...
6. Je länger ich sie kannte, ...
7. Je öfter wir uns schrieben, ...

8. Je frecher du wirst, ...
9. Je mehr du angibst, ...
10. Je strenger die Grenzkontrollen werden, ...

*7   Link the sentences according to the following example:

> Seine Ausbildung ist *gut;* er bekommt ein hohes Gehalt.
> Je *besser* seine Ausbildung ist, *ein desto höheres Gehalt* bekommt er.

1. Du schreibst höflich; du erhältst eine höfliche Antwort. 2. Du triffst ihn oft; du wirst mit ihm ein gutes Verhältnis haben. 3. Du willst schnell fahren; du mußt einen teuren Wagen kaufen. 4. Das Geld ist knapp; du mußt einen hohen Zinssatz zahlen. 5. Wir kamen dem Ziel nah; ein starkes Hungergefühl quälte mich.

8   Practise the "wie"-sentences according to the following example:

> Ich werde morgen nach München fahren. – Ich sagte Ihnen (das) schon.
> *Wie ich Ihnen schon sagte,* werde ich morgen nach München fahren.

Insert the following phrases correctly: *Wie ich schon erwähnte . . .; Wie ich hoffe /geplant habe / Sie schon gebeten habe . . .; Wie Sie wissen . . .*
1. Ich werde dort mit Geschäftsfreunden zusammentreffen. 2. Wir werden uns sicher einig werden. 3. Ich werde interessante Aufträge für die Firma erhalten. 4. Von München aus werde ich meinen Urlaub antreten. 5. Ich werde zwei Wochen wegbleiben. 6. Die Ruhe wird mir gut tun.

9   Link the sentences in the same way as the example below using "indem".

Wie kann man Heizkosten sparen? –	Man ersetzt die alten Fenster durch Doppelglasfenster.
Man kann Heizkosten sparen, *indem*	man die alten Fenster durch Doppelglasfenster ersetzt.

1. Wie kann man die Heizkosten auch noch senken? – Man läßt die Temperaturen abends nicht über 20 Grad steigen und senkt die Zimmertemperatur in der Nacht auf etwa 15 Grad.
2. Wie kann man ferner die Wohnung vor Kälte schützen? – Man bringt Isoliermaterial an Decke, Fußboden und Wänden an.
3. Wie können wir Rohstoffe sparen? – Im sogenannten Recycling verwendet man bereits gebrauchte Materialien wieder.
4. Wie kann man Benzin sparen? – Man fährt kleinere, sparsamere Autos und geht öfter mal zu Fuß.
5. Wie kann die Regierung die Luft vor industrieller Verschmutzung schützen? – Sie schreibt Rauch- und Abgasfilter gesetzlich vor.
6. Wie kann man die Stadtbewohner vor Lärm schützen? – Man richtet mehr Fußgängerzonen ein und baut leisere Motorräder und Autos.

10 **Replace the words in italics with "durch . . ." using a subordinate clause with "indem".**

> Die Bauern zeigten *durch Demonstrationen mit Traktoren und schwarzen Fahnen* ihren Protest gegen die neuen Gesetze.
> Die Bauern zeigten ihren Protest gegen die neuen Gesetze, *indem sie mit Traktoren und schwarzen Fahnen demonstrierten.*

1. Die ständigen Überschwemmungen an der Küste können *durch den Bau eines Deiches* verhindert werden. (indem man . . .)
2. Die Ärzte konnten das Leben des Politikers *durch eine sofortige Operation nach dem Attentat* retten. (indem sie ihn . . .)
3. Als ich meinen Schlüssel verloren hatte, half mir ein junger Mann, *durch die Verwendung eines gebogenen Drahts* die Wohnungstür zu öffnen.
4. Manche Wissenschaftler werden *durch die Veröffentlichung falscher oder ungenauer Forschungsergebnisse* berühmt.
5. Der Chef einer Rauschgiftbande konnte *durch die rechtzeitige Information aller Zollstellen* an der Grenze verhaftet werden.
6. *Durch die Weitergabe wichtiger Informationen an das feindliche Ausland* hat der Spion seinem Land sehr geschadet. (Indem der Spion . . .)
7. Als die Räuber mit Masken und Waffen in die Bank eindrangen, konnte der Kassierer *durch den Druck auf den Alarmknopf* die Polizei alarmieren.
8. Kopernikus hat *durch die Beobachtung der Sterne* erkannt, daß die Erde eine Kugel ist, die sich um die Sonne dreht.
9. Es hat sich gezeigt, daß man *durch das Verbot der Werbung für Zigaretten im Fernsehen* den Tabakkonsum tatsächlich verringern kann.
10. Viele Menschen können *durch den Verzicht auf Bier und fette Speisen* sehr schnell abnehmen.
11. Die Menschen in den Industrieländern schaden der Umwelt *durch den Kauf von modischen, aber unbrauchbaren Dingen,* die bald wieder weggeworfen werden.

§ 32   Clauses of Purpose (Clauses Expressing Intention)

damit; um . . . zu (see § 33)

> a) **Damit der Arzt** nichts merkte, versteckte **der Kranke** die Zigaretten.
> b) **Er** nahm eine Schlaftablette, **damit er** leichter einschlafen konnte.
>   Er nahm eine Schlaftablette, **um** leichter einschlafen **zu** können.
>   Er nahm eine Schlaftablette, **um** leichter einzuschlafen.

Rules

see a) Subordinate clauses with *damit* express the reason or intention behind a certain action. A *damit*-clause is used when the subject of the main clause and the subordinate clause are not the same.
The modal verbs *sollen* and *wollen* are not used in *damit*-clauses because *damit* expresses an intention, a wish or the will to do something.

see b) If the subject of the main clause is also that of the final clause, it is better and more usual to use *um . . . zu* + infinitive.

It is possible to use the modal verb *können*, but it is not always essential.

EXERCISES

1 Link the following sentences with "um . . . zu" where possible, otherwise with "damit". Note that the modal verb is omitted in position II.

Ich habe sofort telefoniert. Ich wollte die Wohnung bekommen.
Ich habe sofort telefoniert, *um* die Wohnung *zu bekommen*.

Ich habe sofort telefoniert. Mein Bruder soll die Wohnung bekommen.
Ich habe sofort telefoniert, *damit* mein Bruder die Wohnung *bekommt*.

---

1. Ich habe die Anzeigen in der Zeitung studiert. Ich wollte eine schöne Wohnung finden. 2. Ich bin in die Stadt gefahren. Ich wollte eine Adresse erfragen. 3. Ich beeilte mich. Es sollte mir niemand zuvorkommen. 4. Viele Vermieter geben aber eine Anzeige unter Chiffre auf. Die Leute sollen ihnen nicht das Haus einrennen. 5. Wir haben die Wohnung genau vermessen. Die Möbel sollen später auch hineinpassen. 6. Ich habe viele kleine Sachen mit dem eigenen Wagen transportiert. Ich wollte Umzugskosten sparen. 7. Wir haben das Geschirr von der Transportfirma packen lassen. Die Versicherung bezahlt dann auch, wenn ein Bruchschaden entsteht. 8. Wir haben den Umzug an den Anfang des Urlaubs gelegt. Wir wollen die neue Wohnung in aller Ruhe einrichten (. . . zu können). 9. Schließlich haben wir noch eine Woche Urlaub gemacht. Wir wollten uns ein bißchen erholen.

*2 Make "um . . . zu"-clauses from the sentences in italics. If this is not possible make "damit"-clauses. Note that the modal verb is omitted in position II.

1. Franz Häuser war von Wien nach Steyr gezogen. *Er nahm dort eine Stelle in einer Papierfabrik an.*
2. Eines Tages beschloß Franz, im alten Fabrikschornstein hochzusteigen. *Er wollte sich seine neue Heimat einmal von oben anschauen.* Natürlich war der Schornstein schon lange außer Betrieb.
3. Franz nahm eine Leiter. *Er wollte den Einstieg im Schornstein erreichen.* Dann kroch er hindurch und stieg langsam hinauf.
4. Das war nicht schwer, denn innen hatte man eiserne Bügel angebracht; *die Schornsteinfeger sollten daran hochklettern können.*
5. Fast oben angekommen, brach ein Bügel aus der Mauer. Schnell ergriff er den nächsten Bügel, *denn er wollte nicht in die Tiefe stürzen.*
6. Aber auch dieser brach aus, und Franz fiel plötzlich mit dem Eisen in seiner Hand 35 Meter tief hinunter. Dennoch geschah ihm nichts weiter, nur der Ruß, der sich unten im Schornstein etwa einen Meter hoch angesammelt hatte, drang ihm in Mund, Nase und Augen. Er schrie und brüllte, so laut er konnte. *Seine Kameraden sollten ihn hören.*
7. Aber es war erfolglos, er mußte einen anderen Ausweg finden. *Er wollte nicht verhungern.*

8. Er begann, mit der Spitze des Eisenbügels, den er immer noch in der Hand hielt, den Zement aus den Fugen zwischen den Backsteinen herauszukratzen. *Er wollte die Steine herauslösen.*
9. In der Zwischenzeit hatten seine Kameraden sich aufgemacht. *Sie wollten ihn suchen.*
10. Aber sie fanden ihn nicht. Nach ein paar Stunden hatte Franz eine Öffnung geschaffen, die groß genug war. *Er konnte hindurchkriechen.*
11. Man brachte ihn in ein Krankenhaus. *Er sollte sich von dem Schock und den Anstrengungen erholen.*
12. Dort steckte man ihn zuerst in eine Badewanne. *Er konnte sich dort vom Ruß befreien.*

der Bügel = u-förmig gebogenes Eisen
die Fuge = schmaler Raum, z. B. zwischen zwei Backsteinen
der Ruß = schwarzes Zeug, das sich bei der Verbrennung niederschlägt

*3   Answer with an "um . . . zu"-clause or with a "damit"-clause if the former is not possible.

> Wozu braucht der Bauer einen Traktor? – Zur Bearbeitung der Felder.
> Der Bauer braucht einen Traktor, *um die Felder bearbeiten zu können.*

1. Wozu düngt er im Frühjahr die Felder? – Zum besseren Wachstum der Pflanzen.
2. Wozu hält er Kühe? – Zur Gewinnung von Milch.
3. Wozu braucht er eine Leiter? – Zum Ernten der Äpfel und Birnen.
4. Wozu nimmt er einen Kredit von der Bank auf? – Zur Einrichtung einer Hühnerfarm.
5. Wozu annonciert er in der Zeitung? – Zur Vermietung der Fremdenzimmer in seinem Haus.
6. Wozu kauft er eine Kutsche und zwei Pferde? – Zur Freude der Gäste. (sich daran freuen)
7. Wozu richtet er unter dem Dach noch Zimmer ein? – Zur Unterbringung der Gäste. (dort unterbringen)
8. Wozu baut er ein kleines Schwimmbecken? – Zur Erfrischung der Gäste und zu ihrem Wohlbefinden. (sich erfrischen, sich wohl fühlen)

§ 33   Infinitive Constructions with "um . . . zu", "ohne . . . zu", "anstatt . . . zu"

Preliminary note

1. Unlike infinitive constructions with *zu* governed by certain verbs, the infinitive constructions with *um . . . zu, ohne . . . zu, anstatt (statt) . . . zu* are used independently and have their own lexical meaning (see § 16):

a) *Um . . . zu* expresses purpose or a wish (see § 32):
Ich gehe zum Meldeamt, *um* meinen Paß ab*zu*holen.

b) *Ohne . . . zu* indicates that something you expected to happen did not:
Er ging einfach weg, *ohne* meine Frage *zu* beantworten.

c) *Anstatt . . . zu* indicates that someone is behaving contrary to the way they would normally be expected to:
Die Gastgeberin unterhielt sich weiter mit ihrer Freundin, *anstatt* die Gäste *zu* begrüßen.

---

a) Er ging ins Ausland, **um** dort **zu** studieren.
, **ohne** lange **zu** überlegen.
, **anstatt** das Geschäft des Vaters weiter**zu**führen.

b) Er mußte aus dem Ausland zurückkehren, **damit** er das Geschäft
weiterführen konnte.
, **ohne daß** sein Studium beendet war.
, **anstatt daß** seine Eltern ihn zu Ende
studieren ließen.

Rules

see a) Infinitive constructions with *um . . . zu, ohne . . . zu, anstatt . . . zu* haven't got their own subject. They refer to the subject in the main clause. Constructions with *um . . . zu, ohne . . . zu, anstatt . . . zu* can occur either before or after the main clause.

see b) If the subject in the main clause and the subject in the subordinate clause refer to different persons or things, a complete subordinate clause with *damit, ohne daß* or *anstatt daß* is used.

Note

A comparative infinitive construction with *als* often occurs after *nichts/etwas anderes* or *alles andere*:
Der Junge hatte *nichts anderes* im Kopf, *als* mit dem Motorrad *herumzufahren*.
Er tut *alles andere, als sich* auf die Prüfung *vorzubereiten*.

EXERCISES

1 Make an infinitive construction with a) "um . . . zu", b) "ohne . . . zu", or c) "(an)statt . . . zu" from the sentences in italics.

Sie haben den Wagen heimlich geöffnet. *Sie wollten ihn stehlen.*
Sie haben den Wagen heimlich geöffnet, *um ihn zu stehlen.*

Er hat den Wagen gefahren. *Er besaß keinen Führerschein.*
Er hat den Wagen gefahren, *ohne einen Führerschein zu besitzen.*

Sie hat den Unfall nicht gemeldet. Sie ist einfach weitergefahren.
Anstatt den Unfall zu melden, ist sie einfach weitergefahren.

1. Drei Bankräuber überfielen eine Bank. *Sie wollten schnell reich werden.* 2. *Sie zählten das Geld nicht.* Sie packten es in zwei Aktentaschen. 3. Die Bankräuber wechselten zweimal das Auto. *Sie wollten schnell unerkannt verschwinden.* 4. *Sie nahmen nicht die beiden Taschen mit.* Sie ließen eine Tasche im ersten Wagen liegen. 5. *Sie kamen nicht noch einmal zurück.* Die vergeßlichen Gangster rasten mit dem zweiten Auto davon. 6. Sie fuhren zum Flughafen. *Sie wollten nach Amerika entkommen.* 7. *Sie zahlten nicht mit einem Scheck.* Sie kauften die Flugtickets mit dem gestohlenen Geld. 8. *Sie wollten in der Großstadt untertauchen.* Sie verließen in Buenos Aires das Flugzeug, wurden aber sofort verhaftet. 9. Sie ließen sich festnehmen. *Sie leisteten keinen Widerstand.* 10. Sie wurden nach Deutschland zurückgeflogen. *Sie sollten vor Gericht gestellt werden.* 11. Sie nahmen das Urteil entgegen. *Sie zeigten keinerlei Gemütsbewegung.* (ohne irgendeine . . .)

2 Make an infinitive construction – where possible – with "um . . . zu", "ohne . . . zu" or "anstatt . . . zu" from the sentences in italics, otherwise, use "damit", "ohne daß" or "anstatt daß".

1. Herr Huber hatte in einem Versandhaus ein Armband bestellt. *Er wollte es seiner Frau zum Geburtstag schenken.* 2. Er schickte die Bestellung ab. *Er schrieb aber den Absender nicht darauf.* 3. Er wartete vier Wochen. *Das Armband kam nicht.* 4. *Er rief nicht an.* Er schimpfte auf die langweilige Firma. 5. Dann feierte Frau Huber Geburtstag. *Ihr Mann konnte ihr das Armband nicht schenken.* 6. Schließlich schrieb er an das Versandhaus. *Sie sollten ihm das Armband endlich zuschicken.* 7. Herr Huber erhielt das erwartete Päckchen wenige Tage später. *Das Versandhaus gab keine Erklärung für die Verspätung ab.* 8. *Frau Huber wußte nichts von dem Geschenk ihres Mannes.* Am Tag der Zustellung des Päckchens kam Frau Huber aus der Stadt zurück: Sie hatte sich dasselbe Armband gekauft! (Ohne etwas . . ., kam Frau Huber . . .)

*3 Link the main clause with sentence a) and b) alternately. Make an infinitive construction and a "daß"- or a "damit"-sentence.

1. Der Schriftsteller schrieb seinen Roman, ohne . . .
   a) Er gönnte sich keine Pause.
   b) Kein Verlag hatte ihm die Abnahme garantiert.
2. An der Grenze zeigte der Reisende seinen Paß, ohne . . .
   a) Der Beamte warf keinen Blick hinein.
   b) Er war gar nicht darum gebeten worden.
3. Er machte die Taschenlampe an, (*damit* oder *um . . . zu*) . . .
   a) Sein Freund konnte ihn sehen.
   b) Er konnte von seinem Freund gesehen werden.
4. Er trug das gesamte Gepäck fünf Stockwerke hoch, statt . . .
   a) Seine Kinder halfen ihm nicht dabei.
   b) Er benutzte den Aufzug nicht.
5. Die beiden hatten sich etliche Bücher mit auf die Reise genommen, (*damit* oder *um . . . zu*) . . .
   a) Die Bahnfahrt sollte nicht zu langweilig werden. (langweilig würde)
   b) Sie wollten sich damit die Langeweile vertreiben.

6. Die Arbeiter forderten mehr Lohn, (*damit* oder *um . . . zu*) . . .
   a) Sie wollten bei sinkender Kaufkraft der Mark wenigstens keinen Einkommens-
      verlust haben.
   b) Ihr Einkommen sollte wenigstens die alte Kaufkraft behalten.
7. Eine Gruppe Arbeiter streikte, ohne . . .
   a) Sie hatte sich nicht mit der Gewerkschaftsleitung abgesprochen.
   b) Die Gewerkschaftsleitung war davon nicht informiert worden.
8. Die Unternehmensleitung erlaubte sich teure private Ausgaben, anstatt . . .
   a) Sie dachte nicht an das Wohl der Firma.
   b) Wichtige Investitionen wurden nicht gemacht. (worden wären)
9. Die Eigentümer verkauften die Firma, ohne . . .
   a) Der Betriebsrat wurde nicht informiert.
   b) Sie informierten den Betriebsrat nicht davon.
10. Die Arbeiter besetzten ihre bankrotte Firma, (*damit* oder *um . . . zu*) . . .
    a) Die Maschinen sollten nicht heimlich verkauft werden können.
    b) Sie wollten vom Verkauf der Maschinen den Arbeitslohn finanzieren, den sie
       noch zu bekommen hatten.

§ 34   Subordinate Interrogative Constructions

a)		Niemand weiß, **ob** wir sie jemals wiedersehen.
b) temporal	. . .	, **wann** sie weggegangen ist.
kausal	. . .	, **warum** sie sich verstecken muß.
	. . .	, **weswegen** sie uns verlassen hat.
modal	. . .	, **wie** es ihr geht.
	. . .	, **wie** einsam sie jetzt ist.
lokal	. . .	, **wo** sie jetzt ist.
	. . .	, **wohin** sie geflohen ist.
c)	. . .	, **wer** ihr bei der Flucht geholfen hat.
	. . .	, **was** sie denkt und macht.
	. . .	, **wessen Befehle** sie ausführt.
	. . .	, **wem** sie gehorcht.
	. . .	, **wen** sie kennt.
d)	. . .	, **an wen** sie sich gewendet hat.
	. . .	, **vor wem** sie sich fürchtet.
e)	. . .	, **worauf** sie wartet.
	. . .	, **womit** sie sich beschäftigt.
	. . .	, **worunter** sie leidet.

Rules

If a question occurs as a subordinate clause, it must be introduced with a conjunction.
see a) In questions with no interrogative word the conjunction is always *ob*.

see b–e) In questions with an interrogative word, the relevant interrogative word is used, where necessary compounded with a preposition, functioning as a conjunction.

EXERCISES

1 Make subordinate clauses from the questions in § 17, exercise 3 by placing the following idiomatic expressions in position I: Wissen Sie vielleicht, . . .?; Können Sie mir sagen, . . .?; Ist Ihnen vielleicht bekannt, . . .? etc.

Backt dieser Bäcker auch Kuchen?
Haben Sie eine Ahnung, *ob* dieser Bäcker auch Kuchen *backt?*

2 Make indirect questions using exercise 5 in § 17 in the following way:

A: Sag mir bitte, *an wen* du geschrieben *hast!*
B: An wen . . .? Ich habe an meine Schwester geschrieben.

Make sentences. If necessary practise in pairs. A says to B: *Verrat mir doch, . . .; Erzähl mir mal, . . .; Ich möchte wirklich gern wissen, . . .,* etc. B answers.

3 Practise according to the following drill pattern. Use phrases like: Ich weiß leider auch nicht, . . .; Ich kann Ihnen auch nicht sagen, . . .; Mir ist leider auch nicht bekannt, . . .

Wo kann ich hier eine Auskunft bekommen?
Ich kann Ihnen auch nicht sagen, *wo* Sie hier eine Auskunft *bekommen können.*

1. Wo kann ich hier ein Flugticket bekommen? 2. Warum können die Flugzeuge heute von hier nicht starten? 3. Wann soll das Flugzeug aus Kairo ankommen? 4. Um wieviel Uhr muß ich wieder hier sein? 5. Wo kann ich mein Gepäck abgeben? 6. Wieviel türkische Pfund darf ich in die Türkei mitnehmen?

4 Make an indirect question from the question and insert it in the second part of the sentence after the noun with ☐.

Mietest du ein Zimmer oder eine Wohnung?
Die Frage ☐ ist noch nicht geklärt.
Die Frage, *ob* ich ein Zimmer oder eine Wohnung *miete,* ist noch nicht geklärt.

1. Ist der Fahrer unaufmerksam gewesen und deshalb gegen einen Baum gefahren? –
   Das Rätsel ☐ ist noch nicht aufgeklärt.
2. Ist er zu schnell gefahren? – Die Frage ☐ wollte er nicht beantworten.

3. Hat der Verletzte etwas gebrochen? – Von der Feststellung ☐ hängt seine weitere Behandlung ab.
4. Hat der Fahrer Alkohol im Blut gehabt? – Die Frage ☐ wird die Blutuntersuchung beantworten.
5. Verliert der Autofahrer seinen Führerschein? – Die Entscheidung ☐ muß der Richter treffen.
6. Bekommt der Fahrer eine Gefängnisstrafe? – Die Ungewißheit ☐ macht ihn ganz krank.
7. Hat der Angeklagte sich verfolgt gefühlt? – Von der Feststellung des Richters ☐ hängt sehr viel ab.
8. Wird der Mann seine Stelle als Fernfahrer behalten? – Die Entscheidung ☐ hängt ganz vom Ergebnis der Blutuntersuchung ab.

5 Practise according to the following examples:

> Kommt er mit uns? – Er hat sich noch nicht geäußert.
> Er hat sich noch nicht geäußert, *ob* er *mitkommt.*
>
> Wohin fahren wir? – Ich erzähle (es) dir nachher.
> Ich erzähle dir nachher, *wohin* wir *fahren.*

1. Wer fährt sonst noch mit? – Wir werden (es) sehen.
2. Wann kommen wir zurück? – Ich weiß (es) selbst nicht.
3. Müssen wir einen Paß mitnehmen? – Kannst du mir (das) sagen?
4. Was kostet die Fahrt? – Ich möchte (es) gern wissen.
5. Kann ich vorne beim Fahrer sitzen? – Sag mir (das) bitte.
6. Fahren die Frauen auch mit? – Hans möchte (es) gern wissen.
7. Gehen wir zum Mittagessen in ein Restaurant, oder müssen wir das Essen mitnehmen? – Es muß uns doch gesagt werden. (. . . oder *ob*)
8. Soll ich mein Fernglas mitnehmen? – Ich weiß (es) nicht.
9. Warum soll er seine Kamera nicht mitnehmen? – Hans will (es) wissen.
10. Hat der Bus eine Klimaanlage? – Kannst du mal nachfragen?

§ 35 Relative Clauses

Preliminary note

1. Relative clauses are subordinate clauses which are governed by a noun. They define the noun. Without this defining element, the meaning of the sentence is often unclear:
   Jugendliche, *die einen guten Schulabschluß haben,* finden leichter eine Lehrstelle.

2. Relative clauses generally occur immediately after the noun they refer to, i. e. they are inserted in the existing sentence, or added on, without changing the word order of the sentence.

Relative clauses can be inserted in main clauses, subordinate clauses, infinitive constructions or other relative clauses:

a) Main clause: Der Polizist fragt den Passanten, *der den Unfall gesehen hat,* nach seiner Meinung.

b) Subordinate clause: Der Polizist vermutet, daß der Passant, *der den Unfall gesehen hat,* vor Gericht nicht aussagen will.

c) Infinitive construction: Der Polizist hofft, den Passanten, *der den Unfall gesehen hat,* wiederzuerkennen.

d) Relative clause: Der Polizist verfolgt den Mann, *der* den Unfall, *bei dem* ein Kind *verletzt worden ist, gesehen hat.*
Or less complicated: Der Polizist verfolgt den Mann, *der* den Unfall *gesehen hat, bei dem* ein Kind *verletzt worden ist.*

Notes

1. Verbs, affixes, as well as adverbs etc. can occur between the noun and the relative clause:
Wir müssen noch den Artikel *beenden,* der heute gedruckt werden soll.
Sie rannte dem Kind *hinterher,* das auf die Straße laufen wollte.

2. The relative pronouns *welcher, welche, welches* are seldom used in present-day German.

I Relative clauses with the relative pronoun in nominative, accusative and dative case

Nom.	Sg.	m	Der Mann, **der** dort steht,	kennt den Weg nicht.
		f	Die Frau, **die** dort steht,	
		n	Das Kind, **das** dort steht,	
	Pl.		Die Leute, **die** dort stehen,	kennen den Weg nicht.
Akk.	Sg.	m	Der Mann, **den** ich gefragt habe,	ist nicht von hier.
		f	Die Frau, **die** ich gefragt habe,	
		n	Das Kind, **das** ich gefragt habe,	
	Pl.		Die Leute, **die** ich gefragt habe,	sind nicht von hier.
Dat.	Sg.	m	Der Mann, **dem** ich geantwortet habe,	versteht mich nicht.
		f	Die Frau, **der** ich geantwortet habe,	
		n	Das Kind, **dem** ich geantwortet habe,	
	Pl.		Die Leute, **denen** ich geantwortet habe,	verstehen mich nicht.

Rules

1. The relative pronoun agrees with the noun it refers to in gender and number.
2. The relative pronoun takes its case from its function within the relative clause.

$Akk.$ Sg. m. $Nom.$ Sg. m
↑   ↑

Die Anwohner können **den Verkehrslärm, der** ihren Schlaf stört, kaum noch aushalten.

$Nom.$ Sg. f $Akk.$ Sg. f
↑   ↑

Heute hat **die alte Hausmeisterin, die** alle sehr schätzen, gekündigt.

$Nom.$ Sg. m $Dat.$ Sg. m
↑   ↑

Der Verteidiger, dem das Urteil ungerecht schien, protestierte heftig.

$Nom.$ Pl. m $Dat.$ Pl. m
↑   ↑

Die Zuschauer, denen die Aufführung nicht gefiel, verließen das Theater.

II   Relative clauses with the relative pronoun in genitive case

Sg.	m	Der Turm, **dessen** Fundamente morsch sind, soll abgerissen werden.
	f	Die Bibliothek, **deren** Räume renoviert werden, ist zur Zeit geschlossen.
	n	Das Gebäude, **dessen** Dach schadhaft ist, soll renoviert werden.
Pl.		Die Busse, **deren** Motoren zu alt sind, müssen verkauft werden.

Rules

1. The relative pronoun in the genitive case is a substitute for an attributive genitive:
   Die Fundamente des Turmes   = dessen Fundamente
   die Räume der Bibliothek   = deren Räume
   die Motoren der Busse   = deren Motoren

2. The noun after the relative pronoun in the genitive case occurs without the article; the following adjectives also take the zero article declension (see § 39 IV):
   Der Turm, dessen feuchtes Fundament . . .
   Die Busse, deren alte Motoren . . .

3. The relative pronoun in the genitive case agrees with the noun it refers to in gender and number. The case of the following zero article noun depends on its function within the relative clause.

$Nom.$ Sg. n $Akk.$ Sg. n
↑   ↑

Das Gebäude, dessen Keller man renovieren will, . . .
(= Man will **den Keller des Gebäudes** renovieren.)

$Akk.$ Sg. n $Dat.$ Pl. n
↑   ↑

Wir lieben **das alte Haus, dessen Bewohnern** eine Räumungsklage droht.
(= **Den Bewohnern des alten Hauses** droht eine Räumungsklage.)

EXERCISES

1 Kunden im Warenhaus – Insert the relative pronoun in the nominative and accusative case.

1. Ist das der Taschenrechner, . . . Sie in der Zeitung annonciert haben? 2. Was kosten die Hosen, . . . hier hängen? 3. Haben Sie auch Wanduhren, . . . mit einer Batterie betrieben werden? 4. Kann ich das Kleid, . . . im Schaufenster ausgestellt ist, mal anprobieren? 5. Ich suche einen Elektrokocher, . . . man auf verschiedene Temperaturen einstellen kann. 6. Haben Sie Bürolampen, . . . man am Schreibtisch anschrauben kann? 7. Wo haben Sie die Kaffeemaschine, . . . kürzlich im Test so gut beurteilt wurde? 8. Was kostet der Lautsprecher, . . . hier in der Ecke steht? 9. Ich suche ein Kofferradio, . . . man sowohl mit Batterie als auch mit Netzstrom betreiben kann. 10. Haben Sie auch Armbanduhren, . . . sich automatisch durch die Armbewegung aufziehen? 11. Das ist das Kästchen mit Spieluhr, . . . ein Lied spielt, wenn man den Deckel öffnet. 12. Hier sind die Kerzen, . . . nicht nur leuchten, sondern auch Insekten vertreiben. 13. Haben Sie auch einen Kühlschrank, . . . man im Campingwagen mitnehmen kann? 14. Haben Sie Batterien, . . . wieder aufgeladen werden können?

2 Using a relative clause, define the words.

> ein Segelflugzeug (ohne Motor durch die Luft fliegen)
> Ein Segelflugzeug ist ein Flugzeug, *das* ohne Motor durch die Luft *fliegt.*

1. ein Flußschiff (auf Flüssen verkehren)
2. ein Holzhaus (aus Holz gebaut sein)
3. eine Wochenzeitung (jede Woche einmal erscheinen)
4. eine Monatszeitschrift (?)
5. ein Elektromotor (von elektrischem Strom getrieben werden)
6. ein Motorboot (?)
7. eine Mehlspeise (aus Mehl zubereitet werden)
8. ein Kartoffelsalat (?)
9. eine Orgelmusik (mit einer Orgel ausgeführt werden)
10. eine Blasmusik (mit Blasinstrumenten . . .)
11. ein Holzwurm (im Holz leben)
12. ein Süßwasserfisch (?)

*3 Define the following words in the same way. Use a dictionary if necessary:

1. der Holzfäller
2. der Schornsteinfeger
3. der Wäschetrockner
4. die Instrumentalmusik
5. der Gewohnheitsverbrecher
6. der Jagdhund
7. die Klassenarbeit
8. der Lastkraftwagen
9. die Steuerbehörde
10. die Wasserpflanze

4 **The relative pronoun in the nominative or accusative case – Ask questions about the nouns in italics. Always begin with the following: "Was machst du mit . . .?"**

> Mein Onkel hat mir ein *Haus* vererbt.
> Was machst du *mit dem Haus, das* dir dein Onkel vererbt hat?

1. Ich habe *1000 Mark* im Lotto gewonnen. 2. Mein *Hund* bellt von morgens bis abends. 3. Meine Freundin hat das *Bügeleisen* kaputtgemacht. 4. Meine Eltern haben mir eine *Kiste Wein* zum Examen geschickt. 5. Meine Freunde haben mir eine *Palme* gekauft. 6. Mein *Papagei* (m) ruft immer "Faulpelz". 7. Meine Verwandten haben mir ein *Klavier* geschenkt. 8. Meine *Katze* stiehlt mir das Fleisch aus der Küche.

5 **Do the same here. Always begin with: "Was hat er denn mit . . . gemacht?"**

> Er hat sich *Nägel* gekauft.
> Was hat er denn *mit den Nägeln* gemacht, *die* er sich gekauft hat?

1. Er hat sich *Farbe* (f) gekauft. 2. Sie hat sich *Topfpflanzen* besorgt. 3. Der Schriftsteller hat einen *Roman* geschrieben. 4. Die Kinder haben *Kreide* (f) aus der Schule mitgenommen. 5. Die Katze hat eine *Maus* gefangen. 6. Der junge Mann hat das *Auto* kaputtgefahren. 7. Die Nachbarin hat sich *Kleiderstoffe* (Pl.) gekauft. 8. Fritz hat eine *Brieftasche* gefunden.

6 **Make interrogative and affirmative sentences as in exercise 4 and 5. Answer the questions as well, e. g.: "Das Haus, das mir mein Onkel vererbt hat, werde ich wahrscheinlich verkaufen."**

7 **Fill in the relative pronoun in the nominative, dative or accusative case.**

1. Wer ist die Frau, . . .?
   a) . . . immer so laut lacht
   b) . . . du eben begrüßt hast
   c) . . . du gestern angerufen hast

2. Kennst du die Leute, . . .?
   a) . . . diese Autos gehören
   b) . . . da vor der Tür stehen
   c) . . . der Bürgermeister so freundlich begrüßt

3. Frau Huber, . . ., ist unsere Nachbarin.
   a) . . . du ja kennst
   b) . . . auch dieses Haus gehört
   c) . . . schon fünfzehn Jahre Witwe ist

4. Ich fahre morgen zu meinem Bruder, ...
   a) . . . schon seit zehn Jahren in Stuttgart wohnt
   b) . . . ich beim Hausbau helfen will
   c) . . . ich schon lange nicht mehr gesehen habe

5. Die Fußballspieler, . . ., gaben ihr Letztes.
   a) . . . ein Tor nicht genügte
   b) . . . von der Menge angefeuert wurden
   c) . . . aus Belgien kamen

6. Wer hat denn den Schlüssel weggenommen, . . .?
   a) . . . hier immer gelegen hat
   b) . . . ich hier hingelegt habe
   c) . . . ich gerade habe machen lassen

7. Herr Müller, . . ., wird 80 Jahre.
   a) . . . wir eben gratuliert haben
   b) . . . noch jeden Tag in seinem Garten arbeitet
   c) . . . man kürzlich operiert hat

8. Der Verkäuferin, . . ., wurde gekündigt.
   a) . . . man bei einem Diebstahl beobachtet hatte
   b) . . . man mehrere Diebstähle vorwirft

   c) . . . in der Lebensmittelabteilung gearbeitet hat

9. Der Zahnarzt, . . ., mußte seine Praxis aufgeben.
   a) . . . seine Patienten grob behandelte
   b) . . . die Patienten fürchteten
   c) . . . die Bank keinen Kredit mehr geben wollte

10. Die Reisenden, . . ., wechselten das Hotel.
    a) . . . man ziemlich unhöflich bedient hatte
    b) . . . das Essen nicht schmeckte
    c) . . . wegen des Lärms nicht schlafen konnten

8 Fill in the relative pronoun in the genitive case.

1. a) Der Baum b) Die Pflanze c) Die Sträucher (Pl.)
   . . ., . . . Wurzeln krank waren, mußte(n) ersetzt werden.
2. a) Der Reisende b) Die Touristin c) Das Kind
   . . ., . . . Ausweis nicht zu finden war, konnte die Grenze nicht passieren.
3. a) Der Student b) Die Studentin c) Die Studenten
   . . ., . . . Doktorarbeit in der Fachwelt großes Interesse fand, wurde(n) von der Universität ausgezeichnet.
4. a) Der Architekt b) Die Architektin c) Das Architektenteam
   . . ., . . . Brückenkonstruktion plötzlich zusammengebrochen war, wurde vor Gericht gestellt.
5. a) Der Junge b) Das Mädchen c) Die Kinder
   . . ., . . . Mutter im Krankenhaus lag, wurde(n) von einer Verwandten versorgt.
6. a) Der Arbeiter b) Die Arbeiterin c) Die Arbeiter
   . . ., . . . Betrieb schließen mußte, war(en) plötzlich arbeitslos.
7. a) Das Fräulein b) Die Dame c) Der Herr
   . . ., . . . Auto in einen Graben geraten war, bat den Automobilclub telefonisch um Hilfe.
8. a) Der Sportverein b) Die Kleingärtner (Pl.) c) Der Tennisclub
   . . ., . . . Gemeinschaftsräume zu klein geworden waren, beschloss(en) den Bau eines neuen Hauses.

9 Link the sentences. The relative pronoun always occurs in the genitive case.

Wir beruhigten die Ausländerin. Ihr Sohn war bei einem Unfall leicht verletzt worden.
Wir beruhigten die Ausländerin, *deren Sohn* bei einem Unfall leicht *verletzt worden war*.

1. Der Geiger mußte das Konzert absagen. Sein Instrument war gestohlen worden. 2. Der Dichter lebt jetzt in der Schweiz. Seine Romane waren immer große Erfolge. 3. Man hat das Rathaus abreißen wollen. Seine Räume sind dunkel und schlecht zu heizen. 4. Die Bürger jubelten. Ihre Proteste hatten schließlich zum Erfolg geführt. 5. Der Chirurg wurde von Patienten aus aller Welt angeschrieben. Seine Herzoperationen waren fast immer erfolgreich verlaufen. 6. Der Pilot hatte sich mit dem Fallschirm gerettet. Sein Flugzeug hatte zu brennen begonnen. 7. Der Autofahrer hatte sich verfahren. Seine Straßenkarten waren zu ungenau. 8. Die Reisenden wollten mit dem Bus nicht weiterfahren. Sein Fahrer war betrunken. 9. Wir konnten das Auto nicht selbst reparieren. Sein Motor war defekt. 10. Sie versuchten, die arme Frau zu beruhigen. Ihr Sohn war mit dem Motorrad verunglückt. 11. Kurz nach 17 Uhr kam ich zur Post. Ihre Schalter waren aber inzwischen geschlossen. 12. Der Richter ließ sich von den Zeugen nicht täuschen. Ihre Aussagen waren widersprüchlich. 13. Die Angeklagte wurde zu zwei Jahren Gefängnis verurteilt. Ihre Schuld war erwiesen. 14. Verärgert stand er vor den verschlossenen Türen der Bank. Ihre Öffnungszeiten hatten sich geändert. 15. Für den Deutschen war es schwer, sich in dem fremden Land zurechtzufinden. Seine Fremdsprachenkenntnisse waren sehr gering.

III   Relative clauses with prepositions

Einige Häuser, **für die** die Nachbarn gekämpft haben, sollen erhalten bleiben.
(Die Nachbarn haben für die Häuser gekämpft.)

Man will das Schloß, **in dessen** Park jetzt Festspiele stattfinden, renovieren.
(In dem Park des Schlosses finden jetzt Festspiele statt.)

Rule

If the relative pronoun has a preposition it precedes the relative pronoun.

IV   Relative clauses with "wo(-)"

a) Man hat das Haus, **in dem** wir zwanzig Jahre gewohnt haben, jetzt abgerissen.
    Man hat das Haus, **wo** wir zwanzig Jahre gewohnt haben, jetzt abgerissen.
b) Die Kleinstadt, **in die** ich umgezogen bin, gefällt mir sehr gut.
    Die Kleinstadt, **wohin** ich umgezogen bin, gefällt mir sehr gut.
c) In der Innenstadt von Hamburg, **wo** der Lärm unerträglich ist, möchte ich nicht wohnen.
d) Man hat den alten Marktplatz umgebaut, **worüber** sich die Bürger sehr aufgeregt haben.
    In der Stadt bleibt nur noch wenig übrig, **woran** sich die Bürger erinnern.

Rules

see a + b) The preposition *in* + relative pronoun can be replaced by *wo* (= *in* + dative) or *wohin* (= *in* + accusative).

see c) The relative pronoun *wo* or *wohin* is used after town and country names (see notes).

see d) If a preposition has to precede the relative pronoun and if the relative clause refers to the whole of the main clause, *wo(r)-* + preposition is used.

Notes

1. The neuter relative pronoun in the nominative, accusative or dative is used after
   proper nouns with no article (see § 3 III):
   Hamburg, *das* 100 Kilometer entfernt liegt, ist meine Heimatstadt.
   Rußland, *das* er über 50 Jahre nicht mehr gesehen hatte, blieb ihm unvergeßlich.

2. The relative pronoun *wo* can also refer to temporal items:
   In den letzten Jahren, *wo* es der Wirtschaft gut ging, hat man die Renten weiter erhöht. (This is better style than: . . ., *als* es der Wirtschaft gut ging, . . .)

V Relative clauses with "wer, wessen, wem, wen"

a) **Wer** die Ehrlichkeit des Kaufmanns kennt, (der) wird ihm auch glauben.
b) **Wen** die Götter verderben wollen, (den) schlagen sie mit Blindheit.
c) **Wessen** Herz für die Freiheit schlägt, den nenne ich einen edlen Mann.
d) **Wem** die Bergwanderung zu anstrengend wird, der soll jetzt zurückbleiben.

Rules

1. The short relative clause with *wer, wessen, wem, wen* is the equivalent of a relative
   clause which refers to people in general:
   Jeder, der die Ehrlichkeit des Kaufmanns kennt, wird ihm auch glauben.
   Denjenigen, den die Götter verderben wollen, schlagen sie mit Blindheit.
   Alle, denen die Bergwanderung zu anstrengend ist, sollen jetzt zurückbleiben.

2. A demonstrative pronoun often occurs at the beginning of the main clause: *der, dem,
   die* etc. This is usually the case when the case in the relative clause and the case in the
   main clause are not the same *(wessen . . ., den . . .; wem . . ., der . . .)*.

VI Relative clauses with "was"

a) **Alles, was** du mir erzählt hast, habe ich schon gehört.
   Nichts, was du mir mitgeteilt hast, ist mir neu.
   Das, was mich ärgert, ist der Inhalt deines letzten Briefes.
   Das Schönste, was du geschrieben hast, ist die Nachricht von deiner Verlobung.

b) Er rief gestern plötzlich an, **was** wir nicht erwartet hatten.
   Er sagt, daß er Geldschwierigkeiten habe, **was** ich nicht glauben kann.

c) Er hat niemals **davon** gesprochen, **was** bei dem Unfall geschehen ist.
   Er kann sich nicht mehr **daran** erinnern, **was** er alles erlebt hat.

d) **Was** sich damals ereignet hat, (das) bleibt unerklärlich.
   Was wir an diesem Tag erlebt haben, (das) können wir nie vergessen.
   Was die Ursache des Unglücks war, **darüber** wollen wir schweigen.

Rules

see a) A defining relative clause with *was* is used after the demonstrative pronoun *das*, also after *alles, nichts, etwas, einiges, weniges* etc., and after the neuter superlative *das Schönste, das Letzte* etc.

see b) If a relative clause refers to the whole of the main clause it is introduced by *was*.

see c) If a relative clause with *was* refers to a statement with a prepositional object (e. g. *über die Ursache*), *da(r)-* + preposition must be used in the main clause (see § 15 II, § 16 II 2).

see d) 1. If the *was*-clause is in first position, it replaces a subject, an accusative object or a prepositional object:
Das damalige Erlebnis bleibt unerklärlich. (Subject)
Das Erlebnis an diesem Tag können wir nie vergessen. (Accusative object)
Über die Ursache des Unglücks wollen wir schweigen. (Prepositional object)
2. The demonstrative pronoun *das* can be placed at the beginning of the main clause for emphasis; *da(r)-* + preposition, on the other hand, must be placed in position I in the main clause, if the *was*-clause refers to a prepositional object.
3. As the relative pronoun *was* is always singular it is important to deduce from the context if the statement in the *was*-clause is singular or plural. The following would also be possible in the above-mentioned examples:
Die damaligen Ereignisse bleiben unerklärlich. – *Unsere Erlebnisse* können wir nie vergessen.

EXERCISES

1 Einige Fragen über die deutschsprachigen Länder – Relative pronouns with a preposition or "wo".

In welcher Stadt ist Wolfgang Amadeus Mozart geboren?
Salzburg ist *die Stadt, in der* Wolfgang Amadeus Mozart geboren ist. (. . ., *wo* . . .)

1. In welcher Gegend gibt es die meisten Industrieanlagen?
2. An welchem Fluß steht der Lorelei-Felsen?
3. In welchem Wald steht das Hermanns-Denkmal?
4. In welchem Gebirge gibt es die höchsten Berge?
5. Auf welchem Berg wurde der Segelflug zum ersten Mal erprobt?
6. In welcher Stadt ist Ludwig van Beethoven geboren, und in welcher Stadt ist er gestorben?
7. In welchem Staat gibt es drei Amtssprachen, aber vier Landessprachen?
8. An welchem See haben drei Staaten einen Anteil?
9. Über welche Leute werden seit einiger Zeit die meisten Witze erzählt?
10. In welcher Stadt standen früher die schönsten Barockbauten Europas?
11. Vor den Mündungen welcher großen Flüsse liegt die Insel Helgoland? (Es sind die Mündungen der . . . und der . . .)
12. In welchen zwei Städten am Rhein liegen viele deutsche Kaiser und Könige begraben?

13. In der Nähe welcher Stadt wurden die olympischen Winterspiele 1976 ausgetragen? (. . . ist die Stadt, in + Genitiv)
14. Durch welchen Berg führt die Straße von Basel nach Mailand?
15. Nach welchem Berg wird die Hochalpenstraße in Österreich benannt?

Answers:
1. das Ruhrgebiet 2. der Rhein 3. der Teutoburger Wald 4. die Alpen (Pl.!) 5. die Wasserkuppe 6. Bonn, Wien 7. die Schweiz 8. der Bodensee 9. die Ostfriesen 10. Dresden 11. die Elbe, die Weser 12. Worms und Speyer 13. Innsbruck 14. der St. Gotthard 15. der Großglockner

2 Make sentences according to the following example. A preposition precedes the relative pronoun.

> Was ist ein Paß? (Ausweis (m) / mit / in andere Staaten reisen können)
> Ein Paß ist *ein Ausweis, mit dem* man in andere Staaten reisen kann.

1. Was ist ein Holzfaß? (Behälter (m) / in / z. B. Wein lagern können)
2. Was ist ein Fahrrad? (Verkehrsmittel (n) / mit / sich mit eigener Kraft fortbewegen können)
3. Was ist eine Dachrinne? (Rohr (n) / durch / das Regenwasser vom Dach leiten)
4. Was ist ein Staubsauger? (Maschine (f) / mit / Teppiche säubern)
5. Was ist ein Videorekorder? (Gerät (n) / mit / Fernsehsendungen aufnehmen und wiedergeben können)
6. Was ist eine Lupe? (Glas (n) / mit / kleine Dinge groß sehen können)
7. Was ist ein Tresor? (Schrank (m) aus Stahl / in / das Geld vor Dieben oder Feuer schützen können)
8. Was ist ein Herd? (Kücheneinrichtung (f) / auf / warme Speisen zubereiten können)

3 Make sentences according to the following example. The subordinate clause is introduced with "wer", "wessen", "wem" or "wen".

> Hat noch jemand etwas zu diesem Thema zu sagen? – Melden Sie sich bitte!
> *Wer* noch etwas zu diesem Thema zu sagen hat, der soll sich bitte melden!

1. Gefällt jemandem die Lösung nicht? – Sagen Sie es bitte!
2. Steht jemandem noch Geld zu? – Stellen Sie schnell einen Antrag!
3. Ist jemandes Antrag noch nicht abgegeben? – Geben Sie ihn jetzt gleich im Sekretariat ab! (Wessen Antrag . . .)
4. Interessiert das jemanden nicht? – Gehen Sie ruhig schon weg!
5. Ist jemand an der Bildung einer Fußballmannschaft interessiert? – Kommen Sie bitte um 17 Uhr hierher!
6. Hat jemand noch Fragen? – Bringen Sie sie jetzt vor!
7. Versteht jemand die Aufgabe nicht? – Kommen Sie bitte zu mir!
8. Ist jemandem noch etwas Wichtiges eingefallen? – Schreiben Sie es auf einen Zettel, und geben Sie ihn mir!
9. Ist jemandes Arbeit noch nicht fertig? – Geben Sie sie nächste Woche ab!
10. Braucht jemand noch Hilfe? – Wenden Sie sich bitte an den Assistenten!

*4 **Complete the following sentences. Apart from "was" and "wo" each word should only be used once: was, wo, wobei, wodurch, wofür, wogegen, womit, woraus, worüber, worunter, wovon, wovor, wozu.**

1. Tu das, . . . der Arzt gesagt hat! Schlafen ist das Beste, . . . du jetzt machen kannst.
2. Der Schlosser öffnete die Tür mit einem Dietrich, . . . man einen hakenförmig gebogenen Draht versteht. Die Frau gab dem Schlosser zwanzig Mark, . . . dieser sich sehr freute.
3. Die Jungen gingen auf eine zweiwöchige Wanderung, . . . sie sich ein Zelt ausgeliehen hatten. Sie kamen in schlechtes Wetter, . . . sie schon gewarnt worden waren. So saßen sie mit ihrem Zelt eine Woche im Regen, . . . natürlich nicht so angenehm war.
4. Frau Krüger sammelte Erdbeeren, . . . ihr Mann einen sehr guten Wein bereitete. Aber im letzten Jahr hatte er etwas falsch gemacht, . . . der Wein zu Essig geworden war.
5. Die Regierung hatte die BAFöG-Gelder heruntergesetzt, . . . Studenten und Schüler protestierten. Sie veranstalteten einen Demonstrationsmarsch, . . . sie große Protestschilder vor sich hertrugen.
6. Er bastelte ein Bücherregal, . . . er Holz im Wert von 250 Mark kaufte. Es war eine Menge Material, . . . aber zum Schluß nichts übrigblieb.
7. Herr Spätle hatte eine Alarmanlage gekauft, . . . er sein Haus gegen Einbrecher schützen wollte.
8. Bei den Erdbeben verloren die Menschen fast alles, . . . sie besaßen. Sie zogen mit dem, . . . sie noch retten konnten, zu Verwandten.
9. Rothenburg ob der Tauber, das war das Schönste, . . . ich an alten Städten je gesehen habe!
10. . . . wir als Kinder Fußball gespielt haben, da steht jetzt ein Hochhaus.
11. Ich weiß nicht, . . . die Leute hier suchen.
12. Alles, . . . er besaß, schenkte er dem Roten Kreuz.
13. Unser Haus steht dort, . . . der hohe Baum ist.
14. Ich gehe wieder nach Tübingen, . . . ich studiert habe.

5 **Zum Thema Umweltschutz – Make sentences, using the words in brackets.**

> Die Autoabgase enthalten Giftstoffe. Das ist schon lange bekannt. (was)
> Die Autoabgase enthalten Giftstoffe, *was* schon lange bekannt ist.

1. Tanker (= Ölschiffe) lassen jährlich mehrere Millionen Liter Ölreste ins Meer ab. Dort bilden sich riesige Ölfelder. (wo)
2. Auch mit den Flüssen wird sehr viel Öl ins Meer transportiert. Darauf machen Umweltschützer immer wieder warnend aufmerksam. (worauf)
3. Die Umweltverschmutzung verursacht immer größere Schäden. Darüber machen sich Fachleute große Sorgen. (worüber)
4. Es müssen strenge Gesetze zum Schutz der Umwelt aufgestellt werden. Darüber müssen die Fachleute aller Länder beraten. (worüber)
5. Das Plankton (= Kleinstlebewesen im Meer) wird mit krebserregenden Stoffen angereichert. Dies bedeutet indirekt eine Gefahr für die Ernährung der Menschen. (was)

6. Jährlich verschwindet ein gewisser Prozentsatz Wälder des tropischen Urwaldgürtels. Dadurch wird möglicherweise der Sauerstoffgehalt unserer Luft abnehmen. (wodurch)
7. Immer wieder werden schöne alte Häuser in den Zentren unserer Städte abgerissen. Dagegen protestieren die Bürger der Städte oft heftig. Das hat aber leider nicht immer den gewünschten Erfolg. (wogegen / was)
8. Naturschützer versuchen auch, Wale und Robben vor der Ausrottung (= Vernichtung der Art) zu retten. Dabei setzen sie oft ihr Leben aufs Spiel. (wobei)
9. Jährlich werden viele Quadratkilometer Naturland in Straßen verwandelt. Dadurch wird unser natürlicher Lebensraum immer kleiner. (wodurch)
10. Durch Auto- und Fabrikabgase bildet sich sogenannter "saurer Regen". Darunter leiden besonders unsere Nadelbäume. Er führte aber auch schon zum Fischsterben in schwedischen Seen. (worunter / was)

6 Ein Brief – Make "was"-clauses according to the following examples.

Ich muß Dir etwas Wichtiges mitteilen. – Das ist eine schlimme Nachricht für Dich.
Was ich Dir jetzt mitteilen muß, ist eine schlimme Nachricht für Dich.

Vorgestern ist etwas passiert. – Und zwar folgendes: Unser Vater hat einen Schlaganfall gehabt.
Was vorgestern passiert ist, *ist, daß* unser Vater einen Schlaganfall gehabt hat.

1. Etwas macht mir Hoffnung. – Und zwar folgendes: Er steht auf und läuft schon wieder normal.
2. Nach dem Schlaganfall ist leider etwas zurückgeblieben. – Das ist ein leichtes Zittern seiner linken Hand.
3. Sein Arzt hat ihm etwas geraten. – Und zwar folgendes: Er soll das Rauchen aufgeben.
4. Etwas beunruhigt mich. – Das sind seine kleinen Gedächtnislücken.
5. Während seiner Krankheit muß er etwas vergessen haben. – Und zwar, daß er einige Jahre in Berlin gelebt hat.
6. Mir fiel etwas auf. – Und zwar folgendes: Er konnte auf alten Fotos seine ehemaligen Nachbarn nicht wiedererkennen.
7. Etwas tröstet mich. – Und zwar, daß er diesen Gedächtnisverlust gar nicht bemerkt.
8. Trotz seiner 89 Jahre hat er etwas behalten. – Und zwar seine positive Lebenseinstellung.

7 Relative clauses: Revision

a Make sentences like the ones in the box below:

Ist das der Herr, . . .? (*Er* wollte mich sprechen.)
Ist das der Herr, *der* mich sprechen wollte?

1. Du hast gestern *mit ihm* gesprochen.
2. Du hast *ihn* eben gegrüßt.

3. *Seine* Tochter ist eine Freundin von dir.
4. *Er* ist Journalist bei der Norddeutschen Zeitung.
5. *Seine* Bücher habe ich auf deinem Schreibtisch liegen sehen.
6. Du hast mir neulich schon mal *von ihm* erzählt.

b

Hier ist die Uhr, ...!

1. Ich habe *sie* so lange gesucht.
2. Du hast *sie* mir geschenkt.
3. Ich bin *damit* versehentlich ins Wasser gegangen.
4. Ich habe das Glas *der Uhr* verloren.
5. Du hast so *davon* geschwärmt.
6. Ich bin *damit* beim Uhrmacher gewesen.

c

Das Buch, ..., gehört mir!

1. *Es* hat einen blauen Einband.
2. Du liest *darin.*
3. Du hast *davon* gesprochen.
4. Du hast *es* in deine Mappe gesteckt.
5. Ich habe *es* dir vor einem Jahr geliehen.
6. Du kannst die betreffenden Seiten *daraus* fotokopieren.

d

Das Stipendium, ..., ist nicht leicht zu bekommen.

1. Man muß *es* bis Ende dieses Monats beantragen.
2. Man muß bestimmte Voraussetzungen *dafür* mitbringen.
3. Ich habe mich *darum* beworben.
4. *Um seinen* Erwerb bemühen sich viele Studenten.
5. *Es* wird von einer privaten Gesellschaft vergeben.
6. Du hast *davon* gehört.

e

Den Test, ..., habe ich sicher ganz gut bestanden.

1. *Dabei* können auch mehrere Lösungen richtig sein.
2. Einige Assistenten haben *ihn* zusammengestellt.
3. *Er* prüft ein sehr weites Wissensgebiet.
4. Ich habe *ihn* gestern machen müssen.
5. Ich war *von seinem* Schwierigkeitsgrad überrascht.
6. *Von seinem* Ergebnis hängt für mich eine ganze Menge ab.

f

In unserer Firma arbeiten zwei Sekretärinnen, . . .

1. *Sie* feiern heute ihr 40jähriges Dienstjubiläum.
2. Der Chef will *mit ihnen* feiern.
3. Der Betriebsrat will *ihnen* gratulieren.
4. *Sie* sollen ein Geschenk erhalten.

g

Wo sind die beiden Jungen, . . . ?

1. *Sie* sollen ein Motorrad gestohlen haben.
2. Man will *ihnen* den Prozeß machen.
3. *Sie* werden von der Polizei gesucht.
4. *Ihre* Eltern sind ganz verzweifelt.
5. Man erzählt noch ganz andere Dinge *von ihnen*.

8 Linking sentences: Revision – Link the sentences which appear before the oblique to make one complete sentence. Use causative, concessive and relative clauses.

1 Ein alter Mann konnte nicht einschlafen. Sein Haus lag in der Nähe einer Eisenbahnstrecke. Das Geräusch des vorbeifahrenden Zuges klang anders als gewöhnlich. / Er
3 stand auf und zog seinen Wintermantel über seinen Schlafanzug. Er wollte nachsehen. Was hatte dieses seltsame Geräusch hervorgerufen? / Er nahm einen Stock. Sein rech-
5 tes Bein war im Krieg verletzt worden, und es war Winter. / Der Schnee lag hoch, und sein Bein begann schon nach wenigen Schritten zu schmerzen. Er kehrte nicht um, son-
7 dern kletterte mit vielen Mühen auf den Eisenbahndamm. / Seine kleine Taschenlampe war gut zu gebrauchen. Er hatte sie vorsichtshalber mitgenommen. Das Licht der La-
9 ternen reichte nicht weit. / Nach längerem Suchen fand er endlich die Stelle. Dort war die Schiene gerissen. / Es war spät in der Nacht, und der Wind pfiff. Er gab nicht auf und
11 lief den langen Weg bis zur nächsten Bahnstation. Er wollte unbedingt die Menschen retten. Sie saßen ahnungslos in dem nächsten Schnellzug. Der Schnellzug kam aus Mün-
13 chen. / Der Bahnhofsvorsteher hielt den alten Mann zunächst für verrückt. Der alte Mann brachte ihm die Nachricht von einer zerrissenen Schiene. Der Beamte kam end-
15 lich mit, um den Schaden selbst anzusehen. / Der Schnellzug näherte sich mit großer Geschwindigkeit der gefährlichen Stelle. Es gelang dem Beamten im letzten Augenblick,
17 dem Zugführer ein Zeichen zu geben. Der Beamte schwenkte eine weithin sichtbare rote Lampe.

9 Do the same here:

1 Ein junger Mann stand vor Gericht. Er hatte einige Zeit in einer Druckerei gearbeitet. Dort hatte er sich seine Kenntnisse angeeignet. Er hatte falsche Fünfzigmarkscheine
3 hergestellt. / Er war sehr vorsichtig gewesen und hatte nur nachts gearbeitet. Man hatte ihn erwischt. / Der Hausmeister war aufmerksam geworden und hatte ihn bei der Po-
5 lizei angezeigt. Er hatte ihn einige Male nachts in den Keller schleichen sehen. / Der

7 Richter war dem Angeklagten freundlich gesinnt. Der junge Mann war arbeitslos und
hatte sofort alles gestanden. Eine Gefängnisstrafe von zwei bis drei Jahren war ihm si-
9 cher. Geldfälschen muß hart bestraft werden. / Zu Beginn der Verhandlung las der
Richter die Anklageschrift vor. Darin waren alle Beweisstücke aufgezählt: Der nach-
11 gemachte Kellerschlüssel, die Druckplatten und die falschen Fünfzigmarkscheine. / Der
Gerichtsdiener war gebeten worden, diese Sachen auf den Richtertisch zu legen. Der
13 Gerichtsdiener war ein ordentlicher Mensch. Man mußte den Geschworenen* die Sachen einzeln zeigen. Zum großen Erstaunen des Richters fehlte das Falschgeld. / Man
15 konnte das fehlende Beweisstück nicht finden. Es wurde bei der Polizei angerufen. Die
Polizei hatte den Fall bearbeitet und das Beweismaterial gesammelt.
17 Die Antwort war kurz: "Die Fünfzigmarkscheine haben wir Ihnen am 3. dieses Monats
durch die Post überweisen lassen."

---

* der Geschworene = Hilfsrichter, Laienrichter

PART III

§ 36   Demonstrative Pronouns

Preliminary note

Demonstrative pronouns are more precise in referring to a person or a thing than the definite article. They are more stressed in spoken German than the definite article and occur in place of it.

I   Declension of "dieser, -e, -es"; "jener, -e, -es"; "solcher, -e, -es"

	Singular			*Plural*
	maskulin	feminin	neutral	m + f + n
Nom.	dies**er** Mann	dies**e** Frau	dies**es** Kind	dies**e** Männer / Frauen / Kinder
Gen.	dies**es** Mannes	dies**er** Frau	dies**es** Kindes	dies**er** Männer / Frauen / Kinder
Dat.	dies**em** Mann	dies**er** Frau	dies**em** Kind	dies**en** Männern / Frauen / Kinder
Akk.	dies**en** Mann	dies**e** Frau	dies**es** Kind	dies**e** Männer / Frauen/Kinder

Rules

1. The demonstrative pronouns mentioned above have the same endings as the definite article.

2. *Dieser, -e, -es* refer to a certain person or thing already mentioned; *jener, -e, -es* denote contrast:
   Ich habe *diesen* Roman noch nicht gelesen.
   Wir haben von *diesem und jenem* Problem gesprochen.

3. *Solcher, -e, -es* are used as intensifiers, premodifying a noun:
   Er hatte *solchen* Hunger, daß ihm fast schlecht wurde.

Notes

1. *Solch* (uninflected) generally precedes the indefinite article, in which case *so* can be used as an alternative. (*So* is frequently used to render *such*, particularly in conversation.)
   solch ein Mann (= so ein Mann)   solch eine Frau (= so eine Frau)

2. If *solch-* occurs after the indefinite article as an attributive adjective it is declined in the same way as the adjective declension (see § 39 II):
   ein solch*er* Mann   eine solch*e* Frau

II Declension of "derselbe, dieselbe, dasselbe"; "derjenige, diejenige, dasjenige"

	Singular			*Plural*
	maskulin	feminin	neutral	m + f + n
Nom.	derselbe Mann	dieselbe Frau	dasselbe Kind	dieselben Männer ...
Gen.	desselben Mannes	derselben Frau	desselben Kindes	derselben Männer ...
Dat.	demselben Mann	derselben Frau	demselben Kind	denselben Männern ...
Akk.	denselben Mann	dieselbe Frau	dasselbe Kind	dieselben Männer ...

Rules

1. The above-mentioned demonstrative pronouns are declined in the same way as the definite article in the first part of the word *(der-, die-, das-)*; the ending is the same as the adjective declension (see § 39 I).

2. *Derselbe, dieselbe, dasselbe* refer to a person or a thing which has already been mentioned:
   Heute hast du schon wieder *dasselbe* Kleid an wie gestern und vorgestern.

3. *Derjenige, diejenige, dasjenige* refer to a person or thing defined in a post-positioned relative clause. The demonstrative pronoun occurs without a noun if information contained in the relative clause makes the overall meaning clear:
   Man hatte *denjenigen* Bewerber ausgewählt, der ausreichend Fremdsprachenkenntnisse besaß. – *Diejenigen, die* zuviel rauchen und trinken, schaden sich selbst.

Note

Der gleiche, die gleiche, das gleiche (written separately) refer to a person or thing of the same nature as a person or thing already mentioned, the two not being one and the same:
Meine Freundin hat sich zufällig *das gleiche* Kleid gekauft wie ich.

III Declension of "der, die, das" (as demonstrative pronouns)

	Singular			Plural
	maskulin	feminin	neutral	m + f + n
Nom.	der	die	das	die
Gen.	dessen	deren	dessen	deren (derer)
Dat.	dem	der	dem	denen
Akk.	den	die	das	die

Rules

1. The demonstrative pronouns *der, die, das* occur in the nominative, dative and accusative case as an independent subject or object. They refer to a preceding item or to a post-positioned relative clause:
   Sind Ihre Fenster bei der Explosion kaputtgegangen?
   Ja, *die* müssen erneuert werden.

   Haben Ihre Nachbarn wieder soviel Krach gemacht?
   Ja, *denen* werde ich bald mal meine Meinung sagen.

   Den, der mich gerade so beschimpft hat, kenne ich gar nicht.
   Mit *denen,* die Physik studieren wollen, muß ich noch sprechen.

2. The demonstrative pronouns *der, die, das* have the same form as the relative pronouns, they should not be confused with them, however:
   Kennst du den Film? – Nein, *den kenne* ich nicht.
   Über einen Film, *den* ich nicht *kenne,* kann ich nichts sagen.

3. *Der, die, das* occur if it is not necessary to repeat a noun. This is the case when, in the clause that follows, only the attributive item changes:
   Die Sprechweise des jungen Schauspielers ähnelt *der* seines Lehrers.
   Die Treppe in eurem Haus erinnert mich an *die* in Goethes Geburtshaus.

4. a) *Das,* emphasized by using *alles* or *all,* can refer to the whole of the preceding clause:
   Habt ihr von seinem Erfolg gehört? – Ja, *das* hat uns sehr erstaunt.
   Er hat zwei Stunden lang geredet, aber *all das* wissen wir doch längst.
   Sieh dir das dicke Buch an. Als Pharmaziestudent muß ich *das alles* (oder: *alles das*) auswendig lernen.

   b) In sentences with *sein* and *werden* the demonstrative pronoun *das* occurs even if it refers to a masculine or feminine noun or to a plural noun, as *das* refers to the preceding statement. (The noun following *sein* and *werden* is called predicate nominative. If this noun occurs in the plural, the conjugated verb also occurs in the plural.)
   Da geht eine Dame in einem blauen Pelzmantel. *Das* ist meine Chefin.
   Öffentliche Telefonzellen werden häufig demoliert. *Das* ist eine Schande.

§ 36 187

Hier darf man nicht nach links abbiegen, dort nicht nach rechts. *Das* sind unnötige Vorschriften.
Es regnet schon seit drei Wochen. *Das* wird ein nasser Urlaub.

c) Differentiate between *das* and *es:*
Das refers to a preceding context.
Es refers to an explanation or statement that follows.
Kannst du diese acht Kisten allein in den 5. Stock hochtragen? – Nein, *das* ist unmöglich.
Es ist unmöglich, daß ich diese acht Kisten allein in den 5. Stock hochtrage.

5. a) The demonstrative pronouns in the genitive case, *dessen* and *deren,* are seldom used; they can usually be replaced by possessive pronouns:
Hast du mit dem Professor selbst gesprochen? –
Nein, nur mit *dessen (seinem)* Assistenten.
Kommen Herr und Frau Sommer heute abend auch? –
Ja, und *deren (ihre)* älteste Tochter.

b) The demonstrative pronouns *dessen* und *deren* must be used if there is any ambiguity. The possessive pronoun does not make it clear who is being referred to:
Heute besuchte uns der Direktor mit seinem Sohn und *dessen* Freund. (= der Freund des Sohnes)

c) The special form in the genitive plural – *derer* – refers to a post-positioned relative clause. *Derer* is the same as the demonstrative pronoun *derjenigen* (= genitive plural):
Die Kenntnisse *derer (derjenigen),* die Physik studieren wollen, sind ausreichend.

Notes

1. *Selbst* refers to a preceding item and confirms identity. *Selbst* is not declined.

2. *Selbst* (or in colloquial German *selber*) occurs
   a) directly after the word it refers to for stronger emphasis:
   Ich selbst habe keine weiteren Fragen.
   Die Sache selbst interessiert mich.
   In der Stadt selbst hat sich wenig verändert.
   b) in free position:
   Die Arbeiter können *selbst* entscheiden.
   Er kam dann endlich *selbst,* um nachzusehen.

3. If *selbst* occurs before an item it means "sogar" (see § 51):
   Er hat *selbst dann* gearbeitet, wenn er krank war.

EXERCISES

1   Name the feminine and the plural forms of the nouns below.

> *dieser* Student: *diese* Studentin, *diese* Studenten, *diese* Studentinnen

1. derjenige Schüler
2. mit diesem Schweizer
3. von jenem Österreicher
4. wegen jenes Zollbeamten
5. durch denjenigen Polen
6. ein solcher Student
7. trotz dieses Richters
8. solch ein Schauspieler (Pl.: solche Schauspieler)

2   Im Warenhaus

a

> Kühlschrank (m) / klein
> Was halten Sie von *diesem* Kühlschrank hier?
> Also *diesen* Kühlschrank nehme ich nicht, *der* ist mir zu klein.

1. Waschmaschine (f) / teuer
2. Küchenmöbel (Pl.) / bunt
3. Nähmaschine (f) / unpraktisch
4. Elektroherd (m) / unmodern
5. Dampfbügeleisen (n) / kompliziert
6. Spülbecken (Pl.) / empfindlich

b

> Schrank (m) / neben / Bett (n) / Bruder
> Wie gefällt Ihnen der Schrank neben *diesem* Bett?
> *Der* gefällt mir recht gut; *denselben* hat mein Bruder.

1. Einrichtung (f) / in / Küche (f) / Schwester
2. Sessel (m) / an / Kamin (m) / Eltern
3. Bücherregal (n) / in / Flur (m) / Freundin
4. Stehlampe (f) / neben / Sitzecke (f) / Freund
5. Stuhl (m) / vor / Schreibtisch (m) / Nachbar
6. Rauchtischchen (n) / in / Ecke (f) / Untermieter

c

> Fernseher (m) / sehr zuverlässig
> *Welchen* Fernseher können Sie mir empfehlen?
> Ich empfehle Ihnen *diesen* Fernseher, *der* ist sehr zuverlässig.

1. Kofferradio (n) / angenehm leicht
2. Cassettenrecorder (m) / sehr gut
3. Lautsprecher (Pl.) / sehr preiswert
4. Videorecorder (m) / wirklich sehr zuverlässig
5. Taschenrechner (m) / unglaublich preiswert
6. Schreibmaschine (f) / zur Zeit im Sonderangebot

3 Fill in the gaps – but only where necessary.

1. Kauf dir doch auch solch_ ein_ Schal (m)! Dann haben wir beide d_ gleich_ Schals.
2. Bist du auch mit dies_ Zug (m) gekommen? Dann haben wir ja in d_selb_ Zug gesessen! 3. Was machst du eigentlich zur Zeit? – D_ möchtest du wohl gern wissen? Ich treibe mal dies_, mal jen_, mal lebe ich in dies_ Stadt, mal in jen_. 4. Sie sprachen von dies_ und jen_, aber d_ hat mich alles nicht interessiert. 5. Wird Ladendiebstahl schwer bestraft? – D_ weiß ich nicht; frag doch mal Gisela, d_ Mutter (Giselas Mutter!) ist doch Rechtsanwältin, d_ muß es wissen. 6. Niemand kennt die Namen d_ (Gen.), die hier begraben liegen. 7. Die Angst d_jenig_ (Gen.), die auf dem brennenden Schiff waren, war unbeschreiblich. 8. Von dies_ Bekannten habe ich noch d_ 100 Mark zurückzubekommen, die ich ihm Ostern geliehen habe. 9. Ich spreche von d_jenig_, die immer das letzte Wort haben. Dies_ Leute sind mir nicht sympathisch. 10. D_jenig_, der meine Brieftasche findet, wird gebeten, dies_ gegen Belohnung bei mir abzugeben. 11. Wir sind beide in d_selb_ Ort (m) geboren und auf d_selb_ Schule gegangen. 12. Solch_ ein_ Teppich (m) möchte ich haben! Ein_ solch_ Stück (n) besitzt meine Schwiegermutter; d_ ist ganz stolz darauf. 13. Ich wundere mich, daß er von solch_ ein_ Hungerlohn (m) leben kann und daß er dann ein_ solch_ Wagen fährt. 14. Dies_ Zug fährt abends wieder zurück; wir treffen uns dann wieder in d_selb_ Abteil (n). 15. Es herrscht wieder dies_ Novemberstimmung (f); d_ macht mich ganz krank. An ein_ solch_ Tag möchte ich am liebsten im Bett liegen bleiben.

4 Complete the following sentences using "das" or "es".

1. Ein betrunkener Autofahrer ist direkt auf mich zugefahren. . . . ist der Grund, weswegen ich jetzt im Krankenhaus liege.
2. Wenn Kinder krank sind, soll man ihnen spannende Geschichten erzählen, . . . hilft oft mehr als die beste Medizin.
3. Natürlich war . . . traurig, daß der begabte Künstler nie Erfolg gehabt hatte.
4. Ich war gestern im Moskauer Staatszirkus. . . . war erstaunlich zu sehen, wie exakt die Artisten arbeiten.
5. Glaubt ihr, daß ihr in München so einfach eine Wohnung bekommen könnt? . . . müßte schon ein Glücksfall sein.
6. Du mußt endlich deine Steuererklärung machen. . . . ist unverantwortlich, daß du die Sache noch weiter hinausschiebst.
7. Daß ein 18jähriger Schüler den Nobelpreis bekommen hat, kann ich nicht glauben. . . . ist doch unmöglich.
8. Ich habe viermal angerufen, aber die alte Dame hat sich nicht gemeldet. . . . hat mich mißtrauisch gemacht, und ich bin zur Polizei gegangen.
9. Bitte schreib mir öfters. . . . macht mich froh, wenn ich von dir höre.
10. Aber ein Glas Rotwein wirst du doch trinken dürfen. . . . macht doch nichts, wenn du erst in zwei Stunden nach Hause fährst.
11. Er war bereits morgens betrunken, wenn er zur Arbeit kam. Deshalb war . . . nicht verwunderlich, daß er entlassen wurde.

§ 37   Indefinite Pronouns

Preliminary note

Indefinite pronouns indicate that persons or things are not defined, and that they have not already been referred to. They are written in lower case.

I   Indefinite pronouns used on their own as subjects or as objects

Nom.	man	jemand	einer, -e, -(e)s	irgendwer	etwas / nichts
Gen.	–	jemandes	–	–	–
Dat.	einem	jemand(em)	einem, -er, -em	irgendwem	–
Akk.	einen	jemand(en)	einen, -e, -(e)s	irgendwen	etwas / nichts

Rules

1. *Man* is used when referring to a group of persons in general. The English equivalent is *one, you, they, people* etc. *Man* always occurs in the singular.
   In der Tagesschau kann *man* sich über die Ereignisse des Tages informieren.
   Die Tagesschau gibt *einem* nicht genügend Informationen.
   Das Fernsehprogramm kann *einen* schon manchmal ärgern!

2. *Jemand* or *niemand* refer to one or more persons in the general sense both in positive and in negative sentences. Both pronouns occur only in the singular. The endings can be omitted in the dative and in the accusative case:
   Zum Glück hat mir *jemand* beim Einsteigen geholfen.
   Ich wollte, ich wäre auf *niemandes* Hilfe angewiesen.
   Während der Fahrt habe ich mit *niemand(em)* gesprochen.
   Beim Aussteigen habe ich *jemand(en)* um Hilfe gebeten.

3. *Einer, eine,* or *eines* refer to a particular person or thing within a group. The plural form is *welche; keiner, keine,* or *keines* (plural *keine*) are used in negative sentences:
   Zehn Leute haben am Seminar teilgenommen, *einer* hat Protokoll geführt.
   Hier soll es günstige Anzüge geben, aber ich habe noch *keinen* gesehen. Hast du *welche* entdeckt?

   Einander occurs in the dative and in the accusative case:
   Zu Neujahr wünscht man *einander* viel Glück. (= einer *dem* anderen)
   Sie kannten *einander* gut. (= einer *den* anderen)

4. *Irgendwer* and *irgend jemand* refer to one or more undefined persons:
   Hast du noch *irgendwen* in der Firma erreichen können?
   Das hat *irgend jemand* erzählt, ich weiß nicht mehr, wer.

5. *Etwas* and *nichts* are used for things, and in general to refer to something or anything:
   Ich habe dich *etwas* gefragt!
   Er hat bei dem Geschäft *nichts* verdient.

II Indefinite pronouns with or without a noun

Declension of "jeder, -e, -es", plural: "alle"; "sämtliche" – "mancher, -e, -es", plural: "manche"

	Singular			Plural
	maskulin	feminin	neutral	m + f + n
Nom.	jeder Mann	jede Frau	jedes Kind	alle Männer ...
Gen.	jedes Mannes	jeder Frau	jedes Kindes	aller Männer ...
Dat.	jedem Mann	jeder Frau	jedem Kind	allen Männern ...
Akk.	jeden Mann	jede Frau	jedes Kind	alle Männer ...

Rules

The above-mentioned indefinite pronouns have the same endings as the indefinite article and can be used in place of it.

1. *Jeder, -e, -es* are only used in the singular; *alle* is used in the plural, or for stronger emphasis *sämtliche:*
   Zu dem Gartenfest soll *jeder Hausbewohner* etwas mitbringen.
   Jeder muß helfen.
   Alle Hausbewohner feierten bis zum späten Abend. *Alle* waren sehr vergnügt.
   Ich habe bei dieser Gelegenheit *sämtliche Hausbewohner* kennengelernt.

2. *Mancher, -e, -es,* plural *manche* refer to one or more undefined persons or things:
   Schon *mancher* (Mensch) hat sich in ihm getäuscht.
   Die Sozialhelferin hat schon *manchem einsamen Menschen* geholfen.
   Manche (Menschen) wollen sich nicht helfen lassen.
   Wir haben schon so *manches* erlebt.

3. a) The neuter pronoun *alles* (nom. acc.), *allem* (dat.) is used when the context is quite clear:
   Jetzt war *alles* wieder genauso wie vorher.
   Man kann mit *allem* fertig werden, wenn man Mut hat.

   b) The singular form *all-* precedes a substantival adjective (upper case!) and nouns with zero article (see § 39 Note). It is declined in the same way as the definite article:
   Ich wünsche Ihnen *alles Gute.* (acc. sg. n)
   Zu *allem Unglück* ist er auch noch krank geworden. (dat. sg. n)
   Sie trennten sich in *aller Freundschaft.* (dat. sg. f)
   Sie hat sich *alle Mühe* gegeben. (acc. sg. f)

   c) The shortened plural form *all* precedes the definite article, a demonstrative pronoun or a possessive pronoun:
   Die Kinder freuten sich über *all die vielen Geschenke.*
   Wer kann sich schon *all diese Sachen* leisten?
   Er hat *all seine Kinder und Enkelkinder* um sich versammelt.

Declension of "andere", "einige", "einzelne", "mehrere", "viele", "wenige"

	Plural
Nom.	viele Leute
Gen.	vieler Leute
Dat.	vielen Leuten
Akk.	viele Leute

Rules

1. The above-mentioned indefinite pronouns have the same form as the zero article adjective in the plural (see § 39 II). They are generally used in the plural:
Es gibt *viele Probleme* in der Landwirtschaft.
Vor *einigen chemischen Substanzen* muß gewarnt werden.
Andere Mittel können ohne Schaden für die menschliche Gesundheit verwendet werden.
Nach dem Streit verließen *einige* den Raum, *andere* diskutierten weiter.
Einzelne teilten die Ansicht des Redners, *mehrere* waren dagegen.
Das Urteil *einiger* wiegt oft schwerer als die Einwände *vieler.*

2. The following neuter forms – singular *anderes* (nom. acc.), *anderem* (dat.), *einiges, einigem, vieles, vielem, weniges, wenigem* are used if the context is clear:
Vieles war noch zu besprechen.
Sie war nur mit *wenigem* einverstanden.

3. The uninflected forms *mehr, viel* and *wenig* occur with nouns with zero article in the singular (see § 3 III and § 39 IV):
Er hatte nur sehr *wenig Geld.*
Kinder sollten *mehr Obst* essen.

4. The uninflected form *mehr* also occurs before nouns in the plural, usually in comparative sentences (see § 31 II and § 40 III):
Es werden *mehr Ärzte* ausgebildet, als gebraucht werden.

Notes

1. The form *anders* (Adverb) answers the question *wie?:*
Sie kleidet sich jetzt *anders* als früher.

2. The following pronouns are used as attributive adjectives: *ander-, einzeln-* in the singular and plural, *viel-, wenig-* only in the plural:
Ich meine *einen anderen Film.*
Wir müssen *jeden einzelnen Fall* genau besprechen.
Wir können *die vielen Kirschen* nicht brauchen.

EXERCISES

1 Complete the following sentences using either "jemand" or "niemand". Use the declinable form.

1. Er war enttäuscht, denn seine Arbeit wurde von . . . anerkannt. 2. Ich kenne . . ., der die Reparatur ausführen kann; aber er ist ziemlich teuer! 3. Wenn du . . . (Gen.) Rat annehmen willst, ist dir nicht zu helfen. 4. Er langweilte sich auf der Party, denn er kannte . . . 5. Wenn ich . . . wirklich gern helfen würde, dann bist du es. 6. Ich mußte alles allein machen; . . . hat mir geholfen. 7. Alte Leute sind oft alleinstehend und haben . . ., der sich um sie kümmert.

2 Practise using "ein-" or "kein-".

> Hat jemand ein Taschenmesser? – Ja, ich habe *eins*.
> – Nein, ich habe *keins*.

1. Möchte jemand ein Butterbrot? 2. Möchte jemand einen Aperitif? 3. Hat jemand ein Lexikon? 4. Hat jemand vielleicht ein Fünfmarkstück? 5. Backt ihr wieder einen Kuchen? 6. Braucht jemand einen Kalender? 7. Hat jemand einen Fahrplan?

3 Complete with "jed-" or "all-" using the correct ending.

1 . . . Gäste waren pünktlich eingetroffen. Fast . . . Gast hatte einen Blumenstrauß mitgebracht. . . . einzelne wurde gebeten, sich in das Gästebuch einzutragen, aber nicht . . . ta-
3 ten es. Das Bufett war schon vorbereitet, und . . . nahm sich, was er wollte. . . . mußten sich selbst bedienen, aber bei . . . den guten Sachen wußte mancher nicht, was er zuerst
5 nehmen sollte. Natürlich gab es für . . . Geschmack etwas zu trinken: Sekt, Wein, Bier, aber auch verschiedene Säfte, denn nicht . . . mochte oder durfte Alkohol trinken. Die
7 Hausfrau hatte sich wirklich . . . Mühe gegeben. . . . schmeckte es offenbar großartig, denn nach zwei Stunden war so gut wie . . . aufgegessen.

§ 38   Numerals

I   Cardinals

Rules

1. The indefinite article *ein, -e, ein* can be used as a numeral in which case it is stressed in spoken German:
   Hinter dem Sportplatz steht nur noch *ein* Haus.
   Ich habe *einen* Zentner Kartoffeln gekauft, nicht zwei.

2. When used as a cardinal *eins* has the same ending as the definite article:
   Nur *einer* von zehn Schülern war anwesend.
   Mit nur *einem* allein kann man keinen Unterricht machen.

3. If the numeral *eins* is used with the definite article, it has the same ending as the adjective after the definite article:

Nach dem Streit sprach *der eine* nicht mehr mit *dem anderen.*
Im Gegensatz zu *dem einen* wird oft *der andere* genannt. (lower case!)

4. a) The cardinal numbers *zwei* and *drei* are only inflected in the genitive and dative case:
   Wir begrüßen die Anwesenheit *zweier / dreier* Präsidenten.
   Sie hatte viele Enkel: mit *zweien / dreien* hatte sie ständig Kontakt.

   b) All the other cardinal numbers up to 999 999 are uninflected.

5. When cardinal numbers function as nouns they are written in upper case:
   Eine Null hinter einer Ziffer bedeutet einen Zehnerabstand.
   Der Schüler bekam *eine Eins* für seine Arbeit.
   Endlich schlug die Glocke *Zwölf.*
   Die Zehn hält da hinten. (Straßenbahn)

6. The following are also written in upper case: *eine Million, zwei Millionen; eine Milliarde, -n; eine Billion, -en:*
   Bei dem Geschäft hat er *eine Million* verdient.

Notes

1. *Beide* and *beides* mean the same as *two*, but they refer back to persons or things already mentioned (*beide*) or context items (*beides*). They are declined in the same way as the definite article:
   Ich habe mit dem Personalchef und dem Abteilungsleiter gesprochen; *beide* haben mir die Stellung zugesagt.
   Die Politik unserer Partei war schwankend, das Wahlergebnis war schlecht; *beides* enttäuschte mich sehr.

2. *Ein Paar* (capital 'P') means *two* persons or things which belong together:
   Die beiden heiraten heute; sie sind *ein hübsches Paar.*

   Ein paar (small 'p') means *a few* people or things:
   Ich habe für den Balkon *ein paar* Blumen gekauft.

3. *Zwölf* means the same as *ein Dutzend* (a dozen):
   Ein Dutzend Eier sind zwölf Eier.

4. *Hunderte, Tausende* etc. (= hundreds or thousands) are used and declined as a subject or object:
   Seit dem Erdbeben leben noch *Hunderte* in Baracken.
   Zum Oktoberfest kommen *Tausende* nach München.
   Bei der nächsten Demonstration rechnet die Polizei mit *Zehntausenden.*

5. Numerals with the fixed ending *-er* are declinable:
   Für den Automaten fehlt mir *ein Zehner.* (= 10 Pfennig)
   Man spricht oft von dem raschen Wirtschaftswachstum *in den Fünfzigern.* (= in the fifties)
   Bewundernswert war die sportliche Leistung eines *Achtzigers.* (= a man between 80 and 90)

Examples for the use of cardinals in spoken German

1. *Clock-time*

Note that there are at least three ways of expressing clock-time in German. The twenty-four hour system is commonly used in spoken German as well as in written German. It is important for English speakers to take special care when expressing clock-time in conjunction with half-past. *Half-past twelve* is *halb eins* in German for example. The English perceive half-past . . . as being half an hour past the previous hour, whilst Germans see half hourly time as half an hour before the approaching hour. You can avoid making mistakes if you say the hour followed by the minutes: e. g. instead of saying *halb eins* etc. you can say *12 Uhr dreißig, 1 Uhr dreißig* etc.

9.00	spoken:	neun Uhr
8.45		acht Uhr fünfundvierzig
		oder: Viertel vor neun
13.30		dreizehn Uhr dreißig
		oder: halb zwei (= nachmittags)
14.50		vierzehn Uhr fünfzig
		oder: zehn (Minuten) vor drei (= nachmittags)

2. *Sums of money in German Marks (Deutsche Mark, pronounced "De-Mark")*

DM 200,–	spoken:	zweihundert Mark
DM 2,98		zwei Mark achtundneunzig
DM 33,50		dreiunddreißig Mark fünfzig
DM 0,55		fünfundfünfzig Pfennig(e)

3. *Temperatures*

14 °C	spoken:	vierzehn Grad Celsius
0 °		null Grad
2 °–		zwei Grad minus
2 °+		zwei Grad plus
29,9 °C		neunundzwanzig Komma neun Grad Celsius

4. *Calculations*

$2 + 2 = 4$	spoken:	zwei plus (und) zwei ist (gleich) vier
$3 - 2 = 1$		drei minus (weniger) zwei ist (gleich) eins
$3 \cdot 3 = 9$		drei mal drei ist (gleich) neun
$21 : 7 = 3$		einundzwanzig (dividiert/geteilt) durch sieben ist (gleich) drei

5. *Dates*

im Jahr(e) 33 v. Chr.	spoken:	dreiunddreißig vor Christus
im Jahr 1024 n. Chr.		(ein)tausendvierundzwanzig nach Christus
1492		vierzehnhundertzweiundneunzig
1800		achtzehnhundert
1984		neunzehnhundertvierundachtzig

Note

In German dates can either be used on their own or preceded by *im Jahr(e)*. The ending *-e* is an old dative ending which can also be omitted.

II Ordinals

Rules

1. The ordinals can be written either in numerals plus a full stop (der 2.) or in letters (*der zweite*). They are always spoken with the appropriate adjective ending (see § 39 I).
2. The form for a question regarding an ordinal item is *der, die, das wievielte?*
3. The ordinals are formed by adding *-te* to the cardinals 2 to 19 (also 102 to 119 and 1002 to 1019 etc.); and from 20 upwards with *-ste*. *Der, die, das erste, der, die, das dritte* and *der, die, das achte* are deviations:

der, die, das	**erste**	der, die, das	zwanzigste
	zweite		einundzwanzigste
	dritte		. . .
	vierte		hundertste
	. . .		hundert**einte**
	siebente (oder: siebte)		hundert**zweite**
	achte (nur ein *t*)		. . .
	. . .		hundertdreißigste
	neunzehnte	der, die das	tausendste
			tausend**einte**
			. . .
			tausenddreißigste

4. Ordinals are inflected and declined like adjectives (see § 39).

   a) In conjunction with a noun:
   Ich habe heute *mein zweites Examen* bestanden.
   Sie arbeitet mit *ihrem dritten Chef* genauso gut zusammen wie mit *ihrem ersten* und *zweiten* (Chef).

   b) Without the article and noun:
   Beim Pferderennen wurde er *Erster.*
   Sein Konkurrent kam erst als *Dritter* durchs Ziel.

   c) Dates:
   Der 1. April (= der erste April) ist ein Freitag.
   Er kommt *am Freitag, dem 13.* (= dem dreizehnten)
   Wir haben heute *den 7. Juli* (= den siebten Juli)

   Letter heading:
   Frankfurt am Main, den 20.8.1984 (= den zwanzigsten achten . . .)
   Heute habe ich Ihren Brief vom 28.8. (= vom achtundzwanzigsten achten) dankend erhalten.

   d) Roman ordinals:
   Karl I. (= Karl der Erste) wurde im Jahr 800 zum Kaiser gekrönt.
   Unter Kaiser *Karl V.* (= Karl dem Fünften) waren Deutschland und Spanien vereint.

5. Ordinals with no ending after *zu:*
   Zu meinem Geburtstag waren wir nur *zu dritt.*
   Er brachte seine gesamte Familie mit; sie waren *zu sechst.*

6. Ordinals with no ending with a superlative:
Der *zweitschnellste* Läufer kam aus Argentinien.
Die besten Skiläufer kamen aus Österreich, die *drittbesten* aus Schweden.

Notes

1. *Der erste* occurs at the beginning of a series, *der letzte* at the end:
Die ersten Besucher bekamen gute Plätze, *die letzten* mußten stehen.

2. If two persons or things of the same gender are referred to in a preceding sentence, it helps to make the context clearer if *der erstere* and *der letztere* are used (also in the plural):
Der Geselle und der Meister stritten sich. *Der erstere* fühlte sich unterdrückt, *der letztere* (fühlte sich) ausgenutzt.

III More numerals

1. **Fractions** refer to a part of the whole.
   a) The half of a whole is *ein halb*:
   $^1/_2 \cdot {}^1/_2 = {}^1/_4$ (ein halb mal ein halb ist ein viertel)

As an adjective:	Ein *halbes* Kilo Kirschen, bitte.
Numeral + fraction:	Wir müssen noch ca. *viereinhalb* Kilometer laufen.
	Er war *anderthalb* Jahre in Persien. (= *ein und ein halbes Jahr*; auch: *eineinhalb*)

   b) All other fractions are formed by replacing the final *-te* of the ordinals by *-tel*. They are not declined.

As nouns:	Ich gebe *ein Drittel* meines Gehalts für Miete aus.
	Ein Fünftel der Einwohner sind Bauern.
Fraction + noun:	Sie bearbeitet ein Maschinenteil in einer *achtel* Minute.
	Die letzte *viertel* Stunde (oder: Viertelstunde) war quälend.
Number + fraction:	Er lernte die Sprache in einem *dreiviertel* Jahr.
	Er siegte mit einem Vorsprung von *fünfachtel* Sekunden.

2. **Sequence numbers** indicate the order of a particular list. They are formed from the ordinals and *-ens*. They are not declined.

Sequence in numbers:	Repariert wurden *1.* die Bremsen (erstens), *2.* der Auspuff (zweitens), *3.* der Blinker (drittens).
In a text referring to a list of things:	Ich war von dem Sprachkurs begeistert, weil *erstens* der Unterricht gut war, *zweitens* die anderen Teilnehmer sehr nett waren und ich *drittens* eine Menge gelernt habe.

3. **Repetitive numbers** answer the question *wie oft? wievielmal?* As adverbs they are formed by adding *-mal*. They are not declined. As adjectives they are formed by adding *-malig* and the appropriate adjective ending:

Adverb: Ich bin ihm nur *einmal* begegnet.
                         Wir haben bei euch schon *fünfmal* angerufen.
Adjective: Das war eine *einmalige* Gelegenheit.
                         Nach *viermaliger* Behandlung war der Patient geheilt.

Notes

a) After *einmal* it is usual to count on with an ordinal and *-mal* or *Mal*:
Wir klingelten *einmal,* dann *zum zweiten Mal (zum zweitenmal),* aber erst *beim dritten Mal (beim drittenmal)* machte jemand die Tür auf.

b) Indefinite repetitive numbers are *vielmals, mehrmals, oftmals*:
Ich bitte *vielmals* um Entschuldigung.
Im Kaufhof ist schon *mehrmals* eingebrochen worden.

4. **The twofold, threefold words** etc., refer to items which occur more than once. They are formed from the cardinals + *-fach*. They can function as adverbs (undeclined) or as adjectives (declined):
As adverbs: Die Tür ist *dreifach* gesichert.
As adjectives: Man muß den Antrag in *fünffacher* Ausfertigung vorlegen.

Notes

a) If something occurs twice, *doppelt* can also be used:
Wir müssen *doppelt* soviel arbeiten wie die anderen.
Das nützt nichts, das bringt nur *doppelten* Ärger.

b) Indefinite numerals of the above category are *mehrfach, vielfach*:
Man kann Kohlepapier *mehrfach* benutzen.

c) The way in which something is done can be emphasized by using *vielfältig*:
Er erhielt eine *vielfältige* Ausbildung.

5. **Numerals** refer to various types or possibilities. They are formed from the cardinals + *-erlei*. They are indeclinable:
Der Schrank ist aus *zweierlei* Holz gebaut.
Es gibt *hunderterlei* Möglichkeiten, eine Lösung zu finden.

Note

Einerlei has two meanings:
Das ist mir *einerlei.* (= immaterial)
Hier gilt *einerlei* Recht. (= only one)

EXERCISES

1 Numeral comparisons

D stands for the Federal Republic of Germany, A for Austria, and CH for Switzerland. All the numerals are round numbers (km² = square kilometers).

	D	A	CH
Fläche in 1000 km²	357	84	41
Einwohner in Mill.	79	7	6,7
Einwohner pro km²	221	90	163
Ausländer in Mill.	4,9	0,3	1,1
Ausländer im Verhältnis zur Gesamtbevölkerung	6,2 %	4 %	16 %

Figures for 1990.

Read the above table out loud in the following way:

Deutschland hat eine Fläche von dreihundertsiebenundfünfzigtausend Quadratkilometern und ... Millionen Einwohner, das sind ... pro ...; es leben vier Komma neun Millionen Ausländer in Deutschland, d. h. auf hundert Einwohner kommen sechs Ausländer.

2 Flächen

(D) ist fast (9) ... wie die Schweiz.
Deutschland ist fast *neunmal so groß* wie die Schweiz.

1. (CH) ist rund (1/9) ... (D). 2. (A) ist rund (1/4) ... (D). 3. (A) ist mehr als (2) ... (CH). 4. (CH) ist weniger als (1/2) ... (A). 5. (D) ist etwa (4) wie (A).

3 Einwohnerzahlen

Verglichen mit (CH) hat (D) fast die (12) ... Einwohnerzahl.
Verglichen mit der Schweiz hat Deutschland fast die *zwölffache* Einwohnerzahl.

1. ... (A) ... (D) ... (10). 2. ... (A) ... (CH) ... (1) (fast die gleiche).

4 Bevölkerungsdichte

Die Bevölkerungsdichte in (D) ist etwa (2,5) ... (A). – Die Bevölkerungsdichte in Deutschland ist etwa *zwei Komma fünf mal so groß* wie in Österreich.

1. ... (CH) ... (1,8) ... (A). 2. ... (D) ... (über 1,3) ... (CH).

5 Zahl der Ausländer im Verhältnis zur Gesamteinwohnerzahl

> In (D) ist von 100 Einwohnern jeder (16) ein Ausländer.
> In Deutschland ist von 100 Einwohnern jeder *sechzehnte* ein Ausländer.

Work out the numbers for Austria and Switzerland.

6 Zahl der Ausländer im Vergleich

Wieviel mehr Ausländer gibt es in Deutschland, a) verglichen mit Österreich, b) verglichen mit der Schweiz?

7 Große Städte im deutschsprachigen Raum (in thousands)

Bundesrepublik Deutschland		Schweiz	
Berlin	3268	Zürich	370
Hamburg	1793	Basel	182
München	1293	(Genf*)	156
Köln	995	Bern	145
Essen	715		
Frankfurt am Main	670		
Düsseldorf	663	Österreich	
Dortmund	640	Wien	1516
Stuttgart	633	Graz	243
Leipzig	563	Linz	197
Dresden	516	Salzburg	138
Chemnitz	316	Innsbruck	116
Magdeburg	289		
Halle/Saale	232		

(* im französischen Sprachgebiet)

Read the above table out loud. Notice that the numerals are given in thousands.
E. g.: *Zürich hat dreihundertsiebzigtausend Einwohner.*

8 Wie heißen die drei größten Städte der angeführten drei Staaten?

Die größte Stadt Österreichs ist Wien, die *zweitgrößte* ist . . ., usw.

9 An wievielter Stelle der Städte des Landes stehen:

> z. B. München und Köln? – München und Köln stehen an der *dritten* und *vierten* Stelle der Städte in der Bundesrepublik.

1. Dortmund und Düsseldorf? 2. Bern? 3. Salzburg und Innsbruck? 4. Wien und Graz? 5. Leipzig und Dresden? 6. Magdeburg und Halle?

10 **Basel ist die zweitgrößte Stadt der Schweiz.** Und Bern? Stuttgart? Chemnitz? Salzburg? Innsbruck? Magdeburg? Essen? Graz?

11 Compare the size of the cities below.

Hamburg – Stuttgart: Hamburg ist ungefähr *dreimal* so groß wie Stuttgart.

1. Zürich – Basel 2. Köln – Düsseldorf 3. Essen – Zürich 4. Berlin – Dortmund 5. Köln – Graz 6. Wien – Innsbruck

12 Complete the following:

Die Einwohnerzahlen (2) . . . Städte in der Bundesrepublik sind ungefähr gleich groß: Frankfurt und Düsseldorf. Erst_ hat . . ., letzt_ . . . Einwohner.
Nennen Sie die Einwohnerzahlen (3) . . . Städte in Österreich. Stuttgart und München sind Großstädte in Süddeutschland; erst_ ist die Hauptstadt des Landes Baden-Württemberg, letzt_ ist die Hauptstadt des Landes Bayern.

13 Practise according to the following example. Omit the words in italics.

eine Briefmarke *für* 80 *Pfennig:* eine achtziger Briefmarke
eine *Frau von* neunzig *Jahren:* eine Neunzigerin

1. eine 40-*Watt*-Birne
2. eine 100-*Watt*-Birne
3. ein Wein *aus dem Jahr* 82
4. ein rüstiger *Mann von* 80 *Jahren*
5. eine freundliche *Dame von* 70 *Jahren*
6. eine Buskarte, *mit der man* sechs*mal fahren kann*

7. ein Fünf-*Pfennig-Stück*
8. ein Zwanzig-*Mark-Schein*
9. die Jahre *von 70 bis 79*
10. ein *Tennisspiel zu* viert
11. ein *Kanu für* zwei *Personen*

14 Complete the following sentences by inserting one of the following: -erlei (e. g. dreierlei), -fach (e. g. sechsfach), -mal (e. g. zigmal).

1. Bei Ihrer Reise gibt es (viel) . . . zu bedenken: Sie benötigen einen Impfschein in (3) . . . Ausfertigung. (3) . . . müssen Sie bedenken: 1. Die Reise birgt (1000) . . . Gefahren. 2. Das Benzin ist dort (1 ½) . . . so teuer wie bei uns. 3. Sie bekommen (kein) . . . Ersatzteile.
2. In diesem vornehmen Hotel zahlst du bestimmt das (3) . . . für die Übernachtung. (10) . . . Menus stehen auf der Speisekarte.
3. Wenn du mich besuchen willst, mußt du (2) . . . an der Haustür klingeln. Das erzähle ich dir jetzt schon zum (3) . . . .
4. Der Trapezkünstler im Zirkus machte einen (3) . . . Salto. Nach (aller) . . . Kunststücken ließ er sich ins Netz fallen.
5. Auf (viel) . . . Wunsch wiederholen wir heute das Konzert vom Sonntag.
6. Ich habe nun schon (zig) . . . versucht, dich zu erreichen; wo warst du bloß so lange?
7. Wenn du so umständlich arbeitest, brauchst du die (3) . . . Zeit.
8. Die Bluse gibt es in (2) . . . Ausführung: mit kurzem und mit langem Arm.

15   Read the following exercise aloud, completing the missing endings.

1. Bitte schicken Sie mir die Unterlagen bis spätestens Donnerstag, d_ 8.4. 2. Ostern ist ein beweglicher Feiertag. 1983 fiel Ostern auf d_ 11./12.4. 3. Weihnachten hingegen ist immer a_ 25./26.12. 4. Hamburg, d_ 28.2.19_ 5. Vielen Dank für Ihren Brief v_ 28.2.! 6. Heute ist d_ 1. Mai! 7. Auf d_ 1. Mai haben wir uns schon gefreut. 8. In der Zeit v_ 27.12. bis 2.1. bleibt unser Geschäft geschlossen.

16   Read aloud.

1. Karl V., ein Enkel Maximilians I., wurde 1520 in Aachen zum Kaiser gekrönt.
2. Ludwig XIV. ließ das Schloß von Versailles bauen. Viele deutsche Fürsten richteten sich in ihrem verschwenderischen Lebensstil nach Ludwig XIV.
3. Der Preußenkönig Friedrich II., ein Sohn Friedrich Wilhelms I. und Enkel Friedrichs I., erhielt später den Beinamen "der Große".
4. Mit 361 gegen 360 Stimmen des Konvents verurteilte man Ludwig XVI. 1793 zum Tode.

17   Read the following numerals aloud in two different ways:

17.30   12.20   9.15   11.50   23.57   19.45   14.40   0.03   0.45

18   Read the following amounts aloud:

DM 17,20   9,75   376,88   1022,07   536 307,–   1 054 940,–

19   Read the following calculations aloud:

$4 + 7 = 11$ $17 - 8 = 9$ $9 \cdot 17 = 153$ $67 \cdot 44 = 2948$
$9 - 5 = 4$ $86 + 14 = 100$ $84 : 12 = 7$ $99 : 11 = 9$

20   Read the following text aloud. Insert the sequence numerals in each of the sentences below according to III/2: ". . . entzogen, weil er erstens zu . . ., er zweitens . . .", etc.

Ihm wurde der Führerschein entzogen. Gründe:

1. Er war zu schnell gefahren.
2. Er hatte 0,4 Promille Alkohol im Blut.
3. Er hatte die Kreuzung bei Rot überfahren.
4. Er hatte sechs andere Fahrzeuge beschädigt.

§ 39   Declination of the Adjective

English-speaking students of German should observe that unlike English adjectives which retain the same form in all contexts, German adjectives are declined, that is, they change their endings according to the words they accompany.
They remain unchanged only when used predicatively, that is after a verb:
Das Auto ist *neu*. / The car is *new*.
Das Seminar war sehr *langweilig*. / The seminar was very *boring*.

Note the following spelling changes when adjectives are declined:
When the adjective *hoch (high)* is declined its stem changes to *hoh-*: Das Haus ist sehr *hoch.*– The house is very *high*.
but: Das ist ein sehr *hohes* Haus. – That is a very *high* house.
Adjectives ending in *-el* lose the *-e* of their stem:
Das Zimmer ist *dunkel*. – The room is dark.
but: Das Kind schläft in dem *dunklen* Zimmer. – The child is sleeping in the dark room.

Adjectives with an *-er* ending very often lose the *-e* of their stem:
Das Kleid war *teuer*. The dress was expensive.
but: Sie kaufte ein *teures* Kleid. – She bought an expensive dress.

I   Declination with the definite article

	maskulin	feminin	neutral
Singular	**der junge Mann** des jungen Mannes dem jungen Mann den jungen Mann	**die junge Frau** der jungen Frau der jungen Frau **die junge Frau**	**das kleine Kind** des kleinen Kindes dem kleinen Kind **das kleine Kind**
Plural	die jungen Männer der jungen Männer den jungen Männern die jungen Männer	die jungen Frauen der jungen Frauen den jungen Frauen die jungen Frauen	die kleinen Kinder der kleinen Kinder den kleinen Kindern die kleinen Kinder

Rules

1. All the adjective forms in bold letters have the *e*-ending in the singular. All the others end in *-en*. All forms take the *-en* ending in the plural.

2. The following can be used in place of the definite article (see § 36 and 37): *dieser, diese, dieses;* plural: *diese*
   Dies*es* schön*e* Haus wurde um 1900 gebaut.

   jener, jene, jenes; plural: jene
   Jen*e* wirtschaftlich*en* Probleme, die wir diskutiert haben, sind noch ungelöst.

   jeder, jede, jedes; plural: alle
   Jed*er* dritt*e* Teilnehmer mußte wegen Grippe zu Hause bleiben.
   All*e* abwesend*en* Teilnehmer erhalten das Protokoll per Post.

mancher, manche, manches; plural: manche
Manch*er* alt*e* Rentner bekommt zuwenig Geld.

solcher, solche, solches; plural: solche
Mit solch*em* alt*en* Werkzeug kann man nicht arbeiten.

welcher, welche, welches; plural: welche
Welch*es* englische Wörterbuch möchtest du dir kaufen?

derjenige, diejenige, dasjenige; plural: diejenigen
Diejenig*en* ausländisch*en* Studenten, die eingeschrieben sind, möchten sich bitte im Zimmer 6 melden.

derselbe, dieselbe, dasselbe; plural: dieselben
Jeden Morgen steht derselb*e* rothaarig*e* Polizist an der Ecke.

Beide can occur instead of the definite article or as an independent adjective with the definite article:
Beid*e* alt*en* Leute sind am gleichen Tag gestorben.
Die beiden alt*en* Leute waren fünfzig Jahre verheiratet.

Sämtliche (= alle), irgendwelche are generally used in the plural:
Wir haben sämtlich*e* undicht*en* Fenster erneuert.
Hast du noch irgendwelch*e* alt*en* Sachen für das Rote Kreuz?

Notes

1. *All-, sämtlich-, irgendwelch-* precede a nominal adjective in the singular or they precede a zero article noun in place of the definite article (see § 37 II 3):
   all*es* Gute, all*er* grau*e* Beton, mit sämtlich*em* schwer*en* Gepäck, irgendwelch*es* unbrauchbare Zeug

2. *Einig-* is used in the same way, but only in the singular form (plural, see § 37 II):
   einig*es* Wesentlich*e*, nach einig*er* groß*en* Anstrengung

3. There are a couple of things to look out for when using adjectives:
   a) Adjectives ending in *-el*:
dunkel	but:	die dun*kle* Straße
edel		ein e*dler* Wein
eitel		ein ei*tles* Mädchen
nobel		ein no*bles* Geschäft

   b) Adjectives ending in *-er*:
sauer	but:	der sau*re* Apfel
teuer		ein teu*res* Auto
compare: bitter		ein bitt*erer* Geschmack
finster		ein finst*erer* Tunnel

   c) hoch   but: ein ho*hes* Gebäude

   d) Adjectives ending in *-a* are indeclinable:
      eine ros*a* Blume, ein lil*a* Kleid
      eine prim*a* Idee

   e) Adjectives derived from town names end in *-er*. They are indeclinable and are always written with capitals:
      der Hamburg*er* Hafen, in der Berlin*er* S-Bahn, zum New York*er* Flughafen,
      See also: der Schweiz*er* Käse, die Schweiz*er* Banken

EXERCISES

1 Put in the endings.

1. der freundlich_ Herr; die alt_ Dame; das klein_ Mädchen
2. wegen des freundlich_ Herrn; wegen der alt_ Dame; wegen des klein_ Mädchens
3. mit dem freundlich_ Herrn; mit der alt_ Dame; mit dem klein_ Mädchen
4. ohne den freundlich_ Herrn; ohne die alt_ Dame; ohne das klein_ Mädchen
5. dieser alt_ Esel; jene klein_ Hexe; manches groß_ Kamel; wegen . . .; von . . .; für . . .
6. dieser dunkl_ Wald; jene nass_ Wiese; das tief_ Tal; oberhalb . . .; gegenüber . . .; durch . . .
7. der teur_ Mantel; die golden_ Halskette; das wertvoll_ Schmuckstück; statt . . .; mit . . .; ohne . . .
8. derselbe frech_ Junge; dieselbe mutig_ Frau; dasselbe vergeßlich_ Fräulein; wegen . . .; bei . . .; für . . .

2 Do the same here:

1. die link_ Politiker; trotz der . . .; von den . . .; über die . . .
2. die recht_ Parteien; wegen der . . .; mit den . . .; ohne die . . .
3. die schweren Lastwagen; infolge der . . .; zwischen den . . .; durch die . . .
4. die zu engen Schuhe; trotz der . . .; mit den . . .; ohne die . . .
5. sämtliche jung_ Männer; trotz . . .; von . . .; gegen . . .
6. beide alt_ Freunde; von . . .; mit . . .; für . . .

3 Change the phrases in exercise 1 into the plural and in exercise 2 into the singular using all the cases.

II Declension with the indefinite article

	maskulin			feminin			neutral		
Singular	**ein**	**junger**	**Mann**	**eine**	**junge**	**Frau**	**ein**	**kleines**	**Kind**
	eines	jungen	Mannes	einer	jungen	Frau	eines	kleinen	Kindes
	einem	jungen	Mann	einer	jungen	Frau	einem	kleinen	Kind
	einen	jungen	Mann	**eine**	**junge**	**Frau**	**ein**	**kleines**	**Kind**
Plural		junge	Männer		junge	Frauen		kleine	Kinder
		junger	Männer		junger	Frauen		kleiner	Kinder
		jungen	Männern		jungen	Frauen		kleinen	Kindern
		junge	Männer		junge	Frauen		kleine	Kinder

Rules

1. It is important to note the five adjective forms of the singular in bold print in the above table. All the other forms take the ending -*en*.
   The plural is used without the article. Instead, the adjectives have the endings of the definite article:

   nom.: -e (di*e*)   dat.: -en (d*en*)
   gen.: -er (d*er*)   acc.: -e (di*e*)

2. Adjectives after cardinal numbers have the same endings as plural adjectives without the article:
Zwei klein*e* Kinder spielen im Hof.
Ich habe dir *drei* neu*e* Zeitschriften mitgebracht.

3. The following indefinite numerals and the adjectives that follow them have the same endings as plural adjectives without the article: *andere, einige, etliche, folgende, mehrere, verschiedene, viele, wenige:*

Singular: mit *einem* nett*en* Freund	Plural: mit *anderen* nett*en* Freunden
das Ergebnis *einer* lang*en* Besprechung	das Ergebnis *einiger* lang*er* Besprechungen
ein alt*er* Baum	*viele* alt*e* Bäume

EXERCISES

1 Put the following examples with their prepositions into the four cases.

1. ein treu_ Hund; wegen . . .; außer . . .; durch . . . 2. ein tief_ Tal (n); ein falsch_ Paß; eine gefährlich_ Kurve (f); ein zerbrochen_ Glas; eine gut_ Freundin; ein wichtig_ Brief

2 Practise according to the following example:

> A: Ein *zerbrochener* Spiegel!
> B: Was soll ich denn mit *einem zerbrochenen* Spiegel?
>   *Einen zerbrochenen* Spiegel kann ich doch nicht gebrauchen!

1. ein zerrissen_ Tischtuch 2. ein kaputt_ Auto 3. ein defekt_ Fernseher 4. ein wacklig_ Stuhl 5. ein abgetreten_ Teppich (m) 6. eine durchgebrannt_ Birne (f) 7. eine ungenau gehend_ Uhr 8. ein verbogen_ Fahrrad 9. ein uralt_ Kinderwagen 10. ein stumpf_ Messer (n) 11. ein alt_ Wecker (m) 12. ein veraltet_ Lexikon (n)

3 Put in the endings.

1. mit ein_ interessant_ Bericht (m) 2. für ein schön_ Erlebnis 3. ohne ein_ freundlich_ Gruß (m) 4. außer ein_ klein_ Kind 5. während ein_ gefährlich_ Fahrt 6. mit ein_ tüchtig_ Angestellten (f) 7. gegen ein_ stärker_ Gegner 8. durch ein_ älter_ Arbeiter 9. mit ein_ zuverlässig_ Freund 10. außer ein_ alt_ Regenschirm (m) 11. statt ein_ freundlich_ Wortes 12. ein höflich_ Mensch 13. wegen ein_ schwer_ Unfalls 14. infolge ein_ leicht_ Verletzung 15. mit ein_ hilfsbereit_ Schüler 16. ohne ein_ schwer_ Fehler 17. mit ein_ klein_ Pause (f) 18. durch ein_ stark_ Schlag (m) 19. für ein_ gut_ Zweck (m) 20. infolge ein_ stark_ Sturms (m) 21. ein intelligent_ Junge 22. ein klug_ Mädchen

4 Put the sentences in exercise 2 and 3 into the plural.

5 Im Kaufhaus – Practise the singular and plural forms. B gives an appropriate answer, e. g.: "in der Campingabteilung / im 3. Stock", etc.

> elektrisch / Kaffeemaschine (f)
> A: Ich möchte bitte eine *elektrische* Kaffeemaschine.
> B: *Elektrische* Kaffeemaschinen gibt es in der Haushaltsabteilung.

1. tragbar / Fernseher (m) 2. vollautomatisch / Waschmaschine (f) 3. unzerbrechlich / Milchflasche (f) 4. waschbar / Schaffell (n) 5. einbändig / Wörterbuch (n) 6. rund / Tischtuch (n) 7. wasserdicht / Taschenlampe (f) 8. lila (!) / Möbelstoff (m) 9. rosa (!) / Handtuch (n) 10. bunt / Kopftuch (n) 11. echt / Perlenkette (f) 12. dreiflammig / Gasherd (m)

III Declension with the possessive pronoun

	maskulin			feminin			neutral		
Sg.	**mein**	**alter**	**Freund**	**meine**	**alte**	**Freundin**	**mein**	**altes**	**Auto**
	meines	alten	Freundes	meiner	alten	Freundin	meines	alten	Autos
	meinem	alten	Freund	meiner	alten	Freundin	meinem	alten	Auto
	meinen	alten	Freund	**meine**	**alte**	**Freundin**	**mein**	**altes**	**Auto**
Pl.	meine	alten	Freunde	meine	alten	Freundinnen	meine	alten	Autos
	meiner	alten	Freunde	meiner	alten	Freundinnen	meiner	alten	Autos
	meinen	alten	Freunden	meinen	alten	Freundinnen	meinen	alten	Autos
	meine	alten	Freunde	meine	alten	Freundinnen	meine	alten	Autos

Rules

1. In the singular the adjective forms are the same as after the indefinite article. In the plural all the forms have the ending *-en*.

2. *Kein, keine, kein*; plural: *keine* are declined in the same way as the possessive pronoun:
   Das ist kein*e* besonder*e* Neuigkeit.   Das sind kein*e* besonder*en* Neuigkeiten.
   Wir brauchen kein neu*es* Fahrrad.   Wir brauchen kein*e* neu*en* Fahrräder.

EXERCISES

1 Make questions. Put in endings where necessary and make your own answers.

> Wo ist denn dein_ alt_ Fernseher?
> A: Wo ist denn *dein alter* Fernseher?
> B: *Meinen alten* Fernseher habe ich verschenkt.

The question sounds more polite when asked in the following way: *Wo ist eigentlich dein alter Fernseher geblieben?*
Wo ist . . . / Wo sind . . .
1. mein_ alt_ Fahrrad? 2. dein_ gestreift_ Kleid? 3. euer_ wertvoll_ Teppich? 4. eur_ chinesisch_ Vase (f)? 5. Ihr krank_ Hund? 6. eur_ gestrig_ Zeitung? 7. Ihr_ herrlich_ Bilder? 8. dein zweit_ Auto? 9. Ihr_ antik_ Tischlampe?

2 **Make questions with the help of the following table and find appropriate answers.**

			elegant_ Wagen (m)	
Was hast du		mein_	schnell_ Motorrad (n)	
		dein_	alt_ Wohnung (f)	
Was habt ihr	mit	sein_	viel_ Geld (n)	
		ihr_	früher_ Vertrag (m)	gemacht?
Was haben sie		unser_	schwarz_ Katze (f)	
	ohne	euer_	alt_ Möbel (Pl.)	
Was haben Sie		Ihr_	selten_ Briefmarken (Pl.)	
			hübsch_ Garten (m)	
			zweit_ Garage (f)	

3 **Put in an ending in the genitive case in the singular and plural where necessary.**

1. wegen ihr_ frech_ Bemerkung_ 2. trotz unser_ wiederholt_ Anfrag_ 3. wegen sein_ interessant_ Bericht_ 4. trotz sein_ unfreundlich_ Brief_ 5. wegen ihr_ krank_ Kind_ 6. während unser_ lang_ Reise_ 7. wegen sein_ ungenau_ Aussage_ (f) 8. trotz ihr_ hoh_ Rechnung_

IV Declension with zero article in the singular

	maskulin	feminin	neutral
Nom.	guter Wein	klare Luft	reines Wasser
Gen.	guten Weines	klarer Luft	reinen Wassers
Dat.	gutem Wein	klarer Luft	reinem Wasser
Akk.	guten Wein	klare Luft	reines Wasser

Rules

1. The adjective takes the definite article ending, except in the masculine and neuter genitive (ending -en).

2. Indefinite collective nouns are often used without the article. They are uncountable and have therefore no plural form. The following items belong to this category:
   a) non-count concrete nouns and liquids, like *Holz, Eisen, Beton, Wasser, Öl, Benzin*, etc. (see § 3 III 2):
   Der Teller ist aus rein*em* Gold.
   Auf dem Bauernhof gibt's frische Milch.
   Schon der Geruch stark*en* Kaffees belebt mich.
   b) abstract non-count nouns (often with a preposition), like *Mut, Ehrgeiz, Angst*, etc. (see § 3 III 2):
   Alt*e* Liebe rostet nicht.
   Er kämpfte mit groß*em* Mut und zäh*er* Ausdauer für seine Überzeugung.
   Rastlos*er* Ehrgeiz trieb ihn vorwärts.

3. Quantifiers with zero ending such as *allerlei, etwas, genug, mancherlei, mehr, viel, wenig* are often followed by expressions of indefinite amount:
Im Keller liegt *allerlei* unbrauchbare*s* Zeug.
Heute trinkt man *mehr* schwarz*en* Tee als früher.
Ich habe nur noch *etwas* trocken*es* Brot.

4. A substantival adjective often follows *nichts* and the above-mentioned quantifiers *allerlei* etc. It is declined and written with a capital letter:
Bei meiner Ankunft habe ich *etwas* Unangenehme*s* erlebt.
Dabei hatte ich mit *nichts* Böse*m* gerechnet.

Note

Some non-count nouns have a plural form with a new meaning:
die Abwässer = schmutziges, gebrauchtes Wasser
die Fette = verschiedene von Tieren oder Pflanzen stammende Fettarten, z. B. Butter, Schmalz
die Lüfte = (poet.) eine sanfte Luftbewegung
die Hölzer = verschiedene Holzarten
die Weine = Weinsorten

EXERCISES

1 Begin each sentence with "Hier steht bzw. liegt ..."

Hier steht *kühles* Bier.

1. kühl_ Bier	6. warm_ Milch	11. lecker_ Kuchen
2. rot_ Wein	7. erfrischend_ Limonade	12. gesalzen_ Butter
3. kalt_ Sekt (m)	8. schwarz_ Tee	13. geräuchert_ Speck (m)
4. eisgekühlt_ Wasser	9. stark_ Kaffee	14. kalt_ Braten (m)
5. echt_ Obstsaft (m)	10. frisch_ Brot	15. heiß_ Suppe

2 Using exercise 1 say what you want to offer or what you don't want to offer your guests, e. g. "Ich will sie mit ... bewirten, ... "

... mit kühl_ Bier, nicht mit warm_ Milch.

3 Ask your guests to help themselves to another cup of tea (eine Tasse / einen Teller / ein Stück / eine Scheibe) ... , e. g.:

... ein Glas *kühles* Bier!

This type of question sounds more polite in the negative form: *Möchten Sie nicht noch ein Glas kühles Bier?*

V   Declension with zero article in the singular and plural

	maskulin	feminin	neutral
Singular	Evas alter Lehrer	Evas alte Lehrerin	Evas altes Heft
	–	–	–
	Evas altem Lehrer	Evas alter Lehrerin	Evas altem Heft
	Evas alten Lehrer	Evas alte Lehrerin	Evas altes Heft
Plural	Evas alte Lehrer	Evas alte Lehrerinnen	Evas alte Hefte
	–	–	–
	Evas alten Lehrern	Evas alten Lehrerinnen	Evas alten Heften
	Evas alte Lehrer	Evas alte Lehrerinnen	Evas alte Hefte

Rules

The adjective declension with zero article in the singular and plural is only used in a few cases. The adjective endings in the plural are the same as the plural form of the definite article. The declension with zero article occurs
a) after a preceding genitive:
Ich habe mir *Roberts neues Haus* angesehen.
In unserer Bibliothek stehen *Goethes gesammelte Werke.*
b) after the interrogative pronoun *wessen*:
Mit *wessen altem Auto* wollt ihr diesmal nach Spanien fahren?
Wessen klugen Ratschlägen bist du gefolgt?
c) after the relative pronoun in the genitive case *dessen, deren, dessen*; plural *deren* (see
§ 35 II 2):
Die Freundin, *in deren gemütlicher Wohnung* ich in den Ferien gewohnt habe, . . .
Der Nachbar, *dessen reicher Onkel* aus Amerika gekommen ist, . . .
d) after the rarely used pronouns with no ending *manch, solch, welch*:
manch gut*er* Freund   manch gut*e* Freunde
auf solch fruchtbar*em* Feld   auf solch fruchtbar*en* Feldern
e) after the personal pronoun as a form of address. In the singular the adjective is declined according to the declension with zero article:
Du arm*es* Kind!
Mir ehrlich*em* Steuerzahler bleibt nichts erspart.
In the plural, however, the adjective always has the *-en* ending:
wir klein*en* Rentner, mit uns schlechtbezahlt*en* Hilfsarbeitern.

EXERCISES

1   An der Garderobe ist einiges hängen- bzw. liegengeblieben.

rot_ Halstuch (n) . . . Ulla
A: Wessen *rotes* Halstuch ist das?
B: Das ist Ullas *rotes* Halstuch.

1. hübsch_ Tasche . . . Ilse 2. alt_ Hut . . . Albert 3. warm_ Mantel . . . Uta 4. gelb_ Mütze (f) . . . Ruth 5. hölzern_ Armband (n) . . . Gisela 6. wollen_ Schal . . . Richard 7. weiß_ Handschuhe (Pl.) . . . Ingeborg 8. blau_ Jacke . . . Hans 9. braun_ Kamm (m) . . . Inge 10. klein_ Kalender (m) . . . Michael

2 Using the phrases in exercise 1, practise according to the following example:

a

Gib mir Ullas *rotes* Halstuch! Ich bring' es ihr.

b

A: Was machst du denn mit Ullas *rotem* Halstuch? B: Ich will es ihr bringen.

Adjective declension: Revision

3 Put in the endings. Find an appropriate explanation in the right hand column for the idiomatic expression on the left.

1. ein salomonisch_ Urteil (n)

2. in den saur_ Apfel beißen

3. jdn. mit offen_ Armen empfangen

4. mit einem blau_ Auge davonkommen

5. jdm. golden_ Berge versprechen

6. wie ein Blitz aus heiter_ Himmel
7. jdm. golden_ Brücken bauen
8. etw. geht nicht mit recht_ Dingen zu
9. dunk_ Geschäfte machen

10. jdn. wie ein roh_ Ei behandeln
11. die erst_ Geige spielen

12. jdm. mit gleich_ Münze (f) heimzahlen, oder: Gleich_ mit Gleich_ vergelten
13. etwas an die groß_ Glocke hängen

14. sich keine grau_ Haare wachsen lassen
15. auf keinen grün_ Zweig kommen

a) ein bestimmt_ Geschehen (n) überall weitererzählen

b) jdm. einen freundlich_ Empfang bereiten

c) die wichtigst_ Person in einer Gruppe sein

d) unrechtmäßig_, betrügerisch_ Handel (m) treiben

e) jdm. groß_ Versprechungen machen, aber das gegeben_ Wort nicht halten

f) jdm. großzüg_ Hilfe anbieten
g) eine klug_ Entscheidung
h) sich keine unnötig_ Sorgen machen
i) nur leicht_ Schaden (m) erleiden, obwohl beinah etwas Schlimm_ passiert wäre

j) ein ganz unerwartet_ Ereignis (n)
k) zu einer unangenehm_ Handlung gezwungen sein
l) im Leben keinen recht_ Erfolg haben

m) jdm. etw. mit der gleich_ Härte zuzurückgeben
n) ein unerklärlich_ Geschehen / eine ungesetzlich_ Handlung
o) mit jdm. mit groß_ Vorsicht (f) umgehen

4 Put in the endings and try to find an explanation for the following idioms:

1. Er wirkt wie ein rot_ Tuch auf mich. 2. vor sein_ eigen_ Tür kehren. 3. Er ist ein Schuft reinst_ Wassers. (Schuft = böser Mensch) 4. etw. ist für den hohl_ Zahn 5. sauer verdient_ Geld 6. alles in rosig_ Licht sehen 7. am gleich_ Strang (m) ziehen (Strang = dickes Seil) 8. leer_ Stroh (n) dreschen 9. taub_ Ohren predigen (Dat.) 10. rein_ Tisch machen 11. hinter schwedisch_ Gardinen sitzen 12. mit offen_ Augen ins Unglück rennen 13. etw. beim richtig_ Namen nennen 14. auf dem letzt_ Loch pfeifen 15. Er ist mit dem link_ Bein zuerst aufgestanden. 16. wie auf glühend_ Kohlen sitzen 17. jdm. klar_ Wein einschenken 18. Er ist ein schwer_ Junge. 19. im siebent_ Himmel sein 20. frei_ Hand haben 21. nur mit halb_ Ohr zuhören 22. nur ein halb_ Mensch sein

5 Put in the endings.

a) Doppelt so teuer!

1 Eine kalifornisch_ Filmgesellschaft wollte einen spannend_ Goldgräberfilm drehen, der zum groß_ Teil in den Wäldern des nördlich_ Kanada spielen sollte. Man hätte natür-
3 lich das winterlich_ Goldgräberdorf in den Filmstudios nachbauen können, und die nachgemacht_ Holzhäuser, die krumm_ Straßen mit weiß_, glitzernd_ Salz bestreuen
5 können, aber der Regisseur wünschte echt_ Schnee, wirklich_ Kälte und natürlich_ Licht; deshalb brachte man alles Notwendig_ in mehrer_ schwer_ Lastwagen in ein ein-
7 sam_ Dorf an der kanadisch_ Grenze. Etwas Besser_ hätten sich die Schauspieler nicht vorstellen können, denn es bedeutete für sie einige herrlich_ Tage in den ruhig_ Wäl-
9 dern Kanadas. Dort war noch kein richtig_ Schnee gefallen, und die Schauspieler faulenzten in der warm_ Oktobersonne, angelten in den nah_ Seen und genossen ihre frei_
11 Zeit. Nach drei lang_ Wochen verlor die Filmgesellschaft endlich die Geduld, denn jeder nutzlos_ Tag kostete eine Menge hart_ Dollars (Gen.); so ließ sie zwanzig groß_
13 Lastwagen voll von teur_ Salz nach Kanada kommen, was wieder einiges gut_ Geld kostete. Das Salz wurde von kanadisch_ Sportfliegern über das ganz_ Dorf verstreut, und
15 es war, als es fertig war, eine wunderschön_ Winterlandschaft. In der nächst_ Nacht begann es zu schneien, am früh_ Morgen lag in den schwarz_ Wäldern ringsum dick_
17 Schnee, nur in dem Goldgräberdorf war nichts ander_ zu sehen als häßlich_ braun_ Matsch (m).

*b) Vermißt

1 Vermißt wird seit dem siebent_ Januar der 25jährig_ Liliputaner Bubu Kunz. Er ist etwa 1,30 Meter groß, von bräunlich_ Hautfarbe und untersetzt_ Gestalt. Auffallend sind
3 seine kurz_ gebogen_ Beine, sein ungewöhnlich groß_ Kopf und die verschieden_ Farben seiner Augen; das recht_ ist grünblau, das link_ fast schwarz. Seine abstehend_ Oh-
5 ren sind mit eisern_ Ringen geschmückt, am recht_ mittler_ Finger fehlt das ober_ Fingerglied. Bubu Kunz war zuletzt als zweit_ Clown am hiesig_ Zirkus angestellt. Da er in
7 wechselnd_ Verkleidung auftrat, kann man über seine jetzig_ Kleidung keine näher_ Angaben machen. Besonder_ Kennzeichen (Pl.): Der Vermißt_ pflegt hinter etwa je-
9 dem dritt_ Wort einen kurz_ Laut, der wie ein gepreßt_ "ö" klingt, auszustoßen.

c) Urlaub machen – aber richtig!

1 Drei lang_ Wochen richtig faul sein, lang_ schlafen und gut_ Essen genießen, an ein_
schön_ Strand in d_ warm_ Sonne liegen und gelegentlich ein erfrischend_ Bad in sau-
3 ber_ Meerwasser nehmen, das ist d_ ersehnt_ Urlaubstraum vielbeschäftigt_ Menschen
(Gen.), die d_ ganz_ Jahr nie Zeit für sich haben.
5 Doch gerade dies_ vielgeplagt_ Menschen will das plötzlich_ Faulenzen nicht bekommen. Mit d_ gut_ Schlaf ist es nichts. Man fühlt sich zerschlagen und müde. Für solch_
7 urlaubsuchend_ Menschen, die ein ganz_ Jahr lang unter stark_ Streß standen, ist das
"süß_ Nichtstun" nicht erholsam. Und für d_jenig_, die ohnehin ein geruhsam_ Leben
9 führen, ist das Faulenzen in d_ dreiwöchig_ Ferien in der Regel langweilig. Kein Wunder, daß sich der Hobbyurlaub immer größer_ Beliebtheit erfreut; Ferien mit interes-
11 sant_, abwechslungsreich_ Programm.
Im aktiv_ Urlaub bleibt der erholungsuchend_ Mensch tätig. Aktiv_ Urlaub, das kann
13 mit ein_ vormittäglich_ Sprachkurs, tätig_ Mithilfe bei archäologisch_ Ausgrabungen,
sportlich_ Segeln, anstrengend_ Bergtouren, konzentriert_ Schachspielen usw. verbun-
15 den sein.
Körperlich_ und geistig_ Tätigkeit mildert die ungewohnt_ Belastung durch die plötz-
17 lich_ Umstellung im Urlaub. – Maßvoll_ Streß, das ist wichtig!

d) Wer hat schuld?

1 In den südamerikanisch_ und afrikanisch_ Urwäldern hat in den letzt_ Jahren eine öko-
logisch_ Tragödie begonnen. Die Zerstörung des brasilianisch_ Urwalds soll hier als
3 warnend_ Beispiel stehen: Brasilien, ein Land mit stark zunehmend_ Bevölkerung,
braucht für viel_ Millionen unterernährt_ Menschen neu_ Landwirtschaftsgebiete. Nun
5 gibt es am Amazonas riesig_ Urwälder, und es ist verständlich, daß man diese unbe-
wohnt_ Gebiete nutzbar machen wollte.
7 Auf einer Fläche von mehrer_ 10 000 Quadratkilometern wurden sämtliche uralt_ Bäume abgeholzt oder abgebrannt, und die neu_ Siedler, arm_ Leute aus den unter_ Schich-
9 ten der Bevölkerung, begannen mit ihrer schwer_ Arbeit. Im erst_ Jahr bekamen sie
reich_ Ernten, das zweit_ Jahr brachte schon geringer_ Erträge und im darauffolgend_
11 Jahr zeigte sich eine schrecklich_ Katastrophe. Auf dem Boden, der mit so groß_ Mühe
bearbeitet worden war, wuchs nichts mehr. Alle jung_ Pflanzen verwelkten, die neuge-
13 sät_ Saat vertrocknete im unfruchtbar_ Boden. Etwas Unerwartet_ war geschehen?
Nein! Der schön_ Plan der brasilianisch_ Regierung war ein schwer_ Irrtum! Erst jetzt
15 begann man mit geologisch_ Untersuchungen des Urwaldbodens und mußte feststellen,
es ist Sand, locker_, trocken_ Sand!
17 Die Frage ist nun, wie solche riesig_ Bäume auf diesem sandig_ Boden überhaupt wachsen konnten. Nach unseren neuest_ Erkenntnissen geschieht das so: In dem feucht_ und
19 heiß_ Klima vermodern (= verwesen, verfaulen) herabfallend_ Blätter und Äste sehr
schnell und bilden ausreichend_ Dünger für die Bäume, deren weitausgebreitet_ Wur-
21 zeln flach unter dem Sandboden liegen.
Nun hatte man aber alle jahrhundertalt_ Bäume abgeholzt; im weit_ Umkreis von viel_
23 Kilometern war kein einzig_ Baum stehen geblieben, so daß die täglich_ Sonnenhitze
und schwer_ Regenfälle den schutzlos_ Boden zerstörten. Nachdem die Siedler nach
25 Ablauf des dritt_ Jahres ihr unfruchtbar_ Land wieder verlassen hatten, blieb nichts
zurück als eine tot_ Wüste.
27 Etwas ander_ wäre es gewesen, wenn die Experten einig_ Jahre früher genauer_ Bo-

29 denuntersuchungen gemacht hätten. Dann hätten sie rechtzeitig festgestellt, daß im Ur-
waldgebiet groß_ Flächen unbrauchbar sind, daß man aber auf kleiner_ Plätzen, die
31 vom schützend_ Wald umgeben sind, viel_ Menschen ein sinnvoll_ Leben ermöglichen
kann.

§ 40 Comparison of Adjectives and Adverbs

German adjectives form the comparative and superlative forms in much the same way
as English adjectives. Note that there is no equivalent of the English *more* or *most* in
conjunction with comparative and superlative adjectives in German.

Preliminary note

1. Comparisons can be formed with attributive adjectives as well as adverbs of manner
   (either in the comparative or in the superlative).
2. The attributive (= pre-modifying) adjective occurs before the noun: der sonnig*e* Tag;
   ein regnerisch*er* Sonntag.
3. Adverbs of manner refer to the verb in the sentence. We ask the question *wie?:* Es
   regnete *stark.*

I General rules

	Adjektivattribut	*Adverb*
Komparativ	das **kalte** Wetter im Oktober das **kältere** Wetter im November	Am Morgen regnete es **schwach.** Mittags regnete es schon **stärker.**
Superlativ	der **kälteste** Januar seit zehn Jahren	Am Abend regnete es **am stärksten.**

1. The *comparative* is used for comparing and contrasting. *Als* always occurs after the
   comparative (never *wie!*). The comparative is formed by adding *-er* to the stem.
   a) The attributive comparative has *-er* and the adjective ending:
      der *stärkere* Wind; ein *leichteres* Gewitter
   b) The adverbial comparative only has *-er*:
      In Hamburg regnete es *stärker* als in Hannover.

2. The *superlative* is the highest form of comparison and is therefore always used with
   the definite article. The superlative is formed with *-st-*.
   a) The attributive superlative has *-st-* and the adjective ending:
      der *längste* Tag des Jahres
   b) The adverbial superlative is always formed with *am ... + -sten*:
      Am 22. Juli konnte man die Alpen *am klarsten* sehen

II The use of the superlative

1. The superlative is the highest form of comparison:
   Der Äquator ist der *längste* Breitengrad.

2. It is often necessary to qualify the statement by naming a geographical area or a period of time or by using other additional items:
Der Mount Everest ist der *höchste* Berg *der Erde.*
Das war der *wärmste* Maitag *seit zehn Jahren.*
Wir wohnen in der *häßlichsten* Stadt, *die ich kenne.*

3. The superlative can be qualified by pointing out the group of people or things in question (see § 37 I 3). The genitive plural always follows *einer, eine, eines* (or in rarer cases *von* + dative):
Der Rhein ist *einer der verkehrsreichsten Ströme* (m).
Die Heuschrecke ist *eines der schädlichsten Insekten* (n) von England.
Zum Glück ist meine Wohnung *eine der billigsten* (Wohnungen) in Frankfurt.

III Special forms

1. Some monosyllabic adjectives and adverbs form the comparative and superlative with an "Umlaut":
arm, ärmer, am ärmsten
The following words are formed in this way: alt, dumm, grob, hart, jung, kalt, klug, krank, kurz, lang, rot, scharf, stark, schwach, warm; *also:* gesund.

2. a) Adjectives and adverbs with irregular comparative forms:

hoch	attributiv	das hohe Haus	das höhere Haus	das höchste Haus
	adverbial	es erscheint hoch	es erscheint höher	es erscheint am höchsten
nah	attributiv	das nahe Ziel	das nähere Ziel	das nächste Ziel
	adverbial	es liegt nah	es liegt näher	es liegt am nächsten
gut	attributiv	die gute Küche	die **bessere** Küche	die **beste** Küche
	adverbial	es schmeckt gut	es schmeckt **besser**	es schmeckt am **besten**
viel	attributiv	viele Angebote	**mehr** (undekli-nierbar) Angebote	die **meisten** Angebote
	adverbial	es gibt viel	es gibt **mehr**	es gibt am **meisten**
gern	adverbial	das tue ich gern	das tue ich **lieber**	das tue ich am **liebsten**

b) Irregular adverbs ending in -*stens*, which deviate in meaning:

höchstens	Kleine Kinder sollten *höchstens* drei Wochen von ihren Eltern getrennt sein.
nächstens	Wir werden Sie *nächstens* genauer informieren.
bestens	Er war *bestens* auf sein Examen vorbereitet.
meistens	Für seine Verspätung hatte er *meistens* eine Ausrede.
wenigstens	Schick ihm *wenigstens* hundert Mark.
mindestens	Das Schwein wiegt *mindestens* vier Zentner.
zumindest	Du hättest *zumindest* anrufen können.

3. a) Adjectives and adverbs ending in *-d, -t, -tz, -z, -sch* and *-ß* form the superlative inserting an *-e*:

wild	wilder	am wild**e**sten
breit	breiter	am breit**e**sten
stolz	stolzer	am stolz**e**sten
spitz	spitzer	am spitz**e**sten
heiß	heißer	am heiß**e**sten
hübsch	hübscher	am hübsch**e**sten

b) The same rule applies to adjectives and adverbs derived from a past participle of a weak verb:

| vertraut | vertrauter | am vertraut**e**sten |
| zerstört | zerstörter | am zerstört**e**sten |

Irregular forms without the intrusive -e:

a) groß, größer, am größten
b) ending in *-isch*: am neid*isch*sten, am heim*isch*sten
c) derived from a present participle:
   bedeutend, bedeutender, am bedeuten*dst*en
   zutreffend, zutreffender, am zutreffen*dst*en
d) derived from a past participle of a weak verb and which end in *-ert, -elt* or *-tet*:
   begeistert, begeisterter, am begeister*tst*en
   bekümmert, bekümmerter, am bekümmer*tst*en
   verzweifelt, verzweifelter, am verzweifel*tst*en
   gefürchtet, gefürchteter, am gefürchte*tst*en

4. Adjectives and adverbs ending in *-el* or *-er* have irregular forms:

dunk*el*	der dunk*le* Keller	es wird dunk*ler*	es ist am dunk*elsten*
ed*el*	der ed*le* Wein	er ist ed*ler*	er ist am ed*elsten*
teu*er*	der teu*re* Mantel	er ist teu*rer*	er ist am teu*ersten*

EXERCISES

1 Practise the comparative.

a

> Sprich bitte laut!
> Gut, ich werde jetzt *lauter* sprechen als bisher.

Instead of using "gut", willingness can be expressed by using "(ja) gern". Impatience is implied if you say: *Also schön, ich werde . . .*, especially when the emphasis is on *schön*.

1. Schreib bitte schnell! 2. Sprich bitte deutlich! 3. Rechne bitte genau! 4. Hör bitte gut zu! 5. Sei bitte leise! 6. Lauf bitte langsam! 7. Bediene bitte freundlich! 8. Arbeite bitte sorgfältig! 9. Fahr bitte vorsichtig! 10. Sei bitte ordentlich! 11. Üb bitte viel!

b

> Der Bus fährt aber nicht sehr schnell!
> Das stimmt, er könnte *schneller* fahren.

Other forms of agreement: *Da haben Sie recht, . . .; Ja, wirklich, . . .; Da bin ich ganz Ihrer Meinung, . . .* (The emphasis is on "wirklich" or "ganz".)
1. Der Radfahrer fährt aber nicht sehr vorsichtig! 2. Der Motorradfahrer ist aber nicht sehr rücksichtsvoll! 3. Die Fußgänger gehen aber nicht sehr schnell über die Straße! 4. Der Autofahrer ist aber nicht sehr höflich! 5. Die Straßenlaternen sind aber nicht sehr hell! 6. Die Straße ist aber nicht sehr gut! 7. Der Bus ist aber nicht sehr billig! 8. Die Haltestelle ist aber nicht sehr nah!

c

> Essen (n) / billig. Dieses Essen ist aber nicht billig!
> Stimmt, es könnte *billiger* sein.

1. Kellner (m) / höflich 2. Kaffee (m) / stark 3. Brötchen (Pl.) / frisch 4. Suppe (f) / warm 5. Kartoffeln (Pl.) / weich 6. Bier (n) / kalt 7. Pudding (m) / süß 8. Äpfel (Pl.) / saftig

d

> Schuhe (Pl.) / bequem. Sind die Schuhe nicht bequem?
> Sie könnten *bequemer* sein.

In colloquial speech "na ja" is often inserted before the answer: *Na ja, Sie könnten . . .*
1. Jacke (f) / warm 2. Einkaufstasche (f) / fest 3. Mantel (m) / leicht 4. Kleid (n) / modern 5. Anzug (m) / billig 6. Socken (Pl.) / lang 7. Wolle (f) / grob 8. Fell (n) / dick 9. Leder (n) / gut 10. Gürtel (m) / breit

2 Practise the comparative.

> Fritz springt . . . als Emil. (hoch / Hans)
> Fritz springt *höher* als Emil.
> Aber Hans springt *am höchsten.*

1. Stella spricht . . . Deutsch als Michaela. (gut / Angela)
2. Müller arbeitet . . . als Maier. (zuverlässig / Schulze)
3. Wein trinkt er . . . als Bier. (gern / Sekt)
4. Seine Kusinen stehen ihm . . . als seine Tante. (nah / Geschwister)
5. Das Radio war . . . als der Plattenspieler. (teuer / der Fernseher)
6. Ein Skorpionstich ist . . . als ein Wespenstich. (gefährlich / ein Schlangenbiß)
7. Mein Schäferhund ist . . . als euer Dackel. (wild / der Jagdhund des Nachbarn)

8. Sie ißt Rindfleisch ... als Schweinefleisch. (gern / Hammelfleisch)
9. Im Einzelhandelsgeschäft ist die Bedienung ... als im Warenhaus. (freundlich / im Tante-Emma-Laden)
10. Im Zug reist man ... als im Bus. (schnell / im Flugzeug)
11. In der Sahara ist es ... als in Israel. (heiß / am Äquator)
12. In Grönland ist es ... als in Schweden. (kalt / im Nordosten von Rußland)
13. Der Amazonas ist ... als der Mississippi. (lang / der Nil)
14. In Asien ist der Analphabetismus ... als in Südamerika. (verbreitet / in Afrika)
15. In Europa ist die Zahl der Deutschsprechenden ... als die Zahl der Menschen, die Englisch als Muttersprache sprechen. (hoch / die Zahl der Russischsprechenden)

3 Practise the comparative.

> Ich möchte ein Paar warme Handschuhe. – Haben Sie keine *wärmeren?*
> Nein, das sind *die wärmsten,* die wir haben.

The answer sounds more polite like this: *Nein, leider ...; Nein, es tut mir leid, ...;* or *Ich bedaure, aber das ...*
Ich möchte ... 1. ... einen guten Tennisschläger. 2.... eine große Einkaufstasche. 3.... einen kleinen Fotoapparat. 4.... festes Packpapier. 5.... ein Paar schwere Wanderschuhe. 6. ... ein Paar leichte Sommerschuhe. 7. ... einen warmen Wintermantel. 8.... einen billigen Wecker. 9.... einen bequemen Sessel. 10.... einen preiswerten Kalender.

4 Herr Neureich ist mit nichts zufrieden.

> Die Wohnung ist nicht groß genug.
> Er möchte eine *größere* Wohnung.

1. Die Lampen sind nicht hell genug. 2. Die Möbel sind nicht elegant genug. 3. Das Porzellan ist nicht wertvoll genug. 4. Der Schrank ist nicht breit genug. 5. Der Orientteppich ist nicht alt genug. 6. Das Fernsehbild ist nicht groß genug.

5 Im Antiquitätenladen findet man ...

> interessante Dinge.
> die *interessantesten* Dinge.

1. elegante Vasen 2. merkwürdige Bilder 3. alte Spielsachen 4. wertvolle Gläser 5. verrückte Bierkrüge 6. teure Möbel 7. hübsche Bilderrahmen 8. altmodische Stehlampen

6 Make questions with the superlative in the forms of a quiz. (Answers p. 300)

1. Wie heißt das (groß) Säugetier der Erde?
2. Wie heißt das (klein) Säugetier der Erde?

3. Wie heißt das Tier mit dem (hoch) Wuchs?
4. Welches Tier kann am (schnell) laufen?
5. Welche Schlange ist am (giftig)?
6. Wie heißt der (groß) Ozean?
7. Wie tief ist die (tief) Stelle des Meeres?
8. Welches ist der (klein) Erdteil?
9. Wo ist es am (kalt)?
10. Wo regnet es am (viel)?
11. In welcher Gegend der Erde ist es am (stürmisch)?
12. Wann ist auf der Nordhalbkugel der (kurz) Tag?
13. Wann ist auf der Nordhalbkugel der (lang) Tag?
14. Wie heißt das (leicht) Gas?
15. Wann sind wir von der Sonne am (weit) entfernt?
16. Wann ist die Sonne der Erde am (nah)?

7 Practise according to the following examples:

> A: (behauptet) Der alte Turm ist *das schönste Gebäude* dieser Stadt.
> B: (protestiert) Es gibt aber noch andere schöne Gebäude in dieser Stadt.
> A: (muß zugeben) Der alte Turm ist *eines der schönsten Gebäude* in dieser Stadt.

1. Das Herz ist das empfindlichste Organ in unserem Körper.
2. Homer war der größte Dichter im Altertum.
3. Diese chinesische Vase ist das kostbarste Gefäß in diesem Museum.
4. Das Fahrrad ist die nützlichste Erfindung seit 200 Jahren.
5. Das Grippevirus ist wahrscheinlich das gefährlichste (Virus) überhaupt. (Pl.: *Viren*)
6. Der Zug von Paris nach Marseille ist der schnellste (Zug) in Frankreich.
7. Als wir den Professor kennenlernten, wußten wir nicht, daß er der bekannteste (Professor) für afrikanische Literaturgeschichte ist.
8. Der französische Regisseur hat den besten Film in dieser Saison gedreht.
9. Wir haben an der tollsten Party in diesem Winter teilgenommen.
10. Eine Gruppe berühmter Architekten entwarf den unpraktischsten und häßlichsten Museumsbau (Pl.: *-bauten*) in Köln.
11. Seit der Renovierung gilt unser Haus als das schönste (Haus) im Viertel.
12. Wissen Sie, daß Sie mit dem einflußreichsten Mann in dieser Stadt gesprochen haben?

§ 41   Adjectives and Participles as Nouns

a) In unserem Abteil saßen einige **Jugendliche.**
b) Die jungen Leute diskutierten mit den **Reisenden.**
c) Ein alter **Beamter** wollte die Argumente der **Jugendlichen** nicht anerkennen.

Rules

Adjectives and participles used as independent nouns are declined like adjectives.

see a) The following commonly used nouns are derived from adjectives:

der Adlige, ein . . .er   der Jugendliche, ein . . .er
der Arbeitslose, ein . . .er   der Kranke, ein . . .er
der Bekannte, ein . . .er   der Lahme, ein . . .er
der Blinde, ein . . .er   der Rothaarige, ein . . .er
der Blonde, ein . . .er   der Schuldige, ein . . .er
der Deutsche, ein . . .er   der Staatenlose, ein . . .er
der Farbige, ein . . .er   der Taubstumme, ein . . .er
der Fremde, ein . . .er   der Tote, ein . . .er
der Geizige, ein . . .er   der Verwandte, ein . . .er
der Gesunde, ein . . .er   der Weise, ein . . .er
der Heilige, ein . . .er   der Weiße, ein . . .er

see b) The following commonly used nouns are derived from present participles. (The present participle is formed from the infinitive + -*d*: fragen*d*, laufen*d*):

der Abwesende, ein . . .er   der Leidtragende, ein . . .er
der Anwesende, ein . . .er   der Reisende, ein . . .er
der Auszubildende, ein . . .er   der Überlebende, ein . . .er
der Heranwachsende, ein . . .er   der Vorsitzende, ein . . .er

see c) The following commonly used nouns are derived from the past participle (for the forming of the Perfekt see § 6 I 5, § 7, 8):

der Angeklagte, ein . . .er   der Gelehrte, ein . . .er
der Angestellte, ein . . .er   der Geschiedene, ein . . .er
der Beamte, ein . . .er   der Verheiratete, ein . . .er
     aber: die / eine Beamtin   der Verletzte, ein . . .er
der Behinderte, ein . . .er   der Verliebte, ein . . .er
der Betrogene, ein . . .er   der Verlobte, ein . . .er
der Betrunkene, ein . . .er   der Verstorbene, ein . . .er
der Gefangene, ein . . .er   der Vorgesetzte, ein . . .er

EXERCISES

1 Practise the definitions.

> der Geizige / möglichst nichts von seinem Besitz abgeben wollen
> Ein *Geiziger* ist ein Mensch, der möglichst nichts von seinem Besitz abgeben will.

1. der Betrunkene / zuviel Alkohol trinken (Perf.) 2. der Geschiedene / seine Ehe gesetzlich auflösen lassen (Perf.) 3. der Staatenlose / keine Staatszugehörigkeit besitzen 4. der Taubstumme / nicht hören und nicht sprechen können 5. der Weise / klug, vernünftig und lebenserfahren sein 6. der Überlebende / bei einer Katastrophe mit dem Le-

ben davonkommen (Perf.) 7. der Vorsitzende / eine Partei, einen Verein o. ä. leiten 8. der Lahme / sich nicht bewegen können 9. der Auszubildende / eine Lehre machen 10. der Vorgesetzte / anderen in seiner beruflichen Stellung übergeordnet sein

2 Now define the following:

1. der Weiße 2. der Farbige 3. der Verstorbene 4. der Gefangene 5. der Reisende 6. der Abwesende 7. der Anwesende 8. der Arbeitslose 9. der Einäugige 10. der Schuldige

3 Put the definitions into the plural.

der Weiße
Weiße sind Menschen mit heller Hautfarbe.

4 Put in the endings.

1 Ein Betrunken_ fuhr gestern auf der Autobahn als sogenannter Geisterfahrer in der falschen Richtung. Dabei rammte er einen Bus. Trotzdem fuhr der Betrunken_ weiter.
3 Die Leidtragend_ waren die Reisend_ in dem Bus, meist Jugendlich_, die zu einem Fußballspiel fahren wollten. Der Bus kam von der Fahrbahn ab und überschlug sich. Das
5 Ergebnis: ein Tot_ und 15 Verletzt_. Ein Schwerverletzt_ wurde mit dem Hubschrauber ins Krankenhaus gebracht. Der Busfahrer, ein Angestellt_ der hiesigen Stadtver-
7 waltung, blieb unverletzt; der Tot_ jedoch ist ein naher Verwandt_ des Fahrers.
Dem Schuldig_, den man kurz nach dem Unfall stoppen konnte, wurde eine Blutprobe
9 entnommen. Der Führerschein des Betrunken_ wurde sichergestellt.

§ 42 Adverbs

I General rules

a) Ich sehe ihn **bald.**
Er arbeitet **sorgfältig.**
Dein Auto steht **da hinten.**

b) Das Wetter war **ungewöhnlich** gut.
Sie ist **ziemlich** ungeschickt.

c) Er hat ein **bewundernswert** gutes Gedächtnis.

Adverbs are not declined. They refer to the verb and have a fixed position within the sentence (see § 22 VII–IX).
see a) We ask: *Warum, wie, wo ist oder geschieht etwas?*
see b) Adverbs can refer to other adverbs. We ask: *Wie ungeschickt war sie?* – Answer: *Ziemlich ungeschickt.*
see c) Adverbs can refer to attributive adjectives. We ask: *Was für ein Gedächtnis?* – Answer: *Ein bewundernswert gutes Gedächtnis.*

II Temporal adverbs

Temporal adverbs indicate *wann, bis wann, seit wann, wie lange, wie oft* something takes place.
The following list shows what time an adverb refers to, not the tense within the sentence or text.

1. Present: heute, jetzt, nun, gerade – sofort, augenblicklich – gegenwärtig, heutzutage
2. Past: gestern, vorgestern – bereits, eben, soeben, vorhin, früher, neulich, kürzlich – inzwischen, unterdessen – einst, einmal, ehemals, jemals – seither, vorher, damals, anfangs
3. Future: morgen, übermorgen – bald, demnächst, nächstens, künftig – nachher, danach, später
4. General: wieder, oft, oftmals, häufig, mehrmals, stets, immer, immerzu, ewig – erst, zuerst, zuletzt, endlich – nie, niemals, morgens, mittags, abends, nachts, vormittags usw.

Note

The temporal accusative is used in the same way, e. g.: *alle Tage, nächste Woche, jeden Monat, voriges Jahr* etc.

III Adverbs of manner

Adverbs of manner indicate *wie, auf welche Art, mit welcher Intensität* something takes place.

1. Adjectives can be used as adverbs of manner:
   Er fragte mich *freundlich.*
   Es geht mir *schlecht.*

2. The following adverbs of manner give the context a certain slant. The majority refer to another adverb. They are used:
   for emphasis: sehr, besonders, außerordentlich, ungewöhnlich
   as downtoners: fast, kaum, beinahe – ganz, recht, einigermaßen, ziemlich
   to express
   doubt: wohl, vielleicht, versehentlich, vermutlich, möglicherweise, wahrscheinlich
   to express
   reassurance: sicher, bestimmt, allerdings, natürlich, gewiß, folgendermaßen, tatsächlich, absichtlich, unbedingt
   as adjuncts: gar nicht, überhaupt nicht, keineswegs, keinesfalls – vergebens, umsonst

3. Adverbs of manner in the comparative formed with *-weise:*
   Er steht *normalerweise* um 7 Uhr auf.
   Er hat *dummerweise* den Vertrag schon unterschrieben.
   Sie haben *glücklicherweise* die Prüfung bestanden.
   Er hat ihm *verständlicherweise* nicht mehr als hundert Mark geliehen.

4. Adverbs of manner with *-halber* or *-falls* used to mark reason or condition:
Wir haben *vorsichtshalber* einen Rechtsanwalt genommen.
Das Haus ist *umständehalber* zu verkaufen.
Er wird *schlimmstenfalls* eine Geldstrafe zahlen müssen.
Bestenfalls wird er freigesprochen.

IV Adverbs of place

Place adverbs indicate *wo* (where) something is or where it happens, *wohin* something goes or *woher* (where) something comes from:

wo?   da, dort, hier; außen, draußen, drinnen, drüben, innen; oben, unten, mitten, vorn, hinten, links, rechts

wohin?   dahin, dorthin, hierhin; hinaus, heraus, hinein, herein, hinauf, herauf, hinunter, herunter, hinüber, herüber; aufwärts, abwärts, vorwärts, rückwärts, seitwärts – oder mit Präposition: nach unten / oben usw.

woher?   daher, dorther – oder mit Präposition: von unten /draußen usw.

Notes

1. With the help of the ending *-ig* attributive adjectives can be derived from adverbs:
der *heutige* Tag, im *vorigen* Monat:
heutig-, gestrig-, morgig-, hiesig-, dortig-, obig-, vorig-

2. Attributive adjectives can also be derived from the following adverbs: *außen, innen, oben, unten, vorn, hinten* etc.:
äußere Probleme, innere Krankheiten, das untere oder unterste Stockwerk, die hintere oder hinterste Reihe, die vorderen oder vordersten Stühle

EXERCISES

1 Make an attributive adjective from the adverb.

die Zeitung von gestern	die *gestrige* Zeitung

1. die Nachricht von gestern 2. das Wetter von morgen 3. die Stadtverwaltung von hier 4. die Beamten von dort 5. die Jugend von heute 6. die Zeilen von oben 7. das Wissen von jetzt 8. die Versuche bisher

2 Insert the correct adverb from the list below:

a) bestenfalls b) dummerweise c) folgendermaßen d) normalerweise e) oftmals f) verständlicherweise g) vorsichtshalber

1 Wir sind diesen Weg . . . gegangen. Dennoch habe ich . . . die Wanderkarte mitgenommen. Ich denke, wir laufen am besten . . .: von hier über den Blocksberg nach Ixdorf. . . .
3 kann man den Weg in einer Stunde zurücklegen. Wegen des Schnees braucht man heute . . . etwas länger. Jetzt habe ich doch . . . meine Brieftasche zu Hause gelassen! In meinem Portemonnaie habe ich nur noch fünf Mark; das reicht . . . für ein Bier für jeden.
5

§ 43 Modal Adjectives and Adverbs with the Dative or Accusative Case

I A selection of the most commonly used adjectives and adverbs with the dative case

abträglich	Das Rauchen ist *seiner Gesundheit* abträglich.
ähnlich	Das Kind ist *der Mutter* ähnlich.
angeboren	Der Herzfehler ist *ihm* angeboren.
angemessen	Ein Studium an einer Fachhochschule ist *ihm* angemessen.
behilflich	Der Gepäckträger war *der Dame* behilflich.
beschwerlich	Lange Zugreisen sind *mir* zu beschwerlich.
bekannt	Seine Aussage ist *mir* seit langem bekannt.
bewußt	Das ist *mir* noch niemals bewußt geworden.
böse	Er ist *seiner Freundin* böse.
entsprechend	Unser Verhalten war *dem seinen* entsprechend.
feind	Die Geschwister sind *sich* seit langem feind.
fremd	Er ist *mir* immer fremd geblieben.
gegenwärtig	Der Name war *dem Professor* im Augenblick nicht gegenwärtig.
geläufig	Das Wort ist *dem Ausländer* nicht geläufig.
gelegen	Die Nachzahlung kommt *mir* sehr gelegen.
gewachsen	Er ist *den Problemen* nicht gewachsen.
gleichgültig	Die Politik ist *mir* im allgemeinen nicht gleichgültig.
leid	Der kranke Nachbar tut *uns allen* leid.
nahe	Wir waren *dem Ziel* schon nahe.
peinlich	Sein Lob war *mir* peinlich.
recht	Sein Aufenthalt war *den Verwandten* nicht recht.
sympathisch	Die Zeugin war *dem Richter* sympathisch.
treu	Er ist *ihr* treu geblieben.
überlegen	Die bayerische Fußballmannschaft war *den Hamburgern* überlegen.
unterlegen	Er war *seinen Konkurrenten* unterlegen.
vergleichbar	Dein Lebensweg ist *meinem* vergleichbar.
verhaßt	Dieser Mensch ist *mir* verhaßt.
zugetan	Er ist *den Kindern* sehr zugetan.
zuwider	Deine Lügen sind *mir* zuwider.

II Modal adjectives and adverbs with temporal expressions and expressions of measure with the accusative case

alt	Der Säugling ist erst *einen Monat* alt.
breit	Das Regal ist *einen Meter* breit.
dick	Das Brett ist *20 mm* dick.
hoch	Der Mont Blanc ist fast *5000 m* hoch.
tief	Die Baugrube ist etwa *zehn Meter* tief.
lang	Moderne Betten sind *2,30 m* lang.
schwer	Das kaiserlicher Silberbesteck war *einen Zentner* schwer.
weit	Vögel können über *10 000 Kilometer* weit fliegen.
wert	Die Aktien sind nur noch *die Hälfte* wert.

EXERCISE

Fill in the blanks with a pronoun or a preposition.

1. Ich habe sie offenbar verärgert; nun ist sie . . . böse.
2. Der Arzt sagte zu mir: Möglichst keine Aufregung! Das ist . . . Gesundheit abträglich.
3. Er hat sich nicht mal bedankt. Das sieht . . . ähnlich!
4. Sie ist unglaublich gelenkig; das ist . . . angeboren.
5. Ich verstehe mich nicht gut mit ihnen; sie sind . . . fremd.
6. Du mußt . . . Gesundheitszustand entsprechend leben!
7. Hab' ich dich gekränkt? Das tut . . . leid!
8. Der ältere Herr mag die jungen Leute von nebenan. Sie sind . . . sympathisch, und er ist . . . sehr zugetan; umgekehrt sind sie . . . beim Einkaufen und Tragen der Sachen gefällig.
9. Es ist . . . Menschen (Pl.) nicht gleichgültig, ob ihr Lebensgefährte . . . treu ist oder nicht.
10. Es ist . . . nicht bewußt, wann ich die Leute verärgert habe; aber ich weiß, ich bin . . . verhaßt.
11. Sie ist . . . in Mathematik, aber ich bin . . . dafür in Sprachen überlegen. . . . Anforderungen in den anderen Fächern sind wir beide gewachsen.
12. Das kommt . . . gerade gelegen, daß du vorbeikommst! Ich wollte dich schon fragen, ob du . . . beim Umräumen mal behilflich sein kannst.

§ 44   Adjectives with Prepositions

Worauf seid ihr stolz?
Wir sind stolz **auf** sein ausgezeichnetes Examen.
Wir sind stolz **darauf,** daß er ein ausgezeichnetes Examen gemacht hat.

A selection of the most commonly used adjectives with prepositions

arm an + D	Phantasie
angesehen bei + D	seinen Kollegen
ärgerlich über + A	die Verspätung
aufmerksam auf + A	die Verkehrsregeln
begeistert von + D	dem neuen Backrezept
bekannt mit + D	seinen Nachbarn
bei + D	seinem Vorgesetzten
für + A	seine Unpünktlichkeit
bekümmert über + A	seinen Mißerfolg
beleidigt über + A	die Zurückweisung
beliebt bei + D	seinen Kommilitonen
blaß vor + D	Ärger
böse auf + A	seinen Hund

betroffen von + D	der Gehaltskürzung
über + A	den plötzlichen Tod seines Vetters
besessen von + D	den neuen Ideen
beunruhigt über + A	die Wirtschaftslage
eifersüchtig auf + A	seine Schwester
entsetzt über + A	den Mord im Nachbarhaus
erfreut über + A	die rasche Genesung
erkrankt an + D	Kinderlähmung
fähig zu + D	dieser Tat
fertig mit + D	dem Kofferpacken
zu(r) + D	Abfahrt
frei von + D	Gewissensbissen
freundlich zu + D	allen Menschen
froh über + A	die neue Stellung
glücklich über + A	die billige Wohnung
interessiert an + D	den Forschungsergebnissen
nachlässig in + D	seiner Kleidung
neidisch auf + A	den Erfolg seines Kollegen
nützlich für + A	den Haushalt
rot vor + D	Wut
reich an + D	Talenten
stolz auf + A	sein gutes Ergebnis
schädlich für + A	die Bäume
überzeugt von + D	der Richtigkeit seiner Theorie
verbittert über + A	den langen Verwaltungsweg
verliebt in + A	die Frau seines Freundes
voll von + D	Begeisterung
verrückt nach + D	einem schnellen Sportwagen
verschieden von + D	seinen Geschwistern
verständnisvoll gegenüber + D	der Jugend
verwandt mit + D	der Frau des Ministers
verwundert über + A	seine Geschicklichkeit
voreingenommen gegenüber + D	berufstätigen Frauen
zufrieden mit + D	der guten Ernte
zurückhaltend gegenüber + D	seinen Mitmenschen

EXERCISE

Insert the correct preposition in the sentences below.

1. Der Bauer ist . . . seiner Ernte sehr zufrieden; aber er ist verbittert dar_, daß durch die reiche Getreideernte die Preise fallen.
2. Der gute Junge ist ganz verrückt . . . meiner Schwester, aber die ist . . . ihm überhaupt nicht interessiert. Sie hat einen anderen Freund. Er ist nun . . . ihre Gleichgültigkeit recht bekümmert und . . . den Freund natürlich furchtbar eifersüchtig.
3. Der Stadtverordnete ist . . . seinen Kollegen sehr angesehen, denn er ist bekannt . . . seine gerade, mutige Haltung. Er ist freundlich . . . jedermann und verständnisvoll . . . den Anliegen der Bürger.

4. Viele Menschen sind beunruhigt . . . die politische Entwicklung. Sie sind entsetzt . . . die Furchtbarkeit der modernen Waffen und überzeugt . . . der Notwendigkeit, den Frieden zu bewahren.
5. Schon lange war mein Bruder . . . deine Schwester verliebt. Ich bin sehr froh und glücklich dar_, daß die beiden heiraten wollen und stolz . . . eine so hübsche und kluge Schwägerin. Die Eltern sind ihr . . . noch etwas voreingenommen; aber sie wird schon fertig . . . ihnen, da_ bin ich überzeugt.
6. Mein Bruder ist . . . Tuberkulose erkrankt. Als er es erfuhr, wurde er blaß . . . Schreck. Nun ist er in einer Klinik, die bekannt . . . ihre Heilerfolge ist. Er ist ganz begeistert . . . der freundlichen Atmosphäre dort. Der Chefarzt ist beliebt . . . Personal und Patienten.
7. Ständig hat der Junge den Kopf voll . . . dummen Gedanken! Er ist besessen . . . schweren Motorrädern, aber nachlässig . . . seiner Arbeit, begeistert . . . Motorradrennen und fähig . . . den verrücktesten Wettfahrten!
8. Jetzt ist er beleidigt dar_, daß du ihm mal die Meinung gesagt hast. Er wurde ganz rot . . . Zorn, und nun ist er böse . . . dich. Aber es war notwendig, daß du es ihm mal gesagt hast, du kannst ganz frei . . . Schuldgefühlen sein.

§ 45 The "Zustandspassiv"

a) aktive Handlung	Kurz vor 8 Uhr **hat** der Kaufmann seinen Laden **geöffnet**.
b) passive Handlung	Kurz vor 8 Uhr **ist** der Laden **geöffnet worden**.
c) Zustandspassiv Präsens	Jetzt ist es 10 Uhr; seit zwei Stunden **ist** der Laden **geöffnet**.
d) Zustandspassiv Vergangenheit	Als ich kam, **war** der Laden schon **geöffnet**.

Rules

1. The "Zustandspassiv" is formed with *sein* and the past participle.
   see a + b) The active and the passive action both express that someone is doing something. Even if the "instigator" is not mentioned in the passive, the participle form *worden* implies that an instigator is present.
   see c + d) The past participle has an adverbial or attributive function in the "Zustandspassiv". It expresses a state following a preceding action. There is no longer an instigator. We ask: *Wie ist der Zustand?*
   adverbial: attributive:
   Der Teller *ist zerbrochen.*   der *zerbrochene* Teller
   Das Tor *war verschlossen.*   das *verschlossene* Tor

2. Only two tenses are usual in the Zustandspassiv, the present and imperfect of *sein*:
   Heute *sind* die Kriegsschäden in Frankfurt fast völlig *beseitigt.*
   1945 *war* die Altstadt Frankfurts gänzlich *zerstört.*

EXERCISES

1 Frau Luther kommt spät nach Hause; ihr Mann war schon früher da.

Wäsche waschen
Ich wollte die Wäsche waschen, aber *sie war schon gewaschen.*

1. Teller (Pl.) spülen 2. Geschirr (n) wegräumen 3. die Schuhe putzen 4. die Betten machen 5. die Hemden bügeln 6. die Kleider zur Reinigung bringen 7. den Teppich saugen 8. die Blumen gießen 9. die Treppe wischen 10. das Abendessen zubereiten

2 Vor der Reise

Fenster schließen   Vergiß nicht, die Fenster zu schließen!
                           Sie *sind schon geschlossen.*

You wish to express that this reminder is superfluous. Everything has been done already: *Die sind schon längst geschlossen!*

1. die Fahrkarten kaufen 2. die Zeitung abbestellen 3. die Turnschuhe einpacken 4. die Wasserleitung abstellen 5. die Sicherungen abschalten 6. den Nachbarn informieren 7. die Tür verschließen 8. die Schlüssel beim Hausverwalter abgeben 9. ein Taxi rufen

3 Beim Arzt

Frau Kapp den Verband anlegen
Arzt: Haben Sie Frau Kapp schon den Verband angelegt?
Sprechstundenhilfe: Ja, er *ist schon angelegt.*

The answer sounds more reassuring if the doctor's receptionist says: *Ja, ja, der ist schon angelegt.* (Note "er" or "sie" is used for persons!)

1. Herrn Müller den Arm röntgen 2. dem Jungen einen Krankenschein schreiben 3. diesem Herrn den Blutdruck messen 4. Frau Neumann wiegen 5. Fräulein Kübler Blut abnehmen 6. dem Verletzten die Wunde reinigen 7. den Krankenwagen benachrichtigen 8. das Rezept für Frau Klein ausschreiben

§ 46   The Participle Construction

Preliminary note

1. The present participle (Partizip I) and past participle (Partizip II) can be used as attributive adjectives.

2. The present participle is formed with the infinitive + -*d*, e. g.: *liebend, reißend,* etc. Attributive adjectives require the appropriate ending, e. g.: die *liebende* Mutter, der *reißende* Strom.

3. The past participle is formed according to the rules already discussed (see § 6 I 5, § 7, 8). Attributive adjectives require the appropriate ending, e. g.: die *gekauften* Sachen, die *unterlassene* Hilfe.

4. The attributive present participle with the reflexive pronoun is used with reflexive verbs (*sich nähern* – das sich *nähernde* Schiff) and the attributive past participle without the reflexive pronoun (*sich beschäftigen* – der *beschäftigte* Rentner).

I   General rules

a)   Das   **schreiende** Kind konnte rasch gerettet werden.
Erweiterung: Das   **laut   schreiende** Kind konnte rasch gerettet werden.
Erweiterung: Das **laut um Hilfe schreiende** Kind konnte rasch gerettet werden.

b)   Die   **zerstörte** Stadt war ein schrecklicher Anblick.
Erweiterung: Die   **durch Bomben zerstörte** Stadt war ein schrecklicher Anblick.
Erweiterung: Die **im Krieg durch Bomben zerstörte** Stadt war ein schrecklicher Anblick.

Rules

1. The participle with its appropriate ending generally occurs immediately before the noun it refers to.

2. Other items in the sentence can refer to the participle, in which case they precede the participle. This expansion is called the participle construction.

3. The participle construction usually occurs between the article and the noun or directly in front of the noun if there is no article:
Am Arbeitsplatz verletzte Personen sind voll versichert.

4. A further attributive adjective can occur before or after the participle construction:
Unser *altes,* schon ein wenig *verfallenes* Fachwerkhaus muß renoviert werden.

II The participle construction with transitive verbs (= verbs which can be used with an accusative object)

a)

P. Präs. (Aktiv)	gl.* gl.	Der meinen Antrag **bearbeitende** Beamte **nimmt** sich viel Zeit. **nahm** sich viel Zeit. **hat** sich viel Zeit **genommen.**
Rel.-S. (Aktiv)	gl. gl. gl.	Der Beamte, der meinen Antrag **bearbeitet, nimmt** sich viel Zeit. **bearbeitete, nahm** sich viel Zeit. **bearbeitet hat, hat** sich viel Zeit **genommen.**

b)

P. Perf. (Passiv)	gl. gl.	**Nicht mehr beachtete** Vorschriften **müssen** geändert werden. Vorschriften, die nicht mehr **beachtet werden, müssen** geändert werden.
P. Perf. (Passiv)	v.* v.	Der gut versteckte Schatz **wird** gefunden. **wurde** gefunden. **ist** gefunden **worden.**
Rel.-S. (Passiv)	v. v. v.	Der Schatz, der gut **versteckt worden ist, wird** gefunden. **worden war, wurde** gefunden. **worden war, ist** gefunden **worden.**

*gl. = gleichzeitig   v. = vorzeitig

Rules

see a) The participle construction with the present participle conveys an active action, state or process which co-occurs – generally of secondary importance – with the main action. This can be seen from the active relative clause. The required tense for the relative clause is governed by the main clause.

see b) The participle construction with the past participle conveys passive actions, states or processes. This can be seen from the passive relative clause. The tense required in the relative clause is the same, if rules or laws are being discussed. In most cases, the action in the participle construction belongs to the past, so that a tense change (perfect or past perfect) has to occur in the relative clause.

III The participle construction with intransitive verbs (= verbs which cannot have an accusative object) that form the Perfekt with "sein"

Gegenwärtiger Vorgang	*Beendeter Vorgang*
a) Verben der Bewegung mit *sein*:	
der **ankommende** Zug	der **angekommene** Zug
= der Zug, der gerade **ankommt**	= der Zug, der gerade **angekommen ist**
die **an die Unfallstelle eilenden** Passanten	die **an die Unfallstelle geeilten** Passanten
= die Passanten, die gerade an die Unfallstelle **eilen**	= die Passanten, die schon an die Unfallstelle **geeilt sind**
b) Verben der Zustandsänderung mit *sein*:	
die rasch **vergehende** Zeit	die **vergangene** Zeit
= die Zeit, die rasch **vergeht**	die Zeit, die schon **vergangen ist**

Rules

1. The participle construction with the present participle conveys a present action, which can be converted into an active relative clause.
2. The participle construction with the past participle conveys a completed action. The relevant relative clause is formed with the past participle + *sein*.

Note

Only the present participle can be formed from intransitive verbs with *haben* (see § 12 I 4, 13 I):
Ein *tief schlafendes* Kind sollte man nicht wecken.
Nach 30 Jahren fuhr der *in Paris lebende* Maler wieder nach Spanien.

IV The participle construction with the "Zustandspassiv"

Der **seit Jahren verschlossene** Schrank **wird (wurde)** endlich geöffnet.
= Der Schrank, der seit Jahren **verschlossen ist (war), wird (wurde)** endlich geöffnet.

Der **beim letzten Sturm abgebrochene** Ast **liegt (lag)** quer über der Straße.
= Der Ast, der beim letzten Sturm **abgebrochen ist (war), liegt (lag)** quer über der Straße.

Rules

1. Transitive verbs can form the "Zustandspassiv". We ask the question: What is the state of something like after a preceding action? (see § 45).
2. The appropriate relative clause for this participle construction is only formed with the past participle + *sein*.

Note

Adjectives can also be qualified by additional items according to the rules for the participle construction. In which case *sein* is used in the relative clause:

der beim Publikum *beliebte* Schauspieler
= der Schauspieler, der beim Publikum *beliebt ist*
die seit 40 Jahren *notwendige* Änderung des Gesetzes
= die Änderung des Gesetzes, die seit 40 Jahren *notwendig ist*

EXERCISES

1   Make a participle construction with Partizip I from the relative clause.

die Banditen, die auf die Polizei schießen –
die auf die Polizei *schießenden* Banditen

Was es in diesem Film alles zu sehen gibt! Da sind:
1. die Gangster, die eine Bank ausräumen
2. die Polizisten, die die Banditen jagen
3. die Häftlinge, die durch ein Kellerfenster aus der Haftanstalt ausbrechen
4. die Wächter, die überall nach den Entflohenen suchen
5. die Gefangenen, die über die Dächer der Häuser fliehen
6. die Hubschrauber, die das Gangsterauto verfolgen
7. die Verfolgten, die rücksichtslos über die Kreuzungen fahren
8. die Entflohenen, die unter einer Brücke übernachten
9. die Spürhunde, die die Spuren der Gangster verfolgen
10. die Gangster, die mit einem Flugzeug nach Südamerika entfliehen

2   Make a participle construction with Partizip II from the relative clause.

die □ alte Vase, die in einem Keller gefunden wurde –
die in einem Keller *gefundene* alte Vase

Was da in einem Heimatmuseum alles zu finden ist:
1. eine □ drei Meter hohe Figur, die aus einem einzigen Stein herausgearbeitet worden ist
2. ein □ 5000 Jahre altes Skelett, das in einem Moor gefunden wurde
3. eine □ zehn Zentner schwere Glocke, die bei einem Brand aus dem Kirchturm der Stadt gestürzt ist
4. ein Bild der □ Stadt, die 1944 durch einen Bombenangriff zu 80 % zerstört worden ist
5. eine □ Bibel, die von dem Begründer der Stadt vor 1200 Jahren mitgebracht wurde
6. eine □ wertvolle Porzellansammlung, die der Stadt von einem reichen Kunstfreund geschenkt wurde
7. □ Geräte und Maschinen, die im vorigen Jahrhundert zur Herstellung von Textilien verwendet wurden

8. ein ☐ Telegraphenapparat, der von einem Bürger der Stadt 1909 erfunden wurde
9. eine ☐ genaue Nachbildung des alten Rathauses, die aus 100 000 Streichhölzern zusammengebastelt wurde
10. ein großes ☐ Mosaik, das von einem Künstler der Stadt aus farbigen Glasstückchen zusammengesetzt wurde

3 Make participle constructions from the relative clauses.

1. Die Ergebnisse, die in langjährigen Wetterbeobachtungsreihen festgestellt worden sind, reichen nicht aus, sichere Prognosen zu stellen.
2. Im Gegensatz zu dem sonnigen und trockenen Klima, das südlich der Alpen vorherrscht, ist es bei uns relativ niederschlagsreich.
3. In den Vorhersagen, die vom Wetterdienst in Offenbach ausgegeben werden, hieß es in diesem Sommer meistens: unbeständig und für die Jahreszeit zu kühl.
4. Ein Tiefdruckgebiet, das von den Küsten Südenglands nach Südosten zieht, wird morgen Norddeutschland erreichen.
5. Die Niederschlagsmenge, die am 8. August in Berlin registriert wurde, betrug 51 Liter auf den Quadratmeter.
6. Das ist ein einsamer Rekord, der seit 100 Jahren nicht mehr erreicht wurde.
7. Dagegen gab es in Spanien eine Schönwetterperiode, die über fünf Wochen mit Höchsttemperaturen von 30 bis 40 Grad anhielt.
8. Die allgemeine Wetterlage dieses Sommers zeigte Temperaturen, die von Süden nach Norden um 25 Grad voneinander abwichen.

4 Make relative clauses from the participle constructions.

1. Über die Kosten eines durch die Beschädigung einer Gasleitung entstandenen Schadens können noch keine genaueren Angaben gemacht werden.
2. Der bei seiner Firma wegen seiner Sorgfalt und Vorsicht bekannte Baggerführer Anton F. streifte bei Ausgrabungsarbeiten eine in den offiziellen Plänen nicht eingezeichnete Gasleitung.
3. Das sofort ausströmende Gas entzündete sich an einem von einem Fußgänger weggeworfenen und noch brennenden Zigarettenstummel.
4. Bei der Explosion wurden drei in der Nähe spielende Kinder von herumfliegenden Steinen und Erdbrocken getroffen.
5. Der telefonisch herbeigerufene Krankenwagen mußte aber nicht die Kinder, sondern eine zufällig vorübergehende alte Dame ins Krankenhaus bringen, wo sie wegen eines Nervenschocks behandelt werden mußte.

5 Make participle constructions.

1. Im Zoo von San Francisco lebte ein Löwe, der mit beiden Augen in jeweils verschiedene Richtungen schielte.
2. Er bot einen Anblick, der derart zum Lachen reizte, daß es nicht lange dauerte, bis er entdeckt und zu einem Star gemacht wurde, der beim Fernsehpublikum von ganz Amerika beliebt war.

3. Der Löwe, der von Dompteuren und Tierpflegern für seine Auftritte vorbereitet wurde, stellte sich allerdings so dämlich an, daß man ihm nur leichtere Aufgaben, die sein Fassungsvermögen nicht überschritten, zumuten konnte,
4. was aber dem Publikum, das wie närrisch in den unmäßig blöden Ausdruck des Löwen verliebt war, nichts auszumachen schien.
5. Damit die Sendung nicht langweilig wurde, engagierte man kleinere Zirkusunternehmen, die um ihre Existenz kämpften.
6. Sie nahmen natürlich die Gelegenheit, die sich ihnen bot, mit Freuden an,
7. aber alle ihre Darbietungen, die sorgfältig eingeübt worden waren, wurden von dem Publikum, das allein auf den schielenden Löwen konzentriert war, glatt übersehen.
8. Auch die Kritiken, die regelmäßig am Morgen nach der Sendung erschienen, erwähnten nur beiläufig die Akrobaten und Clowns, die bis heute unbekannt geblieben sind.

§ 47   Participle Clauses

	II	
a) **Sich auf seine Verantwortung besinnend,**	übernahm	**der Politiker** das schwere Amt.
Der Politiker	übernahm,	**sich auf seine Verantwortung besinnend,** das schwere Amt.
b) **Napoleon, auf die Insel St. Helena verbannt,**	schrieb	seine Memoiren.
c) **Den Verfolgern entkommen,**	versteckte	sich **der Einbrecher** in einer Scheune.
Der Einbrecher	versteckte	sich, **den Verfolgern entkommen,** in einer Scheune.

Rules

1. The participle clause is generally an expansion of the subject.
2. The participle clause is formed with a zero ending participle accompanied by items which refer to the participle.
3. The participle clause occurs in a main clause either in position I or III (IV).
4. The participle clause follows the subject in a subordinate clause :
   Der Kranke war tief beunruhigt, nachdem *die Ärzte, laut über seinen Fall diskutierend,* das Krankenzimmer verlassen hatten.
5. The present participle indicates an active action, the past participle a passive action:
   see a) Der Politiker, der sich auf seine Verantwortung *besann,* übernahm das schwere Amt. (Present participle = active)
   see b) Napoleon, der auf die Insel St. Helena *verbannt worden war,* schrieb seine Memoiren. (Past participle = passive)

Note

The present participle of *sein* and *haben* (*seiend, habend*) never occurs in a participle clause. The abbreviated form is then used:
Der Besucher, *den Hut in der Hand,* plauderte noch eine Weile mit der Hausfrau.
Die Geschwister, *ein Herz und eine Seele,* besuchten dieselbe Universität.

EXERCISES

1 Make participle constructions.

Der Sprecher forderte schärfere Kontrollen zum Schutz der Natur.
(Er kam auf den Ausgangspunkt seines Vortrags zurück.)

Auf den Ausgangspunkt seines Vortrags zurückkommend, forderte der Sprecher schärfere Kontrollen zum Schutz der Natur.

1. Der Politiker bahnte sich den Weg zum Rednerpult. (Er wurde von Fotografen umringt.) 2. Der Redner begann zu sprechen. (Er war von den Blitzlichtern der Kameraleute unbeeindruckt.) 3. Der Redner begründete die Notwendigkeit härterer Gesetze. (Er wies auf eine Statistik der zunehmenden Luftverschmutzung hin.) 4. Der Politiker sprach zwei Stunden lang. (Er wurde immer wieder von Beifall unterbrochen.) 5. Die Besucher verließen den Saal. (Sie diskutierten lebhaft.) 6. Der Redner gab noch weitere Auskünfte. (Er wurde von zahlreichen Zuhörern umlagert.)

2 Use the sentences from exercise 1 and place the participle clause in position III (IV).

Der Sprecher forderte, *auf den Ausgangspunkt seines Vortrags zurückkommend,* schärfere Kontrollen zum Schutz der Natur.

3 Make participle clauses according to the examples in exercise 1 and 2.

1. Lawinen entstehen vorwiegend um die Mittagszeit. (Sie werden meist durch Erwärmung hervorgerufen.) 2. Lawinen begraben Jahr für Jahr zahlreiche Menschen unter dem Schnee. (Sie stürzen von den Bergen herunter.) 3. Suchhunde haben schon manchen unter dem Schnee Verschütteten gefunden. (Sie wurden für diese Aufgabe speziell ausgebildet.) 4. Die Bora fegt Dächer von den Häusern, Autos von den Straßen und bringt Schiffe in Seenot. (Sie weht eiskalt von den Bergen Jugoslawiens zur Adria herab.) 5. Der Föhn fällt als warmer, trockener Wind in die nördlichen Alpentäler. (Er kommt von Süden.) 6. Ärzte vermeiden bei Föhnwetter schwierigere Operationen. (Sie wurden durch negative Erfahrungen gewarnt.)

§ 48 "Haben" and "sein" with "zu"

a) eine Notwendigkeit, ein Zwang, ein Gesetz
   Aktiv   Die Reisenden müssen (sollen) an der Grenze ihre Pässe vorzeigen.
             Die Reisenden **haben** an der Grenze ihre Pässe vor**zu**zeigen.
   Passiv An der Grenze müssen die Pässe vorgezeigt werden.
             An der Grenze **sind** die Pässe vor**zu**zeigen.

b) eine Möglichkeit oder Unmöglichkeit
   Passiv Die alte Maschine kann nicht mehr repariert werden.
             Die alte Maschine **ist** nicht mehr **zu** reparieren.

Rules

see a) Active sentences expressing obligation or necessity (with the modal verbs *müssen, sollen, nicht dürfen*) can be formed with *haben + zu*. Corresponding passive sentences can be formed with *sein + zu*. These constructions with *zu* express stronger obligation and a sense of urgency compared to the modals. *Zu* occurs between the prefix and the stem verb in separable verbs.

see b) Sentences expressing possibility or impossibility (with modal verbs *müssen* or *können*) are generally formed in the passive voice with *sein + zu*.

Note

The following are used in a passive sense (see § 19 III):
1. *Sein + zu:* Das *ist* weder *zu* verstehen noch *zu* beweisen
2. Adjectives and adverbs ending in *-bar, -lich*: Das ist weder verständ*lich* noch beweis*bar*.
3. *Lassen* + reflexive pronoun: Das *läßt sich* weder *verstehen* noch *beweisen*.

EXERCISES

1 Make sentences with "haben" or "sein" + "zu" + infinitive.

Der Autofahrer muß regelmäßig die Beleuchtung seines Wagens prüfen.
Der Autofahrer *hat* regelmäßig die Beleuchtung seines Wagens *zu prüfen.*

Die Bremsen müssen auf Verkehrssicherheit geprüft werden.
Die Bremsen *sind* auf Verkehrssicherheit *zu prüfen.*

Vorschriften:

1. Der Sportler muß auf sein Gewicht achten. Er muß viel trainieren. Er muß gesund leben und auf manchen Genuß verzichten.
2. Der Nachtwächter muß in der Nacht seinen Bezirk abgehen. Er muß die Türen kontrollieren. Unverschlossene Türen müssen zugeschlossen werden. Besondere Vorkommnisse müssen sofort gemeldet werden.
3. Der Zollbeamte muß unter bestimmten Umständen das Gepäck der Reisenden un-

tersuchen. Das Gepäck verdächtiger Personen muß ggf. auf Rauschgift untersucht werden. Dabei können u. U. Spürhunde zu Hilfe genommen werden.

4. Der Autofahrer muß die Verkehrsregeln kennen und beachten. Er muß in den Ortschaften die vorgeschriebene Geschwindigkeit einhalten. Er muß Rücksicht auf die anderen Verkehrsteilnehmer nehmen. Der Polizei, der Feuerwehr und dem Krankenwagen muß auf jeden Fall Vorfahrt gewährt werden. Er muß seinen Führerschein immer mitführen. Das Motoröl muß nach einer bestimmten Anzahl von Kilometern erneuert werden.

2 Practise according to the following examples:

A: Ist dieser Schrank verschließbar? – B: Wie bitte?
A: Ich meine: Kann man diesen Schrank verschließen?
B: Ja (Nein), dieser Schrank *ist* (nicht) *zu verschließen.*

Instead of saying *Wie bitte* B can also say: *Was meinten Sie, bitte? Was sagten Sie, bitte?*

1. Ist die Helligkeit der Birnen verstellbar?
2. Ist diese Handtasche verschließbar?
3. Ist dieses Puppentheater zerlegbar?
4. Ist diese Uhr noch reparierbar? (nicht mehr)
5. Sind die Teile des Motors austauschbar?
6. Sind diese Batterien wiederaufladbar?
7. Ist dieser Videorecorder programmierbar?
8. Ist dieser Ball aufblasbar?

3 Practise according to the following examples:

A: Wußten Sie, daß man Altpapier leicht wiederverwerten kann?
B: Natürlich, Altpapier *ist* leicht *wiederzuverwerten.*
C: Ja, daß *sich* Altpapier leicht *wiederverwerten läßt,* ist mir bekannt.

Wußten Sie, . . .

1. daß man eigentlich viel mehr Energie aus Wind erzeugen kann?
2. daß man Textilreste zu hochwertigem Papier verarbeiten kann?
3. daß es Motoren gibt, die man mit Pflanzenöl betreiben kann?
4. daß es bei uns Häuser gibt, die man im Winter fast ausschließlich mit Sonnenwärme beheizen kann?
5. daß man große Mengen von Kupfer (Cu) und Blei (Pb) aus Schrott gewinnt? (*der Schrott* = Metallabfall)
6. daß man Autoabgase durch einen Katalysator entgiften kann?
7. daß man aus Müll Heizgas gewinnen kann?
8. daß man nicht einmal in der Schweiz mit Hilfe des Wassers den Strombedarf decken kann?
9. daß man, wenn man ein Haus bauen will, in einigen Bundesländern Zuschüsse für eine Solaranlage bekommen kann?
10. daß man den Spritverbrauch der Autos durch langsameres Fahren stark herabsetzen kann? (*der Sprit* = Kraftstoff, z. B. Benzin)

4 **Discuss the following issues according to the examples below:**

> A: Man kann die Wahrheit seiner Aussage bestreiten.
> B: Du irrst! Die Wahrheit seiner Aussage *kann* nicht *bestritten werden.*
> C: So ist es! Die Wahrheit seiner Aussage *ist* nicht *zu bestreiten.*

The words in brackets are not used in examples B and C.

1. Man kann Lebensmittel nach dem Ablauf des Verfallsdatums (noch) verkaufen.
2. Man kann dein altes Fahrrad (doch nicht mehr) verwenden. (mein / noch gut)
3. Man kann die genaue Zahl der Weltbevölkerung (leicht) feststellen.
4. Man konnte den Fehler in der Kühltechnik des Raumfahrzeugs finden.
5. Man kann Lebensmittel (auch) in Kühlhäusern nicht über längere Zeit frischhalten. (auch über längere Zeit)
6. Man kann Salz nicht in Wasser lösen. (problemlos)
7. (Auch) wenn wir unsere Einstellung ändern, können wir die finanziellen Probleme nicht lösen. (mit Sicherheit)
8. Mit dem Öl von Pflanzen kann man (auch) besonders konstruierte Motoren nicht betreiben. (ohne weiteres)
9. Ob die Nachrichten im Fernsehen oder in den Zeitungen wirklich zutreffen, kann der einfache Bürger (ohne weiteres) nachprüfen. (von dem einfachen . . . nicht)
10. Man kann die Anlage einer Mülldeponie in einem wasserreichen Gebiet (ohne weiteres) verantworten.

5 **Zwei "Oberschlaue" müssen natürlich auch ihre Meinung abgeben. Example:**

> D: Also das steht fest: Die Wahrheit seiner Aussage *läßt sich* nicht *bestreiten!*
> E: Ja, ja, ganz recht! Die Wahrheit seiner Aussage *ist unbestreitbar!*

Here is something to help you with the "E" sentences: 1. nicht mehr verkäuflich 2. verwendbar 3. nicht feststellbar 4. nicht auffindbar 5. haltbar (ohne "frisch") 6. löslich 7. lösbar 8. herstellbar 9. nicht nachprüfbar 10. unverantwortlich

§ 49 The "Gerundivum"

Aktiv		eine Aufgabe, die man nicht **lösen kann.**
Passiv	Die Quadratur	eine Aufgabe, die nicht **gelöst werden kann.**
sein + zu	des Kreises ist . . .	eine Aufgabe, die nicht **zu lösen ist.**
Gerundivum		eine nicht **zu lösende Aufgabe.**

Rules

1. The so-called "Gerundivum" is a participle construction with *zu*. It is derived from a relative clause with *sein + zu* (see § 48). The "Gerundivum" expresses possibility or impossibility, or necessity, i. e. whether or not something *can* or *has to* be the way it is.

2. The "Gerundivum" has actually got a passive meaning: die *zu lösende* Aufgabe = die Aufgabe, die *gelöst werden kann* oder *muß;* but it is always formed with the present participle (I): die *zu lösende* Aufgabe = die Aufgabe, die *zu lösen* ist (= infinitive active).

3. *Zu* precedes the present participle or is inserted in separable verbs (see § 16 I): die *einzusetzenden* Beträge.

EXERCISES

1 Practise the Gerundivum.

> Ein Fehler in der Planung, den man nicht wiedergutmachen kann, ist ein nicht *wiedergutzumachender* Fehler in der Planung.

1. Ein Gerät, das man nicht mehr reparieren kann, ist . . .
2. Eine Krankheit, die man nicht heilen kann, ist . . .
3. Ein Auftrag, der sofort erledigt werden muß, ist . . .
4. Seine Bemühungen, die man anerkennen muß, sind . . .
5. Die negative politische Entwicklung, die man befürchten muß, ist . . .
6. Die Besserung der wirtschaftlichen Lage, die man erwarten kann, ist . . .
7. Die Invasion von Insekten, die man nicht aufhalten kann, ist . . .
8. Der Gelenkschaden, den man nicht beseitigen kann, ist . . .
9. Eine Entscheidung, die nicht verantwortet werden kann, ist . . .
10. Das Komitee, das sofort gebildet werden muß, ist . . .

2 Make complete sentences using the expressions in exercise 1.

> Ein nicht *wiedergutzumachender* Fehler in der Planung führte zum Zusammenbruch der Firma.

3 Using the relative clauses below, make a) a passive sentence, b) a sentence with "sein" + "zu" and c) the "Gerundivum" = the participle construction with "zu".

> Die Zahl Pi, die man nie vollständig berechnen kann, beweist die Unmöglichkeit der Quadratur des Kreises.
> a) Die Zahl Pi, die nie vollständig *berechnet werden* kann, beweist die Unmöglichkeit der Quadratur des Kreises.
> b) Die Zahl Pi, die nie vollständig *zu berechnen* ist, beweist die Unmöglichkeit der Quadratur des Kreises.
> c) Die nie vollständig *zu berechnende* Zahl Pi beweist die Unmöglichkeit der Quadratur des Kreises.

1. Infolge der Erhöhung des Meeresspiegels, die man in den nächsten Jahrzehnten erwarten muß, werden viele Inseln im Meer versinken.
2. Immer wieder werden die gleichen ökologischen Fehler gemacht, die man nach den neuesten Erkenntnissen leicht vermeiden kann.
3. Die Mediziner müssen sich ständig mit neuen Grippeviren beschäftigen, die sie mit den vorhandenen Mitteln nicht identifizieren können.
4. Bei sogenannten Preisrätseln zu Werbezwecken werden oft Aufgaben gestellt, die man allzu schnell erraten kann,
5. denn meistens handelt es sich nur um den Firmennamen, den man an einer bestimmten Stelle ankreuzen muß.
6. Unkomplizierte Steuererklärungen, die man leicht bearbeiten kann, werden von den Finanzbeamten bevorzugt.
7. Die Verantwortlichen haben sich um die Akten, die man vernichten mußte, persönlich gekümmert.
8. Für die einzige vom Orkan in Honduras verschonte kleine Stadt M. war der Strom der Flüchtlinge aus anderen Landesteilen ein Problem, das sie beim besten Willen nicht bewältigen konnte.
9. Der wissenschaftliche Wert von Erkenntnissen, die man nur im Labor erreichen kann, ist gering.
10. Bei einem Überschuß von Agrarprodukten werden zum Beispiel viele Tonnen von Tomaten und Gurken, die man weder verkaufen noch exportieren kann, vernichtet.
11. Das Gemüse, das man in kürzester Zeit vernichten muß, wird auf eine Deponie gebracht und verbrannt.
12. Diese Verschwendung von Lebensmitteln, die man nicht leugnen kann, ist eine aus der Agrarpreispolitik der Europäischen Wirtschaftsgemeinschaft resultierende Tatsache.

4 Using the participle construction with "zu" ("Gerundivum"), make relative clauses: a) in the passive with a modal verb, b) with "sein" + "zu".

1. Wenn die Ölquellen in Brand geraten, können *kaum jemals wieder gutzumachende* ökologische Schäden entstehen.
2. Die meisten als "Krebs" angesehenen Tumore sind zum Glück nur *ohne Schwierigkeiten operativ zu entfernende* Verdickungen des Zellgewebes.
3. Nach der Explosion in dem Chemiewerk hat man an einigen *besonders zu kennzeichnenden* Stellen auf dem Fabrikgelände rote Warnlichter aufgestellt.
4. *Von unparteiischen Kollegen nicht zu wiederholende* chemische oder medizinische Experimente haben keinen wissenschaftlichen Wert.
5. Um einige Schäden am Dach des alten Rathauses zu beheben, schlug eine Firma vor, ein 25 Meter hohes, *an der Rückwand des Gebäudes aufzustellendes* Gerüst zu liefern.
6. Aber der *dafür von der Stadtkasse zu bezahlende* Preis war den städtischen Behörden zu hoch.
7. Deshalb lehnten sie das Angebot der Firma ab und ließen das *auch auf einfachere Weise wiederherzustellende* alte Gebäude verfallen.
8. Nachdem nach mehreren Jahren durch Regen und Frost so viele *nicht mehr zu reparierende* Schäden an dem schönen Bauwerk entstanden waren, wurde es abgerissen.

§ 50   Appositions

Nominativ → Nominativ →

Friedrich Ebert, **der erste Präsident der Weimarer Republik,** war ein überzeugter Sozialdemokrat.

Genitiv → Genitiv →

Der erste Präsident der Weimarer Republik, **des ersten demokratisch regierten Staates in der deutschen Geschichte,** war Friedrich Ebert.

Dativ → Dativ →

In der Bundesrepublik Deutschland, **dem zweiten demokratisch regierten Staat in der deutschen Geschichte,** gelten die im Grundgesetz festgelegten Rechte der Bürger.

Akkusativ → Akkusativ →

Für den Bundestag, **die gesetzgebende Versammlung der Bundesrepublik,** sind die Artikel des Grundgesetzes bindend.

Rules

1. Appositions supply us with information about a noun. They generally occur after the noun and are enclosed in commas.

2. Appositions are sentence parts which always occur in the same case as the noun they refer to. It is possible to have more than one apposition in a sentence:
   Karl V., *deutscher Kaiser, König von Spanien, Herrscher über die amerikanischen Kolonien,* teilte vor seiner Abdankung sein Weltreich.

3. Appositions occur with *als* (to indicate a profession, a rank, a religion or a nationality) or *wie* (to illustrate something with an example). They are not separated before *als* with a comma, but generally before *wie*:
   Der Papst *als Oberhaupt der katholischen Kirche* wandte sich mahnend an alle Regierenden.
   In der Steuergesetzgebung werden Abhängige, *wie zum Beispiel Kinder, Alte und Behinderte,* besonders berücksichtigt.

4. Dates:
   Heute ist Freitag, *der* 13. Oktober.
   Wir haben heute Freitag, *den* 13. Oktober.
   Ich komme *am* Freitag, *dem* 13. Oktober.

EXERCISE

Practise appositions.

> Das Geburtshaus Goethes ☐ steht in Frankfurt. (der größte deutsche Dichter)
> Das Geburtshaus Goethes, *des größten deutschen Dichters,* steht in Frankfurt.

1. Mit Eckermann ☐ führte der Dichter zahlreiche lange Gespräche. (Goethes bewährter Mitarbeiter)
2. Goethe schrieb "Die Leiden des jungen Werthers" ☐ nach einem bitter enttäuschenden Liebeserlebnis. (ein Roman in Briefen)
3. Die ersten Alphabete ☐ kamen vor ungefähr 3500 Jahren auf. (eine der größten Erfindungen der Menschheit)
4. Deutsch ☐ wird in der Welt von etwa 110 Millionen Menschen gesprochen. (eine der germanischen Sprachgruppe zugehörige Sprache)
5. Innerhalb der germanischen Sprachen ☐ finden sich große Ähnlichkeiten. (eine Sprachgruppe in der Familie der indogermanischen Sprachen)
6. "Alles Leben ist Leiden" ist ein Wort Arthur Schopenhauers ☐. (ein bekannter deutscher Philosoph des vorigen Jahrhunderts)
7. Von Ortega y Gasset ☐ stammt das Wort: Verliebtheit ist ein Zustand geistiger Verengung. (ein spanischer Philosoph)
8. Robert Koch ☐ wurde 1905 der Nobelpreis verliehen. (der Begründer der bakteriologischen Forschung)
9. Der Dieselmotor ☐ setzte sich erst nach dem Tod des Erfinders in aller Welt durch. (eine nach seinem Erfinder Rudolf Diesel benannte Verbrennungskraftmaschine)
10. Am 28. Februar 1925 begrub man den erst 54jährigen Friedrich Ebert ☐ (der erste Präsident der Weimarer Republik)
11. Die Tier- und Pflanzenbilder Albrecht Dürers ☐ zeichnen sich durch sehr genaue Detailarbeit aus. (der berühmte Nürnberger Maler und Graphiker)
12. Am Samstag ☐ jährte sich zum zehnten Mal der Tag, an dem Großbritannien, Dänemark und Irland der EG beigetreten sind. (der 1. Januar 1983)

§ 51 "Rangattribute"

"Ich muß deine Aussagen berichtigen: . . ."

Nicht im November, sondern im Oktober ist das Haus nebenan abgebrannt.
Schon mein erster Anruf hat die Feuerwehr alarmiert.
Auch die anderen Bewohner unseres Hauses haben geholfen.
Selbst die alte Dame aus dem dritten Stock hat einige Sachen gerettet.
Gerade du solltest die Nachbarschaftshilfe anerkennen.
Nur die ausgebildeten Männer von der Feuerwehr konnten wirksam eingreifen.
Allein dem Mut der Feuerwehrleute ist es zu verdanken, daß niemand verletzt wurde.

Besonders der Arzt im Parterre hat Glück gehabt.
Sogar seine wertvollen Apparate konnten gerettet werden.
Erst spät in der Nacht wurden die letzten Brandwachen vom Unglücksort abgerufen.

Rules

1. "Rangattribute"refer directly to a sentence unit and form together with this unit an element within the sentence. They are emphasized in spoken German:
   Auch seinem eigenen Bruder hat er nicht mehr trauen können.
   Er hat *auch seinem eigenen Bruder* nicht mehr trauen können.

2. "Rangattribute" generally occur before the sentence unit they refer to.

Notes

Note the difference in meaning:

1. Er kam *auch* zu spät, genauso wie ich.
   Auch er kam zu spät, obwohl er sonst immer pünktlich ist.

2. Er hat seinen Wagen *selbst* repariert, denn er ist sehr geschickt.
   Selbst er (= Sogar er) hat seinen Wagen repariert, obwohl er doch so ungeschickt ist. (See § 36 III)

3. Ich saß eine halbe Stunde *allein* im Wartezimmer, später kamen noch andere Patienten.
   Bei dem Sturm in Norddeutschland stürzten *allein in Hamburg (= nur in Hamburg)* mehr als zwanzig Bäume um.

PART IV

§ 52   The "Konjunktiv" (Subjunctive)

Preliminary note

1. The various aspects of the indicative – e. g. *er geht, er lernte, er hat gesagt* – were illustrated in § 6. An indicative sentence makes a factual statement.

2. The subjunctive conveys another kind of aspect – e. g. *er gehe / er ginge, er lerne, er habe / hätte gesagt.* We differentiate between

   a) "Konjunktiv" I, also known as "Indirect Speech Konjunktiv" or "Konjunktiv der fremden Meinung":

a) Indikativ	Der Richter sagte: „Ich glaube das nicht."
b) Konjunktiv I	Der Richter sagte, **er glaube das nicht.**

   In example a the speech is a direct account of what was said. The untransformed speech is marked with inverted commas ("..."). In b the speech is reported "indirectly", i. e. someone is relating what the judge said. Someone else's opinion or speech is being related.

   b) "Konjunktiv" II, also known as "Konjunktiv irrealis" (abbreviated "Irrealis") or "Konjunktiv der Nichtwirklichkeit":

a) Indikativ	Er ist krank, er kann dir nicht helfen.
b) Konjunktiv II	**Wenn er gesund wäre, könnte er dir helfen.**

   Example a is a fact, b expresses an unreal wish.

3. As the various forms of "Konjunktiv" I are replaced by "Konjunktiv" II forms, we are first going to consider "Konjunktiv" II.

§ 53 "Konjunktiv" II

Various forms

Indikativ	Konjunktiv II
a) er fährt	er **führe**
b) er fuhr er ist (war) gefahren	er **wäre gefahren**
er las er hat (hatte) gelesen	er **hätte gelesen**

Rules

"Konjunktiv" II has two tenses: a) a present tense, and b) a past tense. Unlike the indicative which has three different past tense forms, "Konjunktiv" II only has one.

I   The present tense forms

1. Strong verbs
   The stem of the imperfect indicative has the following endings added to it:

	Singular	*Plural*
1. Person	**-e**	**-en**
2. Person	**-est**	**-et**
3. Person	**-e**	**-en**

The diphthongs *ä, ö, ü* replace the stem vowels *a, o,* and *u*:

Infinitiv	*Indikativ* Imperfekt	*Konjunktiv II* Gegenwartsform
sein	war	ich wäre, du wär(e)st, er wäre ...
bleiben	blieb	ich bliebe, du bliebest, er bliebe ...
fahren	fuhr	ich führe, du führest, er führe ...
kommen	kam	ich käme, du kämest, er käme ...
ziehen	zog	ich zöge, du zögest, er zöge ...

2. Weak verbs
   The present tense forms of "Konjunktiv" II are the same as those for the imperfect indicative. No diphthongs (Umlaute) occur:

Infinitiv	*Indikativ* Imperfekt	*Konjunktiv II* Gegenwartsform
fragen	fragte	ich fragte, du fragtest, er fragte ...
sagen	sagte	ich sagte, du sagtest, er sagte ...

3. Exceptions
   a) The modal verbs *dürfen, können, mögen, müssen,* the mixed verbs *denken, bringen, wissen* and the auxiliary verbs *haben* and *werden* have a diphthong in "Konjunktiv" II:

Infinitiv	Indikativ Imperfekt	Konjunktiv II Gegenwartsform
bringen	brachte	ich brächte, du brächtest, er brächte ...
haben	hatte	ich hätte, du hättest, er hätte ...
können	konnte	ich könnte, du könntest, er könnte ...
werden	wurde	ich würde, du würdest, er würde ...

   b) Some strong and mixed verbs do not have the same vowel in "Konjunktiv" II as they would do in the imperfect indicative. These forms are seldom used however. *Würde* + infinitive is preferred (see § 54 III):

Infinitiv	Indikativ Imperfekt	Konjunktiv II Gegenwartsform
helfen	half	hülfe
werfen	warf	würfe
verderben	verdarb	verdürbe
stehen	stand	stünde
sterben	starb	stürbe
nennen	nannte	nennte u. a.

Note

The weak form is always used with "Konjunktiv" II with the mixed verbs *senden – sandte / sendete* and *wenden – wandte / wendete.*

II The past tense forms

1. The past tense is formed with the auxiliary verbs *haben* and *sein* in "Konjunktiv" II (*wäre, hätte*) and the past participle:

Infinitiv	Vergangenheit im Konjunktiv II
haben	ich hätte gehabt, du hättest gehabt ...
sein	ich wäre gewesen, du wär(e)st gewesen ...
arbeiten	ich hätte gearbeitet, du hättest gearbeitet ...
bleiben	ich wäre geblieben, du wär(e)st geblieben ...
kommen	ich wäre gekommen, du wär(e)st gekommen ...
ziehen	ich hätte gezogen, du hättest gezogen ...

2. Unlike the indicative which has three forms of the past tense "Konjunktiv" II only has one:

Indikativ	Konjunktiv II
Hans kam.	Hans **wäre gekommen.**
Hans ist gekommen.	
Hans war gekommen.	

III Passive in "Konjunktiv" II

	Indikativ	Konjunktiv II
Gegenwart	ihm wird geholfen	ihm **würde geholfen**
	ihm wurde geholfen	
Vergangenheit	ihm ist geholfen worden	ihm **wäre geholfen worden**
	ihm war geholfen worden	

EXERCISES

1 Conjugate the following verbs in the present and past tense forms of "Konjunktiv" II.

1. rechnen
2. arbeiten
3. abreisen
4. sollen
5. ausschalten
6. telefonieren
7. lernen
8. klettern

2 Do the same here:

1. nehmen
2. essen
3. schlagen
4. schließen
5. fliegen
6. abfahren
7. frieren
8. erfahren
9. rufen
10. weggehen

3 Do the same here:

1. dürfen
2. denken
3. wissen
4. umbringen
5. absenden

4 Put the verbs into the appropriate forms of "Konjunktiv" II.

1. du stehst
   du hast gestanden
2. es verdirbt
   es verdarb
3. sie widerstehen
   sie widerstanden
4. wir grüßten
   wir hatten gegrüßt
5. sie wird verhaftet
   sie wurde verhaftet
6. du erwiderst
   du hattest erwidert
7. sie redeten
   sie hatten geredet
8. er freute sich
   er hat sich gefreut
9. sie wollen reden
   sie wollten reden
10. ich will
   ich habe gewollt

11. er schneidet	15. ich fasse zusammen
er hat geschnitten	ich faßte zusammen
12. sie klingeln	16. du reist ab
sie klingelten	du bist abgereist
13. er handelt	17. ich mußte abreisen
er handelte	ich habe abreisen müssen
14. ihr wandert	18. sie wurden geschlagen
ihr seid gewandert	sie sind geschlagen worden

§ 54   The Use of "Konjunktiv" II

I   Sentences expressing unreal wishes

a) Er ist nicht gesund. Er wünscht sich:
Wenn ich doch gesund wäre!
Wäre ich doch gesund!

b) Die Freunde sind nicht mitgefahren. Wir wünschen:
Wenn sie nur (oder: doch nur) **mitgefahren wären!**
Wären sie nur(oder: doch nur) **mitgefahren!**

c) Hans belügt mich immer. Ich wünsche mir:
Wenn er mir doch die Wahrheit **sagte** (oder: **sagen würde**)!

d) Ich habe Evas Adresse vergessen und wünsche mir:
Wüßte ich doch (oder: bloß) ihre Adresse!

Rules

1. Sentences expressing unreal wishes can be introduced with *wenn*, in which case the verb occurs at the end of the sentence. If *wenn* is not used, the verb occurs at the beginning of the sentence.

2. The sentence has to be completed with *doch, bloß, nur* or *doch nur*.

3. An exclamation mark (!) occurs at the end of every such sentence.

EXERCISES

1   Make unreal wishes in the present tense.

Sie kommt nicht zurück. – Wenn sie *doch zurückkäme!*
Es ist so heiß. – Wenn es *doch* nicht so heiß *wäre!*

1. Der Bus kommt nicht. 2. Es ist hier so dunkel. 3. Ich habe Angst. (nicht solche Angst) 4. Ich muß lange warten. (so lange) 5. Ich habe nicht viel Zeit. (etwas mehr) 6. Der Zug fährt noch nicht ab. (doch schon)

2 Make wishes in the past tense.

> Du hast mir nicht geschrieben, wann du kommst.
> Wenn du mir *doch nur geschrieben hättest,* wann du kommst!

1. Du hast mir nicht gesagt, daß du Urlaub bekommst. 2. Ich habe nicht gewußt, daß du nach Spanien fahren willst. 3. Ich habe keine Zeit gehabt, Spanisch zu lernen. 4. Du hast mir nicht geschrieben, was du vorhast. 5. Ich habe nicht genug Geld gespart, um mitzufahren.

3 Using exercise 1 and 2 make wishes without "wenn".

4 Make wishes with or without "wenn". Pay attention to the tense!

1. Ich kann nicht zu der Ausstellung fahren. 2. Du hast mich nicht besucht, als du hier warst. 3. Er ist bei diesem schlechten Wetter auf eine Bergtour gegangen. 4. Er ist nicht hier geblieben. 5. Ich bin nicht informiert worden. 6. Ich darf nicht schneller fahren. 7. Ich werde von der Polizei angehalten. 8. Wir müssen noch weit fahren. (nicht mehr so weit) 9. Wir sind noch lange nicht da. (bald da) 10. Er schenkte der Stadt sein ganzes Vermögen. 11. Mein Bruder war nicht auf der Party. 12. Er hatte keine Zeit zu kommen.

5 Make unreal wishes.

> Er arbeitet langsam. (schneller)
> a) Wenn er *doch* schneller *arbeitete!*
> b) Wenn er *doch* nicht so langsam *arbeitete!*

1. Sie spricht undeutlich. (deutlicher) 2. Die Fernsehsendung kommt spät. (früher) 3. Der Busfahrer fährt schnell. (langsamer) 4. Ich verdiene wenig Geld. (mehr) 5. Er stellt das Radio laut. (leiser) 6. Das Zimmer ist teuer. (billiger)

II Unreal conditional sentences

> a) **Wenn ich Zeit hätte, käme** ich zu dir.
> b) Ich **käme** zu dir, **wenn ich Zeit hätte.**
> c) **Hätte** ich Zeit, (so) **käme** ich zu dir.
> d) **Wenn ich gestern Zeit gehabt hätte, wäre** ich zu dir **gekommen.**
> e) Was **machtet ihr, wenn jetzt ein Feuer ausbräche?**
> f) **Hättest** du mich gestern **besucht,** wenn du Zeit **gehabt hättest?**
> g) Er mußte ein Taxi nehmen, sonst **wäre** er zu spät **gekommen.**
>   Man mußte ihn ins Krankenhaus bringen, andernfalls **wäre** er **verblutet.**
> h) Es **wäre** mir angenehmer, er **käme** schon am Freitag.
>   Es **wäre** besser gewesen, wir **hätten** vorher mit ihm gesprochen.

Rules

1. *Wenn ich genug Geld habe, baue ich mir ein Haus* expresses an open condition, i. e.:
   Ich spare, und eines Tages werde ich bauen. A real plan has been made.
   Wenn ich genug Geld hätte, baute ich mir ein Haus (or *würde ... bauen*) expresses
   an unreal condition, i. e.: Ich habe nicht genug Geld, ich kann nicht bauen; aber
   wenn ... – an unreal plan, a wish. "Konjunktiv" II occurs here in the main clause as
   well as in the subordinate clause.
2. see a + b + d) The subordinate clause with *wenn* can occur before or after the main
   clause.
   see c) The conditional sentence can also be formed without *wenn*, in which case the
   verb appears in position I. The main clause can be introduced with *so* or *dann*;
   in this case it always follows the conditional clause.
   see e + f) If there is a question embedded in the conditional clause, the *wenn*-clause
   follows.
   see g) "Konjunktiv" II often occurs after *sonst* or *andernfalls* in a main clause in
   which inversion is possible.
   Er mußte ein Taxi nehmen, *er* wäre *sonst* zu spät gekommen.
   see h) A main clause can also occur after impersonal, subjective statements in "Konjunktiv" II which are usually used with a comparative construction.

III "Konjunktiv" II with "würde" + infinitive

a) (Wenn ich Karin **fragte, berichtete** sie mir von ihrer Tätigkeit.)
b) Wenn ich Karin **fragen würde, berichtete** sie mir von ihrer Tätigkeit.
   Wenn ich Karin **fragte, würde** sie mir von ihrer Tätigkeit **berichten.**
c) (Wenn sie mich zur Teilnahme **zwängen, träte** ich aus dem Verein **aus.**)
d) Wenn sie mich zur Teilnahme zu zwingen **versuchten, würde** ich aus dem
   Verein **austreten.**

Rules

see a) A sentence like this with two weak verbs is ambivalent. It can mean: 1. Jedesmal
wenn ich sie fragte ... (= imperfect indicative) or 2. Im Fall, daß ich sie fragen sollte ... (= present tense "Konjunktiv" II).
see b) In this case the *würde* + *infinitive* form is preferable. Its double use in the main
and subordinate clause should be avoided, however.
see c + d) Many strong verb forms in "Konjunktiv" II are considered archaic (e. g. *träte, böte, grübe*); they are replaced by *würde* + *infinitive*.

EXERCISES

1 Say what would be better.

> Er kümmert sich nicht um sein Examen.
> Es *wäre* besser, wenn er sich um sein Examen *kümmerte.*
> Oder: ..., wenn er sich um sein Examen *kümmern würde.*

1. Der Angestellte kommt nicht pünktlich zum Dienst. 2. Der Angeklagte sagt nicht die volle Wahrheit. 3. Die Stadt baut keine Radfahrwege. 4. Der Hausbesitzer läßt das Dach nicht reparieren. 5. Du kaufst keine neuen Reifen für dein Auto. 6. Sie geht nicht zum Arzt und läßt sich nicht untersuchen. 7. Er kauft sich keine neue Brille. 8. Der Motorradfahrer trägt keinen Schutzhelm.

2 Use the sentences from exercise 1 and change them to the past tense.

Er kümmerte sich nicht um sein Examen.
Es *wäre* besser *gewesen,* wenn er sich um sein Examen *gekümmert hätte.*

3 Use the sentences from exercise 1 and 2 in the following way:

Es *wäre* besser, er *kümmerte* sich um sein Examen.
Oder: . . ., er *würde* sich um sein Examen *kümmern.*
Es *wäre* besser *gewesen,* er *hätte* sich um sein Examen *gekümmert.*

4 Link the sentences below to make one unreal conditional sentence with or without "wenn". Pay attention to the tense!

Er findet meine Brille nicht. Er schickt sie mir nicht.
Wenn er meine Brille *fände, schickte* er sie mir.
Oder: . . ., *würde* er sie mir *schicken.*

Ich habe von seinem Plan nichts gewußt. Ich habe ihn nicht gewarnt.
Hätte ich von seinem Plan *gewußt, hätte* ich ihn *gewarnt.*

1. Der Fahrgast hat keinen Fahrschein gehabt. Er hat vierzig Mark Strafe zahlen müssen. 2. Der Ausländer hat den Beamten falsch verstanden. Er ist in den falschen Zug gestiegen. 3. Die beiden Drähte berühren sich nicht. Es gibt keinen Kurzschluß. 4. Es gibt nicht genügend Laborplätze. Nicht alle Bewerber können Chemie studieren. 5. Ich bin nicht für die Ziele der Demonstranten. Ich gehe nicht zu der Demonstration. 6. Du hast das verdorbene Fleisch gegessen. Dir ist schlecht geworden. 7. Der Apotheker hatte keine Alarmanlage installiert. Die Diebe konnten unbemerkt eindringen und bestimmte Medikamente mitnehmen. 8. Die Feuerwehr hat den Brand nicht sofort gelöscht. Viele Häuser sind von den Flammen zerstört worden. (nicht so viele)

5 Complete the conditional sentences using "Konjunktiv" II.

1. Wäre sie nicht so schnell gefahren, so . . . 2. Hätte er nicht so viel durcheinander getrunken, so . . . 3. Hätte er dem Finanzamt nicht einen Teil seines Einkommens verschwiegen, . . . 4. Hätten wir nicht im Lotto gespielt, . . . 5. Wäre er nicht auf die Party seines Freundes gegangen, . . . 6. Hätten die Politiker rechtzeitig verhandelt, . . . 7. Wäre der Bus pünktlich gekommen, so . . . 8. Gäbe es keine Schreibmaschine, dann . . . 9. Würde er aus dem Gefängnis fliehen, . . . 10. Ginge ich in der Nacht durch den Stadtpark, . . .

6 Answer the questions using an unreal conditional sentence.

Was würden (see § 54 III) Sie machen, wenn . . .
1. Sie ihre Tasche (Brieftasche) mit allen Papieren verloren hätten? 2. Ihr Zimmer (Ihre Wohnung) plötzlich gekündigt würde? 3. Sie eine Million Mark im Toto gewonnen hätten? 4. in Ihrer Nähe plötzlich jemand um Hilfe schriee? 5. Sie von einer giftigen Schlange gebissen worden wären? 6. Sie im Kaufhaus ein kleines Kind nach seiner Mutter schreien hörten? 7. Sie bei einem Versandhaus einen Anzug bestellt und ein Fahrrad erhalten hätten? 8. Sie zufällig auf der Straße ein Flugticket nach New York und zurück fänden?

7 Make sentences with "sonst" or "andernfalls". The second sentence always occurs in the past tense in "Konjunktiv" II.

> Er mußte ein Taxi nehmen. (er / zu spät zum Bahnhof / kommen)
> Er mußte ein Taxi nehmen, *sonst* wäre er zu spät zum Bahnhof gekommen.

1. Er mußte das Dach neu decken lassen. (ihm / das Regenwasser / in die Wohnung / laufen) 2. Gut, daß du endlich zurückkommst! (ich / dich / durch die Polizei / suchen lassen) 3. Die Forscher mußten den Versuch abbrechen. (es / eine Explosion / geben / und / die teure Apparatur / zerstört werden) 4. Sie nahm ihren Studentenausweis mit. (sie / den doppelten Fahrpreis / bezahlen müssen) 5. Mein Nachbar hat mich in ein langes Gespräch verwickelt. (ich / nicht so spät / zu dir kommen) 6. In diesem Winter mußte man die Tiere des Waldes füttern. (sie / alle / verhungern) 7. Es war schon spät. (wir / bei dir / vorbeikommen) 8. Er mußte aufhören zu rauchen. (ihn / der Arzt / nicht mehr behandeln) 9. Man mußte den Patienten an eine Herz-Lungen-Maschine anschließen. (er / nicht mehr / zu retten sein) 10. Der Arzt entschloß sich zu einem Luftröhrenschnitt. (das Kind / ersticken)

8 Make unreal conditional sentences. Use the "würde"-form for the sentences in brackets.

> (Du erreichst einen günstigeren Preis.) Du handelst mit ihm.
> Du *würdest* einen günstigeren Preis *erreichen,* wenn du mit ihm *handeltest.*
>
> (Die alte Regelung gilt noch.) Dann ist alles viel leichter.
> Wenn die alte Regelung noch *gelten würde, wäre* alles viel leichter.

1. (Du fragst mir die Vokabeln ab.) Du tust mir einen großen Gefallen.
2. (Du holst mich von der Bahn ab.) Ich brauche kein Taxi zu nehmen.
3. (Er spart viel Geld.) Er heizt etwas sparsamer.
4. Wir besuchen ihn. (Wir kennen seine Adresse.)
5. (Sie richten ihn hin.) Das Volk empört sich gegen die Regierung.
6. (Du liest das Buch.) Du weißt Bescheid.
7. Man pflanzt in der Stadt Bäume. (Man verbessert die Luft und verschönert die Stadt.)
8. (Ich kenne sein Geburtstagsdatum.) Ich gratuliere ihm jedes Jahr.

IV Unreal comparative sentences

a) Sie schaut mich an, **als ob** sie mich nicht **verstünde.**
b) Sie schaut mich an, **als ob** sie mich nicht **verstanden hätte.**
c) Er hat solchen Hunger, **als hätte** er seit Tagen nichts **gegessen.**

Rules

1. see a + b) The subordinate clause with *als ob* or *als* (less frequently with *als wenn* or *wie wenn*) indicates an unreal comparison: Sie schaut mich so an, aber in Wirklichkeit versteht sie mich oder hat mich wahrscheinlich verstanden.
   If the subordinate clause is introduced with *als ob (als wenn, wie wenn)*, the conjugated verb occurs at the end of the sentence.
   see c) If the subordinate clause is introduced with *als*, the verb follows immediately after.

2. A factual statement is expressed in the main clause; the verb is therefore in the indicative.

EXERCISES

1 Make unreal comparative sentences with "als ob" or "als wenn".

> Der Junge tat so, (er / nicht laufen können)
> Der Junge tat so, *als ob (als wenn)* er nicht laufen *könnte.*

1. Der Angler tat so, (er / einen großen Fisch an der Leine haben)
2. Der Lehrer sprach so laut, (seine Schüler / alle schwerhörig seien)
3. Unser Nachbar tut so, (Haus und Garten / ihm gehören)
4. Der Junge hat die Fensterscheibe eingeschlagen, aber er tut so, (er / ganz unschuldig sein)
5. Gisela sprang von ihrem Stuhl auf, (sie / von einer Tarantel gestochen worden sein) (die Tarantel = giftige Spinne)
6. Der Rennfahrer saß so ruhig hinter dem Steuer seines Rennwagens, (er / eine Spazierfahrt machen)
7. Der Hund kam auf mich zugerannt, (er / mich in Stücke reißen wollen)
8. Das Mädchen fuhr auf ihren Skiern so geschickt den Berg hinunter, (sie / das schon tausendmal geübt haben)

2 Make unreal sentences with "als" from exercise 1.

> Der Junge tat so, *als könnte* er nicht laufen.

3 Complete the comparative sentences using "Konjunktiv" II.

1. Der Politiker sprach so laut, als ob . . . 2. Der Busfahrer fuhr so schnell, als . . . 3. Der Hotelgast gab so hohe Trinkgelder, als wenn . . . 4. Der Arzt machte ein Gesicht, als . . .

5. Der Schriftsteller wurde gefeiert, als wenn . . . 6. Die Musik kam so laut und klar im Radio, als . . . 7. Der Koch briet so viel Fleisch, als wenn . . . 8. Der Zug fuhr so langsam, als ob . . . 9. Das Kind schrie so entsetzlich, als ob . . . 10. Die Kiste war so schwer, als . . .

4 Make unreal comparative sentences.

> Ich fühle mich bei meinen Wirtsleuten so wohl wie zu Hause.
> Ich fühle mich bei meinen Wirtsleuten so wohl, *als ob* ich zu Hause *wäre*.

1. Er hatte sich in den Finger gestochen und schrie wie ein kleines Kind. 2. Die Wirtin behandelte ihren Untermieter wie einen nahen Verwandten. 3. Er sieht aus wie ein Bettler. 4. Er gibt das Geld aus wie ein Millionär. 5. Er bestaunte das Auto wie einer, der noch nie ein Automobil gesehen hat. (. . . Auto, als ob er . . .) 6. Er schaute mich verständnislos an. (nicht verstanden haben) 7. Der Automechaniker stellte sich an wie einer, der noch nie einen Motor auseinandergenommen hat. (. . . sich an, als ob er . . .) 8. Der Chef sprach mit dem Angestellten wie mit einem dummen Jungen.

V Unreal consecutive sentences

> a) Es ist **zu spät, als daß** wir noch bei ihm **anrufen könnten.**
> b) Ich hab' das Tier **allzu gern, als daß** ich es **weggeben könnte.**
> c) Er hat **soviel Zeit, daß** er das ganze Jahr **verreisen könnte.**
> d) Er ging weg, **ohne daß** er sich **verabschiedet hätte.**

Rules

see a + b) The consecutive sentence usually refers to an adverb with *zu* or *allzu* (= emphasis). *Zu* indicates that something has gone beyond the limit or is no longer tolerable, so that the consequence mentioned in the *als*-clause can no longer happen. For this reason this phrase with *als daß* occurs in "Konjunktiv" II.

see c) The consequences mentioned in the subordinate clause with *so . . . daß* will not come about; they are unreal. The subordinate clause is therefore in "Konjunktiv" II.

see d) The anticipated result has not come about in the *ohne daß*-clause. The subordinate clause is therefore in "Konjunktiv" II.

EXERCISES

1 Make unreal consecutive sentences with "zu . . ., als daß".

> Die Versuche sind zu teuer. Man kann sie nicht unbegrenzt fortsetzen.
> Die Versuche sind *zu* teuer, *als daß* man sie unbegrenzt *fortsetzen könnte.*

1. Der Schwimmer ist mit 32 Jahren schon zu alt. Er kann keine Spitzenleistungen mehr erbringen. (noch) 2. Diese Bergwanderung ist zu gefährlich. Ihr könnt sie nur mit einem Seil machen. (ohne Seil) 3. Die Tour ist zu weit. Sie können die Strecke nicht an einem

Tag schaffen. 4. Die Wanderer sind viel zu müde. Sie wollen nicht mehr tanzen. (noch) 5. Das Hotel ist zu teuer. Wir können dort nicht wohnen bleiben. 6. Der Wind ist zu kalt. Das Laufen macht keinen Spaß mehr. (noch ... würde) 7. Die Mathematikaufgabe ist zu schwierig. Die Schüler können sie nicht lösen. 8. Das Bild ist zu groß. Ich will es mir nicht ins Zimmer hängen. 9. Die Reise ist zu anstrengend. Ich werde sie nicht mehr machen. (noch einmal) 10. Das Fernsehprogramm ist viel zu langweilig. Ich sehe es mir nicht an.

2 Put sentences 1–5 of exercise 1 into the Imperfekt or Perfekt and make consecutive sentences.

> Die Versuche waren zu teuer. Man konnte sie nicht unbegrenzt fortsetzen.
> Die Versuche waren *zu* teuer, *als daß* man sie unbegrenzt *hätte fortsetzen können.*

3 Make unreal consecutive sentences with "so . . . daß". Pay attention to the tenses!

> Die Straßenbahn fuhr (fährt) so langsam, (man / ebensogut laufen können)
> Die Straßenbahn fuhr (fährt) *so* langsam, daß man ebensogut *hätte laufen können (laufen könnte).*

1. Die Sonne schien so warm, (man / im Badeanzug auf der Terrasse liegen können)
2. Sein Geschäft geht so gut, (er / es ganz groß ausbauen können)
3. Die Terroristen hatten so viele Waffen, (man / eine ganze Kompagnie Soldaten damit ausrüsten können)
4. Der Sportwagen ist so teuer, (man / zwei Mittelklassewagen / sich dafür kaufen können)
5. Die Höhle hat so viele Gänge, (man / sich darin verlaufen können)
6. Das Haus, in dem er wohnt, ist so groß, (drei Familien /darin Platz finden)
7. Das Gift wirkt so stark, (man / mit einem Fläschchen / eine ganze Stadt vergiften können)
8. Der Mond schien so hell, (man / Zeitung lesen können)

4 Make sentences with "ohne daß". Pay attention to the tenses!

> Sie waren oft hier in Wien. Sie haben uns nicht ein einziges Mal besucht.
> Sie waren oft hier in Wien, *ohne daß* sie uns ein einziges Mal *besucht hätten.*

1. Der Arzt überwies den Patienten ins Krankenhaus. Er hat ihn nicht untersucht. 2. Ein Onkel sorgte für die verwaisten Kinder. Er hat kein Wort darüber verloren. 3. Eine ausländische Kommission kaufte die Fabrik. Es wurde nicht lange über den Preis verhandelt. (*es* fällt weg!) 4. Die Tochter verließ das Elternhaus. Sie schaute nicht noch einmal zurück. 5. Er wanderte nach Amerika aus. Er hat nie wieder ein Lebenszeichen von sich gegeben. (ohne daß er jemals wieder) 6. Luft und Wasser werden von gewissen Industriebetrieben verschmutzt. Diese kümmern sich nicht um die Umweltverschmutzung. 7. Sie hat uns geholfen. Wir haben sie nicht darum gebeten. 8. Er verschenkte seine wertvolle Münzsammlung. Es hat ihm keinen Augenblick leid getan.

VI More uses of "Konjunktiv" II

a) Beinah(e) wäre das ganze Haus abgebrannt!
b) Fast hätte ich den Bus nicht mehr erreicht.
c) Ich hätte dich besucht, aber ich hatte deine Adresse nicht.
d) Der Bus ist noch nicht da; dabei hätte er schon vor zehn Minuten kommen müssen.
e) Sollte es wirklich schon so spät sein?
f) Würdest du mir tatsächlich Geld leihen?
g) Wären Sie so freundlich, mir zu helfen?
h) Könnten Sie mir vielleicht sagen, wie ich zum Bahnhof komme?
i) Würden Sie mir bitte einen Gefallen tun?
j) Würden Sie vielleicht gegen zehn Uhr noch mal anrufen?
k) Zum Einkaufen dürfte es jetzt zu spät sein.
l) (Wie alt schätzt du Gisela?) Sie dürfte etwa zwanzig sein.
m) So, das wär's für heute! (Morgen geht's weiter.)
n) Das hätten wir geschafft!
o) Ich glaube, daß ich ihm in dieser Lage auch nicht helfen könnte.
p) Ich meine, daß er sich endlich ändern müßte.
q) Ich kenne keinen anderen Arzt, der dir besser helfen könnte.
r) Ich wüßte kein Material, das härter wäre als ein Diamant.

Rules

"Konjunktiv" II is used:
see a + b) in sentences with *beinah(e)* or *fast* to express that an anticipated event has not come about;
see c + d) to show the difference between the real and the unreal;
see e + f) in questions we ask when we find it hard to believe something;
see g + h) to make a polite request in the form of a question. (The alternative form – *würde* + infinitive – is often used for a polite request – see i + j);
see k + l) with *dürfen* if you want to express a supposition carefully;
see m + n) to express that part of the thing in question (here work) has been completed;
see o + p) to express uncertainty about something. Verbs like *annehmen, glauben, denken, meinen* occur in the main clause.
see q + r) "Konjunktiv" II occasionally occurs in relative clauses with a comparative, in which case they are governed by a negative in the main clause.

EXERCISES

1 Practise the past tense of "Konjunktiv" II after "beinah(e)" or "fast".

> Hast du das Haus gekauft? – Nein, aber *beinah (fast) hätte* ich es *gekauft.*
> Oder: Nein, aber ich *hätte es beinah (fast) gekauft.*

1. Hast du dein Geld verloren? 2. Bist du betrogen worden? 3. Bist du verhaftet worden? 4. Ist das Flugzeug abgestürzt? 5. Hast du dein Geschäft verkaufen müssen? 6. Ist das Schiff untergegangen? 7. Seid ihr zu spät gekommen?

2 Express an element of doubt in your question.

> Ist sie wirklich erst 17? – Ja, das stimmt.
> Sollte sie wirklich erst 17 sein? – Ja, das *dürfte* stimmen.

1. Ist dieses Haus wirklich für 100 000 Mark zu haben? – Ja, das stimmt. 2. Hat er wirklich die Wahrheit gesagt? – Nein, das war nicht die Wahrheit. 3. Ist er wirklich in schlechten finanziellen Verhältnissen? – Ja, das trifft leider zu. 4. Habe ich für diesen Pelzmantel wirklich 100 Mark zuviel bezahlt? – Ja, das stimmt annähernd. 5. Hatte der Sultan wirklich 90 Kinder? – Nein, es waren nur etwa 50. 6. Hat er mich mit Absicht falsch informiert? – Nein, er hat nur wieder mal nicht aufgepaßt. 7. Ist der Zug wirklich schon abgefahren? – Ja, der ist schon weg. 8. Hat der Zeuge sich wirklich nicht geirrt? – Nein, seine Aussage entspricht so ziemlich den Tatsachen. 9. Hat er seine Steuererklärung wirklich ungenau ausgefüllt? – Ja, die Angaben waren unzutreffend.

3 Make polite questions.

> Nehmen Sie das Paket mit?
> Würden Sie bitte das Paket mitnehmen?
> Könnten Sie bitte das Paket mitnehmen?
> Würden Sie so freundlich sein und das Paket mitnehmen? (, das Paket mitzunehmen?)
> Dürfte ich Sie bitten, das Paket mitzunehmen?
> Würden Sie mir den Gefallen tun und das Paket mitnehmen? (, das Paket mitzunehmen?)

1. Schicken Sie mir die Waren ins Haus? 2. Wo ist die Stadtverwaltung? 3. Wie komme ich zum Krankenhaus? 4. Reichen Sie mir das Salz? 5. Geben Sie mir noch eine Scheibe Brot? 6. Bringen Sie mir noch ein Glas Bier? 7. Helfen Sie mir, den Wagen anzuschieben? 8. Wird der Eilbrief heute noch zugestellt? (. . ., mir zu sagen, ob . . .) 9. Kommen Sie gegen 5 Uhr noch mal vorbei? 10. Nimmst du dieses Päckchen mit zur Post?

4 Say what would be possible in different circumstances.

> Zu Fuß kannst du den Zug nicht mehr erreichen; (mit dem Taxi / noch rechtzeitig zur Bahn kommen)
> Zu Fuß kannst du den Zug nicht mehr erreichen; mit dem Taxi *könntest* du noch rechtzeitig zur Bahn *kommen.*

1. Ohne Antenne kannst du das Programm von Bayern III nicht empfangen; (mit Antenne / du / es gut hereinbekommen) 2. Hier müssen alle Kraftfahrzeuge langsam fahren; (ohne diese Vorschrift / es / viele Unfälle geben) 3. Leider ist unser Auto kaputt; (sonst / wir / heute ins Grüne fahren) 4. Ohne Licht darfst du abends nicht radfahren; (sonst / dir / ein Unglück passieren) 5. Du brauchst unbedingt eine Waschmaschine; (damit / du / viel Zeit sparen) 6. Du machst dir keine genaue Zeiteinteilung; (sonst / du / viel mehr schaffen) 7. Diesen Ofen benutzen wir nur in der Übergangszeit; (im Winter / wir / das Haus damit nicht warm bekommen) 8. Die Arbeiter müssen zur Zeit Überstunden machen; (die Firma / andernfalls / die Liefertermine nicht einhalten) 9. Hier darfst du nicht fotografieren; (du / wegen Spionage verhaftet werden)

§ 55 "Konjunktiv" I

The subjunctive/Konjunktiv

Although the English subjunctive has almost died out, German still uses its subjunctive or rather Konjunktiv, quite widely, especially in formal or literary contexts. There has been a growing tendency in the recent past to use the indicative in spoken German, but Konjunktiv forms are still very common.

Various forms

	Indikativ	Konjunktiv I
a)	er fährt	er **fahre**
b)	er wird fahren	er **werde fahren**
c)	er fuhr er ist / war gefahren }	er **sei gefahren**
	er sah er hat / hatte gesehen }	er **habe gesehen**

Rule

"Konjunktiv" I has three different tenses: a) a present tense form, b) a future tense form (also supposition) and c) a past tense form.

I Present tense forms

1. The same endings are added to the infinitive stem as those used for "Konjunktiv" II (see § 53 I).
2. The following forms occur:

Starkes Verb	Schwaches Verb	Verb mit Hilfs-e	Modalverb	Hilfsverb	
kommen	*planen*	*schneiden*	*dürfen*	*haben*	*werden*
(ich	(ich	(ich	ich	(ich	(ich
komme)	plane)	schneide)	dürfe	habe)	werde)
du	du	(du	du	du	du
kommest	planest	schneidest)	dürfest	habest	werdest
er	er	er	er	er	er
komme	plane	schneide	dürfe	habe	werde
(wir	(wir	(wir	(wir	(wir	(wir
kommen)	planen)	schneiden)	dürfen)	haben)	werden)
ihr	ihr	(ihr	ihr	ihr	(ihr
kommet	planet	schneidet)	dürfet	habet	werdet)
(sie	(sie	(sie	(sie	(sie	(sie
kommen)	planen)	schneiden)	dürfen)	haben)	werden)

The forms in brackets correspond with the indicative. They are replaced by the corresponding present tense forms of "Konjunktiv" II, so that they can be distinguished from the indicative. The following forms occur:

Starkes Verb	Schwaches Verb	Verb mit Hilfs-e	Modalverb	Hilfsverb	
ich	ich	ich	ich	ich	ich
käme	plante	schnitte	dürfe	hätte	würde
du	du	du	du	du	du
kommest	planest	schnittest	dürfest	habest	werdest
er	er	er	er	er	er
komme	plane	schneide	dürfe	habe	werde
wir	wir	wir	wir	wir	wir
kämen	planten	schnitten	dürften	hätten	würden
ihr	ihr	ihr	ihr	ihr	ihr
kommet	planet	schnittet	dürfet	habet	würdet
sie	sie	sie	sie	sie	sie
kämen	planten	schnitten	dürften	hätten	würden

In spoken German these rules are not strictly adhered to, so that "Konjunktiv" II is often used also in the 2nd person sing. and pl.: *du kämest, ihr kämet.*

Note

The special forms in the 2nd and 3rd person singular present tense of the strong verbs are not discussed in the "Konjunktiv" I table: *du gebest, er gebe.*

3. The *sein*-forms are an exception to the rule:

ich	**sei**	wir	**seien**
du	**sei(e)st**	ihr	**seiet**
er	**sei**	sie	**seien**

II Future tense forms (also supposition)

1. The Futur I is formed with the above forms of *werden* and the infinitive:

ich	würde kommen	wir	würden kommen
du	werdest kommen	ihr	würdet kommen
er	werde kommen	sie	würden kommen

2. The Futur II is formed accordingly with the perfect infinitive:

ich	würde gekommen sein	ich	würde geplant haben
du	werdest gekommen sein	du	werdest geplant haben

III Past tense forms

The past tense is formed with the above forms of *haben* or *sein,* whichever the case may be, and the past participle:

ich sei gekommen	ich hätte geplant
du sei(e)st gekommen	du habest geplant

IV Passive in "Konjunktiv" I

The passive is formed with the above forms of *werden*:

Gegenwart	ich würde informiert, du werdest informiert . . .
Zukunft	ich würde informiert werden, du werdest informiert werden . . .
Vergangenheit	ich sei informiert worden, du sei(e)st informiert worden . . .

EXERCISES

1   Conjugate in the present and past tense forms of "Konjunktiv" I.

1. reisen	4. fliegen	7. abschneiden	10. fahren
2. ordnen	5. fallen	8. sich ärgern	11. frieren
3. schicken	6. geben	9. beabsichtigen	12. benachrichtigt werden

2   Put the verbs into the appropriate forms of "Konjunktiv" I.

1. ich stelle er stellt er stellte	7. ich gehe du gehst er ist gegangen	13. du fährst ihr fahrt sie fuhren
2. du bittest er bittet wir baten	8. sie betet sie beten er betete	14. ich rufe an du rufst an sie riefen an
3. wir telefonieren ihr telefoniert sie telefonierten	9. sie schneidet wir schneiden wir haben geschnitten	15. du streitest sie streitet ihr habt gestritten
4. sie grüßt sie grüßen sie grüßten	10. ich antworte er antwortet ihr antwortet	16. er stirbt sie sterben sie starben
5. ich werde eingeladen du wirst eingeladen du wurdest eingeladen	11. er wird gewogen wir werden gewogen ihr wart gewogen worden	17. du wirst bestraft er wird bestraft sie wurde bestraft
6. du wirst dich erkälten sie wird sich erkälten sie werden sich erkälten	12. sie wird sich erholt haben ihr werdet euch erholt haben sie werden sich erholt haben	

§ 56 Use of "Konjunktiv" I

Whilst indirect speech in English is marked by a change in tense, "Konjunktiv" I is used in German. The tense used in the direct speech sentence is retained, provided the Konjunktiv and indicative forms are not identical. As the main function of indirect speech is to report opinions and statements uttered by a third person, the third person forms are particularly important when rendering indirect speech in German.

I Indirect speech

Direkte Rede	Indirekte Rede
In der Wahlnacht spricht der Partei-vorsitzende. Er sagt unter anderem:	Ein Journalist berichtet. Der Parteivorsitzende sagte,
a) "Wir können stolz sein auf unseren Erfolg."	**daß sie** stolz auf **ihren** Erfolg sein könnten. **sie** könnten stolz sein auf **ihren** Erfolg.
b) "**Ihnen, liebe Parteifreunde,** danke ich herzlich."	er danke **seinen Parteifreunden** herzlich.
"Jetzt heißt es für uns alle: **Vorwärts, an die Arbeit!**"	jetzt heiße es für sie, **sofort mit der Arbeit zu beginnen.**
c) "**Für morgen** ist ein Gespräch mit dem Bundespräsidenten geplant."	**für heute, Montag,** sei ein Gespräch mit dem Bundespräsidenten geplant.
"**Hier** wird es einige Veränderungen geben."	**dort, im Bundestag,** werde es einige Veränderungen geben.
d) "Ich, als Demokrat, akzeptiere das Wahlergebnis, **auch wenn es anders ausgefallen wäre.**"	er, als Demokrat, akzeptiere das Wahlergebnis, **auch wenn es anders ausgefallen wäre.**

Rules

Indirect speech is often used to report what someone has said objectively, often in a shortened version. Very often only the most important facts contained in speeches, letters or public announcements are reported. The person reporting can use "Konjunktiv" I to distance himself or herself from what (s)he is saying.

see a) 1. Indirect speech can be introduced by a *daß*-clause. In an extended report the *daß*-clause generally occurs at the beginning only.
2. The pronouns change in indirect speech according to the context. Here, the following points are important: a) who is speaking, b) who is being spoken to or what is being spoken about and c) if necessary, who is reporting.
see b) 1. Forms of address, exclamations, spontaneous idiomatic expressions, are generally omitted in indirect speech.
2. To make the context easier to understand it is possible to repeat names or to insert adverbs or to use verbs like *bejahen, verneinen, ablehnen.*
see c) Place or temporal adverbs have to be changed according to the context.
see d) "Konjunktiv" II remains unchanged in indirect speech.

II Indirect questions

Direkte Frage	Indirekte Frage
Er fragt:	Er fragt,
a) "**Gehst** du morgen zur Wahl?"	**ob** ich morgen zur Wahl ginge.
b) "**Wann** gehst du zum Wahllokal?"	**wann** ich zum Wahllokal ginge.
"**Welche Partei** willst du wählen?"	**welche Partei** ich wählen wolle.

Rules

Questions occur as subordinate clauses in indirect speech.
see a) In questions without interrogative words the conjunction *ob* is used.
see b) In questions with interrogative words the same interrogative word is used or the
     extended interrogative word is used as a conjunction.

III Indirect imperative

Direkter Imperativ	Indirekter Imperativ
a) "Reg dich doch bitte nicht so auf!"	Er bat mich (freundlich), ich **möge** mich nicht so aufregen.
b) "Hört jetzt endlich auf, über das Wahlergebnis zu diskutieren!"	Er befahl uns (scharf), wir **sollten** aufhören, über das Wahlergebnis zu diskutieren.

Rules

The imperative is conveyed in indirect speech by modal verbs.
see a) In polite requests *mögen* is used.
see b) In a request or demand *sollen* is used.

Note

The imperative in the 3rd person singular or in the 1st person plural can be expressed
by the "Konjunktiv" I forms:
Es *lebe* die Freiheit!
Damit *sei* die Sache vergessen!
Seien wir froh, daß alles vorbei ist!
Man *nehme* 15–20 Tropfen bei Bedarf und *behalte* die Flüssigkeit einige Zeit im Mund.
Man *nehme* ein Pfund Mehl, drei Eier und etwas Milch und *verrühre* das Ganze zu
einem Teig.
Die Strecke b *sei* 7 cm. Man *schlage* von D aus einen Halbkreis über b.

Notes on punctuation in indirect speech

1. The colon (:) and the inverted commas ("...") are omitted in indirect speech. A comma (,) occurs before indirect speech.
2. As requests, demands and questions are only being reported indirectly, exclamation marks (!) and question marks (?) do not occur.

EXERCISES

1 Put the following text into indirect speech. Begin with: Fachleute weisen darauf hin, daß ...

1 "Große Teile der Wälder in der Bundesrepublik sind durch schwefelsäurehaltigen Regen von einem allmählichen Absterben bedroht. Nicht nur die Nadelhölzer, sondern
3 auch die Laubbäume werden geschädigt. Sie reagieren zum Teil sogar noch empfindlicher als Nadelbäume. Als gefährlichste Verursacher des Waldsterbens sieht man die
5 großen Kohlekraftwerke an, die die Schadstoffe durch hohe Schornsteine ableiten. Das entlastet zwar die nächste Umgebung, doch wird die Schädigung weiträumig in Gebie-
7 te getragen, die bisher noch ökologisch gesund waren; denn hohe Schornsteine bringen die Schadstoffe in höhere Schichten der Atmosphäre, und so können sie vom Wind
9 ziemlich weit getragen werden.
Gefordert werden neue Gesetze, die das Übel an der Wurzel packen. Es müssen Anla-
11 gen vorgeschrieben werden, die die Schadstoffe herausfiltern, so daß sie nicht mehr in die Luft gelangen können."

2 Put the following newspaper article into indirect speech. Begin with: Die Zeitung berichtet, daß Teile Australiens ...

1 Teile Australiens erleben eine katastrophale Trockenheit. Infolge des Regenmangels droht in fünf von sechs australischen Bundesländern eine Dürrekatastrophe. Neben den
3 Farmern, die bereits ihre Ernten und Tierherden verloren haben, spüren jetzt auch die Bewohner der Städte den Wassermangel besonders stark. Für sie gilt eine strenge Be-
5 schränkung des Wasserverbrauchs. Nicht länger dürfen sie ihre Gärten bewässern. Das Gießen ist ihnen tagsüber nur noch mit Kannen und Eimern erlaubt. Schläuche dürfen
7 nur zwischen 19 und 21 Uhr benutzt werden. Die Geldstrafe, die auf Nichteinhaltung der Beschränkungen steht, ist von 100 auf 1000 Dollar erhöht worden. Zwanzig Funk-
9 wagen machen Jagd auf Wasserverschwender.
In einigen Gemeinden des Staates Victoria ist die Not schon so groß, daß das Wasser
11 auf 60 Liter pro Kopf und Tag rationiert wurde.
Perioden großer Trockenheit hat es in Australien schon oft gegeben. Eine solche Kata-
13 strophe ist aber in der Geschichte des weißen Mannes noch nie dagewesen.

3 Do the same here: Der Verteidiger sagte, man ...

1 Der Verteidiger sagte: "Man muß, wenn man ein gerechtes Urteil fällen will, die Kindheit und Jugendzeit des Angeklagten kennen. Als dieser drei Jahre alt war, starb seine
3 Mutter. Sein Vater war ein stadtbekannter Trinker. Der Angeklagte hat noch drei Jahre mit seinem Vater zusammengelebt. Eine Tante, die den Haushalt führte, mochte ihn

5 nicht und hat ihn oft geschlagen. Als der Angeklagte sechs Jahre alt war, nahm man den
ganz verwahrlosten Jungen aus dem Haushalt seines Vaters und steckte ihn in ein Wai-
7 senhaus, wo er bis zu seinem 14. Lebensjahr blieb. Nach seiner Entlassung kehrte der
Junge zu seinem Vater zurück. Dieser veranlaßte den Jungen immer wieder zu Dieb-
9 stählen in Warenhäusern und Lebensmittelgeschäften. Mit sechzehn Jahren wurde der
Jugendliche zum ersten Mal wegen Diebstahls vor Gericht gestellt und von diesem in
11 eine Jugendstrafanstalt eingewiesen. So hat der Angeklagte nie ein normales, geregel-
tes Leben kennengelernt; er hat nie den Schutz und die Nestwärme erfahren, die eine
13 Familie einem Heranwachsenden im allgemeinen bietet. Das muß bei einer Verurtei-
lung des Angeklagten berücksichtigt werden."

4 Change the direct speech to indirect speech and vice versa.

Der Arzt fragte den Patienten: "Wie lange haben Sie die Kopfschmerzen schon? Sind
1 die Schmerzen ständig da, oder treten sie nur manchmal auf? Liegen die Schmerzen hinter den Augen? Haben Sie auch nachts Kopfschmerzen? Nehmen Sie Tabletten? Was
3 für Tabletten haben Sie bis jetzt genommen? Ist der Schmerz so stark, daß Sie es ohne
Tabletten nicht aushalten? Was für eine Arbeit verrichten Sie im Büro? Wie lange müs-
5 sen Sie täglich vor dem Bildschirm sitzen? Haben Sie die Möglichkeit, Ihre Tätigkeit zu
wechseln?"
7 Der Patient fragte den Arzt, wie oft er die Tabletten nehmen solle, ob er im Bett liegen
bleiben müsse, oder ob er wenigstens zeitweise aufstehen dürfe, wie lange die Krank-
9 heit denn wohl dauere und ob er überhaupt wieder ganz gesund werde.

5 Do the same here.

1 Der Turnlehrer sagte zu den Schülern: "Stellt euch gerade hin und streckt die Arme
nach vorn! Bringt jetzt die Arme in weitem Bogen nach hinten, laßt den Kopf zurück-
3 fallen und biegt den ganzen Körper nach hinten durch! Jetzt kommt langsam zurück, bis
ihr wieder gerade steht! Laßt nun den Oberkörper nach vorn herunterfallen, bis der
5 Kopf die Knie berührt."
Der Lehrer sagt zu der Schülerin, daß sie den Mund schließen und durch die Nase at-
7 men solle. Sie solle die Übungen ruhig mitmachen, aber darauf achten, daß nichts weh
tue. Wenn es ihr zu anstrengend werde, solle sie aufhören.
9 Uta sagte zum Lehrer, er möge sie entschuldigen, sie fühle sich nicht wohl und wolle
nach Hause gehen.

6 Put the indirect speech in this anecdote into direct speech. Which form seems livelier?

1 Der berühmte Pianist Anton Rubinstein unterhielt sich auf einer Konzerttour in England mit einem Briten über seine Auslandserfahrungen. Dabei sprachen sie auch über
3 die Konzertreise des Künstlers in Spanien. Ob er denn Spanisch könne, fragte der
Engländer. Rubinstein verneinte. Ob er dann wohl Französisch gesprochen habe. Das
5 habe er auch nicht, entgegnete der Künstler schon etwas verärgert. Womit er sich denn
in Spanien durchgeholfen habe, wollte der neugierige Herr wissen. "Mit Klavier!" er-
7 widerte Rubinstein und ließ den lästigen Frager stehen.

7 Change the direct speech to indirect speech.

Der Hahn und der Fuchs

1 Auf einem Baum saß ein alter Hahn. Ein Fuchs, der gerade vorbeikam, sah den Hahn, und da er gerade Hunger hatte, sagte er: "Komm doch herunter! Allgemeiner Friede ist
3 unter den Tieren geschlossen worden. Komm herab und küsse mich, denn von heute ab sind wir Brüder!" "Lieber Freund", entgegnete der Hahn, "das ist eine wunderbare
5 Nachricht! Dort sehe ich auch zwei Hunde herbeieilen. Sie wollen uns sicher auch die Friedensnachricht bringen. Dann können wir uns alle vier küssen." "Entschuldige!" rief
7 der Fuchs eilig, "ich habe noch einen weiten Weg. Das Friedensfest werden wir später feiern!" Traurig, daß er seinen Hunger nicht stillen konnte, lief er davon.
9 Der Hahn aber saß auf seinem Ast und lachte: "Es macht doch Spaß, einen Betrüger zu betrügen!"
(Nach: La Fontaine)

8 Change the direct speech to indirect speech and vice versa.

Totgefragt

1 Auf einem Dampfer, der von Hamburg nach Helgoland fuhr, wendete sich eine Dame an den Kapitän und fragte: "Sind Sie der Kapitän?" Der Kapitän bejahte.
3 "Ist es eigentlich gefährlich auf See?"
Der Kapitän verneinte, zur Zeit nicht, es sei ja beinah windstill. Da werde wohl keiner
5 seekrank.
"Ach, das meine ich auch nicht", entgegnete die Dame, "ich meine nur wegen der See-
7 minen." (= Explosivkörper zur Vernichtung von Schiffen im Krieg)
Da sei nichts zu befürchten, die seien alle längst weggeräumt.
9 "Aber wenn sich nun mal eine versteckt hat?"
Das könne sie nicht. Die Minen blieben immer an der Wasseroberfläche, und auch die
11 allerletzten seien längst entdeckt und vernichtet worden. Da könne sie ganz beruhigt sein.
13 "Sie sind ja ein Fachmann. Sicher fahren Sie schon lange auf dieser Strecke?"
Er fahre schon vier Jahre.
15 "So lange fahren Sie schon? Wie hieß doch der Kapitän, der früher auf diesem Schiff fuhr? Es war so ein Großer, Blonder."
17 "Sein Name war Albers."
"Ja, an den kann ich mich noch gut erinnern. Lebt er noch?"
19 "Nein", bedauerte der Kapitän, Albers sei schon lange tot.
"Ach, das ist schade! Woran ist er denn gestorben?"
21 Die Reisenden hätten ihn totgefragt, entgegnete der Kapitän und ließ die erstaunte Dame stehen.

9 Put the reports into indirect speech.

Eine junge Ärztin erzählt ein Erlebnis von einer Expedition. Ihr Bericht wird in einer Zeitung wiedergegeben.

1 "Vor einiger Zeit kam eine Mutter mit einem schwerkranken Säugling zu mir. Das Kind war schon blau im Gesicht und atmete schwer. Nach einer kurzen Untersuchung konn-
3 te ich feststellen, daß eine leichte Form von Diphtherie vorlag. Nachdem ich, weil mir

5 andere Instrumente fehlten, das altmodische, aber scharfe Rasiermesser unseres Kochs desinfiziert hatte, wagte ich einen Schnitt in den Kehlkopf des Kindes. Das heraus-
7 spritzende Blut versetzte die Mutter in helle Aufregung. Sie schrie verzweifelt: "Sie tötet mein Kind! Sie schlachtet es wie ein Schaf!" Viele Einwohner des Dorfes liefen mit
9 drohenden Gebärden herbei, so daß ich das Schlimmste für mein Leben und das des Kindes fürchten mußte. Zum Glück war der Weg vom Dorf bis zu unserer Station steil
11 und steinig, und als die erregten Leute an meinem Zelt ankamen, atmete das Kind schon wieder ruhig und hatte seine natürliche Gesichtsfarbe zurückgewonnen. Seitdem be-
13 handeln die Dorfbewohner mich wie eine Heilige, und es ist schwierig, sie davon zu überzeugen, daß ich keine Toten erwecken kann."

10 Do the same here:

Ein Pilot berichtet über seine Erlebnisse bei einer versuchten Flugzeugentführung.

1 "Genau um 23.37 Uhr, als sich unsere Maschine in etwa 500 Meter Höhe über den letzten Ausläufern des Taunus befand, teilte mir unsere Stewardess, Frau Schröder, aufge-
3 regt mit: ,Einem Passagier ist schlecht geworden; er ist ganz bleich, und sein Kopf liegt auf der Seitenlehne seines Sessels.' Ich schickte meinen Kollegen, Flugkapitän Berger,
5 in den Passagierraum. Nach kurzer Zeit kam Berger zurück und berichtete: ,Der Mann ist erschossen worden. Wahrscheinlich ist eine Pistole mit Schalldämpfer benutzt wor-
7 den, denn niemand hat etwas gehört.'
Diese Nachricht habe ich sofort an die Bodenstationen in München, Wien und Mailand
9 weitergegeben. Die Antworten lauteten allerdings nur etwa so: ,Fliegen Sie ruhig weiter und lassen Sie alles genau beobachten. Im Augenblick können wir Ihnen nichts Ge-
11 naues sagen. Die Polizei ist informiert worden.'
In den nächsten eineinhalb Stunden ereignete sich nichts, aber kurz vor der Landung in
13 Wien erschienen zwei maskierte Männer in der Tür zur Pilotenkanzel, richteten ihre Pistolen auf mich und Kapitän Berger und befahlen: ,Bewegen Sie sich nicht! Sie können
15 wählen: Entweder halten Sie sich an unsere Befehle, oder Sie werden erschossen! Das Ziel der Reise ist Tripolis. Die Maschine wird augenblicklich gesprengt, wenn Sie nicht
17 alle unsere Befehle befolgen!'
Ich war ganz ruhig, weil ich mir vorher schon alles überlegt hatte. Ironisch fragte ich:
19 ,Was machen Sie denn mit der Leiche, wenn wir landen?' Diese Frage machte die Leute stutzig. Der eine befahl dem anderen, in den Passagierraum zu gehen und nachzuse-
21 hen. Es gelang mir, den hinter mir stehenden Luftpiraten zu Fall zu bringen, indem ich die Maschine auf die Seite legte. Kapitän Berger konnte den Augenblick nützen, den
23 Mann zu entwaffnen. Der zweite leistete keinen Widerstand mehr, nachdem er gesehen hatte, daß sein Komplize bereits gefesselt war."

*11 Do the same here:

Ein ärztliches Gutachten

1 Professor B über den Angeklagten F.: "Es handelt sich bei dem Angeklagten um einen überaus einfältigen Menschen. Seine Antworten auf Fragen nach seiner Kindheit las-
3 sen auf schwere Störungen im häuslichen Bereich schließen. So antwortete er auf die Frage: ,Haben Ihre Eltern Sie oft geschlagen?' mit der Gegenfrage: ,Welche Eltern
5 meinen Sie? Den mit den grauen Haaren hasse ich, aber die beiden Frauen mit den Ohr-

ringen besuchen mich manchmal im Gefängnis und bringen mir Kaugummi mit.' Of-
7 fensichtlich wuchs der Angeklagte in derart ungeordneten Familienverhältnissen auf,
daß nur äußere Anhaltspunkte wie graues Haar oder Ohrringe in ihm einige Erinne-
9 rungen wachrufen. In einem so gestörten Hirn wie dem des Angeklagten gleiten Erin-
nerungen und Vorstellungen ineinander, Fakten verlieren an Realität und unwichtige
11 Eindrücke nehmen plötzlich einen bedeutenden Platz ein.''
An die Geschworenen gewandt, erklärte Professor B.: "Beachten Sie, daß ein Mensch,
13 der nicht angeben kann, wer seine Eltern sind, für ein Verbrechen, das er unter Alkoholeinfluß begangen hat, nach dem Grundsatz ,im Zweifel für den Angeklagten' nicht
15 oder nur unter der Bedingung strafmildernder Umstände verantwortlich gemacht werden darf."

PART V

§ 57   Prepositions

German prepositions often present problems to English-speaking students. In English there is little need to consider case when using prepositions. But in German, the case of nouns and pronouns is governed by the prepositions they occur with. Some prepositions always govern the same case and you will overcome some of the difficulties involved in learning the prepositions and their cases if you memorize those which govern one case only. Note that prepositions taking the dative or accusative case are much more common than those taking the genitive case.

Preliminary note

There are

1. prepositions with a fixed case:
    a) with the accusative: bis, durch, entlang, für, gegen, ohne, um, wider
    b) with the dative: ab, aus, außer, bei, dank, entgegen, entsprechend, gegenüber, gemäß, mit, nach, nebst, samt, seit, von, zu, zufolge;

2. prepositions with the dative or the accusative: an, auf, hinter, in, neben, über, unter, vor, zwischen.
    Which case to use can be decided by asking *wo* or *wohin*:
    a) When describing a movement to a certain place the preposition occurs with the accusative. The question is *wohin?*
    b) When talking about a fixed place, with no motion involved, the preposition occurs with the dative. The question is *wo?*
    (The dative is always used after the question *woher?*)

3. For prepositions with the genitive, see § 61.

4. Separable verbs often lose their prefix, if a corresponding preposition is used:
    Jetzt müssen wir *aussteigen.* – Jetzt müssen wir *aus dem Zug steigen.*
    Als der Redner *vortrat,* lächelte er. – Als der Redner *vor das Publikum trat,* lächelte er.

§ 58   Prepositions with the Accusative Case

I   bis

1. with zero article

   a) for place and temporal items:
   Bis Hamburg sind es noch etwa 250 Kilometer.
   Bis nächsten Montag muß die Arbeit fertig sein.
   Er will noch *bis September* warten.
   b) for numerals (often with *zu*):
   Von 13 *bis 15 Uhr* geschlossen!
   Ich zahle *bis zu 100 Mark,* nicht mehr.
   c) before adverbs:
   Bis dahin ist noch ein weiter Weg.
   Auf Wiedersehen, *bis bald (bis nachher, bis später).*

2. together with another preposition. The second preposition governs the case of the following item.

   a) *bis* + preposition with accusative:
   Wir gingen *bis an den Rand* des Abgrunds.
   Der Zirkus war *bis auf den letzten Platz* ausverkauft.
   Er schlief *bis in den Tag* hinein.
   Bis auf den Kapitän wurden alle gerettet (= alle außer dem Kapitän).
   b) *bis* + preposition with dative:
   Kannst du nicht *bis nach dem Essen* warten?
   Bis vor einem Jahr war noch alles in Ordnung.
   Bis zum Bahnhof will ich dich gern begleiten.

II   durch

1. for place items:
   Wir gingen *durch den Wald.*
   Er schaute *durchs Fenster.*

2. to mark cause, means or mediator (generally in passive sentences):
   Er hatte *durch einen Unfall* seinen rechten Arm verloren.
   Der kranke Hund wurde *durch eine Spritze* eingeschläfert.
   Diese Nachricht habe ich *durch den Rundfunk* erfahren.

3. for instructions (subordinate clause with *indem,* see § 31 IV):
   Durch die Benutzung eines Notausgangs konnten sich die Bewohner retten.
   Durch jahrelanges Training stärkte der Behinderte seine Beinmuskeln.

4. for temporal items (generally followed by *hindurch*):
   Den September hindurch hat es nur geregnet.
   Das ganze Jahr hindurch hat sie nichts von sich hören lassen.

III entlang

1. to mark direction along a specific route (post-modifying):
   Er fuhr *die Straße entlang.*
   Das Schiff fuhr *den Fluß entlang.*
   Sie gingen *den Bahnsteig entlang.*

2. to mark direction alongside a fenced-off area (*an* + dative ... *entlang*):
   Am Zaun entlang wachsen Kletterpflanzen.
   An der Mauer entlang werden Leitungen gelegt.

3. *Entlang* is sometimes used with the genitive in first position (see also *längs* § 61):
   Entlang des Weges standen Tausende von Menschen.

Note

Verbs of action with *entlang* are used as separable verbs:
Sie sind den Bahnsteig *entlanggegangen.*
Er ist an der Mauer *entlanggerannt.*

IV für

1. in the interest of, or to help someone, or addressed to someone:
   Ich tue alles *für dich.*
   Der Blumenstrauß ist *für die Gastgeberin.*
   Er gab eine Spende *für das Rote Kreuz.*

2. in place of someone:
   Bitte geh *für mich* aufs Finanzamt.
   Er hat schon *für alle* bezahlt.

3. to mark a certain period of time:
   Ich komme nur *für zwei Tage.*
   Hier bleiben wir *für immer.*

4. to compare:
   Für sein Alter ist er noch sehr rüstig.
   Für einen Architekten ist das eine leichte Aufgabe.
   Für seine schwere Arbeit erhielt er zuwenig Geld.

5. for expressions of price and value:
   Wieviel hast du *für das Haus* bezahlt?
   Ich habe es *für 200 000 Mark* bekommen.

6. in a sequence of nouns without an article for emphasis:
   Dasselbe geschieht *Tag für Tag, Jahr für Jahr.*
   Er schrieb das Protokoll *Wort für Wort, Satz für Satz* ab.

V gegen

1. to mark motion towards something which is a point of contact:
   Er schlug mit der Faust *gegen die Tür.*
   Sie fuhr mit hoher Geschwindigkeit *gegen einen Baum.*

2. to mark approximate time or number (a little less than anticipated):
   Wir kommen *gegen 23 Uhr* oder erst *gegen Mitternacht..*
   Man erwartet *gegen 400 Besucher.*

3. to mark rejection or disapproval:
   Ärzte sind *gegen das Rauchen.*
   Wir müssen etwas *gegen die Fliegen* tun.

4. to compare or exchange:
   Gegen ihn bin ich ein Anfänger.
   Ich habe die zehn Mark *gegen zwei Fünfmarkstücke* eingetauscht.

VI ohne

generally without the article, if specification of the noun in question is not necessary:
Ohne Auto können Sie diesen Ort nicht erreichen.
Ohne Sprachkenntnisse wirst du niemals Chefsekretärin.
Ohne ihren Mann war sie völlig hilflos.
Ohne die Hilfe meiner Schwester hätte ich den Umzug nicht geschafft.

VII um

1. for place items (= *um . . . herum*):
   a) without motion, grouped around a central point:
      Um den Turm (herum) standen viele alte Bäume.
      Wir saßen *um den alten Tisch (herum)* und diskutierten.
   b) with motion around a certain point:
      Gehen Sie dort *um die Ecke,* da ist der Briefkasten.
      Die Insekten fliegen dauernd *um die Lampe herum.*

2. for temporal items and numerals:
   a) clock-time: *Um 20 Uhr* beginnt die Tagesschau.
   b) for approximate time or number: (a little earlier or later):
      Die Cheopspyramide wurde *um 3000 v. Chr.* erbaut.
      Um Weihnachten sind die Schaufenster hübsch dekoriert.
      Die Uhr hat *um die 300 Mark* gekostet.
   c) to mark a change in number:
      Die Temperatur ist *um 5 Grad* gestiegen.
      Die Preise wurden *um 10 %* reduziert.
      Wir müssen die Abfahrt *um einen Tag* verschieben.

3. to mark loss:
   Er hat ihn *um seinen Erfolg* betrogen.
   Vier Menschen sind bei dem Unfall *ums Leben* gekommen.
   Er hat ihn *um sein ganzes Vermögen* gebracht.

VIII   wider

(= *gegen,* see V) some fixed expressions:
Er hat *wider Willen* zugestimmt.
Wider Erwarten hat er die Stellung bekommen.
Wider besseres Wissen verurteilte er den Angeklagten.

EXERCISE

Fill in the gaps in the text below with one of the following prepositions:
a) bis b) durch c) entlang d) für e) gegen f) ohne g) um h) wider.

1 ... Vermittlung eines Freundes konnte ich meinen alten Wagen ... 2000 Mark verkaufen. ... das neue Auto brauche ich einen Bankkredit. ... Erwarten besorgte mir
3 mein Onkel einen Kredit von einem Geldinstitut. ... zur völligen Zurückzahlung bleibt
   der Wagen natürlich Eigentum der Bank.
5 Tag ... Tag erfinden die Kinder neue Spiele. Sie rennen ... die Wette ... den Sand-
   kasten herum. Sie hüpfen auf einem Bein ... zum Zaun und wieder zurück. Dann ren-
7 nen sie in entgegengesetzten Richtungen am Zaun .... Wer zuerst wieder zurück ist,
   hat gewonnen.
9 Wenn wir Karten spielen, spielen wir ... Zehntelpfennige. ... hundert verlorene Punk-
   te zahlt man also zehn Pfennige. Ganz ... Geld macht uns das Kartenspielen keinen
11 Spaß. In die Karten des anderen zu schauen, ist ... die Spielregel. Wir spielen
   meist ... ... Mitternacht. Spätestens ... ein Uhr ist Schluß.

§ 59   Prepositions with the Dative Case

I   ab

1. for place or temporal items, from a certain place or point in time (often without the
   article; also: *von ... ab*):
   Ich habe die Reise *ab Frankfurt* gebucht.
   Ab kommender Woche gilt der neue Stundenplan.
   Jugendlichen *ab 16 Jahren* ist der Zutritt gestattet.
   Ab morgen werde ich ein neues Leben beginnen.

2. with the accusative to mark dates:
   Ab ersten Januar werden die Renten erhöht.
   Ab fünfzehnten gehe ich in Urlaub.
   Aber auch: *ab dem ersten Januar; ab dem fünfzehnten*

II aus

1. to signal an action (= *aus . . . heraus*):
   Er trat *aus dem Haus.*
   Er nahm den Brief *aus der Schublade.*
   Sie kommen um 12 *aus der Schule.*

2. to mark the place or date of origin:
   Die Familie stammt *aus Dänemark.*
   Diese Kakaotassen sind *aus dem 18. Jahrhundert.*
   Er übersetzt den Roman *aus dem Spanischen* ins Deutsche.

3. for concrete generic reference nouns (with zero article):
   Die Eheringe sind meistens *aus Gold.*

4. to mark behaviour patterns that explain a certain action (without the article):
   Er hat seinen Bruder *aus Eifersucht* erschlagen.
   Aus Furcht, verhaftet zu werden, verließ er die Stadt.
   Aus Erfahrung mied der Bergführer den gefährlichen Abstieg.

III außer

1. to mark restriction:
   Außer einem Hund war nichts Lebendiges zu sehen.
   Außer Milch und Honig nahm der Kranke nichts zu sich.

2. fixed idiomatic phrases (without the article):
   with *sein: außer Atem, außer Betrieb, außer Dienst, außer Gefahr, außer Kurs* etc.
   etwas steht *außer Frage, außer Zweifel*
   etwas *außer acht* lassen; etwas *außer Betracht* lassen
   jemand ist *außer sich* (= sehr aufgeregt sein), *außer Haus*
   with the genitive: jemanden *außer Landes* verweisen

IV bei

1. to mark place (= *in der Nähe von*):
   Hanau liegt *bei Frankfurt.* – Sie müssen *beim Schwimmbad* rechts abbiegen.

2. to indicate where someone is:
   Ich war *beim Arzt.*
   Jetzt arbeitet er *bei einer Baufirma,* vorher war er *beim Militär.*
   Sie wohnt jetzt *bei ihrer Tante,* nicht mehr *bei mir.*

3. for simultaneous actions, usually used with a substantival verb (subordinate clause with *wenn, als,* see § 26 I):
   Er hatte sich *beim Rasieren* geschnitten.
   Beim Kochen hat sie sich verbrannt.
   Bei der Arbeit solltest du keine Musik hören.

4. for a certain kind of behaviour:
   Bei deiner Gewissenhaftigkeit und Sorgfalt ist der Fehler kaum erklärlich.
   Bei aller Vorsicht gerieten sie doch in eine Falle.
   Bei seinem Temperament ist das sehr verständlich.

5. fixed idiomatic phrases (usually with zero article):
bei Nacht und Nebel, bei schönstem Wetter, bei Tagesanbruch etc.
jemanden *beim Wort* nehmen
bei offenem Fenster schlafen
jemanden *bei guter Laune* halten
etwas *bei Strafe* verbieten etc.

V dank

to mark achievement:
Dank dem Zureden seiner Mutter schaffte er doch noch das Abitur.
Dank seinem Lebenswillen überlebte der Gefangene.

VI entgegen

to convey surprise at something contrary to the anticipated result (pre- or post-modifying):
Entgegen den allgemeinen Erwartungen siegte die Oppositionspartei.
Den Vorstellungen seiner Eltern entgegen hat er nicht studiert.

Note

Verbs of motion with *entgegen* are used as separable verbs:
Das Kind *lief* seinem Vater *entgegen.*
Er ist meinen Wünschen *entgegengekommen.*

VII entsprechend

to express accordance with something (pre- or post-modifying):
Er hat *seiner Ansicht entsprechend* gehandelt.
Entsprechend ihrer Vorstellung von südlichen Ländern haben die Reisenden nur leichte Kleidung mitgenommen.

VIII gegenüber

1. as a place marker (pre- or post-modifying):
   Gegenüber der Post finden Sie verschiedene Reisebüros.
   Der Bushaltestelle gegenüber wird ein Hochhaus gebaut.

2. with regard to persons – opinions – and also things (may precede or follow):
   Dir gegenüber habe ich immer die Wahrheit gesagt.
   Den Bitten seines Sohnes gegenüber blieb er hart.
   Kranken gegenüber fühlen sich viele Menschen unsicher.
   Den indischen Tempeln gegenüber verhielt er sich gleichgültig.

3. Transitive verbs like *stehen, sitzen, liegen* etc., are used as separable verbs with *gegenüber*:
   Sie *saß* mir den ganzen Abend *gegenüber.*

IX gemäß

mostly used in a legal context (= *entsprechend*; may precede or follow):
Gemäß der Straßenverkehrsordnung ist der Angeklagte schuldig.
Das Gesetz wurde *den Vorschlägen der Kommission gemäß* geändert.

X mit

1. to illustrate the correlating element in a context:
   Jeden Sonntag bin ich *mit meinen Eltern* in die Kirche gegangen.
   Mit ihr habe ich mich immer gut verstanden.
   Wir möchten ein Zimmer *mit Bad.*

2. to indicate means or instrument:
   Wir heizen *mit Gas.*
   Ich fahre immer *mit der Bahn.*
   Er öffnete die Tür *mit einem Nachschlüssel.*

3. a) to convey a feeling or behaviour pattern (often used with zero article):
   Ich habe *mit Freude* festgestellt, daß . . .
   Er hat das sicher nicht *mit Absicht* getan.
   Mit Arbeit, Mühe und Sachkenntnis hat er seine Firma aufgebaut.
   b) to indicate manner (often with zero article):
   Er hat das Examen *mit Erfolg* abgeschlossen.
   Die Maschinen laufen *mit hoher Geschwindigkeit.*
   but: Sie schrieb ihre Briefe immer *mit der Hand.*

4. to indicate a point in time or duration:
   Mit 40 (Jahren) beendete er seine sportliche Laufbahn.
   Mit der Zeit wurde sie ungeduldig.

XI nach

1. for place with zero article

   a) before geographical names and before points of the compass (for exceptions see
   § 3 III)::
   Unsere Überfahrt *nach England* war sehr stürmisch.
   but: Wir fahren in die Türkei.
   Die Kompaßnadel zeigt immer *nach Norden.*
   but: Im Sommer reisen viele Deutsche in den Süden.
   b) before adverbs of place:
   Bitte kommen Sie *nach vorne.*
   Fahren Sie *nach links* und dann geradeaus.

2. for temporal items

   a) public holidays, weekdays, months (also *Anfang, Ende* . . .) *nach* is used with zero
   article:
   Nach Ostern will er uns besuchen.
   Ich bin erst *nach Anfang (Ende) September* wieder in Frankfurt.

Nach Dienstag nächster Woche sind alle Termine besetzt.
Es ist 5 Minuten *nach 12.*
b) with the article:
Nach dem 1. April wird nicht mehr geheizt.
Nach der Feier wurde ein Imbiß gereicht.
Der Dichter wurde erst *nach seinem Tode* anerkannt.

3. according to, or in accordance with. In this sense *nach* sometimes precedes and sometimes follows its noun. (The subordinate clause is with *so . . . wie*, see § 31 I):
Dem Protokoll nach hat er folgendes gesagt . . .
Nach dem Gesetz darf uns der Hauswirt nicht kündigen.
Meiner Meinung nach ist der Satz richtig.
Er spielt *nach Noten;* er zeichnet *nach der Natur.*

4. for sequence:
Nach dir komme ich dran.
Nach Medizin ist Jura das beliebteste Studienfach.

XII   nebst

(= together with, in addition to) (mainly in formal contexts):
Er verkaufte ihm das Haus *nebst Garage.*

XIII   samt

(= together with, in addition to):
Er kam überraschend – *samt seinen acht Kindern.*
fixed idiom: Sein Besitz wurde *samt und sonders* versteigert.

XIV   seit

1. for temporal items
a) with zero article for public holidays, weekdays, months (also *Anfang, Mitte, Ende . . .*):
Seit Pfingsten habe ich euch nicht mehr gesehen.
Er ist *seit Dienstag* krankgeschrieben.
Seit Anfang August hat er wieder eine Stellung.
b) with the article:
Seit der Geburt seiner Tochter interessiert er sich für Kinder.
Seit einem Monat warte ich auf Nachricht von euch.
Seit dem 28. Mai gilt der Sommerfahrplan.

XV   von

von covers all the straightforward uses of from
1. for place items:
Ich bin gerade *von Schottland* zurückgekommen.

Der Wind weht *von Südwesten.*
Vom Bahnhof geht er immer zu Fuß nach Hause.
Das Regenwasser tropft *vom Dach.*

2. for calender dates:
   Vom 14.7. bis 2.8. haben wir Betriebsferien.
   Ich danke Ihnen für Ihren Brief *vom 20.3.*

3. *von ... ab / von ... aus* to denote a vantage or departure point.
   Von is frequently strengthened by another preposition, mainly *aus*, used adverbially:
   a) *von ... ab:*
      Von der Brücke ab sind es noch zwei Kilometer bis zum nächsten Dorf;
      von dort ab können Sie den Weg zur Stadt selbst finden.
   b) *von ... aus:*
      Vom Fernsehturm aus kann man die Berge sehen.
      Von Amerika aus sieht man das ganz anders.
   c) *von ... an* (also *von ... ab*) to denote a certain point in time:
      Von 15 Uhr an ist das Büro geschlossen.
      Er wußte *von Anfang an* Bescheid.

4. to indicate the instigator in passive sentences:
   Er ist *von Unbekannten* überfallen worden.
   Der Schaden wird *von der Versicherung* bezahlt.
   Der Polizist wurde *von einer Kugel* getroffen.

5. a) In place of a genitive attribute, if the article is not used:
      Viele Briefe *von Kafka* sind noch nicht veröffentlicht.
      Man hört den Lärm *von Motoren.*
      Zur Herstellung *von Papier* braucht man viel Wasser.
   b) instead of an attributive adjective:
      eine wichtige Frage – eine Frage *von Wichtigkeit*
      ein zehnjähriges Kind – ein Kind *von zehn Jahren*
      eine stählerne Tür – eine Tür *von Stahl*
      der Hamburger Senat – der Senat *von Hamburg*

6. with other prepositional items (= fixed idioms):
   von heute auf morgen; in der Nacht von Dienstag auf Mittwoch (*vom Dienstag zum Mittwoch*); *von Tag zu Tag; von Ort zu Ort*

XVI zu

1. for going to a place or to a person in the sense of going towards or of going up to:
   Er schwimmt *zu der Insel* hinüber.
   Gehen Sie doch endlich *zu einem Arzt.*
   Er bringt seine Steuererklärung *zum Finanzamt.*
   Am Freitag komme ich *zu dir.*

2. for temporal items
   a) without the article for public holidays:
      Zu Weihnachten bleiben wir zu Hause.

b) with the article to denote a specific point in time:
Zu dieser Zeit, d. h. im 18. Jahrhundert, reiste man mit Kutschen.
Zu deinem Geburtstag kann ich leider nicht kommen.

3. to denote intention (subordinate clause: *damit . . .; um . . . zu*) (see § 32, 33):
Zum Beweis möchte ich folgende Zahlen bekanntgeben . . .
Man brachte ihn *zur Feststellung seiner Personalien* ins Polizeipräsidium.
Zum besseren Verständnis muß man folgendes wissen . . .

4. to express a feeling:
Zu meinem Bedauern muß ich Ihnen mitteilen . . .
Ich tue das nicht *zu meinem Vergnügen.*

5. to signal a change:
Unter Druck wurden die organischen Stoffe *zu Kohle.*
Endlich kommen wir *zu einer Einigung.*

6. when discussing number:
Umfragen ergeben ein Verhältnis von *1 : 3 (eins zu drei)* gegen das geplante neue Rathaus.
Wir haben jetzt schon *zum vierten Mal* mit ihm gesprochen.
Liefern Sie mir 100 Kugelschreiber *zu je 2 Mark.*

7. fixed phrases
a) with zero article:

zu Hause sein	*zu Boden* fallen
zu Besuch kommen	*zu Hilfe* kommen
zu Gast sein	*zu Gott* beten
zu Fuß gehen	*zu Ansehen / zu Ruhm / zu Ehre* kommen
zu Mittag / zu Abend essen	*zu Ende* sein / kommen
zu Bett gehen / liegen	*zu Tisch* kommen / sitzen

b) with the article:
zur Rechten / zur Linken eines anderen stehen / sitzen
die Nacht *zum Tag* machen
etwas *zum Frühstück* essen
Zucker *zum Tee* nehmen

XVII zufolge

1. in accordance with. *zufolge* is generally used with a preceding dative:
Der Diagnose des Arztes zufolge kann der Beinbruch in zwei Monaten geheilt werden.

2. *zufolge* occurs in position I with the genitive:
Zufolge der heftigen Regenfälle wurden einige Keller überflutet.

EXERCISES

1 Insert the following prepositions correctly:
a) ab b) aus c) außer d) bei e) mit f) nach g) seit.

1 ... zwei Wochen ist die Gewerkschaft schon in Verhandlungen ... der Betriebsleitung.
... den Angaben einiger Gewerkschaftsführer hat man sich bis jetzt nicht geeinigt. ...
3 Donnerstag wird deshalb gestreikt. ... den Büroangestellten machen alle Betriebsan-
gehörigen mit. Die Büroangestellten streiken ... dem Grunde nicht, weil sie in einer an-
5 deren Gewerkschaft sind. Die Forderung ... Lohnerhöhung liegt ... 8 Prozent.

2 Do the same here:
a) dank b) entgegen c) gegenüber d) samt.

1 Ein Feuer vernichtete den Hof des Bauern Obermüller ... Stall und Scheune. ... der
Hilfe der Nachbarn konnte der Bauer wenigstens seine Möbel und die Haustiere retten.
3 Einem Nachbarn ... äußerte der Bauer den Verdacht der Brandstiftung. Aber ... diesem Verdacht stellte man später fest, daß ein Kurzschluß die Ursache des Brandes war.

3 Do the same here:
a) ab b) außer c) dank d) gemäß e) entgegen.

1 ... den Satzungen des Vereins gehört der Tierschutz und die Tierpflege zu den wich-
tigsten Aufgaben der Mitglieder. ... zahlreicher Spenden konnte der Verein ein neues
3 Tierheim erbauen. ... Katzen und Hunden werden auch alle anderen Haustiere aufge-
nommen. ... anderslautender Mitteilung in der Zeitung ist das Tierheim täglich ...
5 sonntags ... 9 Uhr geöffnet.

§ 60   Prepositions with the Accusative or Dative Case

I   an

1. for place
   a) with the accusative in response to the question *wohin?*:
   Er stellt die Leiter *an den Apfelbaum.*
   Sie schreibt das Wort *an die Tafel.*
   Wir gehen jetzt *an den See.*
   b) with the dative in response to the question *wo?*:
   Frankfurt liegt *am Main.*
   Die Sonne steht schon hoch *am Himmel.*
   An dieser Stelle wuchsen früher seltene Kräuter.

2. with the dative for times of the day, dates and weekdays:
   Am Abend kannst du mich immer zu Hause erreichen.
   Sie ist *am 7. Juli 1981* geboren.

Am Freitagnachmittag ist um 4 Uhr Dienstschluß.
Am Anfang schuf Gott Himmel und Erde.
Am Monatsende werden Gehälter gezahlt.

3. with the accusative to express numbers or amounts:
Es waren *an (die) fünfzig Gäste* anwesend.
Die Villa hat *an (die) 20 Zimmer.*

4. *an . . . vorbei* with the dative (often used as a separable verb):
Er *ging an mir vorbei,* ohne mich zu erkennen.
Perfekt: Er *ist an mir vorbeigegangen,* ohne mich zu erkennen.

5. fixed phrases:
Ich *an deiner Stelle* hätte anders gehandelt.
An meiner Stelle hättest du genauso gehandelt.

II auf

1. for place
   a) with the accusative in response to *wohin?*:
   Er stellte die Kiste *auf den Gepäckwagen.*
   Plötzlich lief das Kind *auf die Straße.*
   Er legte seine Hand *auf meine.*
   b) with the dative in response to *wo?*:
   Dort *auf dem Hügel* steht ein alter Bauernhof.
   Auf der Erde leben etwa 4 Milliarden Menschen.
   Auf der Autobahn dürfen nur Kraftfahrzeuge fahren.

2. for temporal items:
   Von Freitag *auf Sonnabend* haben wir Gäste.
   Dieses Gesetz gilt *auf Zeit,* nicht *auf Dauer.*
   Der erste Weihnachtstag fällt *auf einen Dienstag.*
   Kommen Sie doch *auf ein paar Minuten* herein.

3. a) *auf . . . zu* with the accusative to mark a movement towards someone or something:
   Der Enkel *lief auf die Großmutter zu.*
   Perfekt: Der Enkel *ist auf die Großmutter zugelaufen.*
   b) *auf . . . hin* with the accusative when referring to something previously mentioned:
   Auf diesen Bericht hin müssen wir unsere Meinung korrigieren.
   c) *auf . . . hinaus* with the accusative when referring to the future:
   Er hatte sich *auf Jahre hinaus* verschuldet.

4. fixed phrases
   a) with the accusative:
   Er *warf einen Blick auf den Zeugen* und erkannte ihn sofort.
   Das Schiff *nimmt Kurs auf Neuseeland.*
   Auf die Dauer kann das nicht gutgehen.
   Wir müssen *uns* endlich *auf den Weg machen.*
   Das Haus muß *auf jeden Fall* verkauft werden.
   Auf einen Facharbeiter kommen zehn Hilfsarbeiter.
   Sie *fahren* nur für zwei Wochen *auf Urlaub.*

b) with the dative:
Ich habe ihn *auf der Reise / auf der Fahrt / auf dem Weg* hierher kennengelernt.
Auf der einen Seite (einerseits) habe ich viel Geld dabei verloren, *auf der anderen Seite* (andererseits) habe ich eine wichtige Erfahrung gemacht.
Wie sagt man das *auf deutsch?* (or: *in* der deutschen Sprache)

III hinter

1. for place
   a) with the accusative in response to *wohin?*:
      Stell das Fahrrad *hinter das Haus!*
      Das Buch ist *hinter das Bücherregal* gefallen.
   b) with the dative in response to *wo?*:
      Das Motorrad steht *hinter der Garage.*
      Er versteckte den Brief *hinter seinem Rücken.*

2. to signal support for something:
   with the accusative: Die Gewerkschaft stellt sich *hinter ihre Mitglieder.*
   with the dative: Die Angestellten stehen *hinter ihrem entlassenen Kollegen.*

3. *hinter . . . zurück* with the dative:
   Sie *blieb hinter der Gruppe der Wanderer zurück.*
   Sie ist *hinter der Gruppe der Wanderer zurückgeblieben.* (Perfekt)

4. fixed phrases:
   jemanden *hinters Licht führen* (= jemanden betrügen)
   hinterm Mond sein (= uninformiert sein)

IV in

1. for place
   a) with the accusative in response to *wohin?*:
      Ich habe die Papiere *in die Schreibtischschublade* gelegt.
      Am Sonnabendvormittag fahren wir immer *in die Stadt.*
      Er hat sich *in den Finger* geschnitten.
   b) with the dative in response to *wo?*:
      Die Villa steht *in einem alten Park.*
      Der Schlüssel steckt immer noch *im Schloß.*
      Bei diesem Spiel bilden wir einen Kreis, und einer steht *in der Mitte.*

2. with the dative for temporal items
   a) with seconds, minutes, hours; with weeks, months, seasons; with years, centuries etc.
      Note: *am* Tag, *am* Abend, but: *in der Nacht.*
      In fünf Minuten (= innerhalb von) läuft er einen halben Kilometer.
      Im April beginnen die Vögel zu brüten.
      Im Jahr 1914 brach der Erste Weltkrieg aus.
      Im 18. Jahrhundert wurden die schönsten Schlösser gebaut.

Note: Years occur either on their own (*1914, 1914–1918*) or with the additional *im Jahr* (*im Jahr* 1914, *in den Jahren* 1914 bis 1918); it would be incorrect to use "in" without *Jahr* in German.

b) to mark a later point in time:
In fünf Minuten ist Pause.
In zwei Tagen komme ich zurück.
In einem halben Jahr sehen wir uns wieder.

3. with the dative when referring to a written statement or to a verbal statement:
In dem Drama "Hamlet" von Shakespeare steht folgendes Zitat: . . .
Im Grundgesetz ist festgelegt, daß . . .
In seiner Rede sagte der Kanzler: ". . ."
In dieser Hinsicht hat er recht, aber . . .

4. with the dative when discussing conditions or feelings (often with possessive pronouns):
In seiner Verzweiflung machte er eine Dummheit.
In ihrer Angst sprangen einige Seeleute ins Wasser.
In seinen Familienverhältnissen ist nichts geregelt.
In diesem Zustand kann man den Kranken nicht transportieren.

5. fixed phrases:
etwas ist *in Ordnung*
jemand fällt *in Ohnmacht*
etwas geschieht *im Geheimen / im Verborgenen*
jemand ist *in Gefahr*
ein Gesetz tritt *in Kraft*

V neben

1. for place
a) with the accusative in response to *wohin?*:
Der Kellner legt das Besteck *neben den Teller*.
Er setzte sich *neben mich*.
b) with the dative in response to *wo?*:
Der Stall liegt rechts *neben dem Bauernhaus*.

2. with the dative (= in addition to something else):
Neben seinen physikalischen Forschungen schrieb er Gedichte.
Sie betreut *neben ihrem Haushalt* auch noch eine Kindergruppe.

VI über

1. for place
a) with the accusative in response to *wohin?*:
Der Entenschwarm fliegt *über den Fluß*.
Der Sportler sprang *über die 2-Meter-Latte*.
Er zog die Mütze *über die Ohren*.

b) with the dative in response to *wo?*:
   Der Wasserkessel hing *über dem Feuer*.
   Das Kleid hing unordentlich *über dem Stuhl*.

2. with the accusative (= to cross over):
   Die Kinder liefen *über die Straße* und dann *über die Brücke*.
   Der Sportler schwamm *über den Kanal* nach England.

3. with zero article (= via):
   Wir fahren von Frankfurt *über München* nach Wien, dann *über Budapest* nach Rumänien.

4. with the accusative for temporal items
   a) when omitting a time lapse:
      Übers Jahr sehen wir uns wieder.
      Sie können morgen *über acht Tage* noch einmal anfragen.
   b) for duration (usually post-modifying):
      Den ganzen Tag über hat er wenig geschafft.
      Den Winter über verreisen wir nicht. (but: *übers Wochenende*)

5. with the accusative to mark comparison (= *länger als, mehr als*):
   Die Bauarbeiten haben *über einen Monat* gedauert.
   Sie ist *über 90 Jahre* alt.
   Das geht *über meine Kräfte*.
   Sein Referat war *über alle Erwartungen* gut.

6. with the accusative when introducing a topic:
   Sein Vortrag *über die Eiszeiten* war hochinteressant.
   Über die Französische Revolution gibt es verschiedene Meinungen.

7. fixed phrases:
   Plötzlich, gleichsam *über Nacht*, hat sie sich völlig verändert.
   Er sitzt *über seinen Büchern*.
   Er ist *über seiner Lektüre* eingeschlafen.
   Der Geldfälscher ist längst *über alle Berge*.

VII   unter

1. for place
   a) with the accusative in response to *wohin?*:
      Die Schlange kroch *unter den Busch*.
      Sie legte ihm ein Kissen *unter den Kopf*.
   b) with the dative in response to *wo?*:
      Die Katze sitzt *unter dem Schrank*.
      Die Gasleitungen liegen einen halben Meter *unter dem Straßenpflaster*.

2. with the dative for time and amounts:
   Kinder *unter zehn Jahren* sollten täglich nicht mehr als eine Stunde fernsehen.
   Sein Lohn liegt *unter dem Mindestsatz* von 700 Mark.

3. with the dative when referring to certain people or things within a group:
   Zum Glück war *unter den Reisenden* ein Arzt.

Unter den Goldstücken waren zwei aus dem 3. Jahrhundert.
Unter anderem sagte der Redner folgendes: ". . ."

4. with the dative when describing a state or condition:
Natürlich konntet ihr *unter diesen Umständen* nicht bremsen.
Die Bergwanderer konnten nur *unter großen Schwierigkeiten* vorankommen.
Der Angeklagte stand während der Tat *unter Alkoholeinfluß*.
Es ist unmöglich, *unter solchen Verhältnissen* zu arbeiten.

5. fixed phrases:
ein Vergehen / ein Verbrechen fällt *unter den Paragraphen* . . .
etwas *unter den Teppich* kehren (= nicht weiter verfolgen)
etwas *unter Kontrolle* bringen / halten
unter Wasser schwimmen / sinken
etwas unter der Hand (= heimlich) kaufen / verkaufen

VIII vor

1. for place
   a) with the accusative in response to *wohin?*:
      Stell den Mülleimer *vor das Gartentor*!
      Beim Gähnen soll man die Hand *vor den Mund* halten.
   b) with the dative in response to *wo?*:
      Das Taxi hält *vor unserem Haus*.
      Auf der Autobahn *vor Nürnberg* war eine Baustelle.
      In der Schlange standen noch viele Leute *vor mir*.

2. with the dative for temporal items:
   Vor drei Minuten hat er angerufen.
   Der Zug ist 10 Minuten *vor 8* abgefahren.
   Leider hat er kurz *vor der Prüfung* sein Studium abgebrochen.

3. with the dative to mark the reason for a certain type of behaviour:
   Vor Angst und Schrecken fiel er in Ohnmacht.
   Er konnte sich *vor Freude* kaum fassen.

4. fixed phrases:
   Gnade vor Recht ergehen lassen
   ein Schiff liegt im Hafen *vor Anker*
   vor Gericht stehen
   vor Zeugen aussagen
   vor allen Dingen

IX zwischen

1. for place
   a) with the accusative in response to *wohin?*:
      Er hängte die Hängematte *zwischen zwei Bäume*.
      Sie nahm das Vögelchen *zwischen ihre Hände*.
   b) with the dative in response to *wo?*:
      Er öffnete die Tür *zwischen den beiden Zimmern*.
      Der Zug verkehrt stündlich *zwischen München und Augsburg*.

2. with the dative for time and numbers:
Zwischen dem 2. und 4. Mai will ich die Fahrprüfung machen.
Zwischen Weihnachten und Neujahr wird in vielen Betrieben nicht gearbeitet.
Auf der Insel gibt es *zwischen 60 und 80 Vogelarten*.

3. with the dative to mark a relationship:
Der Botschafter vermittelt *zwischen den Regierungen*.
Das Kind stand hilflos *zwischen den streitenden Eltern*.

4. fixed phrases:
zwischen Tür und Angel stehen
sich *zwischen zwei Stühle* setzen
zwischen den Zeilen lesen

EXERCISES

1 an (am) or in (im)? Fill in the following gaps where necessary.

1 Meine Eltern sind . . . 1980 nach Berlin gezogen. . . . Frühjahr 1983 habe ich hier mein
Studium begonnen. . . . 1988 bin ich hoffentlich fertig. . . . 20. Mai beginnen die Seme-
3 sterferien. . . . Juni fahre ich nach Frankreich. Meine Freunde in Paris erwarten mich . . .
2. Juni. – . . . kommenden Wochenende besuchen wir unsere Verwandten in Kassel. Mit
5 dem Auto sind wir . . . fünf Stunden dort. . . . Sonntag machen wir mit ihnen einen Ausflug in die Umgebung. . . . der Nacht zum Montag kommen wir zurück. . . . Montag
7 braucht mein Vater nicht zu arbeiten.

2 Do the same here:

1 Noch nie hat sich die Welt so schnell verändert wie . . . den letzten zweihundert Jahren.
. . . Jahr 1784 entwickelte James Watt die erste brauchbare Dampfmaschine. . . . Juli
3 1793 ließen die Brüder Montgolfier den ersten Warmluftballon in die Luft steigen. Keine zweihundert Jahre später, . . . 21.7.1969, landeten die ersten Menschen auf dem
5 Mond. . . . 1807 fuhr zum erstenmal ein Dampfschiff 240 Kilometer den Hudson-Fluß
(USA) hinauf. . . . unserem Jahrzehnt sind Dampfschiffe längst unmodern gewor-
7 den. . . . gleichen Jahr 1807 erstrahlten die Straßen in London im Licht der Gaslater-
nen. . . . 20. Jahrhundert hat jedes Dorf seine elektrische Straßenbeleuchtung.
9 Die erste deutsche Dampfeisenbahn fuhr . . . 7.12.1835 von Nürnberg nach Fürth. Hundert Jahre später gab es in Deutschland über 43 000 Kilometer Eisenbahnlinien.
11 (Fortsetzung Übung § 61 Nr. 17)

3 "An (am)" or" in (im)"? Now do it very quickly!

1 . . . einem Monat, . . . drei Tagen, . . . meinem Geburtstag, . . . Morgen, . . . 20 Sekunden,
. . . der Nacht, . . . letzten Tag des Monats, . . . Jahresanfang, . . . der Neuzeit, . . . Jahr
3 1945, . . . Herbst, . . . Samstag, . . . Juli, . . . zwei Jahren, . . . Nachmittag, . . . dritten
Tag, . . . wenigen Jahrzehnten, . . . der Zeit vom 1. bis 10., . . . der Mittagszeit, . . . diesem
5 Augenblick, . . . Moment

4 Practise the present tense of the following verbs: "stehen – stellen / sitzen – setzen / liegen – legen / hängen (stark) – hängen (schwach)"

> Zeitung / auf / Tisch / liegen
> Wo *liegt* denn die Zeitung?
> *Auf dem Tisch!* Du weißt doch, ich *lege* die Zeitung immer *auf den Tisch.*

1. Fotos (Pl.) / in / Schublade (f) / liegen 2. Jacke (f) / an / Garderobe (f) / hängen 3. Besen (m) / in / Ecke (f) / stehen 4. Puppe (f) / auf / Stuhl (m) / sitzen 5. Schlüssel (Pl.) / neben / Tür (f) / hängen 6. Wecker (m) / auf / Nachttisch (m) / stehen 7. Handtuch (n) / neben / Waschbecken (n) / hängen 8. Schallplatten (Pl.) / in / Schrank (m) / liegen 9. Brieftasche (f) / in / Mantel (m) / stecken 10. Vogel (m) / in / Käfig (m) / sitzen

5 Now practise the perfect tense using the vocabulary from exercise 4.

> Ich *habe* die Zeitung doch *auf den Tisch gelegt!*
> Ja, sie *hat* vorhin noch *auf dem Tisch gelegen!*

6 Practise according to the following example:

> auf / Küchentisch / legen
> Wo hast du den Hundertmarkschein gelassen? Hast du ihn vielleicht *auf den Küchentisch gelegt?*
> Nein, *auf dem Küchentisch liegt* er nicht.

1. in / Hosentasche (f) / stecken 2. in / Küchenschrank (m) / legen 3. in / Portemonnaie (n) / stecken 4. auf / Schreibtisch (m) / legen 5. in / Schreibtischschublade (f) / legen 6. hinter / Bücher (Pl.) / legen 7. zwischen / Seiten (Pl.) eines Buches / legen 8. unter / Radio (n) / legen 9. unter / Handtücher (Pl.) / im Wäscheschrank / legen 10. in / Aktentasche (f) / stecken

7 Familie Günzler zieht um, und die Leute von der Spedition helfen. – "Wohin?" Complete the following passage.

1 Zuerst hängen sie die Lampen in den Zimmern an . . . Decken (Pl.). Dann legen sie den großen Teppich in . . . Wohnzimmer, den runden Teppich in . . . Eßzimmer und den Läu-
3 fer (= langer, schmaler Teppich) in . . . Flur (m). Dann kommen die Schränke: Sie stellen den Bücherschrank in . . . Wohnzimmer an . . . Wand (f) neben . . . Fenster (n); den
5 Kleider- und den Wäscheschrank stellen sie in . . . Schlafzimmer zwischen . . . Fenster und den Geschirrschrank in . . . Eßzimmer neben . . . Tür (f). Die Garderobe stellen sie
7 in . . . Flur. Sie tragen den Tisch in . . . Eßzimmer und stellen die Stühle um . . . Tisch. Die Betten kommen natürlich in . . . Schlafzimmer und die Nachttischchen neben . . . Betten.
9 Auf . . . Nachttischchen (Pl.) stellen sie die Nachttischlampen. Dann packen sie die Bücher aus und stellen sie in . . . Bücherschrank. Tassen, Teller und Gläser kommen
1 in . . . Geschirrschrank, und die Kleider hängen sie in . . . Kleiderschrank. Die Spüle stellen sie in . . . Küche (f) zwischen . . . Herd (m) und . . . Küchenschrank. Nun hängen
3 die Günzlers noch die Vorhänge an ... Fenster (Pl.). In der Zwischenzeit tragen die Leu-

te von der Spedition noch die Sitzmöbel in . . . Wohnzimmer. Dann setzen sich alle erst
15 mal in . . . Sessel und auf . . . Couch (f) und ruhen sich aus. Gott sei Dank! Das meiste
ist geschafft!

8 "Wo?" Alles hängt, steht oder liegt an seinem Platz.

Die Lampen *hängen* an *den* Decken. Der große Teppich *liegt* im Wohnzimmer, der runde Teppich . . . **Continue on your own!**

9 "Wo?" or "wohin?" – Put in the prepositions and the articles.

1 Für Familie Günzler bleibt noch viel zu tun: Herr G. hängt z. B. die Blumenkä-
sten . . . . . . Balkongitter (n), dann kauft er Blumen und setzt sie . . . . . . Kästen (Pl.).
3 In der Küche dauert es lange, bis die drei Hängeschränke . . . . . . Wand hängen, und
Frau G. braucht einen halben Tag, bis die Töpfe . . . . . . Schränken stehen und die vie-
5 len Küchensachen alle . . . . . . richtigen Platz liegen. . . . . . . Arbeitszimmer stehen
zwei Bücherregale . . . . . . Wand, ein Schreibtisch steht . . . . . . Fenster, ein Schreib-
7 maschinentisch steht . . . . . . Fenster und . . . Tür. Frau G. nimmt die Aktenordner aus
den Kartons und stellt sie . . . . . . Regale. Die Schreibmaschine stellt sie . . . . . .
9 Schreibmaschinentisch, und das Schreibpapier legt sie . . . . . . Schubladen (Pl.). "Wo
sind denn die Schreibsachen?" fragt sie ihren Mann. "Die liegen schon . . . . . . Schreib-
11 tisch", sagt Herr G., "ich habe sie . . . . . . mittlere Schublade gelegt."

§ 61   Prepositions with the Genitive

1. temporal (subordinate clauses with *wenn, als, solange, während*, see § 26 I, II):
   anläßlich   *Anläßlich des 100. Todestages des Dichters* wurden seine Werke
                        neu herausgegeben.
   außerhalb   Kommen Sie bitte *außerhalb der Sprechstunde*.
   binnen   Wir erwarten Ihre Antwort *binnen einer Woche*.
   (auch: innerhalb)
   während   *Während des Konzerts* waren die Fenster zum Park weit geöffnet.
   zeit   Er hat *zeit seines Lebens* hart gearbeitet.

2. of place:
   abseits   *Abseits der großen Eisenbahnstrecke* liegt das Dorf M.
   außerhalb   Spaziergänge *außerhalb der Anstaltsgärten* sind nicht gestattet.
   (auch: temporal)
   beiderseits   *Beiderseits der Grenze* stauten sich die Autos.
   diesseits   *Diesseits der Landesgrenzen* gelten noch die alten Ausweise.
   inmitten   *Inmitten dieser Unordnung* kann man es nicht aushalten.
   innerhalb   *Innerhalb seiner vier Wände* kann man sich am besten erholen.
   (auch: temporal)
   jenseits   *Jenseits der Alpen* ist das Klima viel milder.
   längs, längsseits   *Längs der Autobahn* wurde ein Lärmschutzwall gebaut.

oberhalb	Die alte Burg liegt *oberhalb der Stadt.*
seitens, von seiten	*Seitens seiner Familie* bekommt er keine finanzielle Unterstützung.
unterhalb	*Unterhalb des Bergdorfs* soll eine Straße gebaut werden.
unweit	*Unweit der Autobahnausfahrt* finden Sie ein Gasthaus.

3. causal (subordinate clause with *weil,* see § 27):

angesichts	*Angesichts des Elends der Obdachlosen* wurden größere Summen gespendet.
aufgrund	*Aufgrund der Zeugenaussagen* wurde er freigesprochen.
halber (nachgestellt)	*Der Bequemlichkeit halber* fuhren wir mit dem Taxi.
infolge	*Infolge eines Rechenfehlers* wurden ihm 300 Mark mehr ausgezahlt.
kraft	Er handelte *kraft seines Amtes.*
laut (ohne Artikel und Genitiv-Endung)	*Laut Paragraph I der Straßenverkehrsordnung* war er an dem Unfall mitschuldig.
mangels	Er wurde *mangels ausreichender Beweise* freigesprochen.
zufolge	(see § 59 XVII)
zugunsten	Er zog sich *zugunsten seines Schwiegersohnes* aus dem Geschäft zurück.
wegen (auch nachgestellt)	*Wegen eines Herzfehlers* durfte er nicht Tennis spielen. (*Wegen* with the dative is only used in colloquial German; in written German the genitive is used. *Wegen* is normally only used with personal pronouns: Machen Sie sich *wegen mir* keine Sorgen. Better: meinetwegen, deinetwegen, Ihretwegen . . .)

4. concessive (subordinate clause with *obwohl,* see § 30 I):

trotz	*Trotz seines hohen Alters* kam der Abgeordnete zu jeder Sitzung. But: *mir zum Trotz, dir zum Trotz* etc.
ungeachtet	*Ungeachtet der Zwischenrufe* sprach der Redner weiter.

5. alternative (subordinate clause with *anstatt daß* or *infinitive construction,* see § 33):

statt (oder: anstatt)	*Statt eines Vermögens* hinterließ er seiner Familie nur Schulden.
anstelle	*Anstelle des wahren Täters* wurde ein Mann gleichen Namens verurteilt.

6. instrumental (subordinate clause with *indem,* see § 31 IV):

anhand	*Anhand eines Wörterbuchs* wies ich ihm seinen Fehler nach.
mit Hilfe (auch: von + Dativ)	So ein altes Bauernhaus kann nur *mit Hilfe eines Fachmanns* umgebaut werden.
mittels, vermittels	*Mittels eines gefälschten Dokuments* verschaffte er sich Zugang zu den Akten.
vermöge	*Vermöge seines ausgezeichneten Gedächtnisses* konnte er alle Fragen beantworten.

7. purpose (subordinate clause with *damit* or infinitive construction with *um... zu*, see § 32):

um ... willen	*Um des lieben Friedens willen* gab er schließlich nach.
zwecks (meist ohne Artikel)	*Zwecks besserer Koordination* wurden die Ministerien zusammengelegt.

EXERCISES

1 Insert the following prepositions correctly:
a) abseits b) anläßlich c) außerhalb d) beiderseits e) binnen f) inmitten
g) unweit (2x) h) zeit.

1 ... seines Lebens hatte Herr Sauer von einem eigenen Haus geträumt. Es sollte ruhig und ... der großen Verkehrslinien liegen, also irgendwo draußen, ... der Großstadt.
3 Andererseits sollte es natürlich ... einer Bus- oder Bahnlinie liegen, damit die Stadt leichter erreichbar ist.
5 ... der Festwoche einer Hilfsorganisation wurden Lose verkauft. Erster Preis: ein Einfamilienhaus. – Herr Sauer gewann es! Aber da es ... eines Industriegebiets lag, war es
7 sehr laut dort. ... des Grundstücks (auf beiden Seiten) führten Straßen mit viel Verkehr entlang, und ... des Industriegebiets, nur 2,5 km entfernt, lag auch noch der Flug-
9 platz. ... eines Monats hatte Herr Sauer es verkauft.

2 Insert the following prepositions and put in the endings:
a) wegen b) dank c) unweit d) halber e) binnen f) ungeachtet.

1. Ich muß leider ... ein__ Monats ausziehen. 2. Geben Sie mir d__ Ordnung ... Ihre Kündigung bitte schriftlich. 3. ... d__ Hilfe meines Freundes habe ich ein möbliertes Zimmer gefunden. 4. Es liegt ... d__ Universität. 5. ... d__ Nähe der Universität habe ich keine Ausgaben für Verkehrsmittel. 6. Deshalb nehme ich das Zimmer ... d__ hoh__ Miete.

3 Put in the endings and complete the sentences.

1. Der Sportler konnte ein__ schwer__ Verletzung *wegen* ...
2. In den Alpen gibt es *oberhalb* ein__ gewiss__ Höhe ...
3. *Ungeachtet* d__ groß__ Gefahr ...
4. *Aufgrund* sein__ schwer__ Erkrankung ...
5. *Anstelle* mein__ alt__ Freundes ...
6. *Um* d__ lieb__ Friedens *willen* ...
7. *Unweit* mein__ alt__ Wohnung ...
8. *Abseits* d__ groß__ Städte ...
9. Wenn die Arbeitgeber bei der Lohnerhöhung *unterhalb* d__ 4-Prozent-Grenze bleiben, ...
10. Wenn ich nicht *innerhalb* d__ nächst__ vier Wochen eine Stelle finde, ...

4 **Form a) the nominative and b) the genitive, using the prepositions given.**
   c) Make complete sentences from the following:

> sein__ intensiv__ Bemühungen / dank
> seine intensiven Bemühungen – dank seiner intensiven Bemühungen
> Dank seiner intensiven Bemühungen fand er endlich eine Anstellung.

1. sein__ technisch__ Kenntnisse / dank 2. unser__ schnell__ Hilfe / infolge 3. mein__ jüngst__ Schwester / anstelle 4. ihr__ jetzig__ Wohnung / unterhalb 5. ihr__ gut__ Fachkenntnisse / trotz 6. sein__ langweilig__ Vortrag__ / während 7. d__ erwartet__ gut__ Note / anstatt 8. d__ laut__ Bundesstraße / abseits 9. ihr__ siebzigst__ Geburtstag__ / anläßlich 10. sein__ wiederholt__ Wutanfälle / aufgrund 11. d__ umzäunt__ Gebiet__ / außerhalb 12. ein__ Meute bellend__ Hunde / inmitten 13. dies__ hoh__ Gebirgskette / jenseits 14. ein__ selbstgebastelt__ Radiosender__ / mittels 15. d__ zuständig__ Behörde / seitens 16. d__ geplant__ Reise / statt 17. d__ holländ__ Grenze / unweit 18. sein__ schwerwiegend__ Bedenken (Pl.) / ungeachtet 19. vorsätzlich__ Mord / wegen 20. ein__ schwer__ Unfall__ / infolge

5 **Rearrange the following prepositions to make correct sentences and put in the endings.**

1. *Abseits* sein__ hundertjährig__ Bestehens veranstaltete der Wanderverein einen Volkslauf.
2. Die Wanderstrecke verlief *anläßlich* d__ groß__ Straßen.
3. *Wegen* d__ groß__ Kälte beteiligten sich viele Menschen an dem 35 Kilometer langen Lauf.
4. *Ungeachtet* d__ stark__ Regens suchten die Wanderer Schutz in einer Waldhütte.
5. *Dank* d__ ungeheur__ Anstrengung gab niemand vorzeitig auf.
6. *Trotz* d__ vorzüglich__ Organisation gab es keinerlei Beschwerden.

6 **Do the same here:**

1. *Mittels* ein__ grob__ Konstruktionsfehlers brach die fast neue Brücke plötzlich zusammen.
2. *Infolge* ein__ fröhlich__ Tanzparty brach plötzlich Feuer in der Wohnung aus.
3. *Während* ein__ raffiniert__ Tricks verschaffte der Spion sich Geheiminformationen aus dem Computer.
4. *Anstelle* sein__ siebzigsten Geburtstags erhielt der ehemalige Bürgermeister zahlreiche Gratulationsbriefe.
5. *Trotz* d__ erkrankt__ Bundespräsidenten wurde der ausländische Staatsmann vom Bundestagspräsidenten begrüßt.
6. *Anläßlich* d__ Bemühungen aller Beteiligten konnte keine Kompromißlösung gefunden werden.

General revision of §§ 58–61

7 Tageslauf eines Junggesellen – Put in the articles or the ending as well, e. g. am, ins, einem.

1 Herr Müller steigt morgens um sieben Uhr aus . . . Bett. Als erstes stellt er sich unter . . . Dusche (f); dann stellt er sich vor . . . Spiegel (m) und rasiert sich. Er geht zurück in__
3 Schlafzimmer, nimmt sich Unterwäsche aus . . . Wäscheschrank, nimmt seinen Anzug von . . . Kleiderständer (m) und zieht sich an. Er geht in . . . Küche, schüttet Wasser
5 in . . . Kaffeemaschine, füllt drei Löffel Kaffee in . . .Filter (m) und stellt die Maschine an. Dann geht er an . . . Haustür und nimmt die Zeitung aus . . . Briefkasten (m). Nun
7 stellt er das Geschirr auf . . . Tisch in . . . Wohnküche, setzt sich auf ein__ Stuhl, trinkt Kaffee und liest in . . . Zeitung zuerst den lokalen Teil. Dann steckt er die Zeitung in . . .
9 Aktentasche, nimmt die Tasche unter . . . Arm und geht zu sein__ Bank. Dort steht er den ganzen Vormittag hinter . . . Schalter (m) und bedient die Kundschaft. Zu Mittag
11 ißt er in . . . Kantine (f) der Bank. Am Nachmittag arbeitet er in . . . Kreditabteilung (f) seiner Bank. Meist geht er dann durch . . . Park (m) nach Hause. Bei schönem Wetter
13 geht er gern noch etwas i__ Park spazieren, und wenn es warm ist, setzt er sich auf ein__ Bank, zieht seine Zeitung aus . . . Tasche und liest. Am Abend trifft er sich oft mit sein__
15 Freunden in ein__ Restaurant (n). Manchmal geht er auch in__ Theater (n), in . . . Oper (f) oder zu ein__ anderen Veranstaltung (f). Wenn es einen Krimi i__ Fernsehen (n)
17 gibt, setzt er sich auch mal vor . . . Fernseher. Manchmal schläft er vor . . . Apparat ein. Gegen 12 Uhr spätestens geht er in__ Bett.

8 Put in the prepositions and the articles, also: ins, zum, etc.

1 Gestern abend fuhr ein Betrunkener . . . . . . alten Volkswagen . . . . . . Main (m). Das Auto stürzte . . . . . . Kaimauer (f) . . . Wasser und ging sofort unter. Einige Leute,
3 die . . . . . . Brücke (f) standen, liefen sofort . . . nächsten Telefon, und . . . fünf Minuten war die Feuerwehr schon da. Zwei Feuerwehrmänner . . . Taucheranzügen und . . .
5 Schutzbrillen . . . . . . Gesicht (n) tauchten . . . kalte Wasser. Sie befestigten . . . Wasser Stricke . . . . . . beiden Stoßstangen des Wagens. Ein Kran zog das Auto soweit . . . . . .
7 Wasser, daß man die Türen öffnen konnte. Der Fahrer saß ganz still . . . . . . Platz . . . Steuer; sein Kopf lag . . . . . . Lenkrad. Er schien tot zu sein. Vorsichtig wurde das
9 Auto . . . . . . trockene Land gehoben, dann holte man den Verunglückten . . . . . . Wagen. Als man ihn . . . . . . Boden (m) legte, . . .

Complete the story yourself.

9 Wohin sind Sie gereist? – Ich bin . . . gereist.

I	*in*	die Türkei, die Schweiz, der Sudan, die Vereinigten Staaten, die Niederlande, der Bayerische Wald, das Hessenland, die Antarktis, die GUS, die Hauptstadt der Schweiz, der Nordteil von Kanada, die Alpen, das Engadin, das Burgenland, meine Heimatstadt
II	*nach*	Kanada, Australien, Österreich, Ägypten, Israel, Kroatien, Rußland, Bolivien, Nigeria, Hessen, Bayern, Bern, Klagenfurt, Sylt, Helgoland, Ceylon.

| III | *auf* | die Insel Sylt, die Seychellen und die Malediven (Pl.) (= Inselgruppen im Indischen Ozean), die Insel Helgoland, der Feldberg, die Zugspitze, das Matterhorn, der Mont Blanc |
| IV | *an* | der Rhein, die Elbe, die Ostseeküste, der Bodensee, die Donau, der Mississippi, der Amazonas, die Landesgrenze |

Wie lange sind Sie dort geblieben?

I *In* dem / der / den ... bin ich ... Tage / Wochen geblieben.
II *In* Kanada / ... bin ich ... geblieben.
III *Auf* dem / der / den ... bin ich ... geblieben.
IV *Am* Rhein / *An* der ... bin ich ... geblieben.

10 Practise in groups if possible

Sprecher:	*Wohin sind Sie gereist?*	*Wie lange sind Sie dort geblieben?*
die Buchmesse	A: *Zur* Buchmesse.	*Auf* der Buchmesse bin ich einen Tag geblieben.
der Feldberg	B: *Auf* den Feldberg.	*Auf* dem Feldberg bin ich einen Vormittag geblieben.
Kanada	C: *Nach* Kanada.	*In* Kanada bin ich ...
mein Onkel	D: *Zu* meinem Onkel.	*Bei* meinem Onkel ...
der Neusiedler See	E: *An* den Neusiedler See.	*Am* Neusiedler See ...

1. Spanien 2. die Schweiz 3. die Vereinigten Staaten 4. Polen 5. der Bodensee 6. die Insel Helgoland 7. Australien 8. Hamburg 9. meine Heimatstadt 10. New York 11. die Zugspitze (= Deutschlands höchster Berg) 12. der Vierwaldstätter See 13. die Atlantikküste 14. Großbritannien 15. der Urwald 16. der Äquator 17. mein Schulfreund 18. die Chirurgen-Tagung 19. Wien 20. die Automobilausstellung

11 Do the same here:

	Wohin gehst du?	*Was machst du da?*
das Postamt	A: *Zum* Postamt.	*Auf* dem Postamt hole ich Briefmarken.
mein Freund	B: *Zu* meinem Freund.	*Bei* meinem Freund spielen wir Karten. Oder: *Mit* meinem Freund arbeite ich.
die Gastwirtschaft	C: *Zur* Gastwirtschaft.	*In* der Gastwirtschaft esse ich zu Mittag.
die Donau	D: *Zur* Donau. Oder: *An* die Donau.	*An* der Donau beobachte ich die Wasservögel.

1. der Bahnhof 2. der Zug 3. der Fahrkartenschalter 4. der Keller 5. der Dachboden 6. der Balkon 7. der Goetheplatz 8. die Straße 9. das Restaurant 10. das Reisebüro 11. meine Schwester 12. der Aussichtsturm 13. der Friedhof 14. die Kirche 15. der Supermarkt 16. der Zeitungskiosk 17. Tante Emma 18. das Theater 19. Hamburg 20. das Ausland 21. das Land (auf; d. h.: in eine ländliche Umgebung) 22. der Wald 23. die Wiese 24. die Quelle 25. der See 26. das Feld 27. der Rhein 28. das Fenster

12 Wohin gehst (fährst / steigst / fliegst) du? (Sometimes there is more than one possibility.)

I Ich gehe	an (ans) auf (aufs)	1. mein Zimmer 2. meine Freundin 3. die Straße 4. der Balkon 5. das Kino 6. die Garage 7. der Keller 8. die Schlucht 9. der Arzt 10. Herr Doktor Kramer 11. Fräulein Atzert 12. Angelika 13. das Reisebüro 14. die Schule 15. der Unterricht 16. das Klassenzimmer 17. der Metzger 18. die Bäckerei 19. das Café 20. die Fabrik 21. die Polizei 22. das Finanzamt 23. das Militär 24. die Kirche 25. der Friedhof 26. die Post 27. die Haltestelle 28. der Briefkasten
II Ich steige	in (ins)	1. die Zugspitze (Berg) 2. der Zug 3. die U-Bahn 4. das Dach 5. der Aussichtsturm 6. die Straßenbahn
III Ich fahre	nach zu (zum/ zur)	1. meine Heimatstadt 2. der Schwarzwald 3. das Gebirge 4. Dänemark 5. die Tschechei 6. die Wüste 7. der Urwald 8. der Tunnel 9. die Oper 10. das Land (d. h. in ein Dorf) 11. meine Freunde . . . Berlin
IV Ich fliege		1. Brasilien 2. die Mongolei 3. Los Angeles 4. ein fernes Land 5. die Schwarzmeerküste 6. der Nordpol 7. die Türkei 8. Südamerika 9. Spanien

13 Wo bist du? – Use the place items from exercise 12.

Ich bin in meinem Zimmer. – bei meiner Freundin, usw.

14 Jeder hat im Urlaub etwas anderes vor. – Put in the endings and prepositions (also: ins, zur, zum etc.)

A. fährt . . . München. B fliegt . . . d__ Insel Helgoland C. fliegt . . . Kanada. D. geht . . . Land (z. B. . . . ein Dorf). E. fährt . . . Finnland. F. fährt . . . d__ Schweiz. H. fährt . . . ihr__ Onkel . . . Wien. I. reist . . . ein__ Freundin . . . Österreich. J. bleibt (!) . . . d__ Bundesrepublik und zwar . . . ihr__ Eltern. K. lernt Französisch . . . Nancy. L. geht angeln . . . Irland. M. fliegt . . . Brasilien und geht . . . d__ Urwald. N. fliegt . . . Ostasien. O. fährt jeden Tag . . . Schwimmbad. P. spielt täglich zwei Stunden Fußball . . . Stadion (n) oder . . . d__ Fußballplatz. Q. fährt . . . Wandern . . . d__ Berge. R. macht eine Klettertour . . . d__ Alpen. S. geht . . . Krankenhaus und läßt sich operieren. T. geht . . . ein Hotel . . . d__ Feldberg . . . Schwarzwald. U. verbringt den Urlaub . . . ein__ Bauernhof . . . Odenwald. V. geht . . . ein__ Pension . . . Interlaken . . . d__ Schweiz.

15 Insert the following prepositions correctly, but only where necessary: **bei, gegen, nach, um, zu (zur / zum), vor, seit.**

1 Er ist . . . wenigen Minuten aus dem Haus gegangen, aber er ist . . . Punkt 12 Uhr wieder da. Gewöhnlich verläßt er das Büro . . . 17 Uhr.
3 . . . Anfang der Schiffsreise war ich dauernd seekrank, . . . Schluß hat mir sogar ein Sturm nichts mehr ausgemacht.
5 Wir sind heute . . . Hochzeit eingeladen. . . . dieser Gelegenheit treffen wir einige alte Freunde. Wir sollen . . . neun Uhr zum Standesamt kommen. . . . 13 Uhr (ungefähr) gibt
7 es ein Festessen im Hotel Krone. Am Abend . . . der Hochzeit haben wir viel getanzt. Wir sind erst . . . drei Uhr in der Nacht (später als 3) nach Hause gekommen.
9 . . . zwei Tagen ist Markttag. . . . Zeit sind die Erdbeeren preiswert. Wenn man . . . die Mittagszeit (ungefähr), also . . . Schluß der Verkaufszeit auf den Markt kommt, kann
11 man oft am günstigsten einkaufen.
. . . Ostern fahren wir meist zum Skifahren in die Alpen. . . . Weihnachten bleiben wir
13 zu Hause, aber . . . Silvester sind wir gern bei Freunden und feiern.
Drei Wochen . . . seinem Tod hatte er sein Testament geschrieben. . . . seiner Beerdi-
15 gung waren viele Freunde und Verwandte gekommen. . . . seinem Tod erbte sein Sohn ein großes Vermögen, aber . . . wenigen Jahren war davon nichts mehr übrig.

16 Put in: **an (am), bei, gegen, in (im), nach, um, von, zu (zum).**

1 Morgens stehe ich . . . halb sieben Uhr auf. . . . sieben Uhr (ungefähr) trinke ich Kaffee. . . . 7.35 Uhr geht mein Bus. Kurz . . . acht bin ich im Büro. Ich arbeite . . . acht bis zwölf
3 und . . . halb eins bis halb fünf. Dann gehe ich zum Bus; er fährt . . . 16.45 Uhr. . . . 25 Minuten bin ich zu Hause.
5 . . . Samstag, dem 3. März, abends . . . acht Uhr findet in der Stadthalle ein Konzert statt. . . . Beginn spielt das Orchester die dritte Symphonie von Beethoven, dann folgt . . . 150.
7 Geburtstag des Komponisten die C-moll-Symphonie von Brahms. Das Konzert endet . . . 22.30 Uhr (ungefähr).
9 . . . jedem ersten Sonntag . . . Monat unternimmt der Wanderverein "Schwalbe" . . . gutem Wetter eine Wanderung. Die nächste Fußtour ist . . . Sonntag, dem 6. Juni. Die
11 Mitglieder treffen sich . . . 8.10 Uhr am Bahnhof. . . . halb neun geht der Zug. . . . etwa einer Stunde ist man in Laxdorf, dem Ausgangspunkt der Wanderung. . . . 13 Uhr (un-
13 gefähr) werden die Wanderer den Berggasthof "Lindenhof" erreichen. . . . dem Essen wird die Wanderung fortgesetzt. . . . 17.26 Uhr geht der Zug von Laxdorf zurück. Die
15 Mitglieder können also . . . 19 Uhr (ungefähr) wieder zu Hause sein.

17 Continuation of exercise 2 § 60. Do the same as above.

1 . . . etwa 150 Jahren erfand Samuel Morse den Schreibtelegraphen. . . . 1876 entwickelte N. Otto einen Benzinmotor, und . . . Jahr 1879 baute Werner von Siemens seine er-
3 ste elektrische Lokomotive. . . . einem Herbsttag des Jahres 1886 fuhr . . . ersten Mal ein Automobil durch Stuttgarts Straßen. Gottlieb Daimler, geboren . . . 17.3.1834, hat-
5 te es gebaut. . . . seiner ersten Fahrt in dem neuen Auto schrien die Leute: "Der Teufel kommt!" G. Daimler ist . . . 6.3.1900, also heute . . . . . . Jahren, gestorben. Aus den
7 Werkstätten von Daimler und C. F. Benz entstand . . . 1926 die Daimler-Benz-Aktiengesellschaft. . . . 1893 bis 97, also nur 17 Jahre . . . Ottos Benzinmotor, entwickelte Die-

9 sel einen neuen Motor; er wurde . . . späteren Jahren nach seinem Erfinder Dieselmotor genannt.

11 . . . Jahr 1990, also 90 Jahre . . . Daimlers Tod, gab es allein in der Bundesrepublik Deutschland mehr als 43 Millionen Automobile.

18 And now do it very quickly: Use "am, bei, gegen, in (im), um, zu (zur)".

. . . wenigen Sekunden, . . . Mittwoch, . . . acht Tagen, . . . der Nacht, . . . Nachmittag, . . . 12 Uhr (ungefähr), . . . Mitternacht, . . . diesem Moment, . . . Weihnachten, . . . meinem Geburtstag, . . . Hochzeit meiner Schwester, . . . Morgen (ungefähr), heute . . . 14 Tagen, . . . Frühjahr, . . . Anfang der Ferien, . . . Sonnenaufgang, . . . nächster Gelegenheit, . . . wenigen Augenblicken, . . . August, . . . zwei Jahren, . . . 17 Uhr

19 Idioms and their definitions – Put in the articles.

1. kein Blatt vor . . . (m) Mund nehmen: seine Meinung offen sagen
2. aus . . . (f) Haut fahren: ungeduldig, wütend werden
3. jemandem auf . . . (Pl.) Finger sehen: jemanden genau kontrollieren
4. etwas aus . . . (f) Luft greifen: etwas frei erfinden
5. ein Haar in . . . (f) Suppe finden: einen Nachteil in einer Sache finden
6. jemandem um . . . (m) Hals fallen: jemanden umarmen
7. etwas in . . . (f) Hand nehmen: eine Sache anfangen und durchführen
8. von . . . (f) Hand in . . . (m) Mund leben: sehr arm leben
9. sich etwas aus . . . (m) Kopf schlagen: einen Plan aufgeben
10. Er ist seinem Vater wie aus . . . (n) Gesicht geschnitten: Er sieht seinem Vater sehr ähnlich.
11. etwas auf . . . (f) Seite legen: etwas sparen, zurücklegen
12. ein Spiel mit . . . (n) Feuer: eine gefährliche Sache
13. das springt in . . . (Pl.) Augen: das fällt stark auf
14. sich aus . . . (m) Staub machen: heimlich weggehen, fliehen
15. sich jemandem in . . . (m) Weg stellen: jemandem Schwierigkeiten machen
16. sein Geld aus . . . (n) Fenster werfen: sein Geld nutzlos ausgeben
17. jemandem den Stuhl vor . . . (f) Tür setzen: jemanden aus dem Haus schicken, "hinauswerfen"
18. in . . . (m) Tag hinein leben: planlos leben
19. jemandem auf . . . (f) Tasche liegen: vom Geld eines anderen leben
20. in . . . (f) Tinte sitzen: in einer unangenehmen Lage sein
21. unter . . . (m) Tisch fallen: unbeachtet bleiben, unberücksichtigt bleiben
22. Die Ferien stehen vor . . . Tür: Es ist kurz vor den Ferien.
23. jemanden an . . . (f) Wand stellen: jemanden erschießen
24. einer Sache aus . . . (m) Weg gehen: eine Sache nicht tun, vermeiden
25. einen Rat in . . . (m) Wind schlagen: einen Rat nicht beachten
26. den Mantel nach . . . (m) Wind hängen: seine Meinung so ändern, wie es nützlich ist
27. jemandem auf . . . (m) Zahn fühlen: jemanden gründlich prüfen
28. mir liegt das Wort auf . . . (f) Zunge: ich weiß das Wort, aber ich kann mich im Augenblick nicht daran erinnern
29. auf . . . (f) Nase liegen: krank sein
30. jemandem in . . . (Pl.) Ohren liegen: jemanden mit Bitten quälen

31. jemanden auf ... (f) Palme bringen: jemanden in Wut bringen
32. wie aus ... (f) Pistole geschossen: ganz schnell
33. unter ... (Pl.) Räuber fallen: in schlechte Gesellschaft geraten
34. die Rechnung ohne ... (m) Wirt machen: sich irren
35. aus ... (f) Reihe tanzen: etwas anderes tun als all die anderen
36. bei ... (f) Sache sein: sich auf etwas konzentrieren
37. etwas auf ... (f) Seite schaffen: etwas stehlen

20   Put in the articles and prepositions. (If you can't remember which prepositions to use, look at exercise 19.)

1 Er hat kein festes Einkommen und lebt ... ... Hand ... ... Mund. Daher hat er auch keine Möglichkeit, jeden Monat etwas ... ... Seite zu legen. Seit zehn Jahren liegt er
3 nun seinem Vater ... ... Tasche! Sie hat ihm jetzt klar ihre Meinung gesagt und hat kein Blatt ... ... Mund genommen. Das hat ihn natürlich sofort ... ... Palme ge-
5 bracht. Sie hat ihm geraten, sich endlich um eine Stelle zu bewerben, aber er schlägt ja jeden Rat ... ... Wind. Er *will* ja nicht arbeiten und geht jedem Angebot ... ... Weg.
7 Und wenn sie ihm auch immer wieder damit ... ... Ohren liegt, er kümmert sich nicht darum und lebt weiter ... ... Tag hinein. Kein Wunder, daß sie manchmal ... ... Haut
9 fährt! Es wird nicht mehr lange dauern, dann setzt sie ihm den Stuhl ... ... Tür; dann sitzt er aber ... ... Tinte! Sie verdient sauer das Geld, und er wirft es ... ... Fenster!
11 Wenn er glaubt, daß das so weitergehen kann, dann hat er die Rechnung ... ... Wirt gemacht. Soll er sich doch endlich ... ... Staub machen! Aber wenn er ganz allein ist,
13 fällt er bestimmt bald ... ... Räuber. Und das will sie doch auch nicht; sie liebt ihn doch so sehr! Ach, soll er doch endlich mal sein Leben ... ... Hand nehmen! Aber wenn er
15 schon mal eine Arbeit angefangen hat, findet er bestimmt bald ein Haar ... ... Suppe. Sie müßte ihm genauer ... ... Finger sehen. Stattdessen fällt sie dem Faulen-
17 zer ... ... Hals, sobald er nach Hause kommt!

§ 62   Function Verb Structures

Preliminary note

1. In the language of science and administration we often find simple verbs like *kommen, bringen, nehmen, stellen* etc. These verbs rarely have a meaning of their own. They are part of a semantic unit, made up of a preposition, accusative object and verb. The verb itself only has a grammar function within the sentence.

2. A function verb structure is thus created, the form of which can no longer be changed. There are fixed rules concerning the use of prepositions and whether or not to use an article.

> Für das nächste Jahr *stellte* der Finanzminister neue Steuergesetze *in Aussicht*.
> Selbstverständlich *werden* die Steuererhöhungen bei der Bevölkerung *auf Ablehnung stoßen*.
> Die neue Steuerreform soll so schnell wie möglich *zum Abschluß gebracht werden*.

The following list contains a selection of examples:

1. auf Ablehnung stoßen
2. etwas zum Abschluß bringen / zum Abschluß kommen
3. etwas in Angriff nehmen
4. jdn. / etwas in Anspruch nehmen
5. etwas zum Ausdruck bringen / zum Ausdruck kommen
6. etwas in Aussicht stellen / in Aussicht stehen
7. etwas in Betracht ziehen
8. etwas in Betrieb setzen / nehmen
9. etwas unter Beweis stellen
10. etwas in Beziehung setzen / in Beziehung stehen
11. etwas in Brand setzen / in Brand geraten
12. jdn. / etwas zur Diskussion stellen / zur Diskussion stehen
13. jdn. / etwas unter Druck setzen / unter Druck stehen
14. jdn. zur Einsicht bringen / zur Einsicht kommen
15. etwas in Empfang nehmen
16. etwas zu Ende bringen / zum Ende kommen
17. zu einem Entschluß kommen / zu einem Ergebnis kommen
18. etwas in Erfahrung bringen
19. jdn. in Erstaunen setzen oder versetzen
20. etwas in Erwägung ziehen
21. etwas in Frage stellen / in Frage stehen / in Frage kommen
22. in Gang kommen
23. im eigenen Interesse (oder dem eines anderen) liegen
24. etwas in Kauf nehmen
25. in Konflikt geraten / kommen mit jdm. oder etwas
26. etwas in Kraft setzen / in Kraft treten
27. auf Kritik stoßen
28. jdn. zum Lachen / Weinen bringen
29. von Nutzen sein
30. etwas zur Sprache bringen / zur Sprache kommen

Note

Pay special attention to the differences in meaning:

Man *bringt* die Konferenz gegen Mitternacht *zum Abschluß*.
Die Konferenz *wird* gegen Mitternacht *zum Abschluß gebracht*.
Gegen Mitternacht *kommt* die Konferenz *zum Abschluß*.

Man *setzte* das Gesetz *in Kraft*.
Das Gesetz *wurde in Kraft gesetzt*.
Das Gesetz *trat in Kraft*.

EXERCISES

1 Use the phrase referred to in brackets in your answer.

> Hat die neue Verordnung schon Gültigkeit? (26a)
> Ja, sie *wurde* schon *in Kraft gesetzt.*

1. Wurde der neue Gesetzentwurf von der Opposition abgelehnt? (1) (bei der Opposition)
2. Wollen die Wissenschaftler ihre Studie jetzt abschließen? (2a)
3. Glauben Sie, daß die Arbeit vor Jahresende abgeschlossen wird? (2b)
4. Will man dann eine neue Forschungsarbeit beginnen? (3)
5. Wird man Wissenschaftler einer anderen Fakultät zu Hilfe holen? (4) (die Hilfe von . . . soll . . .)
6. Wollte der Künstler in seinem Bild den Wahnsinn des Krieges ausdrücken? (5a)
7. Ist es ihm gelungen, in seinem Bild den Wahnsinn des Krieges deutlich auszudrücken? (5b) (Ja, in dem Bild . . .)
8. Kündigt die Forschungsgruppe neue Erkenntnisse auf dem Gebiet der Genforschung an? (6a)
9. Sind ganz neue Erkenntnisse zu erwarten? (6b) (Ja, es stehen . . .)
10. Wurden bei der Untersuchung der Kranken auch ihre Lebensumstände berücksichtigt? (7)
11. Haben Sie die Gebrauchsanweisung gelesen, bevor Sie die Maschine angestellt haben? (8)
12. Konnte der Angeklagte seine Unschuld beweisen? (9)
13. Wurde der politische Gefangene bearbeitet (13a), so daß er nicht wagte, die Wahrheit zu sagen?
14. Sahen die Demonstranten ein (14b), daß sie bei der Bevölkerung keine Unterstützung fanden? (zu der Einsicht)
15. Empfing der Sieger im Tennis den Pokal gleich nach dem Spiel? (15)

2 Do the same here:

1. Haben die Schüler ihre Gemeinschaftsarbeit noch vor den Ferien beendet? (16a)
2. Hast du auch gehofft, daß der Redner bald Schluß machen würde? (16b) (zum Ende)
3. Konnte die junge Frau sich nicht entschließen (17a), die Arbeit anzunehmen? (zu dem Entschluß)
4. Versuchten die Journalisten denn nicht, etwas über die Konferenz der Außenminister zu erfahren? (18) (Doch, sie . . .)
5. Überraschte der Zauberkünstler die Kinder mit seinen Tricks? (19)
6. Sicher mußte viel bedacht werden, bevor man die neue Industrieanlage baute? (20) (Ja, vielerlei mußte . . .)
7. Bezweifelte jemand den Sinn dieses Beschlusses? (21a) (Ja, ein Teilnehmer . . .)
8. Ist die Rücknahme des Beschlusses ausgeschlossen? (21c) (Ja, eine Rücknahme ...)
9. Stimmt es, daß Dieselmotoren bei großer Kälte nicht laufen wollen? (22)

10. Sind Sie bereit, bei der langen Fußtour Unbequemlichkeiten auf sich zu nehmen? (24)
11. Hat es bei deiner Schwarzmarkttätigkeit Schwierigkeiten mit der Polizei gegeben? (25) (Ja, ein paarmal . . .)
12. Stimmt es, daß das neue Gesetz ab nächsten Monat gelten soll? (26b)
13. Wurde das neue Gesetz nicht allgemein kritisiert? (27) (Doch, . . .)
14. Sind denn deine Karate-Kenntnisse zu irgend etwas nütze? (29) (Ja, bei einem Überfall können . . .)
15. Sind unsere Probleme in der Versammlung besprochen worden? (30b)

Answers § 40 exercise 6:

1. der Blauwal 2. die Spitzmaus 3. die Giraffe 4. die Antilope 5. die Kobra 6. der Pazifische oder Stille Ozean 7. 10 900 m 8. Australien 9. in der Antarktis 10. auf Hawaii 11. an den Küsten der Antarktis 12. am 21. Dezember 13. am 21. Juni 14. Wasserstoff (chem. Zeichen: H) 15. am 3. Juli (!) 16. am 2. Januar (!)

Some useful hints on the use of German tenses

Unlike English there is no distinction between the simple and continuous forms of the verb in German. In order to emphasize the continuity of an action, however, it is possible to use the following adverbs: *am, gerade, beim, eben.*
Ich bin *am Arbeiten* = I am working. Ich bin *beim Kochen* = I'm cooking; etc.

The present tense is frequently used with a future meaning:
Ich besuche ihn nächste Woche = I'm going to visit him next week.
The future tense is used, however, when it is important to emphasize that something is going to happen in the future as opposed to the present or past.
Das werden wir erst nächstes Jahr machen können = We won't be able to do that until next year (see § 21).

Note that whilst there is a difference in meaning between imperfect and perfect sentences in English, these tenses are more or less interchangeable in German usage and in spoken German a mixture of both is common:
Ich habe ihn gestern gesehen. Or: *Ich sah ihn gestern* = I saw him yesterday.

Activities that began in the past and are still continuing can only be expressed by the present in German, not by the perfect:
Ich arbeite hier seit letztem Jahr = I have been working here since last year.

German spelling

Capital letters: English-speaking students of German are advised to pay special attention to the use of capital letters in German with nouns. Unlike in English all nouns and adjectives functioning as nouns begin with a capital letter.

All forms of the polite pronoun are also capitalized: *Sie, Ihnen, Ihr*, as well as all forms of the familiar pronoun when used in a letter, that is, *du* and *ihr*. Note that, unlike in English, the pronoun for *I, ich* in German, is not capitalized, unless it happens to be the first word of the sentence. Nationalities are also not capitalized:
Der *britische* Premierminister = The British Prime Minister.

Umlaut: Umlaut is a word students of German will hear frequently. It is derived from the verb umlauten, meaning sound change. The following letters are the only ones that have an Umlaut: *ä, ö, ü,* and *äu*. The two dots over the vowel indicate the changed vowel sound.

The diagraph *ß*: English-speakers are not familiar with this letter which stands for the combination *ss*. You should be familiar with the character *ß*, as you will come across it in newspapers, magazines and books (see § 1 III, p. 15).

Punctuation rules

On reading through the following section on German punctuation you will find that the rules are much the same as those for English punctuation. There are two major differences, however:

a) Subordinate clauses are always preceded by a comma and followed by a comma:
   Das Buch, *das von Heinrich Böll geschrieben wurde*, kostet 20 DM.
b) A German infinitive phrase with several modifiers is marked by commas:
   Sie bat mich, *ihr das Gepäck am nächsten Tag ins Hotel zu bringen.*
Decimal places are always marked by commas: 3,4 = 3.4
Large numbers are separated off by means of a space or a full stop: 20 000 or 20.000 = 20,000.

I   A comma is used

1. between complete main clauses:
   Sie sah ihn streng an, und er schwieg.
   Alle lachten, aber er machte ein unglückliches Gesicht.
   Es regnete, trotzdem fuhr er mit dem Fahrrad ins Büro.

2. between a main clause and a subordinate clause:
   Ich freue mich, wenn du kommst.
   Obwohl er uns verstand, antwortete er nicht.

3. between subordinate clauses:
   Ich weiß, daß ich ihm das Geld bringen muß, weil er darauf wartet.

4. between units and statements belonging to the same category. But a comma does not occur before *und* or *oder*:
   In der gestohlenen Tasche waren Schlüssel, Geld, Ausweise und persönliche Sachen.
   Du mußt endlich den Professor, seinen Assistenten oder den Tutor danach fragen.
   Im Urlaub wollen wir lange schlafen, gut essen, viel baden und uns einmal richtig erholen.

5. before extended infinitive constructions:
   Er hofft, im Herbst eine bessere Stellung zu bekommen.

6. before infinitive constructions with *um . . . zu, ohne . . . zu, anstatt . . . zu*:
   Er ging zur Polizei, um seinen Paß abzuholen.

II   Commas divide the following:

1. Relative clauses:
   Der Apfelbaum, den er selbst gepflanzt hatte, trug herrliche Früchte.

2. Appositions:
   Die Donau, der längste Fluß Europas, mündet ins Schwarze Meer.

3. Participal clauses:
   Er schlief, von der anstrengenden Reise erschöpft, zwölf Stunden lang.

III   There is no comma

1. between statements linked by *und* or *oder*:
   Er brachte den vergessenen Brief zurück und bat um Entschuldigung.
   Ihr müßt die Rechnung bezahlen oder einen Rechtsanwalt um Rat bitten.

2. between subordinate clauses of the same category joined by *und* or *oder*:
   Er kam nicht, weil er sich nicht wohl fühlte oder weil er keine Lust hatte.

3. with unmodified infinitive constructions:
   Er wagte nicht zu widersprechen.

List of the strong irregular verbs

Preliminary note

1. The following verbs vary in meaning according to the prefix, preposition etc. They
   are used with, e. g. *brechen*:
   Der Verlobte hat *sein Wort* (A) gebrochen.
   Der Junge hat den Ast *ab*gebrochen.
   Vier Häftlinge sind aus dem Gefängnis *aus*gebrochen.
   Der Gast hat das Glas *zer*brochen.
   Er hat *sich* den Arm gebrochen.
   Der junge Mann hat *mit* seinen Eltern gebrochen.
   Der Kranke hat *dreimal am Tag* gebrochen.

2. The following information refers to the basic meaning of the verbs (N = nominative,
   D = dative, A = accusative, Inf.-K. = infinitive construction). If the verb is not always
   used with a particular case, the information appears in brackets. If a verb is only used
   with place or temporal items or with a prepositional object, no information is given.

Infinitiv	3. Pers. Sg. Präsens	3. Pers. Sg. Imperfekt	3. Pers. Sg. Perfekt	Gebrauch
backen	er bäckt (backt)	er backte (buk)	er hat gebacken	A
befehlen	er befiehlt	er befahl	er hat befohlen	D + Inf.-K.
beginnen	er beginnt	er begann	er hat begonnen	A
beißen	er beißt	er biß	er hat gebissen	A
bergen	er birgt	er barg	er hat geborgen	A
bersten	er birst	er barst	er ist geborsten	–
betrügen	er betrügt	er betrog	er hat betrogen	A
bewegen[1]	er bewegt	er bewog	er hat bewogen	A + Inf.-K.

---

[1] *bewegen* (strong verb): Was hat ihn bewogen, so schnell abzufahren?
bewegen: Der Polizist bewegte den Arm.

Infinitiv	3. Pers. Sg. Präsens	3. Pers. Sg. Imperfekt	3. Pers. Sg. Perfekt	Gebrauch
biegen	er biegt	er bog	er hat gebogen	A
bieten	er bietet	er bot	er hat geboten	D A
binden	er bindet	er band	er hat gebunden	A
bitten	er bittet	er bat	er hat gebeten	A + Inf.-K.
blasen	er bläst	er blies	er hat geblasen	(A)
bleiben	er bleibt	er blieb	er ist geblieben	–
braten	er brät (bratet)	er briet	er hat gebraten	A
brechen	er bricht	er brach	er ist / hat gebrochen	(A)
brennen	er brennt	er brannte	er hat gebrannt	–
bringen	er bringt	er brachte	er hat gebracht	D A
denken	er denkt	er dachte	er hat gedacht	–
dingen[2]	er dingt	er dang	er hat gedungen	A
dreschen	er drischt	er drosch	er hat gedroschen	A
dringen[3]	er dringt	er drang	er ist / hat gedrungen	–
dürfen	er darf	er durfte	er hat gedurft	–
empfehlen	er empfiehlt	er empfahl	er hat empfohlen	D + Inf.-K. D A
erlöschen[4]	er erlischt	er erlosch	er ist erloschen	–
erschrecken[5]	er erschrickt	er erschrak	er ist erschrocken	–
erwägen	er erwägt	er erwog	er hat erwogen	A
essen	er ißt	er aß	er hat gegessen	A
fahren[6]	er fährt	er fuhr	er ist / hat gefahren	(A)
fallen	er fällt	er fiel	er ist gefallen	–
fangen	er fängt	er fing	er hat gefangen	A
fechten	er ficht	er focht	er hat gefochten	A (z.B.Florett)
finden	er findet	er fand	er hat gefunden	A
flechten	er flicht	er flocht	er hat geflochten	A
fliegen[7]	er fliegt	er flog	er ist / hat geflogen	(A)
fliehen	er flieht	er floh	er ist geflohen	–
fließen	er fließt	er floß	er ist geflossen	–
fressen	er frißt	er fraß	er hat gefressen	A
frieren	er friert	er fror	er hat gefroren	A
gären[8]	er gärt	er gor	er ist gegoren	–

---

[2] *dingen:* heute nur noch "einen Mörder dingen = der gedungene Mörder"
[3] *ist / hat gedrungen:* Das Wasser ist in den Keller gedrungen. – Er hat auf die Einhaltung des Vertrages gedrungen.
[4] *erlöschen* (strong verb): Das Feuer erlosch im Kamin.
löschen: Die Feuerwehr löschte das Feuer.
[5] *erschrecken* (strong verb): Das Kind erschrak vor dem Hund.
erschrecken: Der Hund erschreckte das Kind.
[6] *ist / hat gefahren:* Er ist nach England gefahren. – Er hat den Wagen in die Garage gefahren.
[7] *ist / hat geflogen:* Wir sind nach New York geflogen. – Der Pilot hat die Maschine nach Rom geflogen.
[8] *gären* (strong verb): Der Most gor im Faß.
gären: Schon Jahre vor der Revolution gärte es im Volk.

Infinitiv	3. Pers. Sg. Präsens	3. Pers. Sg. Imperfekt	3. Pers. Sg. Perfekt	Gebrauch
gebären	sie gebiert (gebärt)	sie gebar	sie hat geboren	A
geben	er gibt	er gab	er hat gegeben	D A
gedeihen	er gedeiht	er gedieh	er ist gediehen	–
gehen	er geht	er ging	er ist gegangen	–
gelingen	es gelingt	es gelang	es ist gelungen	D + Inf.-K.
gelten	er gilt	er galt	er hat gegolten	+ (A)
genesen	er genest	er genas	er ist genesen	–
genießen	er genießt	er genoß	er hat genossen	A
geschehen	es geschieht	es geschah	es ist geschehen	–
gewinnen	er gewinnt	er gewann	er hat gewonnen	(A)
gießen	er gießt	er goß	er hat gegossen	A
gleichen	er gleicht	er glich	er hat geglichen	D
gleiten	er gleitet	er glitt	er ist geglitten	–
glimmen	er glimmt	er glomm	er hat geglommen	–
graben	er gräbt	er grub	er hat gegraben	(D) A
greifen	er greift	er griff	er hat gegriffen	(A)
haben	er hat	er hatte	er hat gehabt	A
halten	er hält	er hielt	er hat gehalten	(A)
hängen[9]	er hängt	er hing	er hat gehangen	–
hauen	er haut	er hieb (haute)	er hat gehauen	A
heben	er hebt	er hob	er hat gehoben	A
heißen	er heißt	er hieß	er hat geheißen	(N) AA
helfen	er hilft	er half	er hat geholfen	D
kennen	er kennt	er kannte	er hat gekannt	A
klimmen	er klimmt	er klomm	er ist geklommen	–
klingen	er klingt	er klang	er hat geklungen	–
kneifen	er kneift	er kniff	er hat gekniffen	A
kommen	er kommt	er kam	er ist gekommen	–
können	er kann	er konnte	er hat gekonnt	A
kriechen	er kriecht	er kroch	er ist gekrochen	–
laden	er lädt	er lud	er hat geladen	A
lassen[10]	er läßt	er ließ	er hat gelassen	(D) A
laufen	er läuft	er lief	er ist gelaufen	–
leiden	er leidet	er litt	er hat gelitten	–
leihen	er leiht	er lieh	er hat geliehen	D A
lesen	er liest	er las	er hat gelesen	A
liegen	er liegt	er lag	er hat gelegen	–
lügen	er lügt	er log	er hat gelogen	–
mahlen	er mahlt	er mahlte	er hat gemahlen	A

---

[9] *hängen* (strong verb): Die Kleider hingen im Schrank.
   hängen: Sie hängte die Kleider in den Schrank.
[10] *lassen* (strong verb): Sie ließ die Kinder zu Hause.
   veranlassen: Die Behörden veranlaßten die Schließung des Lokals.

Infinitiv	3. Pers. Sg. Präsens	3. Pers. Sg. Imperfekt	3. Pers. Sg. Perfekt	Gebrauch
meiden	er meidet	er mied	er hat gemieden	A
melken	er melkt	er molk (melkte)	er hat gemolken	A
messen	er mißt	er maß	er hat gemessen	A
mögen	er mag	er mochte	er hat gemocht	A
müssen	er muß	er mußte	er hat gemußt	–
nehmen	er nimmt	er nahm	er hat genommen	D A
nennen	er nennt	er nannte	er hat genannt	A A
pfeifen	er pfeift	er pfiff	er hat gepfiffen	A
preisen	er preist	er pries	er hat gepriesen	A
quellen	er quillt	er quoll	er ist gequollen	–
raten	er rät	er riet	er hat geraten	D + Inf.-K.
reiben	er reibt	er rieb	er hat gerieben	A
reißen[11]	er reißt	er riß	er hat / ist gerissen	–
reiten[12]	er reitet	er ritt	er ist / hat geritten	(A)
rennen	er rennt	er rannte	er ist gerannt	–
riechen	er riecht	er roch	er hat gerochen	(A)
ringen	er ringt	er rang	er hat gerungen	–
rinnen	er rinnt	er rann	er ist geronnen	–
rufen	er ruft	er rief	er hat gerufen	A
salzen	er salzt	er salzte	er hat gesalzen	A
saufen	er säuft	er soff	er hat gesoffen	A
saugen	er saugt	er sog (saugte)	er hat gesogen (gesaugt)	(A)
schaffen[13]	er schafft	er schuf	er hat geschaffen	A
scheiden[14]	er scheidet	er schied	er hat / ist geschieden	(A)
scheinen	er scheint	er schien	er hat geschienen	–
scheißen	er scheißt	er schiß	er hat geschissen	–
schelten	er schilt	er schalt	er hat gescholten	A (AA)
scheren	er schert	er schor	er hat geschoren	(D) A
schieben	er schiebt	er schob	er hat geschoben	A
schießen	er schießt	er schoß	er hat geschossen	(A)
schlafen	er schläft	er schlief	er hat geschlafen	–
schlagen	er schlägt	er schlug	er hat geschlagen	A
schleichen	er schleicht	er schlich	er ist geschlichen	–
schleifen[15]	er schleift	er schliff	er hat geschliffen	A
schließen	er schließt	er schloß	er hat geschlossen	A
schlingen	er schlingt	er schlang	er hat geschlungen	(A)

---

[11] *hat / ist gerissen:* Das Pferd hat an dem Strick gerissen. – Der Strick ist gerissen.
[12] *ist / hat geritten:* Er ist durch den Wald geritten. – Er hat dieses Pferd schon lange geritten.
[13] *schaffen* (strong verb): Am Anfang schuf Gott Himmel und Erde.
  schaffen: Ich habe die Arbeit nicht mehr geschafft.
[14] *hat / ist geschieden:* Der Richter hat die Ehe geschieden. – Er ist ungern von hier geschieden.
[15] *schleifen* (strong verb): Er hat das Messer geschliffen.
  schleifen: Er schleifte den Sack über den Boden.

Infinitiv	3. Pers. Sg. Präsens	3. Pers. Sg. Imperfekt	3. Pers. Sg. Perfekt	Gebrauch
schmeißen	er schmeißt	er schmiß	er hat geschmissen	A
schmelzen[16]	er schmilzt	er schmolz	er hat / ist geschmolzen	A
schneiden	er schneidet	er schnitt	er hat geschnitten	(A)
schreiben	er schreibt	er schrieb	er hat geschrieben	(D) A
schreien	er schreit	er schrie	er hat geschrie(e)n	–
schreiten	er schreitet	er schritt	er ist geschritten	–
schweigen	er schweigt	er schwieg	er hat geschwiegen	–
schwellen[17]	er schwillt	er schwoll	er ist geschwollen	D
schwimmen[18]	er schwimmt	er schwamm	er ist / hat geschwommen	–
schwingen	er schwingt	er schwang	er hat geschwungen	(A)
schwören	er schwört	er schwor	er hat geschworen	(D) A
sehen	er sieht	er sah	er hat gesehen	A
sein	er ist	er war	er ist gewesen	N
senden[19]	er sendet	er sandte (sendete)	er hat gesandt (gesendet)	(D) A
singen	er singt	er sang	er hat gesungen	A
sinken	er sinkt	er sank	er ist gesunken	–
sinnen	er sinnt	er sann	er hat gesonnen	–
sitzen	er sitzt	er saß	er hat gesessen	–
sollen	er soll	er sollte	er hat gesollt	–
spalten	er spaltet	er spaltete	er hat gespalten	A
speien	er speit	er spie	er hat gespie(e)n	A
spinnen	er spinnt	er spann	er hat gesponnen	A
sprechen	er spricht	er sprach	er hat gesprochen	A
sprießen	er sprießt	er sproß	er ist gesprossen	–
springen	er springt	er sprang	er ist gesprungen	–
stechen	er sticht	er stach	er hat gestochen	(A)
stehen	er steht	er stand	er hat gestanden	–
stehlen	er stiehlt	er stahl	er hat gestohlen	D A
steigen	er steigt	er stieg	er ist gestiegen	–
sterben	er stirbt	er starb	er ist gestorben	–
stieben	er stiebt	er stob	er ist gestoben	–
stinken	er stinkt	er stank	er hat gestunken	–
stoßen[20]	er stößt	er stieß	er hat / ist gestoßen	A
streichen	er streicht	er strich	er hat gestrichen	A
streiten	er streitet	er stritt	er hat gestritten	–

---

[16] *hat / ist geschmolzen:* Das Wachs ist geschmolzen. – Sie haben das Eisenerz geschmolzen.
[17] *schwellen* (strong verb): Seine linke Gesichtshälfte ist geschwollen.
  schwellen: Der Wind schwellte die Segel.
[18] *ist / hat geschwommen:* Der Flüchtling ist durch die Elbe geschwommen. – Er hat drei Stunden im Schwimmbad geschwommen.
[19] *senden* (strong verb): Sie hat mir ein Weihnachtspäckchen gesandt.
  senden: Um 20 Uhr werden die Nachrichten gesendet.
[20] *hat / ist gestoßen:* Ich habe mich an der Küchentür gestoßen. – Er ist mit dem Fuß gegen einen Stein gestoßen.

Infinitiv	3. Pers. Sg. Präsens	3. Pers. Sg. Imperfekt	3. Pers. Sg. Perfekt	Gebrauch
tragen	er trägt	er trug	er hat getragen	(D) A
treffen	er trifft	er traf	er hat getroffen	A
treiben[21]	er treibt	er trieb	er hat / ist getrieben	(A)
treten[22]	er tritt	er trat	er ist / hat getreten	–
trinken	er trinkt	er trank	er hat getrunken	A
tun	er tut	er tat	er hat getan	A
verbleichen	es verbleicht	es verblich	er / es ist verblichen	–
verderben[23]	er verdirbt	er verdarb	er hat / ist verdorben	(DA)
verdrießen	es verdrießt	es verdroß	es hat verdrossen	A
vergessen	er vergißt	er vergaß	er hat vergessen	A
verlieren	er verliert	er verlor	er hat verloren	A
verschwinden	er verschwindet	er verschwand	er ist verschwunden	–
verzeihen	er verzeiht	er verzieh	er hat verziehen	D A
wachsen	er wächst	er wuchs	er ist gewachsen	–
waschen	er wäscht	er wusch	er hat gewaschen	(D) A
weichen[24]	er weicht	er wich	er ist gewichen	–
weisen	er weist	er wies	er hat gewiesen	D A
wenden	er wendet	er wandte (wendete)	er hat gewandt (gewendet)	(A)
werben	er wirbt	er warb	er hat geworben	(A)
werden	er wird	er wurde	er ist geworden	N
werfen	er wirft	er warf	er hat geworfen	A
wiegen[25]	er wiegt	er wog	er hat gewogen	A
winden	er windet	er wand	er hat gewunden	A
wissen	er weiß	er wußte	er hat gewußt	A
wollen	er will	er wollte	er hat gewollt	A
wringen	er wringt	er wrang	er hat gewrungen	A
ziehen[26]	er zieht	er zog	er hat / ist gezogen	A
zwingen	er zwingt	er zwang	er hat gezwungen	A + Inf.-K.

---

[21] *ist / hat getrieben:* Sie hat die Kühe auf die Weide getrieben. – Das Boot ist an Land getrieben.
[22] *hat / ist getreten:* Er ist ins Zimmer getreten. – Er hat mir auf den Fuß getreten.
[23] *hat / ist verdorben:* Er hat mir alle Pläne verdorben. – Das Fleisch ist in der Hitze verdorben.
[24] *weichen* (strong verb): Der Bettler wich nicht von meiner Seite.
weichen: Die Brötchen sind in der Milch aufgeweicht.
[25] *wiegen* (strong verb): Der Kaufmann wog die Kartoffeln.
wiegen: Die Mutter wiegte ihr Kind.
[26] *hat / ist gezogen:* Das Pferd hat den Wagen gezogen. – Er ist in eine neue Wohnung gezogen.

List of grammar terms used

(deutsche Begriffe nach der DUDEN-Grammatik)

Accusative	(der Akkusativ)	= within the sentence: 1. the accusative object (question: *wen?* or *was?*): Ich sehe *den Berg.* 2. temporal accusative: Er kommt *jeden Freitag.* (question: *wann?*) 3. accusative of measurement (question: *wie lang?* etc.): Der Tisch ist *einen Meter lang.* Der Säugling ist *einen Monat alt.*
Active sentence	(der Aktivsatz)	= the action is instigated or caused by certain persons or things. See also passive sentence. *Herr Müller gräbt seinen Garten um.* *Das Schiff versinkt im Ozean.*
Adjective	(das Adjektiv)	*grün, breit, alt, mutig*
Adverb	(das Adverb)	Er kommt *heute.* (question: *wann?*) Er steht *dort.* (question: *wo?*) Er spricht *schnell.* (question: *wie?*)
Adverbial clause	(die adverbiale Angabe)	Er kommt *jeden Freitag um acht Uhr.* (question: *wann?*) Er wohnt *in der Gartenstraße neben dem Postamt.* (question: *wo?*) Er läuft *auf die Straße.* (question: *wohin?*) Er spricht *mit leiser Stimme.* (question: *wie?*)
Adversative	(adversativ)	= to mark contrasting units: Ich kenne alle Wörter, *aber* ich verstehe den Satz nicht.
Apposition	(die Apposition)	Herr Meyer, *unser neuer Kollege*, ist sehr sympathisch.
The article	(der Artikel)	1. the definite article: Singular: *der, die, das* Plural: *die* 2. the indefinite article: Singular: *ein, eine, ein* Plural: zero article
Attributive	(das Attribut)	1. attributive adjectives: der *grüne* Baum, *frische* Luft 3. attributive genitive: der Bruder *meines Mannes* 3. attributive items: der Kongreß *in der alten Oper* die Nachrichten *um 20 Uhr* im *Hamburger* Hafen
Auxiliary verb	(das Hilfsverb)	*haben, sein, werden*
Cardinal numbers	(die Kardinal-zahlen)	*eins, zwei, drei ...* *hundert, tausend ...* *(1, 2, 3 ...)*
Case	(der Kasus)	nominative, genitive, dative, accusative

Causative	(kausal)	= to mark reason (question: *warum?*)
		1. causative main clause:
		Sie kommt heute nicht, *denn wir haben uns gestritten.*
		Wir haben uns gestritten; *darum kommt sie heute nicht.*
		2. causative subordinate clause:
		Sie kommt heute nicht, weil wir uns gestritten haben.
		3. causative items with prepositions:
		Wegen unseres Streits kommt sie heute nicht.
Comparative	(der Komparativ)	1. as an attributive adjective:
		Der Sekretär ist *längere* Zeit im Geschäft als sein Chef.
		2. as an adverb:
		Der Sekretär ist *älter* als sein Chef.
Concessive	(konzessiv)	= to mark restriction:
		1. concessive main clause:
		Ich kann ihn nicht leiden, *aber ich lade ihn doch ein.*
		Ich kann ihn nicht leiden, *trotzdem lade ich ihn ein.*
		2. concessive subordinate clause:
		Ich lade ihn ein, *obwohl ich ihn nicht leiden kann.*
		3. concessive items with prepositions:
		Trotz meiner Abneigung lade ich ihn ein.
Conditional	(konditional)	1. open conditional clauses:
		Wenn er nicht kommt, fahren wir ohne ihn.
		2. hypothetical conditional clauses:
		Wenn er jetzt noch käme, könnten wir ihn mitnehmen.
Conjugated verb	(das konjugierte Verb)	= within the sentence:
		verb with personal ending:
		Er *geht* zu Fuß zur Schule.
		Du *hast* dich erkältet.
		Wir *kamen* zu spät *an.*
		. . ., als er gefragt *wurde.*
		. . ., weil ihr nicht gekommen *seid.*
Conjugation	(die Konjugation)	*ich gehe*
		du gehst
		er geht
		wir gehen etc.
Conjunction	(die Konjunktion)	= joining word within the sentence:
		1. main clause conjunctions:
		Er geht voran, *und* ich folge ihm.
		Du hast dich nicht verändert; *darum* habe ich dich sofort erkannt.
		2. subordinate clause conjunctions:
		Sein Sohn erbte alles, *als* er starb.
		Er bekam die Erbschaft, *weil* er fleißig und tüchtig war.
Consecutive	(konsekutiv)	= to mark consecutive actions:
		consecutive subordinate clauses:
		Er war *so* aufgeregt, *daß er stotterte.*
		Er hatte keine Kinder, *so daß sein Neffe alles erbte.*
Consonant	(der Konsonant)	*b, c, d, f, g, h* etc.
Dative	(der Dativ)	= within the sentence: the dative object (question: *wem?*):
		Ich vertraue *meinem Nachbarn.*

Declination of nouns, articles and adjectives	(die Deklination)	nominative: *der Mann* genitive: *des Mannes* dative: *dem Mann* accusative: *den Mann* etc.
Demonstrative pronoun	(das Demonstrativpronomen)	= to refer to certain persons or things: *Dieser* Turm ist der älteste der Stadt. Wie man das macht, *das* weiß ich nicht.
Diphthong	(der Diphthong)	= a compound sound with two vowels: *au, ei, eu*
Direct speech	(die direkte Rede)	Er sagte: *"Ich gehe jetzt."* Er fragte: *"Gehst du jetzt?"* Er befahl: *"Geh jetzt!"*
Ending	(die Endung)	see "The stem"
Feminine	(feminin)	*die Frau, die Beamtin, die Polin, die Bank, die Hoffnung*
Final clause	(final)	= intention or purpose: 1. final subordinate clause: *Damit der Fall geklärt wird*, muß ich folgendes sagen ... 2. final infinitive construction: *Um den Fall zu klären*, muß ich folgendes sagen ... 3. final items with preposition: *Zur Klärung des Falles* muß ich folgendes sagen ...
Function verbal phrase	(das Funktionsverbgefüge)	= fixed unit, made up of verb, preposition and accusative object: Er *bringt* das Problem *zur Sprache.* Man *kam* schnell zu *einem Ergebnis.*
Function verbs	(die Funktionsverben)	= verbs which in conjunction with an accusative object have a fixed meaning: Sie *trifft eine Entscheidung.* Er *legt Beschwerde ein.*
Future	(das Futur)	1. planned future: Ich *gehe morgen* zum Finanzamt. 2. probable future: Im Lauf der nächsten Jahre *werden* wir uns *wohl wiedersehen.*
Gender	(das Genus)	masculine, feminine, neutrum
Genitive	(der Genitiv)	= within the sentence: 1. the genitive object (question: *wessen?*): Man klagte ihn *des Diebstahls* an. 2. genitive attribute: Der Vortrag *des Professors* war interessant.
Hypothetical subjunctive	(der irreale Konjunktiv)	1. wishes: *Wenn sie doch käme!* *Käme sie doch!* 2. conditional sentences: *Wenn ich Geld hätte, führe ich nach Italien.* 3. comparative clauses: Er tat so, *als ob er krank wäre.*

The imperative	(der Imperativ)	= form used for giving commands: *Gib mir die Hand.* *Denkt an die Zukunft!* *Bitte warten Sie!*
Imperfect	(das Imperfekt)	= see "Simple past"
Indefinite pronoun	(das Indefinit- pronomen)	= used when referring to indefinite persons or things: *Jemand* hat mich angerufen. *Manches* Küchengerät ist unnütz.
The indicative	(der Indikativ)	= indicative conjugation, see also "Konjunktiv": *ich sage, ich habe gesagt; du läufst, du bist gelaufen*
Indirect speech	(die indirekte Rede)	= used when reporting what someone else has said: Er sagte, *er gehe in die Kirche.* Er sagte, *er sei in die Kirche gegangen.*
Infinitive	(der Infinitiv)	1. present infinitive active: *üben, kommen* 2. perfect infinitive active: *geübt haben; gekommen sein* 3. present infinitive passive: *geübt werden* 4. perfect infinitive passive: *geübt worden sein*
Infinitive construction	(die Infinitiv- konstruktion)	1. infinitive constructions governed by certain verbs: Er versuchte, den Bewußtlosen aus dem Wasser zu zie- hen. 2. the infinitive construction with "um, ohne, anstatt": Er besucht den Kurs, *um Englisch zu lernen.* Er ging vorbei, *ohne mich anzusehen.* Sie reden nur, *anstatt zu handeln.*
Inseparable verbs	(untrennbare Verben)	= verbs with a prefix which cannot be separated from the verb: Er *zerreißt* den Brief.
Instrumental	(instrumental)	= when referring to means or instrument: 1. instrumental subordinate clause: Sie fanden den Weg aus dem Urwald, *indem sie einem* *Fluß folgten.* 2. instrumental items with prepositions: *Mittels (Mit Hilfe) eines Kompasses* bestimmen die See- leute ihren Kurs.
Intransitive verbs	(intransitive Verben)	= verbs which can occur without an accusative object: Er *geht* nach Hause. Der Schrank *steht* in der Ecke. Das Mädchen *gefällt* mir nicht.
Konjunktiv	(der Konjunktiv)	= conjugation in the probable form: 1. Konjunktiv I = see "Indirect speech" 2. Konjunktiv II = see "Hypothetical subjunctive"
Main clause	(der Hauptsatz)	= a complete sentence, independent clause. The conjugated verb occurs in position II: Er *gab* mir das Buch zurück.
Masculine	(maskulin)	*der Mann, der Bäcker, der Pole, der Schrank, der Staat*
Modal verbs	(Modalverben)	*können, wollen, müssen, lassen* etc.

312

Modality	(modal)	= refers to attitudes expressed by a speaker towards a statement or proposition being made (question: *wie?*) 1. modal adverbs or modal adverbial items: Seine Höflichkeit war mir *angenehm.* *Mit freundlichen Worten* erklärte er mir meine Fehler. 2. modal subordinate clause: Er verhielt sich *so, wie ich es erwartet hatte.* 3. modal comparative *clause:* a) real comparative clause: Er verhielt sich *genauso wie früher.* b) hypothetical comparative clause: Er tat *so, als ob er alles wüßte.*
Mood	(der Modus)	= indicative, Konjunktiv
Neuter	(neutral)	*das Kind, das Pferd, das Land, das Fenster, das Parlament*
Nominative	(der Nominativ)	= within the sentence: The subject (question: *wer?* or *was?*): *Der Polizist* zeigte uns den Weg.
Noun	(das Substantiv)	= nouns as single words, the first letter of which is capitalized, generally preceded by an article: *die Sonne, der Mond,* Plural: *die Sterne*
The object	(das Objekt)	= within the sentence: 1. the accusative object (question: *wen?* or *was?*): Wir lieben *den Wein* und *die Musik.* 2. the dative object (question: *wem?*): Der Lehrling widerspricht *dem Meister.* 3. the genitive object (question: *wessen?*): Der Händler wurde *des Betrugs* verdächtigt.
Ordinal numbers	(die Ordinalzahl)	der *erste,* der *zweite* ... der *hundertste* ... *(1., 2.* ... *100.)*
Participle construction	(die Partizipialkonstruktion)	= extension of an adjectival participle: 1. present participle (I): Das *am Ende der Straße liegende Hotel* ... = Das Hotel, das am Ende der Straße liegt, ... 2. past participle (II): Die *durch ein Erdbeben zerstörte Stadt* ... = Die Stadt, die durch ein Erdbeben zerstört worden ist, ...
Participle clause	(der Partizipialsatz)	= extension of an adverbial participle: Die Zuschauer zeigten, *Beifall klatschend und laut jubelnd,* ihre Zustimmung.
Passive sentence	(der Passivsatz)	= only the action is important, the instigator is either unknown or unimportant. See also: "Active sentence". Hier *wird eine Straße gebaut.*
Past participle	(das Partizip Perfekt)	Er ist *gekommen.* Er hat mich *erkannt.* Er ist *eingeschlafen.* Das Dokument ist *gefälscht* worden.

Past perfect	(das Plusquam-perfekt)	= this form is generally used in written German: 1. in the active: Weil er seinen Schlüssel *vergessen hatte*, mußte er bei uns übernachten. 2. in the passive: Weil die Fahrpreise *erhöht worden waren*, fuhren noch mehr Leute im eigenen Auto.
Perfect	(das Perfekt)	= the past tense used in spoken German: 1. in the active: Ich *bin* gestern zu spät *gekommen*. Wir *haben* das Paket zur Post *gebracht*. 2. in the passive: Gestern *ist* mein Freund *operiert* worden.
Personal pronoun	(das Personal-pronomen)	1. when referring to persons: *Ich* gehe nach Hause. Leider hast *du* mir nicht geantwortet. *Ihr* habt alles verdorben. 2. in place of aforementioned persons or things: Ich kenne meine Freundin. *Sie* ist sehr zuverlässig. Der Schüler fragte. Der Lehrer antwortete *ihm*.
Place	(lokal)	= place items (question: *wo? wohin?*) 1. adverbs of place or adverbial items: *Dort* liegt der Brief. (question: *wo?*) *Im Zug* sprach mich ein Herr an. (question: *wo?*) Wir wollen *auf den Berg* steigen. (question: *wohin?*) 2. subordinate clauses of place: Ich weiß nicht, *wo meine Brille ist*. Ich weiß nicht, *wohin ich meine Brille gelegt habe*.
Plural	(der Plural)	*Wir spielen* mit *den Kindern*.
Possessive pronoun	(das Possessiv-pronomen)	= to mark ownership or belonging: *Mein* Bruder studiert in München. Er ärgert sich über *seinen* Kollegen. Ich habe *Ihren* Brief leider noch nicht beantwortet.
Predicative nominative	(Prädikats-nominativ)	= in conjunction with the verbs *sein* and *werden* etc.: *Die Biene ist ein Insekt.*
Prefix	(die Vorsilbe)	= precedes a verb, noun, adverb etc., e. g. *be-, er-, ge-, ver-*: *be*kennen, das *Be*kenntnis; die *Be*kanntschaft, *be*kannt; *ver*wenden, die *Ver*wendung; die *Ver*wandtschaft, *ver*wandt see also "Verbal unit"
Prepositional object	(das Präpositio-nalobjekt)	= dependent on verbs with prepositions: Ich verlasse mich *auf seine Ehrlichkeit*. Er fürchtet sich *vor seinem Examen*.
Preposition	(die Präposition)	with accusative: *für, gegen* etc. with dative: *aus, bei* etc. with accusative or dative: *auf, unter* etc. with genitive: *während, wegen, trotz* etc.
Present participle	(das Partizip Präsens)	= infinitive + *d*: *lachend, weinend* 1. as an adverb (question: *wie?*): Das Kind lief *weinend* in die Küche.

		2. as an attributive adjective: Das *weinende* Kind lief in die Küche.
Present tense	(das Präsens)	= tense used in spoken German, also for statements with a general meaning: 1. in active sentences: Was *tust* du? – Ich *höre* Musik. Die Erde *kreist* um die Sonne. 2. in passive sentences: Ich *werde verfolgt.* Seit Jahrtausenden *werden* die gleichen mathematischen Regeln *angewandt.*
Pronominal adverbs	(das Pronominal-adverb)	= in place of a prepositional object already mentioned: (Er denkt an seine Heimat.) Er denkt *daran*, in seine Heimat zurückzukehren.
Pronoun	(das Pronomen)	1. see "Demonstrative pronoun" 2. see "Indefinite pronoun" 3. see "Personal pronoun" 4. see "Possessive pronoun" 5. see "Reflexive pronoun" 6. see "Relative pronoun"
Question	(die Frage)	1. the direct question: *"Kommst du bald?"* *"Wann kommst du?"* 2. the indirect question: Sie fragte, *ob er bald komme.* Sie fragte, *wann er komme.* 3. question in the form of a subordinate clause: Ich weiß nicht, *ob er kommt.* Ich weiß nicht, *wann er kommt.*
Rang attributive	(das Rang-attribut)	*Nicht* der Angeklagte muß seine Unschuld, sondern das Gericht muß die Tat beweisen. *Auch* seine Stimme sollte gehört werden.
Reflexive pronoun	(das Reflexiv-pronomen)	Er beschäftigt *sich* nur mit seinen Tauben.
Relative pronoun	(das Relativ-pronomen)	der Mann, *der* ... die Frau, *die* ... das Kind, *das* etc.
Relative clause	(der Relativsatz)	in nominative: Kinder, *die viele Süßigkeiten essen*, haben oft schlechte Zähne. in genitive: Der Bauer, *dessen Scheune abgebrannt war*, erhielt Schadenersatz. in dative: Man hat den Ingenieur, *dem ein Fehler nachgewiesen wurde*, entlassen. in accusative: Spät abends kam ein Gast, *den niemand kannte.*
Separable verbs	(trennbare Verben)	= verbs with an affix which can be separated from the verb: Er *reist* um 23 Uhr *ab.*

Simple past	(das Imperfekt)	= tense used in reports: 1. active: Er *studierte* Chemie. 2. passive: Er *wurde verhaftet*.
Singular	(der Singular)	*Ich lese die Zeitung.*

Stem and ending | (der Stamm und die Endung) |

	stem	ending
	geb	*en*
du	*lach*	*st*
ihr	*könnt*	*et*
des	*Kind*	*es*
	schön	*er* etc.

Subject	(das Subjekt)	= within the sentence: the part of the sentence which occurs in the nominative case (question: *wer?* or *was?*): *Die Sonne* steht hoch am Himmel. Endlich kam *er* zum Essen.
Subordinate clause	(der Nebensatz)	= a dependent, incomplete sentence. The conjugated verb occurs at the end of the subordinate clause (exceptions see §§ 18 ff., 28, 54 II): Er versteht mich, *weil* er mich *kennt*.
Suffix		see "Prefix" and "Verbal unit"
Superlative	(der Superlativ)	= highest comparative form: 1. as an attributive adjective: Der 21. Juni ist der *längste* Tag des Jahres. 2. as an adverb: Um Weihnachten sind die Tage *am kürzesten*.
Temporal	(temporal)	= for temporal items (question: *wann?*) 1. temporal main clause: Es blitzte und donnerte, *dann begann es zu regnen*. 2. temporal subordinate clauses: *Als er starb*, war er 85 Jahre alt. 3. temporal items: *Am 3. Juli* beginnen die Ferien. *Jeden Morgen* fährt er nach Darmstadt.
Transitive verbs	(transitive Verben)	= verbs which can have an accusative object: Sie *bauten einen Staudamm*. Er *steckte den Geldschein* in die Tasche.
Umlaut	(der Umlaut)	*ä (äu), ö, ü*
Verb case government	(die Rektion der Verben)	= which case is determined by which verbs.
Verb stems	(die Stammformen)	= verb forms from which all the conjugated forms are derived: *lachen*, er *lachte*, er hat *gelacht* *gehen*, er *ging*, er ist *gegangen*
Verbal unit	(der Verbzusatz)	= morpheme – mostly precedes a preposition, noun, adverb etc., e. g. *ab-, aus-, ein-, fort-, vor-, zurück-*: *aus*zeichnen, die *Aus*zeichnung, *aus*gezeichnet; *fort*schreiten, der *Fort*schritt, *fort*schrittlich

Verb	(das Verb)	1. occurs as a single word in the infinitive: *essen, abreisen, erkennen, sich unterhalten* 2. occurs within the sentence in conjugated form: er *ißt*, er *reiste . . . ab*, er *erkennt*, er *unterhält sich*
Vowel	(der Vokal)	*a, e, i (ie), o, u*
Zustandspassiv	(das Zustands- passiv)	= the past participle can express a condition when used with *sein* (question: *wie?*): Die Stadt *ist zerstört*.

Grammar Terms and Abbreviations Used

You will find some German grammar terms and abbreviations used in the tables and German parts of this grammar. In case you should not know the word please consult the following glossary.

Adjektiv	adjective
Adjektivattribut	attributive adjective
Adverb	adverb
adverbial	adverbial
Akkusativ (Akk./ A.)	accusative case
Akkusativobjekt (Akk.-Obj.)	accusative object
Akkusativpronomen	accusative pronoun
Aktiv	active
aktive Handlung	active action
Anrede	form of address
Artikel	article
Attribut	attribute, attributive
Ausnahme	exception
beendeter Vorgang	completed action
Befehl	command
beziehungsweise (bzw.)	or
das heißt (d. h.)	i.e.
Dativ (Dat./ D)	dative case
Dativobjekt (Dat.-Obj.)	dative object
Dativpronomen	dative pronoun
direkte Frage	direct question
direkte Rede	direct speech
direkter Imperativ	direct imperative
ebenso	in the same way
einmalige Handlung	unique action
Endung	ending
Erweiterung	extension
feminin (f)	feminine
Futur I	will-future
Futur II	future in the past
Gebrauch	use
Gegenwart	present tense
Gegenwartsform	present tense form
gegenwärtiger Vorgang	activity in progress
Genitiv (Gen./ G)	genitive case
Genitiv-Attribut	attributive genitive
Gerundivum	"Gerundivum"
gleichzeitig (gl.)	simultaneous
Gleichzeitigkeit (Gl.)	simultaneous actions
Hauptsatz	main clause
Hilfsverb	auxiliary verb
Imperativ	imperative
Indikativ	indicative
indirekte Frage	indirect question
indirekte Rede	indirect speech
indirekter Imperativ	indirect imperative

Infinitiv	infinitive
Infinitiv-Konstruktion (Inf.-K.)	infinitive construction
Infinitiv Perfekt	perfect infinitive
intransitive Verben	intransitive verbs
jemand (jd.)	someone (nominative)
jemandem (jdm.)	someone (dative)
jemanden (jdn.)	someone (accusative)
kausal	causative
kausale Angabe	causative item
Kleinschreibung	with small initial letter
Komparativ	comparative
Konjunktion	conjunction
Konjunktiv	subjunctive
konzessive Angabe	concessive item
lokal	place (of)
lokale Angabe	place item
maskulin	masculine
modal	modal
modale Angabe	modal item
Modalverb	modal verb
Möglichkeit	possibility
Nebensatz	subordinate clause
neutral (n)	neuter
Nominativ (Nom./ N.)	nominative case
Notwendigkeit	necessity, requirement
oder ähnliches (o.ä.)	or the like
Objekt	object
Partizip	participle
Partizip Perfekt (P. Perf.)	past participle
Partizip Präsens (P. Präs.)	present participle
Passiv	passive
passive Handlung	passive action
Perfekt (Perf.)	perfect
Person	person
Plural (Pl.)	plural
präpositionales Objekt	prepositional object
Präsens	present
Pronomen (Pron.)	pronoun
Reflexivpronomen	reflexive pronoun
Relativsatz (Rel.-S.)	relative clause
schwaches Verb	weak verb
Singular (Sg.)	singular
Spalte	column
starkes Verb	strong verb
Subjekt	subject
Substantiv	noun
Superlativ	superlative
temporal	temporal
temporale Angabe	temporal item

transitive Verben	transitive verbs
trennbar	separable
und andere (u.a.)	and others
und so weiter (usw.)	and so on, et cetera (etc.)
Unmöglichkeit	impossibility
untrennbar	inseparable
Verben der Bewegung	verbs of motion
Verben der Zustandsänderung	verbs which indicate a change in condition
Verben mit Hilfs-e	verbs with auxiliary -e
Vergangenheit	past
vergleiche (vgl.)	compare (cf.)
Verneinung	negation
vorzeitig	anterior
Vorzeitigkeit	anteriority
wiederholte Handlung	repeated action
Worterklärung	definition, explanation of a word
Zukunft	future
zum Beispiel (z.B.)	for instance, for example (e.g.)

Index

326

Notes

Notes

Notes

A Practice Grammar of German

Lehr- und Übungsbuch der deutschen Grammatik

- Reference grammar and practice grammar in one
- Coverage of all major grammar structures
- Comprehensive examples, tables and lists
- Rules and explanations in English
- Wide range of exercises
- Detailed index for easy reference
- Separate exercise key

VERLAG FÜR DEUTSCH

ISBN 3–88532–**630**–2